Eugen Reichl

SPACE 2019

Das aktuelle Raumfahrtjahr mit Chronik 2018

Web: www.space-jahrbuch.de / eMail: space@vfr.de

1. Auflage, Oktober 2018

Initiator:	Verein zur Förderung der Raumfahrt e.V., www.vfr.de
Herausgeber:	Thomas Krieger
Organisation:	Peter Schramm
Lektorat:	Heimo Gnilka, Margit Drexler, Thomas Krieger, Peter Schramm, Stefan Schiessl
Titelmotiv:	SpaceX
Layout & Satz:	Stefan Schiessl, www.exploredesign.de
Druck:	Stephan Loschelders
ISBN:	978-3-944819-19-8

INHALTSVERZEICHNIS

EDITORIAL

LIEBE LESERINNEN UND LESER,

zwei Dinge beschäftigen uns in diesen Monaten ganz besonders: Der 50. Jahrestag des ersten Mondfluges und die rapide zunehmende Bedeutung der privaten Raumfahrt. Dem ersten Thema widmen wir unseren Leitartikel, in dem wir im Detail darauf eingehen, was seit der historischen Landung von Neil Armstrong und Buzz Aldrin geschehen ist. Oder besser, warum seitdem fast nichts geschehen ist. Denn nach dem Jahre 1976, dem Jahr in dem zum letzten Mal eine Materialprobe von der Oberfläche des Mondes die Erde erreichte (übrigens nicht von einem Apollo-Raumschiff sondern von der sowjetischen Raumsonde Luna 24) fiel das Thema Mond für Jahrzehnte in einen tiefen Dornröschenschlaf.

Doch das ändert sich nun plötzlich und auf breiter Front. Nach Jahrzehnten des Desinteresses hat der Erdtrabant neuerdings wieder Konjunktur und fast alle Raumfahrtnationen und etliche private Firmen und Organisationen machen sich auf den Weg dorthin. Somit haben wir – neben dem Jubiläum – einen weiteren Grund dafür, uns im Beitrag „Zurück zum Mond – Renaissance im Weltraum" detailliert mit unserem nächsten Himmelsnachbarn und seinen vielen künftigen Besuchern auseinanderzusetzen. In dem Zusammenhang schauen wir uns auch an, wie der große Wettlauf zum Mond zwischen der Sowjetunion und den USA begann, und erzählen die Geschichte der ersten sowjetischen Luna-Sonden. Denn auch die haben 2019 ein Jubiläum, und zwar ihr Sechzigstes. Unser raumfahrtgeschichtliches Essay dazu findet sich im Beitrag „Harte Landung – die ersten Lunas".

Der zweite große Schwerpunkt der aktuellen Ausgabe von SPACE ist die Private Raumfahrt. Nicht weniger als fünf Artikel beschäftigen sich ganz oder teilweise mit diesem Gebiet. Hier bestehen ganz neue Anforderungen. Es entwickeln sich ungeahnte Chancen, es besteht aber auch ein gewisses Gefahrenpotential an einer Ecke, an der man es nicht sofort vermuten würde: Es wird nur noch wenig für die Nachwelt dokumentiert. Um dieser besonderen Gefahren zu begegnen trafen sich Anfang März des Jahres Archivare, Kuratoren und Historiker am „American Center for Physics" in College Park, einer kleinen Universitätsstadt im US-Bundesstaat Maryland. Dort hatte die *National Science Foundation* zu einer Konferenz mit dem Titel „To Boldly Preserve: Archiving the Next Half-Century of Space Flight" geladen. Die Bezeichnung spielt mit einer Phrase aus den Star Trek Filmen (to boldly go where no man has gone before) die man im Fall der Konferenz in etwa mit: „Zupackend das nächste halbe Jahrhundert der Raumfahrt dokumentieren" übersetzen könnte. Ein Schwerpunkt dieser Tagung lag auf dem Umbruch, der mit der beginnenden New Space-Ära einhergeht, und der Frage: Wie können wir die dramatischen Fortschritte, die in diesen Tagen erzielt werden, für zukünftige Generationen aufzeichnen?

Über so etwas musste man sich in den ersten 50 Jahren der Raumfluggeschichte keine Gedanken machen. Diese Zeit war bestimmt von Regierungsbehörden und großen Hauptauftragnehmern, die ganze Gebirge an Dokumenten als natürliche Nebenprodukte ihrer bürokratischen Prozesse produzierten. Diese Massen an Dokumenten bilden heute die Basis der Raumfahrtarchive. Doch jetzt ändert sich alles. Der Wandel geht in diesen Tagen rasch voran. Die Historiker befürchten, dass die „Jungen Wilden" der Raumfahrtszene auf derlei – aus ihrer Sicht – Nebensächlichkeiten nicht achten. Bei ihnen werden die Details ihrer Arbeit nicht Teil der öffentlichen Archive. Die besondere Arbeitsweise dieser jungen und dynamischen Firmen lässt kaum Relikte und Artefakte zurück, wie bei früheren Programmen. Hardware wird bis zur Zerstörung getestet. Daten werden digital gespeichert, Updates für Raumfahrzeuge werden als Text-Messages geliefert. Obendrein haben private Unternehmen keine Veröffentlichungspflichten. Ihre Dokumentation landet auf irgendwelchen Festplatten, die der Öffentlichkeit nicht zugänglich sind, und dort ist sie vielleicht schon in wenigen Jahren nicht mehr abrufbar.

Das mag nur ein Randaspekt sein. Aber allein die Tatsache, dass sich inzwischen schon die Historiker über die fortschreitende „New Space" Ära Gedanken machen, zeigt, dass sich die Raumfahrt derzeit im Umbruch befindet. Die Private Raumfahrt ist in diesem Buch mit einem Thema vertreten, das nur auf den ersten Blick langweilig erscheint. Der Titel „Gesetze für die Raumfahrt" stellt neuere juristische Entwicklungen in der privaten Raumfahrt vor und erläutert, warum rechtliche Rahmenbedingungen für die Private Raumfahrt unabdingbar notwendig sind. In unserem Themenblock zum rapiden Wachstum der Privaten Raumfahrt beschäftigen wir uns auch mit dem rapiden Anwachsen der Zahl neuer Trägerraketen-Typen. Zwei Stories nehmen sich dieser auffallenden Entwicklung an: „Kleinträger-Schwemme" und „Schwere Kaliber". Dann fragen wir uns im Beitrag „Space Tourismus: wann bitte geht's jetzt endlich los?", was denn mit dem Weltraumtourismus geschehen ist, der doch eigentlich längst im vollen Umfang begonnen haben sollte. 14 Jahre ist es inzwischen her, seit Mike Melville und Brian Binnie als erste Menschen mit einem privat gebauten Vehikel die Karman-Linie überschritten haben. Was ist hier falsch gelaufen?

Und schließlich gibt es ein weiteres Thema, das zwar die institutionelle Raumfahrt betrifft, aber von der Privaten Raumfahrt betrieben wird: Amerikas CCDev-Programm, das „Commercial Crew Development Program", mit dem die USA nach achtjähriger Abstinenz wieder in die bemannte Raumfahrt einsteigen wollen. Die ersten Besatzungen stehen inzwischen fest, nicht aber die genauen Termine für die Erprobungsflüge. Diese Testmissionen könnten den Betrieb der Internationalen Raumstation ganz schön durcheinander bringen und wir sehen uns an, wie das so ablaufen könnte. Der Mars bleibt weiterhin ein Raumfahrt-Kernthema. Wir widmen ihm in dieser Ausgabe von SPACE zwei Beiträge. Zum einen berichtet VFR-Mitglied Tanja Lehmann in ihrem Artikel „MIRIAM-2 – Parabelflug Reloaded" über die neuesten Entwicklungen zum Mars-Forschungsballon der Mars Society, für den sie die Testingenieurin ist. Selbst in einem Raumfahrtverein wie dem VFR ist kaum jemand dem Thema Raumfahrt so nahe wie Tanja Lehmann.

Der zweite Beitrag zum Roten Planeten beschäftigt sich mit dem möglichen Ablauf der seit Jahrzehnten geplanten Mars Sample Return Mission. Sie gilt als der „Heilige Gral" der unbemannten Raumfahrt, und wir sind näher an ihrer Verwirklichung denn je.

Ein großes Raumfahrt-Fest fand beim rührigen Morgenröthe-Rauthenkranz e.V. im gleichnamigen Ortsteil der Gemeinde Muldenhammer im Vogtland statt. Raumfahrtfans wissen, dies ist die Heimat von Sigmund Jähn, dem ersten deutschen Raumfahrer. Der wurde in diesem Jahr anlässlich des 40. Jahrestags seines historischen Raumflugs groß gefeiert, und bekam bei diesen Festlichkeiten den „Silbernen Meridian" verliehen. VFR-Mitglied Andreas Drexler war federführend an der Entwicklung und Vergabe dieses Preises beteiligt. Er berichtet in dieser Ausgabe über das festliche Ereignis, bei dem selbst ISS-Astronaut Alexander Gerst via Videozuschaltung aus der Internationalen Raumstation anwesend war.

Für unsere traditionelle SPACE-Filmkritik konnten wir uns in diesem Jahr nicht zur Besprechung eines aktuellen Science Fiction Films durchringen. Der einzige Streifen, der unseres Erachtens eine detaillierte Besprechung wert gewesen wäre, „Auslöschung" mit Natalie Portman in der Hauptrolle, läuft in

Deutschland leider nur auf Netflix und nicht in den Kinos. Stattdessen haben wir eine sehr interessante Raumfahrt-Dokumentation aufgetrieben, die ab September 2018 in die Kinos kommt: Fly, Rocket Fly – Mit Macheten zu den Sternen. Die Geschichte von Lutz Kayser, der bereits in den 70iger Jahren der deutsche Elon Musk hätte sein können, wäre ihm nicht die große Politik in die Quere gekommen. Und schließlich beschäftigen wir uns in SPACE 2019 einmal mehr mit den Aliens. Dieses Mal mit der Frage: Warum haben wir sie nicht bereits längst entdeckt. Unsere Story „Die Welt der Fremden oder ‚wo sind sie'?" versucht sich an dieser Frage.

Und damit leiten wir über zu unserem Science-Fiction-Teil. Unser Thema lautete dieses Mal „Roboter und Künstliche Intelligenzen". Die Qualität der Einsendungen war noch einmal besser als im letzten Jahr, wo wir bereits ein sehr hohes Niveau zu verzeichnen hatten. Alle drei Siegerstories sind außerordentlich anspruchsvoll, spannend und lesenswert.

Neben den Artikeln widmen wir einen wesentlichen Teil des Buches wie immer einer ausführlichen Schilderung aller Raumfahrtstarts in der SPACE-typischen Berichtsperiode, die von September 2017 bis August 2018 läuft. Wir haben damit in den bislang erschienen 15 Bänden jede einzelne Mission, die seit dem 5. Januar 2003 in den Orbit oder darüber hinausging, ausführlich beschrieben. Für die Zahlenfreaks unter unseren Lesern, und davon gibt es eine ganze Reihe wie wir wissen, haben wir wie jedes Jahr einen Block von mehr als 20 Seiten zur Statistik des Jahres erarbeitet. Und damit es nicht zu trocken wird, gibt es gleich im Anschluss an den Statistik-Teil das Gegengewicht: Die besten Raumfahrtbilder der Berichtsperiode.

An dieser Stelle ist auch wie immer der Platz, dem gesamten SPACE-Team zu danken. Allen voran den beiden Hauptprotagonisten Peter Schramm, dem „General Manager" des Projektes und unserem Grafiker, Layouter und Ideengeber Stefan Schiessl, der dafür sorgt, dass dieses Werk von optisch herausragender Qualität ist, und der obendrein immer eine Druckerei findet, die das Buch schnell und günstig produziert. Lothar Karl organisierte routiniert den Science-Fiction-Wettbewerb und ein ganz besonders herzlicher Dank geht an unsere Lektoren Margit Drexler, Heimo Gnilka und Thomas Krieger.

Ein großes Dankeschön richten wir wie immer auch an unsere Sponsoren. Sie finanzieren den wesentlichen Teil unserer Druckkosten, und ermöglichen es so, SPACE in dieser Aufmachung, Qualität und vor allem zu diesem günstigen Preis anzubieten. Es wird Ihnen auffallen, dass wir ab diesem Jahr den Anzeigenteil am Ende des Buches aufgelöst und die Anzeigen unserer Unterstützer im Buch verteilt haben. Wir glauben, dass Sie als Leserinnen und Leser von SPACE mit dieser Neuerung gut leben können, denn wir haben durchweg interessante gewerbliche Unterstützer, die Ihre Aufmerksamkeit verdienen.

An dieser Stelle einen Hinweis, den wir bereits in der Ausgabe vom letzten Jahr brachten: Der Science-Fiction-Wettbewerb ist uns so ans Herz gewachsen, dass der VFR-Verlag ein separates E-Book und Taschenbuch mit den besten Stories der letzten 10 Jahren herausgebracht hat. Wir bewerben dieses Buch in der neuen Ausgabe von SPACE. Es ist ein hochwertiges Buch und eignet sich bestens als Weihnachtsgeschenk oder als kleine Aufmerksamkeit zum Geburtstag oder einfach mal zwischendurch.

Zu guter Letzt: Schauen Sie in unsere Kontakt-Ecke, wo Sie unter www.vfr.de mit der Mail-Adresse space@vfr.de direkt mit uns in Verbindung treten können. Oder sehen sie sich unser Internet-Portal www.space-jahrbuch.de an, wo sie neben interessanten Dingen um das Thema Raumfahrt auch viele Informationen zu unserem Jahrbuch und sein Entstehen erhalten. Das ist auch der Ort, an dem sie die Bände vergangener Jahre nachbestellen können, die im Buchhandel möglicherweise schon vergriffen sind.

Wenn Sie Kritik haben oder Lob, Tipps oder Meinungen, ein Problem oder eine Frage zu den Inhalten, wenn Sie sich schon mal die Ausgabe für das nächste Jahr reservieren wollen oder gerne der Tochter oder dem Sohn eins der Bücher schenken wollen, gerne auch signiert, schreiben Sie uns einfach eine Mail. Wir freuen uns auf Ihr Feedback.

Und jetzt hinein ins Raumfahrtgeschehen. Wir wünschen Ihnen viel Freude bei der Lektüre von SPACE 2019. Bleiben Sie uns treu und gewogen.

Im Namen des SPACE-Teams,

Ihr ***Eugen Reichl***

SPACEX

Was macht Elon Musk, wenn sich niemand traut, seiner Falkon Heavy-Testrakete eine Nutzlast anzuvertrauen? Er wählt selber eine aus und schickt damit seinen roten Tesla-Roadster in Richtung Mars-Umlaufbahn. Am Steuer ein Crashtest-Dummy, der in einen SpaceX-Raumanzug gekleidet ist.

THEMEN IM FOKUS

Der erste Alina-Lander soll zwei Audi Lunar-Quattro Rover in unmittelbarer Nähe der Landestelle von Apollo 17 absetzen und den dortigen Rover aus dem Jahre 1972 inspizieren.

ZURÜCK ZUM MOND – RENAISSANCE IM WELTRAUM

Am 13. September 1959, um 21 Uhr, 2 Minuten und 24 Sekunden koordinierter Weltzeit (UTC), die man damals noch Greenwich Mean Time (GMT) nannte, erreichte das erste von Menschen geschaffene Objekt die Mondoberfläche. Seine Bezeichnung, E-1-6, klang ein wenig spröde. Viel besser bekannt wurde es daher unter dem Namen, den die sowjetische Nachrichtenagentur TASS dem Objekt gab: Luna 2. In Moskau, drei Zeitzonen weiter östlich, dort, wo man seinen Flug veranlasst hatte, war zu diesem Zeitpunkt bereits der 14. September angebrochen.

Der Einschlag erfolgte ungebremst 800 Kilometer vom Zentrum der sichtbaren Mondscheibe entfernt, zwischen den Kratern Autolycus und Archimedes mit einer Geschwindigkeit von etwa 12.000 Kilometern pro Stunde. 30 Minuten später erschütterte ein zweiter Einschlag die bis dahin unberührte Mondoberfläche, als auch die dritte Stufe der R-7 8K72-Trägerrakete den Mond erreichte. Die sowjetische Nachrichtenagentur TASS meldete sich an diesem Morgen mit folgendem Wortlaut:

„Heute, am 14. September, um 12:02:24 Uhr Moskauer Zeit, erreichte ein zweites sowjetisches Raumfahrzeug die Oberfläche des Mondes. Zum ersten Mal in der Geschichte ist damit ein Raumflug von einem Himmelskörper zu einem anderen erfolgt. In Erinnerung an dieses bemerkenswerte Ereignis wurden Plaketten mit dem Emblem der UdSSR und der Inschrift „Union der sozialistischen Sowjetrepubliken, September 1959" auf der Oberfläche des Mondes platziert. Das Erreichen der Mondoberfläche durch dieses sowjetische Raumfahrzeug ist ein bemerkenswerter Erfolg der Wissenschaft und Technologie. Es ist der Anfang einer neuen Phase in der Weltraumforschung".

Das mit dem „zweiten sowjetischen" Raumfahrzeug in der TASS-Meldung bezog sich auf Luna 1, die im Januar desselben Jahres am Mond vorbeigeflogen war (lesen Sie dazu den nachfolgenden Artikel: Die ersten Lunas). Von da an, so schien es, gehörte der Mond zu unserem Heimatplaneten. Die Metapher vom siebten Kontinent der Erde machte die Runde. Nur wenige Wochen später verzeichnete die Sowjetunion einen weiteren Erfolg, als Luna 3 die ersten Bilder von der Rückseite des Mondes übermittelte. Die nächsten Schritte in der Eroberung des Mondes waren schwieriger. Erst im Januar 1966 gelang Luna 9 die erste weiche Landung auf dem Erdtrabanten und kurz darauf erreichte mit Luna 10 erstmals eine Raumsonde eine Umlaufbahn um den Mond. Dann begann die Zeit des Apollo-Mondprogramms. Es schien, als sei den Menschen im Weltraum von nun an alles möglich. Nur vier Jahre lagen zwischen der ersten Umkreisung des Erdbegleiters durch Apollo 8 im Dezember 1968, bis zur letzten Landung von Apollo 17 im Dezember 1972. Insgesamt 24 Menschen flogen zum Mond, drei von ihnen sogar zweimal. Zwölf US-Astronauten landeten auf dem Erdtrabanten und gelangten sicher wieder zur Erde zurück. Weit weniger erfolgreich als das Apollo-Programm verliefen die beiden bemannten Mondprogramme der UdSSR, das Projekt L1 mit zirkumlunaren Umfliegungen des Erdtrabanten und das Programm L3 mit der eigentlichen Landung. Beide Vorhaben scheiterten auf der ganzen Linie. Mit unbemannten Sonden war die Sowjetunion dagegen weit erfolgreicher. Die erste unbemannte Probenrück-

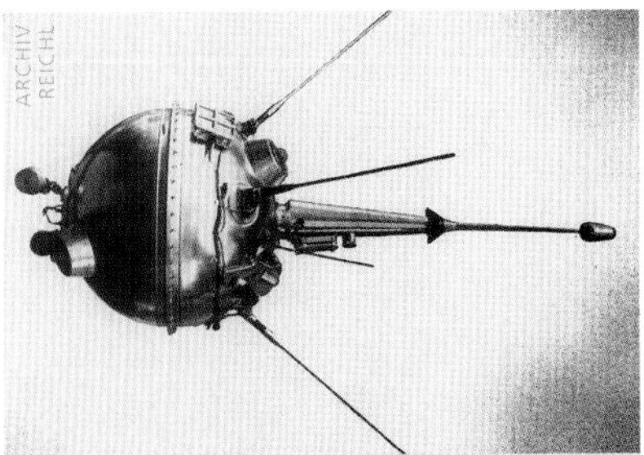

Am 13. September 1959 erreichte die 390 Kilogramm schwere Einschlagsonde Luna 2 die Mondoberfläche.

Diese beiden Plaketten brachte die sowjetische Probenrückführsonde Luna 24 zum Mond.

führung von Mondmaterial zur Erde gelang den Sowjets mit Luna 16 im September 1970. Luna 17 brachte im November 1970 den ersten Lunochod-Rover auf den Mond. Danach sandten die Sowjets noch einen weiteren Rover und mehrere Orbiter und Lander mit Probenrückführkapseln zum Erdbegleiter. Die letzte in dieser Serie war im August 1976 Luna 24.

Am 24. August 1976 berichtete die sowjetische Nachrichtenagentur TASS, dass mit der Landestufe von Luna 24 auf dem Mond noch Kontakt bestehe. Diese Meldung war die letzte offizielle Verlautbarung, die jemals im Rahmen des sowjetischen Luna-Programms gemacht wurde. Es dauerte 37 Jahre und vier Monate, bis nach Luna 24 die nächste weiche Landung auf dem Erdtrabanten erfolgte. Zu diesem Zeitpunkt war bereits ein neuer starker Mitspieler in der Raumfahrtszene vertreten und der interessierte sich, im Gegensatz zu praktisch allen anderen Nationen, brennend für den Mond. Somit war es kein Wunder, dass die erste Landung nach fast vier Jahrzehnten Pause von der chinesischen Raumsonde Chang'e 3 am 14. Dezember 2013 durchgeführt wurde.

DER MOND IST EIN GESCHENK DES HIMMELS

Der Erdmond ist wahrhaftig ein Geschenk des Himmels. Mit einem Durchmesser von knapp 3.500 Kilometern ist er der fünftgrößte Planetenbegleiter des Sonnensystems. Damit ist er der größte Mond innerhalb des Asteroidengürtels. Befände er sich in einer Umlaufbahn um den Jupiter, er wäre dort der drittgrößte Mond, nach Io und vor Europa. Am Saturn wäre er die Nummer zwei nach Titan. In den Mondsystemen der Planeten Neptun und Uranus wäre er der unbestrittene Herrscher. Im Vergleich zur Größe seines Planeten, den er umkreist, ist er ungeheuer groß. So groß, dass viele Astronomen Erde und Mond mit ihrem Größenverhältnis von 1 : 3,7 als Doppelplanetensystem bezeichnen. Seine Oberfläche ist viermal so groß wie die Europas. Eine Laune der Natur hat uns diesen gewaltigen Mond geschenkt, der sich – in astronomischen Maßstäben – unmittelbar vor unserer Haustür befindet. Der Mond ist eine Raumstation ungeheuren Ausmaßes, deren Erforschung nach wie vor auf uns wartet. Bei unseren wenigen Besuchen haben wir seine Geheimnisse gerade einmal ange-

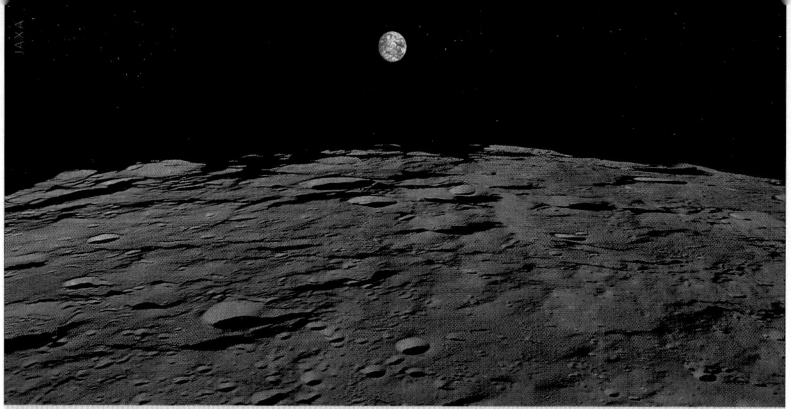

Dieses Bild des Mondes und der fernen Erde stammt von der japanischen Raumsonde Selene.

kratzt. Wir sind weit davon entfernt, ihn vollständig zu verstehen. Dort, gleich an der nächsten kosmischen Ecke, warten wissenschaftliche Erkenntnisse, wertvolle Ressourcen und eine Umwelt, die ideale Voraussetzungen für weitere Erkundungen des Universums bietet. Der Mond ist für uns heute gut erreichbar, wenngleich es nicht leicht ist. Aber wir haben schon vor sechs Jahrzehnten bewiesen, dass wir es schaffen können. Er stellt so etwas wie den Lackmus-Test unserer technischen und organisatorischen Fähigkeiten dar. Eine Nation, die es schafft zum Mond zu fliegen oder gar auf ihm zu landen, nötigt uns höchsten Respekt und Anerkennung ab. Der Mond verkörpert alles, was uns als Menschen fordert. Er ist ein Objekt der Romantik, der Herausforderung, des Wagemutes und er ist ein Sprungbrett ins Sonnensystem und zu den Sternen. Trotzdem haben wir rätselhafterweise nach einer ersten Phase oberflächlicher Erkundung beschlossen, unseren nächsten kosmischen Nachbarn nicht mehr zu besuchen. Wie konnte so etwas geschehen? Versuchen wir eine Analyse.

VIER JAHRZEHNTE FUNKSTILLE

Die Sowjetunion, die bis 1976 ein sehr erfolgreiches unbemanntes Forschungsprogramm betrieb, geriet in dieser Zeit in immer größere wirtschaftliche Probleme. Froh, das Rennen um den Mond gegen die Amerikaner endlich aufgeben zu können, beschäftige man sich in der bemannten Raumfahrt von nun an mit einem moderaten Raumstationsprogramm, das seinen Höhepunkt in der Raumstation Mir fand. Weitere Mittel standen nicht zur Verfügung, vor allem auch, weil man auf die unglückliche Idee kam, den US-Space Shuttle „nachzuentwickeln". Das System Energia/Buran verschlang Unsummen, band enorme Ressourcen und führte am Ende zu keinem brauchbaren Resultat. Der Zusammenbruch der Sowjetunion tat sein Übriges. Die Folgen wirken sich bis in die Gegenwart aus. Bis heute lebt Russland von der Substanz der Sowjetära. Es kommt kaum zu Neuentwicklungen. An den wenigen Stellen, wo es sie gibt, verlaufen sie mit gletscherhafter Langsamkeit. Gut zu beobachten ist das an der Indienststellung der Trägerrakete Angara, die sich seit vielen Jahren zäh dahinschleppt, oder an der Errichtung des neuen Raumflughafens in Wostotschny. Die Raumfahrt-Ressourcen im finanziell klammen Russland reichen nur noch für wenige Dinge. Mondflüge und Planetenmissionen, wissenschaftliche Missionen generell, gehörten jahrzehntelang nicht dazu. In den USA sah es wirtschaftlich Mitte der siebziger Jahre zwar weit besser aus, aber die Zielsetzung für die Raumfahrt war dennoch verfahren. Was die bemannten Missionen betraf, so gab es einen vagen Plan. Zuerst den Shuttle, der die Flüge in den Orbit um mehrere Größenklassen billiger machen sollte, danach eine modulare Mondinfrastruktur. Nach dem Abschluss des Apollo-Programms rechnete man mit dem Beginn der Shuttle-Flüge etwa für das Jahr 1978. In den frühen Achtzigern, so die etwas nebulöse Idee, sollte dann eine Shuttle-basierte Mondarchitektur entstehen, bei der etwa ab Mitte der achtziger Jahre mit je etwa vier bis fünf Shuttle-Missionen eine bemannte Mission zum Mond hätte gestartet werden sollen. Realisten wollten das seinerzeit nicht so recht glauben, und waren der Meinung, dass es wohl eher bis in die neunziger Jahre dauern könnte, bis man wieder bemannt zum Mond fliegen würde. Wie lange es am Ende aber tatsächlich dauern sollte, hätten selbst die überzeugtesten Pessimisten nicht für möglich gehalten. Der Einsatz der Raumfähren verzögerte sich schließlich Jahr um Jahr, und als sie schließlich in Betrieb gingen, waren ihre Betriebskosten astronomisch hoch. Mondpläne mit Hilfe des Shuttles zerschlugen sich schon deshalb bald. Dennoch hätte es bereits Ende der achtziger Jahre wieder so weit sein können. Präsident Bush hatte die Space Exploration Initiative ins Leben gerufen, deren finales Ziel es war, zum Mars zu fliegen. Aber auch der Mond wäre, gleichsam als Zwischenziel, mit auf dem Plan gestanden. Ein weiterer Teil des Gesamtprogramms war die US-Raumstation „Freedom". Der damalige Vizepräsident Dan Quayle wies die Raumfahrtbehörde an, ein Programm für die Space Exploration Initiative auszuarbeiten und das dafür benötigte Budget zu bestimmen. An dieser Stelle beging die NASA den größten Fehler ihrer Geschichte.

Die teure Entwicklung des sowjetischen Shuttles Buran/Energia verschlang Unsummen und band viele Ressourcen.

In der Hoffnung, wieder zu alter Größe zurückzukehren, entwarf sie in der berüchtigten 90-Tage-Studie (ihr exakter Name war „The 90-Day Study on Human Exploration of the Moon and Mars") einen grandiosen Entwurf, der sich über drei Jahrzehnte erstreckte und 500 Milliarden Dollar teuer war. Der Plan fiel im Kongress mit Pauken und Trompeten durch.

George Bush Senior war zwischen 1989 und 1994 US-Präsident.

Norman Augustine bestimmte den Rahmen des NASA-Programmes für zwei Jahrzehnte.

Mike Griffin war zwischen dem 13. April 2005 und dem 20. Januar 2009 NASA-Administrator

NORMAN AUGUSTINE – ZERSTÖRER UND ERLÖSER

Die Folge war die Einberufung der „Augustine Commission", benannt nach dem Auftragnehmer dieser Studie, dem Aerospace-Experten und Geschäftsmann Norman Augustine. Sein Bericht ging als der „Augustine-Report" in die Geschichte ein, und bestimmte die Raumfahrt in den USA in den nächsten beiden Jahrzehnten. Die grandiosen Pläne wurden bis zur Unkenntlichkeit zusammengestutzt. Die bemannte Raumfahrt beschränkte sich von nun an auf die niedrige Erdumlaufbahn. Das gesamte Raumfahrtprogramm erhielt die Vorgabe, den Rahmen des damals sehr niedrigen NASA-Budgets nicht zu überschreiten. Im September 1996 gab das National Science and Technology Council einen revidierten National Space Policy Plan heraus. In diesem Report wurde nirgendwo mehr das Thema bemannte Raumfahrt außerhalb des niedrigen Erdorbits erwähnt. Es gibt eine Anekdote, nachdem in diesem Jahrzehnt bei der NASA eine interne Dienstanweisung bestand, die besagte, dass der Begriff „bemannt" nicht auf derselben Seite eines Dokumentes erscheinen durfte, das sich mit den Themen Mond oder Mars beschäftigte. Dan Goldin, der fast 10 Jahre lang NASA-Administrator war, griff Augustines Empfehlungen auf. Unter seiner „Regentschaft" wurden alle bemannten Pläne zu Mond und Mars storniert. Sein Mantra lautete nun „faster, better, cheaper" (besser, schneller, billiger) und es dauerte bis zum Ende seiner Amtszeit, bis er begriffen hatte, dass man von diesen drei Begriffen in einem Raumfahrtprogramm maximal zwei gleichzeitig verwirklichen kann, wenn man nicht grandios scheitern will. Da übermittelte Clementine, eine kleine Mondorbitsonde, und das erste Raumfahrzeug der USA seit den Apollo-Tagen, das auf eine Mission zum Erdtrabanten geschickt wurde, die Entdeckung, dass auf dem Mond Wassereis existierte. Nichts hätte zu diesem Zeitpunkt ungelegener kommen können, als diese Nachricht. So stellte die NASA die Erkenntnisse ihrer eigenen Forschungssonde in Frage und versuchte, die Bedeutung dieser Entdeckung herunterzuspielen. Das letzte, was sie im damaligen politischen Umfeld hätte brauchen können, wäre eine großangelegte Initiative der Wissenschaftsgemeinde, den Mond wieder in den Fokus der Aufmerksamkeit zu bewegen. Erst unter den Administratoren Sean O'Keefe und vor allem Mike Griffin gab es ab 2005 erneute Vorstöße für bemannte Flüge in Richtung Mond. Das Constellation-Programm wurde ins Leben gerufen. Doch das war für seine drei ambitionierten Ziele „Fertigstellung der Internationalen Raumstation, Rückkehr zum Mond bis spätestens 2020 und bemannte Flüge zum Planeten Mars" hoffnungslos unterfinanziert. Somit war auch sein Scheitern vorprogrammiert und so geschah es schließlich im Jahre 2009. Das Programm wurde eingestellt. Alle bis dahin entwickelten und in Entwicklung befindlichen Elemente wurden storniert. Fast alle, denn zwei blieben: Die Trägerrakete SLS, das war die größere der beiden für das Constellation-Programm vorgesehenen Trägerraketen und die Raumkapsel Orion.

Es ist eine interessante Randnote der Geschichte, dass die US-Regierung im Jahre 2009 erneut Norman Augustine beauftragte, die Ziele der USA im Weltraum zu definieren. Das Untersuchungsgremium wurde bekannt als das „Augustine Committee". Und Augustine löste den Bann, mit dem er selbst knapp 20 Jahre zuvor die US-Raumfahrt in die Erstarrung geschickt hatte, denn sein Komitee kam nun zu dem Schluss: „the ultimate goal of human exploration is to chart a path for human expansion into the solar system" (das letztendliche Ziel menschlichen Forschens ist es, einen Weg für die menschliche Expansion in das Sonnensystem zu entwerfen").

Logo des Google Lunar X-Price

DAS NEUE INTERESSE AM MOND

Seitdem ging es zunächst zäh, in den letzten Jahren aber zunehmend schneller mit neuen Mond-Initiativen voran. Auslöser für die neuen US-Bemühungen dürfte auch das starke Interesse Chinas am Mond sein. Wieder einmal gilt es „claims" abzustecken, und da wollen die Amerikaner nicht außen vor sein. Doch nicht nur geostrategische Überlegungen beförderten das neue Interesse am Mond. Einen enormen Anschub für die Renaissance im Weltraum brachte auch der Google Lunar X-Price. Ein Wettbewerb, bei dem es darum ging, mit einem privat konstruierten und gebauten Raumfahrzeug ohne wesentliche institutionelle Einflüsse eine Robotsonde auf dem Mond zu landen, und dort von ihr ein vorgegebenes Spektrum an Aufgaben erfüllen zu lassen. Der Google Lunar X-Price begann im Jahre 2007 und endete – ohne das unmittelbare Ziel einer Landung auf dem Mond erreicht zu haben – im März 2018. Während der Zeit seiner Durchführung gelang es aber einer ganzen Reihe von Unternehmen, sich eine technologische und finanzielle Basis aufzubauen, um die eigentlich während des Google Lunar X-Price geplanten Missionen bald danach durchzuführen. Zudem erwies sich der Wettbewerb als enorm öffentlichkeitswirksam, und diente so als Katalysator für das Interesse am Mond. Er pflanzte die Vorstellung der Machbarkeit einer Mondlandung mit vergleichsweise moderaten Mitteln in die Köpfe der Menschen. Aus dem Google Lunar X-Price sind eine Reihe von Unternehmen hervorgegangen, die jetzt den Mondflug auf kommerzieller Basis wagen und schon unmittelbar davor, oder zumindest nicht mehr sehr weit davon entfernt sind, dieses Ziel auch zu realisieren.

Ein weiterer Punkt für das neu erwachte Interesse um den Mond ist die inzwischen als sicher geltende Erkenntnis, dass zumindest an einigen Stellen Wasser in Form von Eis vorhanden ist. Diese Neuigkeiten, die bereits die US-Raumsonde Clementine Mitte der neunziger Jahre einer damals eher unwillig reagierenden NASA offenbarte, bestätigte der indische Mondorbiter Chandraayan-1 in den Jahren 2008 und 2009. Dass es auf dem Mond wertvolle Ressourcen gibt, war zwar schon seit der Apollo-Ära bekannt, aber in Verbindung mit dem Basiselement Wasser bekam diese Erkenntnis eine ganz neue Wertigkeit. Damit eröffnet sich die Möglichkeit, diesen für eine Vielzahl von Zwecken lebenswichtigen Stoff zukünftig nicht mehr von der Erde mitnehmen zu müssen, sondern vor Ort gewinnen zu können. Dann stehen heute, verglichen mit den Apollo-Tagen, völlig neue Technologien zur Verfügung. Angefangen von den enormen Fortschritten im Bereich der Daten- und Informationsverarbeitung, über die Robotik bis hin zu praktischen Hilfsmitteln wie etwa 3D-Druckern, mit denen es ein Leichtes sein sollte, innerhalb kurzer Zeit strahlungssichere Habitate herzustellen, ohne dass man dafür Material auf dem teuren Transportweg von der Erde herbringen muss, einfach in dem man aus dem überall herumliegenden Regolith Ziegel herstellt. Auch Werkzeuge, Mobiliar und ähnliches kann heute mit 3D-Druckern vor Ort produziert werden.

Zusätzlich bietet sich der Mond als "Testgelände" für neue Technologien und Forschungsmöglichkeiten an, beispielsweise für die Erprobung von Hardware für Einsätze in den Tiefen des Sonnensystems. Sollten sich bei den Tests auf dem Erdtrabanten Probleme herausstellen, dann hat der Mond den Vorteil, nur wenige Reisetage von der Erde entfernt zu liegen. Ganz anders als bereits beim Mars, zu dem man mehr als ein halbes Jahr unterwegs ist. Die Radioastronomen schielen schon lange zum Mond. Auf seiner Rückseite würde sich ein Lauschposten der Extraklasse anbieten. Dort würde die gesamte Masse des Mondes jegliche störende elektromagnetische Strahlung der Erde abschirmen. Das gilt vor allem für das Lauschen in Frequenzbändern, die auf der Erde stark frequentiert sind. Auf der Mondrückseite wäre dagegen vollständige Radiostille auf diesen Kanälen. Derzeit ist die Situation bei den Radioastronomen

Die von der Erde aus stets verborgene Rückseite des Mondes (hier ein Bild der chinesischen Raumsonde Chang'e 5T1) wäre ein idealer Forschungsplatz für die Radioastronomie.

auf manchen Frequenzen vergleichbar, als würde man optische Astronomie mit einem Flutlicht betreiben, das in das Teleskop hineinleuchtet. Schließlich kann der Mond und der cislunare Raum das nächste gemeinsame Ziel unterschiedlicher Nationen im Weltraum sein. Quasi als Nachfolger der Internationalen Raumstation. Es wäre erneut eine große, technologisch fordernde und wissenschaftlich hoch interessante Aufgabe, die es gemeinsam zu meistern gilt. Kurz und gut, es geht wieder zum Mond – unbemannt und bemannt. Dieses Mal nicht für eine kurze Stippvisite, sondern um zu bleiben. Greifen wir uns aus den zahllosen Plänen diejenigen heraus, die derzeit auf einer weitgehend gesicherten Basis stehen und die für die nahe und mittlere Zukunft terminiert sind. Beginnen wir dabei mit dem Nachfolger des Landes, das die erste Phase der Monderkundung in der Mitte der siebziger Jahre abgeschlossen hat.

Luna 25. Künstlerische Darstellung.

RUSSLAND: GROSSE PLÄNE, WENIG GELD

Seit vielen Jahren gibt es eine lange Liste russischer Mondpläne. Sie zeichnen sich vor allem dadurch aus, dass die jeweils erste Mission dieser Aufstellung zu jedem beliebigen Zeitpunkt mindestens zwei Jahre in der Zukunft liegt. Derzeit stehen fünf unbemannte Missionen auf dieser Liste. Sie tragen die Bezeichnungen Luna 25 – Luna 28 und sind, bis auf die erste, weitgehend noch in der Powerpoint-Phase. Relativ gesichert ist Luna 25, auch Luna-Glob genannt. Ein Projekt, das sich inzwischen seit über 20 Jahren in der Pipeline befindet und

– Sie ahnen es vielleicht schon – in etwa zwei Jahren gestartet werden soll. Bei Luna 25 handelt es sich um einen experimentellen Lander. Das Wort „experimentell" stimmt etwas wehmütig bei einem Land, das vor über vier Jahrzehnten bei unbemannten Mondlandungen so erfolgreich war. Doch Russland hat längst die astronautischen Fähigkeiten verloren, über die es im Jahre 1976 verfügte. Know-How ist ein sehr verderbliches Gut. Es löst sich in Nichts auf, wenn es nicht permanent gepflegt wird. Im Falle Russlands ist dieses Know-How definitiv weg, und muss von Anfang an neu erarbeitet werden. Vor allem deshalb gilt Luna 25 als „experimentell". Vorgesehen ist eine Landung im Krater Boguslawski, in der Nähe des lunaren Südpols. Nachdem für dieses Projekt tatsächlich bereits Hardware im Bau, und die Finanzierung offensichtlich gesichert ist, kann man auch ausnahmsweise wirklich mit einem Start rechnen. Momentan sieht es nach Mai 2021 aus. Noch weiter in der Zukunft liegen Luna 26 und Luna 27. Ersterer ist ein Orbiter auf einer polaren Mondumlaufbahn, der laut aktueller Planung 2022 gestartet werden soll. Luna 27 ist ein weiterer Lander der 2023 auf der Mondrückseite im Aitken-Basin des Südpols niedergehen soll. Hier ist eine europäische ESA-Beteiligung geplant, was die Durchführungswahrscheinlichkeit deutlich erhöht, so dass man diese Mission als gesichert betrachten kann. Dennoch wie immer bei russischen Weltraumplänen: das Startdatum ist nicht in Stein gemeißelt. Luna 28 wäre schließlich eine komplexe Landemission mit einem Rover, die irgendwann nach 2025 auf die Reise gehen soll.

Auch bemannte Mondflüge kündigt die russische Raumfahrtagentur regelmäßig an. Fast jedes Jahr gibt es neue Initiativen. Für keine davon scheint es eine gesicherte Finanzierung zu geben. Bemannte Mondumkreisungen um 2028 und bemannte Landungen ab 2030, das sind die Termine, die aktuell genannt werden. Man kann sie wohl als pures Wunschdenken abtun.

DIE PRIVATEN – KLEIN UND AGIL AUF DEM MOND

Mindestens genauso viel versprechend wie die russischen Pläne sind die Projekte der privaten Unternehmen. Diese Firmen sind durchweg aus dem Google Lunar X-Price Wettbewerb hervorgegangen. Möglicherweise können wir hier schon um den Jahreswechsel 2018/2019 mit einer ersten Mission rechnen, wenn das israelische Unternehmen SpaceIL seinen Sparrow-Lander mit einer Falcon 9-Rakete auf eine geostationäre Transferbahn bringen lässt. Von diesem Absprungpunkt aus will sich das Unternehmen dann mit seinem 585

Der Sparrow-Lander von SpaceIL. Künstlerische Darstellung

Kilogramm schweren Raumfahrzeug in Richtung Mond vorarbeiten, und im Februar 2019 dort landen. Team Indus aus Indien steht ebenfalls bereit und könnte innerhalb eines Jahres starten, wenn es da nicht die noch ungeklärte Frage der Finanzierung für den Träger gäbe. Die dafür notwendige PSLV-Rakete ist nämlich noch nicht bezahlt. Sie soll das Landegerät der indischen Truppe, den HHK-1 Lander und den ECA-Rover auf die Mondoberfläche bringen. ECA steht übrigens in Sanskrit für Ek Choti si Asha, ein Name, der auf die nicht allzu hohen Erwartungen passt, die sich das Team für den Erfolg ihrer Mission macht. Es bedeutet nämlich „eine kleine Hoffnung". Die ganze Mission soll in 30 Tagen abgewickelt werden. Zehn Tage für den Hinflug, zehn Tage Betrieb in der Mondumlaufbahn, wobei die Orbithöhe graduell abgesenkt wird, danach die Landung und etwa zehn Tage Betrieb auf der Mondoberfläche innerhalb eines Mondtages. Die „Team Indus"-Ingenieure erwarten nicht, dass der ECA-Rover die darauf folgende 14 Erdentage dauernde Mondnacht überstehen kann.

Auch das US-Unternehmen Moon Express geht zum Zeitpunkt an dem diese Zeilen entstehen gerade durch eine Finanzierungskrise. Vielleicht ist das mit ein Grund dafür, dass die in Cape Canaveral beheimatete Firma beim Jungfernflug ihres MX-1 Vehikels nicht gleich auf die Mondoberfläche will, sondern zunächst eine Mondorbit-Mission durchführen wird. Das macht Sinn, denn um die Finanzdecke etwas aufzupolstern will man bei der NASA Eindruck schinden, und ihr kleines Vehikel zunächst für das CLPS-Programm (dazu gleich mehr) und später für Missionen zu Asteroiden und den Marsmonden empfehlen. Da ist eine Flugdemonstration keine schlechte Idee. Erst bei der zweiten Mission ist dann eine Landung geplant.

Das MX-1 Vehikel ist ausgesprochen klein. Es hat in etwa die Dimensionen eines Sitzkissens. Das erlaubt es dem Unternehmen aber auch, als Trägerrakete die Electron von Rocket Lab zu verwenden, die an sich konzipiert wurde, um Kleinsatelliten in niedrige Erdumlaufbahnen zu bringen.

Für alle Nachfolgemodelle, und es sind unter den Bezeichnungen MX-2 – MX-9 einige in Planung, ist diese Nutzlastkapazität allerdings zu klein, so dass dafür wohl der nächstgrößere Träger in Frage käme, den der Markt zu bieten hat. Das wäre der Launcher One von Virgin Orbit, der in etwa die doppelte Nutzlastkapazität aufweist, wie die Electron. Das zweite private US-Unternehmen, das sich zum Mond aufmacht, ist Astrobotic. Dieses Startup hat in den Tagen, an denen diese Zeilen entstehen, gerade seinen Triebwerkshersteller für den Peregrine-Lander ausgewählt. Das soll die Firma Dynetics übernehmen und es ermöglichen, dass der Peregrine ab 2020 jährlich etwa einmal den Mond ansteuert. Das Antriebssystem verwendet fünf Triebwerke mit einer Leistung von jeweils 667 Newton und 12 Triebwerke mit einer Schubkraft von je 45 Newton. Diese Raketenmotoren sind auch insofern interessant, weil Dynetics sie für das aufblasbare B330 Habitat von Bigelow verwendet und sie zunächst für diesen Zweck entwickelt hat.

Bei der Firma aus Pittsburg ist übrigens auch Airbus Defence und Space in Bremen mit vertreten, denn die bauen die Landebeine und stellen technische Unterstützung bereit. Selbst die Deutsche Post in der Form von DHL ist an dem Vorhaben beteiligt, und leistet „logistics", was immer das heißen soll. Der erste Peregrine ist auf eine Nutzlast von nur 30 Kilogramm beschränkt, und die ist bereits verkauft. Bei späteren Flügen sollen insgesamt drei Rover abgesetzt werden. Die Standard-Nutzlastkapazität dieser Nachfolgemissionen beträgt 265 Kilogramm, und mit dieser Kapazität will sich Astrobotic auch am CLPS-Programm der NASA beteiligen. Der erste Pergrine wird sich zusammen mit einem kommerziellen Nachrichtensatelliten die Nutzlastkapazität einer Atlas V teilen. Und schließlich gibt es bei den Privaten noch die PTScientists aus Berlin. Auf die werden wir aber noch separat eingehen.

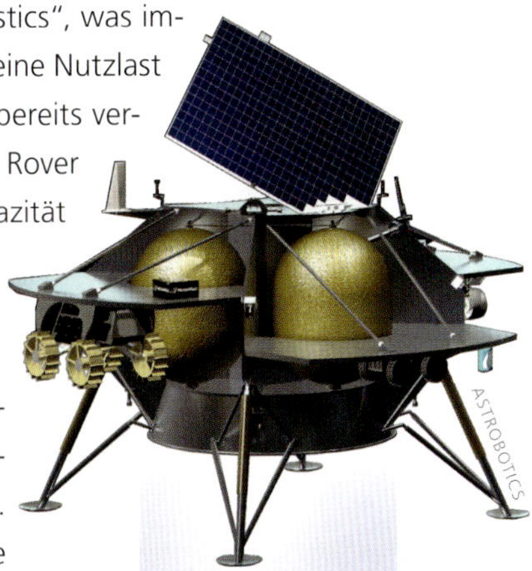

Der Peregrine von Astrobotics. Künstlerische Darstellung

SÜDKOREA AUF DEM SPRUNG IN DIE LUNARE OBERLIGA

Kaum jemand weiß es, und Südkorea macht auch kein großes Aufhebens darum, aber das wirtschaftlich und technologisch aufstrebende asiatische Land plant derzeit gleich zwei Mondmissionen, von denen sich die erste bereits in einem fortgeschrittenen Stadium befindet. Das ist der Korea Pathfinder Lunar Orbiter (kurz: KPLO), der im Dezember 2020 in einen Mondorbit geschickt werden soll, und der Korean Lunar Lander. Der KPLO entsteht mit der Unterstützung der NASA und einiger europäischer Firmen wie der ArianeGroup GmbH und hat die Designphase schon hinter sich. Die Hardware dafür ist bereits im Bau. Der Start wird mit einer Falcon 9 von SpaceX erfolgen.

Noch nicht ganz so weit ist das zweite koreanische Projekt, nämlich der Korean Lunar Lander. Er lehnt sich in seiner Komplexität deutlich an das indische Vorhaben Chandrayaan-2 an, mit einem Orbiter, einer Landestufe und einem kleinen Rover. Gestartet werden soll die Kombination dann mit Südkoreas bis dahin hoffentlich fertig entwickelter eigener Trägerrakete KSLV-II.

JAPAN – NICHT ZU UNTERSCHÄTZEN

Japan will im neuen Rennen um den Mond nicht hinten anstehen und beteiligt sich mit einer technologisch recht fortschrittlichen Landesonde, die im Jahre 2021 zum Erdtrabanten fliegen soll: Der Small Lander for Investigating Moon, oder kurz SLIM. Zunächst war geplant, ihn 2020 mit einem Epsilon-Kleinträger zu starten. Die hätte ihn mit seiner Gesamtmasse von 546 Kilogramm gerade eben auf eine Mondtransferbahn bringen können. Aber wie es in der Raumfahrt häufig so ist: Der Starttermin verschob sich und das Gewicht des Landers stieg auf inzwischen 590 Kilogramm. Nun wird eine H-2A Trägerrakete benötigt, um ihn zum Mond zu transportieren. Auch das Aufgabenspektrum der Sonde hat sich inzwischen erweitert, und so soll sie nun vor allem auch ein Technologiedemonstrator für hochexakte Landungen werden. Sie soll in der Lage sein, ihren Landepunkt mit weniger als 100 Meter Abweichung zu treffen. Das dafür vorgesehene Gebiet liegt in den Marius-Bergen im Ozean der Stürme. Daneben plant Japan noch zwei Kleinsatelliten, die entweder am Mond vorbeifliegen oder (ziemlich) hart auf ihm landen sollen. Der eine ist der sechs Basiseinheiten große und 14 Kilogramm schwere Cubesat EQUULEUS (das etwas bemühte zusammengestrickte Akronym steht für EQUilibriUm Lunar-Earth point 6U Spacecraft), der das Strahlungsumfeld im cislunaren Raum messen soll. Er

Der SLIM-Lander aus Japan. Künstlerische Darstellung

wird zusammen mit der ebenfalls sechs Einheiten großen Cubesat-Sonde OMONTENASHI bei der Orion EM-1 Mission zum Mond fliegen. Bei ihm steht die nicht weniger abstruse Abkürzung für: Outstanding MOoN exploration TEchnologies demonstrated by NAno Semi Hard-Impactor. Bei OMONTENASHI handelt es sich um den kleinsten Mondlander der Raumfahrtgeschichte. Die ebenfalls nur 14 Kilogramm schwere Sonde soll ein kostengünstiges Landeverfahren demonstrieren und mit einer Geschwindigkeit von etwa 100 Kilometern pro Stunde ziemlich hart, aber unbeschadet, auf dem Mond aufprallen.

INDIEN – GANZ VORNE MIT DABEI

Indien startete im Oktober 2008 seinen Mondorbiter Chandraayan. Es war seinerzeit die erste Mission des Landes, die über den Erdorbit hinausging. Bis zum 28. August 2009 übermittelte das Raumfahrzeug Daten zur Erde, bis der Funkkontakt etwas unvermittelt abbrach. Chandraayan hatte auch eine kleine Aufschlagsonde dabei, die am 14. November 2008 die Mondoberfläche erreichte. Für den Januar 2019 hat sich die indische Raumfahrtagentur ISRO mit Chandrayaan-2 deutlich höhere Ziele gesetzt. Das Raumfahrzeug ist ein komplexes Vehikel, das aus einem Orbiter, einem Lander und einem Rover besteht. Eigentlich hätte die Kombination schon im Oktober 2018 (und davor im April 2018) starten sollen, aber in der Endphase der Entwicklung wurde das Ding immer komplexer und schwerer. So musste Indiens Raumfahrtagentur anstatt der geplanten GLSV Mk-II Trägerrakete nun eine GSLV-Mk IIID2 Rakete als Träger zur Verfügung stellen. Die Gesamtmasse stieg von 3.250 Kilogramm auf 3.850 Kilogramm. Dieses Mehrgewicht fällt vor allem beim Lander an. Das machte umfangreiche Modifikationen in letzter Minute erforderlich. So müssen jetzt beispielsweise fünf statt bislang vier Landetriebwerke eingebaut werden, Außerdem sind zwei zusätzliche Treibstofftanks und ein größerer Helium-Drucktank nötig, und in der

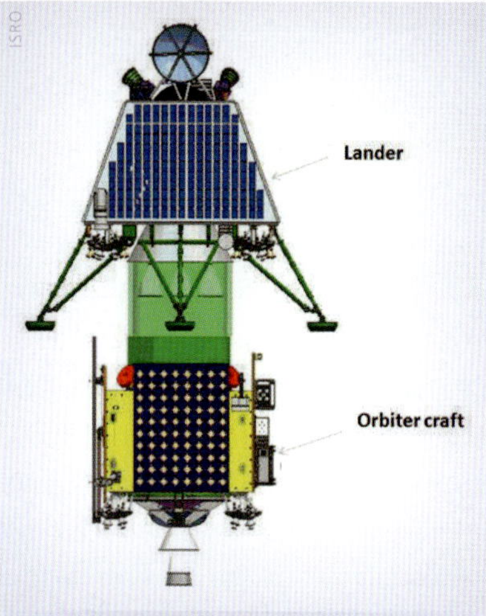

Grafische Darstellung der dreiteiligen Raumsonde Chandraayan-2

Folge dieser Modifikationen mussten auch die Landebeine strukturell verstärkt werden. Das alles relativ nahe am (neuen) geplanten Startdatum. Da liegt die Vermutung nahe, dass es durchaus auch später werden könnte als Januar 2019. Der Orbiter soll auf einer 150 bis 200 Kilometer hohen Umlaufbahn kreisen und ist mit fünf wissenschaftlichen Instrumenten ausgerüstet. Eine seiner Hauptaufgaben wird es sein, die von Chandraayan-1 entdeckten Wasservorkommen genauer zu analysieren. Der Lander mit dem Rover wird erst nach Erreichen der Umlaufbahn abgesetzt, wird dann abgetrennt und beginnt seine eigene Mission. Im Gegensatz zu allen vorherigen Mondmissionen, die in relativer Äquatornähe landeten, soll die Landeeinheit auf einer Ebene zwischen den Kratern Simpelius und Manzinus, etwa 600 km nördlich des Südpols bei 70 Grad südlicher Breite niedergehen. Der Lander wird – nach geglücktem Aufsetzen – einen 25 Kilogramm schweren Rover absetzen. Leider weit entfernt von den vermuteten Eisvorkommen. Dieser Rover ist auch nicht für große Erkundungen ausgelegt. Die ISRO geht davon aus, dass seine Gesamt-Fahrstrecke innerhalb des ersten Mondtages bei 150 – 200 Metern sein. Und der erste Mondtag wird auch schon sein letzter sein, denn es ist fraglich, dass er die 14 Erdentage lange Mondnacht überlebt, und danach noch einmal aktiviert werden kann.

CHINA – ZUKÜNFTIGE MONDMACHT NUMMER 1?

Eine Wette auf China als eine der beiden zukünftigen Mond-Supermächte stellt kein sonderlich hohes Risiko dar. Hier tut sich Bedeutendes, und das schon bald. Chinas erklärtes Ziel ist nichts weniger als die bemannte Mondlandung und die Einrichtung einer bemannten Mondstation, und dafür nimmt das Land richtig viel Geld in die Hand. Die Frage ist also nur, wird zukünftig Amerika die Nummer 1 auf dem Mond oder China. Das lässt den Westen seit Jahren zunehmend nervöser werden.

Das chinesische Mondprogramm ist in vier Phasen gegliedert, die aufeinander aufbauend immer anspruchsvollere Missionen abwickeln. Phase 1 mit unbemannten lunaren Orbitalmissionen ist bereits erfolgreich durchlaufen. Daran waren die Sonden Chang'e 1 im Jahre 2007 und Chang'e 2 im Jahre 2010 beteiligt. Die Phase 2 mit Landern und Rovern ist derzeit im Gange. Das erste Raumfahrzeug dieser Kategorie war Chang'e 3 mit dem Rover Yutu, die am 3. Dezember 2013 zum Mond gestartet wurden. Chang'e 4 mit dem Rover Yutu-2 wird im Dezember 2018 folgen, und erstmals in der Geschichte der Raumfahrt eine Landung auf der erdabgewandten Seite des Erdtrabanten versuchen. Datenübermittlung und Funkverkehr laufen dabei über eine Relaysonde mit der Bezeichnung Queqiao. Sie befindet sich in einem Holo-Orbit um den Lagrange-Punkt 2 des Erde-Mond-Systems, und hat sowohl die Landesonde als auch die Erde gleichzeitig in Sicht. Queqiao wurde im Mai 2018 gestartet und ist inzwischen auf ihrer Arbeitsposition einsatzbereit. Zusammen mit ihr flogen auch die beiden jeweils 45 Kilogramm schweren Kleinraumsonden Longjiang-1 und Longjiang-2, die sich seither in einer Mondumlaufbahn befinden. Überschneidend mit Phase 2 wird bereits die Phase 3 durchgeführt. Sie begann mit dem Start von Chang'e 5T1 am 23. Oktober 2014. Bei dieser Mission wurde das Mond-Rückkehrfahrzeug mit der Erdlandekapsel erfolgreich getestet.

Logo des chinesischen Mondprogramms

Die eigentliche Mondprobenmission von Chang'e 5 soll Ende 2019 starten, und zwei Kilogramm Mondmaterial vom Mons Rümker im Meer der Stürme zur Erde bringen. Und zwar nicht irgendwelches schnell zusammengescharrtes Oberflächenmaterial, sondern eine Kernprobe, die ein Bohrer aus zwei Metern Tiefe zieht. Die Mission beginnt mit einer Verzögerung von einem Jahr, weil es Probleme mit der neu entwickelten Langer Marsch 5-Trägerrakete gab. Das Raumfahrzeug selbst ist fertig und startbereit. Im Bau befindet sich bereits auch Chang'e 6, eine weitere Probenrückführ-Mission, deren Start für 2020 oder später geplant ist. Weitere unbemannte Missionen der Phasen 2 und 3 sollen folgen und werden so lange durchgeführt, bis Phase 4 beginnt, die bemannte Landung auf dem Mond. Danach könnte man im Prinzip sogar noch eine Phase 5 postulieren, denn die Chinesen haben ihre Absicht bekundet, eine bemannte permanente Mondstation einzurichten.

Dieses Bild des Rovers Yutu wurde von der Landesonde Chang'e 3 gemacht.

Um das bewerkstelligen zu können, hat bereits vor einiger Zeit die Entwicklung der Langer Marsch 9-Trägerrakete begonnen. Insbesondere im Triebwerksbereich und beim Schweißen von Großstrukturen laufen schon Versuche und Prototypenbau. Einsatzbereit sein soll die ungeheure Rakete in etwa zehn Jahren. Dann wird sie die Saturn 5 in Größe und Leistung übertreffen. Erste bemannte chinesische Mondflüge können um das Jahr 2030 erwartet werden. Auch hier ist, wie im chinesischen Raumfahrtprogramm üblich, mit einem schrittweisen und vorsichtigen Vorgehen zu rechnen. Das Vorhaben der ersten bemannten chinesischen Mondlandung dürfte also den Weg über zirkumlunare und orbitale Vorläufermissionen nehmen.

NASA & CO.

Die NASA wurde durch die neue Liebe der US-Regierung zum Mond etwas überrascht, und legt sich derzeit noch die Karten für die Detailpläne. Der grobe Rahmen für das „NASA Lunar Exploration Program" steht aber bereits fest. Der erste Schritt, den die NASA in Richtung Mond unternehmen will, basiert auf der Erkenntnis, dass sich bereits eine Reihe privater Unternehmen dem Mond als Ziel verschrieben haben. Um diese „Sofortkapazitäten" zu nutzen, hat die NASA 2018 das „Commercial Lunar Payload Services Program" (CLPS) ins Leben gerufen, ein weit gespannter Programmrahmen mit einem Umfang von 316 Millionen Dollar, unter dem Einzelverträge vergeben werden können. Die Minimalanforderungen an das Gewicht der „gelandeten" Nutzlast sind zehn Kilogramm. Nach oben hin ist es unbegrenzt. Mit diesem Rahmen kann sich die NASA nun umsehen, welche privaten US-Unternehmen sich gerade zum Mond aufmachen, und diesen „Dienstleister" dann für Forschungsaufträge und Technologieprogramme verpflichten. Theoretisch ist da alles drin, was in relativ kurzer Zeit machbar ist. In der Praxis dürfte das aber zunächst nur die Platzierung von schnell verfügbaren Forschungsinstrumenten sein. Momentan sieht es so aus, als würde die NASA unter diesem Programmrahmen im ersten Jahr nur einige wenige Aufträge vergeben, und – des hohen Risikos wegen – nur mit geringeren Beträgen einsteigen. Danach aber kontinuierlich zulegen, in dem Maße, wie die Fähigkeiten der „Mondtransport-Unternehmen" steigen.

Parallel zu diesem Programm wird die NASA weitere Kapazitäten entwickeln lassen. Dies wird in Programmen geschehen, die anders als im CLPS-Programm mit einer vergleichsweise hohen NASA-Aufsicht erfolgen. Diese programmatische Aufweitung der Mondaktivitäten wird im Rahmen des „NASA Lunar Exploration Program" erfolgen. Hier sollen in den nächsten Jahren große und fortschrittliche Lander entwickelt werden. Dafür existiert, ähnlich wie für das CLPS-Programm, bereits eine Ausschreibung mit dem Titel „Lunar Surface Transport Capability". Die NASA plant in diesem Rahmen zwei Demonstrationsflüge mit so genannten FLEx-Landern. Die erste ist für Ende 2022 geplant, die zweite

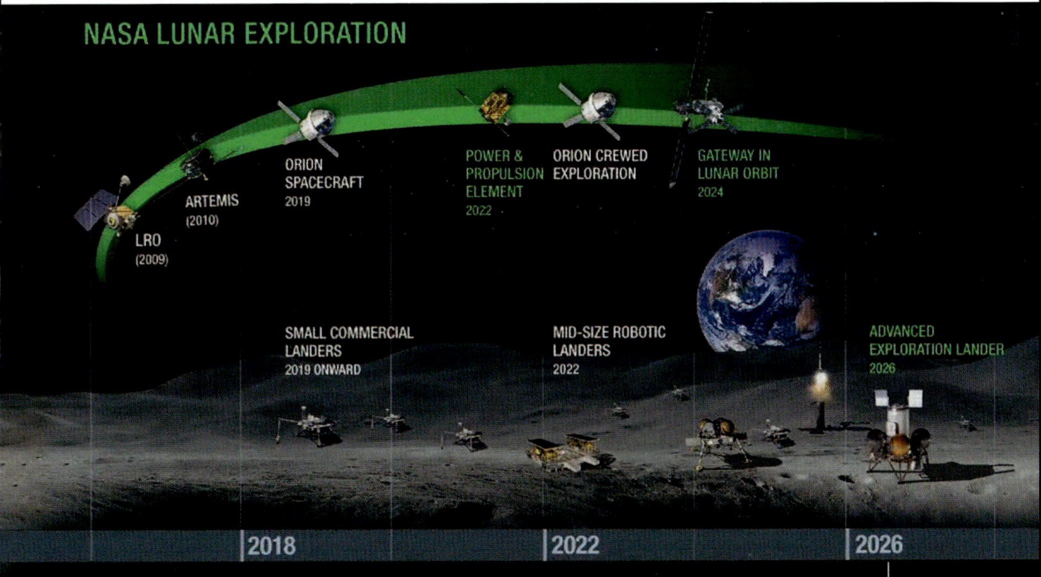

2024. Ziel dieser Missionen ist es, progressive und evolutionäre Schritte hin zu einem bemannten Mondlandesystem zu demonstrieren. Der erste FLEx-Lander soll eine „mittlere" Größe aufweisen, was bei der NASA bedeutet, dass er in der Lage sein muss, etwa 500 – 1.000 Kilogramm auf der Mondoberfläche zu landen. Um die Wichtigkeit dieses Fluges für die USA herauszustellen, bekam die Mission von 2022 die Bezeichnung „National Lander Demonstration Mission". Die Erkenntnisse aus dieser Mission sollen in den 2024er-Lander einfließen, auf dem Mond getestet werden, und schließlich in der zweiten Hälfte der 20iger Jahre in einem „bemannbaren" Avanced Exploration Lander münden, der eine Nutzlast von bis zu 5.000 Kilogramm auf die Oberfläche des Mondes transportieren kann.

Noch nicht in dieser Planung mit eingebaut sind derzeit die Systeme, die Blue Origin und SpaceX vorschlagen. Das ist zum Einen der „Blue Moon-Lander" und zum anderen das gewaltige BFR-System. Zum Zeitpunkt, an dem diese Zeilen entstehen, gibt es aber bereits Kontakte zwischen der NASA und den beiden großen privaten Raumfahrtfirmen in dieser Frage.

Von diesen Initiativen einmal abgesehen läuft natürlich auch das superteure Orion-Programm der NASA, das nach den ersten beiden Testmissionen die Einrichtung eines neuerdings als „Gateway" bezeichneten Absprungpunktes für zukünftige Mondmissionen und als Vorbereitung für spätere bemannte Expeditionen zum Mars zum Thema hat. Bis dato wurde diese zeitweise bemannte lunare Orbitplattform übrigens stets als das „Deep Space Gateway" bezeichnet. Von den ersten beiden Testmissionen abgesehen werden alle derzeit geplanten bemannten Orion-Missionen dem Aufbau des Gateways gewidmet.

Der erste der beiden Testeinsätze für Trägerrakete und Orion-Raumschiff ist die Exploration Mission 1 (oder kurz: EM-1), die derzeit für Juni 2020 geplant ist. Sie wird bei ihrem Vorbeiflug am Mond insgesamt 13 japanische und US-Nutzlasten absetzen. EM-1 dauert drei Wochen, bewegt sich dabei vorwiegend im cislunaren Raum, davon sechs Tage auf einem hohen retrograden Mondorbit. EM-2 soll bemannt erfolgen und ist derzeit für das Jahr 2022 geplant. Dieser Einsatz wird ähnlich verlaufen wie die erste Mission, also etwa drei Wochen lang dauern, in den cislunaren Raum gehen, Mondumrundungen in großem Abstand durchführen und nach etwa drei Wochen wieder zur Erde zurückkehren. Das Ganze allerdings dieses Mal mit einer vierköpfigen Crew

Als Konzeptbild ist diese Grafik des Gateways noch gut zu gebrauchen. Sie stammt von Boeing, spiegelt aber bereits nicht mehr ganz den aktuellen konstruktiven Stand der Dinge wider.

an Bord. Etwa um diese Zeit, oder kurz danach, soll auch das erste Bauteil des Gateways, das „Power and Propulsion Element" (kurz: PPE) mit einer unbemannten Rakete auf die vorgesehene Stationierungsposition des Gateways gebracht werden. Alle weiteren Elemente werden in den Jahren danach mit den späteren bemannten Orion-Missionen transportiert. Dies sind ein Crew-Habitat und eine Luftschleuse für Außenbordarbeiten, zwei weitere Crew-Module, von denen eines aus Europa kommt, ein Betankungssystem, das ebenfalls Europa bereitstellt, ein so genanntes Infrastructure and Telecommunications Module (kurz: ESPRIT), ein weiteres US-Segment, das als „Utilization Module" bezeichnet wird und ein Robot-Arm.

Die Mission EM-3 soll als erste Mission am PPE anlegen. Bei diesem Flug transportiert es auch das ESPRIT- und das Utilization-Modul, das mit der gleichen SLS-Rakete wie die EM-3 Orion in den Weltraum gebracht wird. Die beiden Einheiten sind dabei, ähnlich wie einst der Mondlander bei den Saturn 5-Apollo Mondflügen, beim Start unterhalb des Raumschiffs verstaut, und werden erst nach dem Erreichen der Transferbahn an die Orion angekoppelt. Danach fliegt die gesamte Kombination zum PPE, das bereits in einem hohen, retrograden Mondorbit wartet und legt dort an. Bei den Missionen

EM-4 bis EM-7 kommen alle weiteren Elemente zum Gateway. Bis um das Jahr 2030 könnte das Gateway fertig sein. Dann stehen den Astronauten etwa 125 Kubikmeter Lebensraum zur Verfügung. Das ist in etwa ein Achtel des verfügbaren Raumvolumens der Internationalen Raumstation. Kurz nach diesem Zeitpunkt wollen die Amerikaner auch bereits wieder erneut auf dem Mond gelandet sein, und hoffen dabei natürlich, dort nicht von chinesischen Taikonauten begrüßt zu werden.

AUCH DEUTSCHLAND IST AM MOND DABEI

Wir haben gesehen, dass wir über Jahre hinaus Mondmissionen in immer dichteren Abständen, mit immer komplexeren Missionen bis schließlich hin zum Gateway, den ersten bemannten Landungen der Nach-Apollo Ära und am Ende einer permanenten Mondstation erwarten dürfen. Man mag es kaum glauben, aber auch ein deutsches Unternehmen mischt bei der Renaissance im Weltraum kräftig mit. Dabei handelt es sich um das Berliner Startup PTScientists (die ehemaligen Part Time Scientists), die irgendwann im Zeitraum 2021/2022 mit ihrem Alina-Lander die Mondoberfläche erreichen wollen. Sie selber würden sich wohl eher als internationales Unternehmen mit Sitz in Berlin bezeichnen. Die Mondlandung ist dabei nicht als Eintagsfliege geplant, sondern als langfristige Geschäftsidee, die eines Tages auch zu den Asteroiden und zum Mars führen könnte.

Die PTScientists haben mit renommierten international agierenden Aerospace-Firmen und mit nationalen und internationalen Raumfahrt-Instituten wie der ESA und dem DLR Vereinbarungen, Entwicklungs- und Hardwareverträge abgeschlossen, so dass man davon ausgehen kann, dass das Unternehmen technisch auf soliden Füßen steht. Ein wenig problematisch gestaltet sich womöglich, aber das ist bei fast allen ehemaligen Google X-Prize Teilnehmern der Fall, die heute noch im Rennen sind, das Verhältnis mit den Geldgebern. Aber auch hier besteht erkennbar kontinuierliches Interesse, so dass wir erwarten dürfen, dass Alina in nicht allzu ferner Zukunft auf dem Mond steht. Dann übrigens, zumindest bei der ersten von hoffentlich vielen Landemission, in unmittelbarer Nähe der Landestelle von Apollo 17. Damit würde sich dann auch der Kreis schließen, der von der ersten Welle der Mondflüge hin zur aktuellen Renaissance im Weltraum reicht.

Ein Mock-up von Luna 1. Die Sonden der E-1 Serie sahen sich alle sehr ähnlich.

LUNA 2 – DIE ERSTE „LANDUNG" AUF DEM MOND

Anfang 1959 stand die Zukunft der R-7 „Semjorka" auf der Kippe. Sergei Koroljows gewaltige Interkontinentalrakete, mit der die ersten Sputniks in den Orbit transportiert worden waren, hatte ein Zuverlässigkeitsproblem. Im Verteidigungsministerium überlegte man ernsthaft, das Programm wieder einzustellen. Immerhin näherte sich Michael Jangels R-16 ihrem Erstflug, und damit wäre in absehbarer Zeit eine Alternative für das militärische Raktenprogramm zur Hand gewesen.

Zwischen dem 24. Mai 1958 und dem 2. Januar 1959 erlebte die R-7 nicht weniger als sieben Fehlschläge in Folge, und nur ein Buchhaltungskunststück (man rechnete auch alle Teilversager beherzt zu den Erfolgen) rettete das Programm in diesen Tagen vor der Einstellung. Die Überlegungen der Militärs waren aber nur eine kurze Episode. Bald wurde zwar klar, dass die „Semjorka" wegen ihrer Größe, ihrer Komplexität und den verwendeten Treibstoffen als Militärrakete nur eine überschaubare Zukunft haben würde. Aber genauso schnell wurde auch klar, dass ihre wahre Bedeutung in der Verwendung als Trägerfahrzeug für Satelliten und Raumsonden liegen würde.

Chruschtschows Order

Für den 41. Jahrestag der Oktoberrevolution, am 7. November 1958, gut ein Jahr nach dem Start des ersten Sputnik, forderte Staats- und Parteichef Chruschtschow ein neues Raumfahrt-Großereignis. Etwas, mit dem man dem Westen erneut die Überlegenheit des sozialistischen Systems demonstrieren konnte. Am besten einen Mondflug. Der Staats- und Parteichef veranlasste daher am 20. Mai 1958 ein Dekret, nachdem zunächst eine Sonde auf die Oberfläche des Mondes geschickt, und danach eine Foto-Erkundung der Mondrückseite durchgeführt werden sollte. Dieses Dekret war der Auslöser für die erste Serie von Mondflügen der UdSSR.

In der Folge unternahm die Sowjetunion zwischen dem 23. September 1958 und dem 4. Oktober 1959 sieben Starts zum Erdtrabanten. Zwei Missionen erfüllten ihren Flugauftrag wie vorgesehen, eine weitere Mission war ein eher unfreiwilliger Teilerfolg. Die restlichen vier Flüge scheiterten. Was sich aus heutiger Sicht wie eine schlechte Statistik liest ist aber ein sehr gutes Erfolgsverhältnis, wenn man sich vor Augen führt, dass von den nachfolgenden Flügen der zweiten Luna-Serie, es waren insgesamt 14 bis zum Januar 1966, nur zwei vollständig erfolgreich verliefen. Ein großes Problem, mit dem sich die sowjetischen Konstrukteure konfrontiert sahen, lag darin, dass der Mond mit der zweistufigen R-7 nicht erreichbar war. Um die nötige Geschwindigkeit von mindestens 10,9 Kilometern pro Sekunde zu erzielen, brauchte diese Rakete noch eine zusätzliche Antriebseinheit, eine dritte Stufe. Das war schwierig, vor allem, weil die Entwicklungszeit aufgrund der Vorgaben Chruschtschows extrem kurz war. Diese dreistufige Version der R-7 bekam die Herstellerbezeichnung 8K72 „Luna".

Die neue dritte Stufe wurde als Block E bezeichnet, entsprechend dem sechsten Buchstaben des kyrillischen Alphabets. Block A bezeichnete dabei die Zentralstufe der R-7, die Blöcke B, V, G und D – entsprechend den nächsten Buchstaben im kyrillischen Alphabet – waren die vier Booster. Somit verblieb als nächster freier Buchstabe das „Ye" oder eben – in westlicher Schreibweise – E. In der sowjetischen Betrachtungsweise bildeten die vier Booster die erste Stufe, der

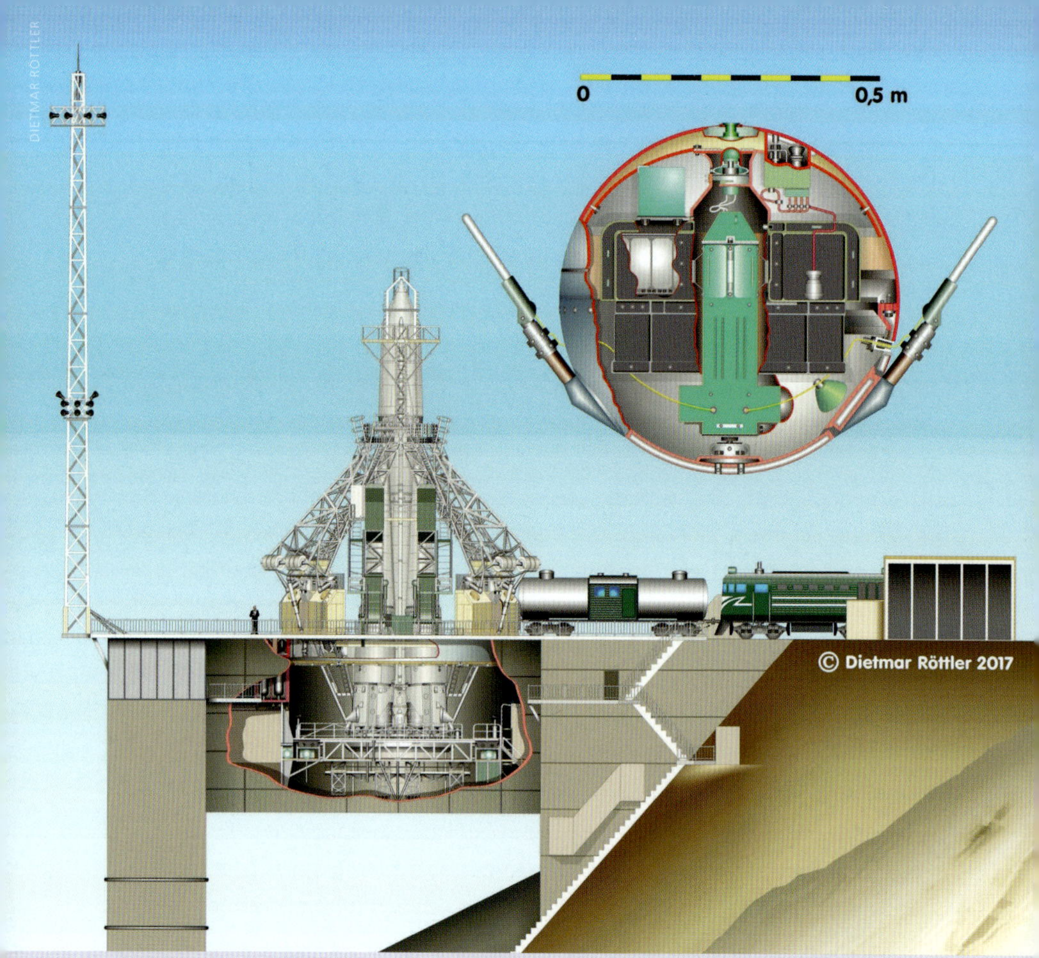

Grafische Darstellung der R-7 Startanlage 1/5 in Baikonur, von der aus auch die Luna-Sonden starteten.

zentrale Block A war die zweite Stufe (obwohl er gleichzeitig mit den Boostern gezündet wurde) und der Block E bildete die dritte Antriebseinheit. Das Triebwerk für den Block E lieferte nicht Valentin Gluschko vom OKB-456, obwohl der zu diesem Zeitpunkt praktisch ein Monopol für Trägerantriebe in der Sowjetunion hatte. Eine Zusammenarbeit mit Gluschko kam für Koroljow aber nicht in Frage, mit ihm verband ihn eine über die Jahre immer ausgeprägtere persönliche Feindschaft. Überdies bevorzugte Gluschko Triebwerke, die mit lagerfähigen Treibstoffen arbeiteten. Deren Nachteil war, dass sie mit toxischen Komponenten arbeiteten und über eine geringere spezifischer Impulsleistung verfügten, als Triebwerke, die mit Kerosin und Sauerstoff betrieben wurden. So suchte Koroljow bei Semjon Kosberg vom OKB-154 um Unterstützung nach.

Im Prinzip traute sich das OKB-1, also Koroljows Unternehmen, die Entwicklung des Block-E Triebwerkes durchaus selber zu, denn dort war unter der Leitung von Wassili Mischin schon das Lagekontroll- und Rolltriebwerk der R-7 konstruiert worden. Dieser Raketenmotor bildete nun auch die Basis für das Block E-Triebwerk, das die Bezeichnung RD-105 bekam. Wie von Koroljow gewünscht, lief es mit Kerosin und flüssigem Sauerstoff. Das Problem waren aber die Turbopumpen, mit denen das OKB-1 kaum Erfahrung hatte.

Kosberg hatte zuvor nicht viel mit Raketentriebwerken gemacht. Er hatte für die Flugzeugindustrie gearbeitet und hauptsächlich Komponenten für Strahlturbinen entwickelt und gefertigt. Und so wurde die Entwicklungsarbeit am Block-E Antrieb geteilt. Kosberg entwickelte die Turbopumpe, den Gasgenerator und die Verbindungskomponenten für die Hauptbauteile, Koroljows OKB-1 kümmerte sich um die Schubkammer und die Düse. Die war erstmals in der Raumfahrt ausschließlich für den Betrieb im Vakuum ausgelegt.

Das Triebwerk leistete knapp 50 Kilonewton und war für eine Einsatz-Brenndauer von sechseinhalb Minuten ausgelegt. Das große Problem, das die Entwickler mit ihm hatten, war die Forderung, dass es zuverlässig im Weltraum zündbar sein musste. Um die Schwierigkeiten einer Zündung im Vakuum und unter Schwerelosigkeitsbedingungen zu umgehen, war die R-7 für eine parallele Stufung ausgelegt worden. So konnte man auf dem Boden erst einmal alle Triebwerke gemeinsam in Betrieb nehmen, und die Rakete erst dann starten, wenn sie stabil liefen. Beim RD 105-Triebwerk der 8K72 „Luna" war das aber nicht mehr möglich. Es konnte erst nach der Betriebszeit der zweiten Stufe gezündet werden.

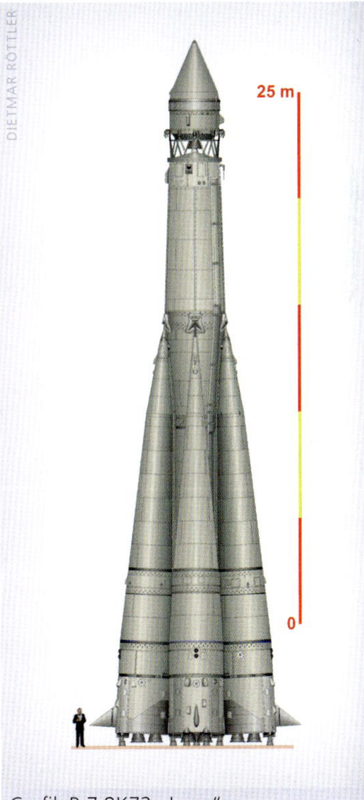

Grafik R-7 8K72 „Luna"

Die Antwort der Entwickler auf dieses Problem war die Einführung der „heißen" Stufentrennung. Sie wird bis auf den heutigen Tag in russischen Trägerraketen der Typen Sojus (die ja ein direkter Nachfolger der R-7 ist) und Proton angewendet. Auch die ukrainische Zenit-Rakete, die ihren Ursprung noch in den Tagen der Sowjetunion hatte, arbeitet auf diese Weise. Dabei zündet die dritte Stufe bereits, während die zweite Antriebseinheit noch läuft. Die

Abgase werden dabei durch eine Gitterstruktur nach außen abgeführt. Der Vorteil dieses Verfahrens ist es, komplexe Vorbeschleunigungstriebwerke zu vermeiden, die andernfalls notwendig wären, um die Treibstoffe am Tankboden zu halten. Die Methode dieses sofortigen sequentiellen Zündens der dritten Stufe, mit einem Direktflug von der Startrampe weg zum Mond, hatte allerdings entscheidende Nachteile. Zum einen nutzte es nicht die maximale Nutzlastkapazität der Rakete, zum anderen war die geforderte Präzision für das Erzielen einer Mondbahn nur schwer zu erreichen. Nur wenige Jahre später war es sowohl in der Sowjetunion wie auch in den USA üblich, zunächst eine Parkbahn im Erdorbit anzusteuern, anstatt das translunare Beschleunigungsmanöver direkt durchzuführen. Die genauere Methode mit der Parkbahn hätte es aber erfordert, das Triebwerk der dritten Stufe zunächst abzuschalten und danach, beim Erreichen des „Einschussfensters", wieder in Betrieb zu nehmen. Diesen Neustart des Triebwerks aus der Phase der Schwerelosigkeit beherrschte man seinerzeit aber noch nicht genügend.

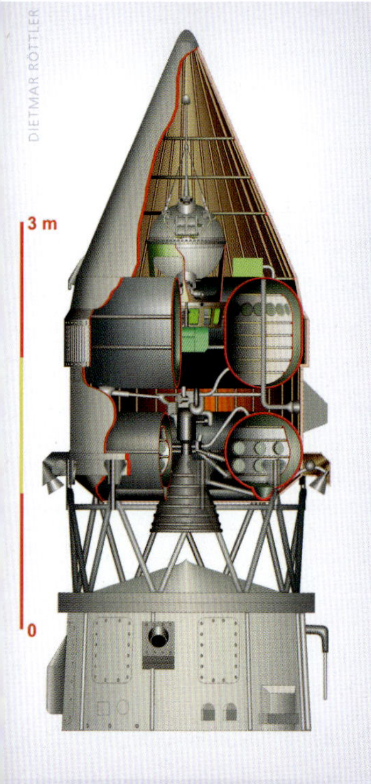

Grafik Luna 1 und Block E

Die Sache mit der Einschusspräzision war eine harte Nuss, denn der R-7 Booster durfte zum Zeitpunkt der Trennung von der dritten Stufe einen gewissen „Krängungswinkel" nicht überschreiten, weil sonst die Steuerdüsen der Oberstufe die Lageabweichung nicht mehr ausgleichen konnten. War dieses Problem umschifft, dann mussten die Steuertriebwerke die Stufe exakt auf Kurs halten. Ein Beschleunigungsmesser an Bord ermittelte die kumulierte Geschwindigkeitsänderung und schaltete das Triebwerk zum berechneten Zeitpunkt ab. Auch der Startzeitpunkt musste bei dieser Direktschuss-Methode genau stimmen, und noch genauer der Zeitpunkt des Brennschlusses. Im Jahre 1958 war das keine einfache Übung. Eine Abweichung von 10 Sekunden beim Start bedeutete, dass der Zielpunkt auf dem Mond um 250 Kilometer verfehlt wurde. Eine Abweichung von nur einem Meter pro Sekunde bei der Freigabe der Luna-Stufe bedeutete ebenfalls eine Abweichung von 250 Kilometer. Und sollte dann während der mehr als sechs Minuten langen Brennzeit der Oberstufe die tatsächliche Raumlage nur eine einzige Winkelminute vom berechneten Wert abweichen, dann waren wiederum 200 Kilometer Streuung die Folge. Man muss sich dabei vor Augen halten: Kursänderungen unterwegs in Richtung Mond konnten diese ersten primitiven Sonden nicht durchführen. Man musste ihnen die passende Genauigkeit von vorneherein mitgeben. Hatte man das alles genau eingehalten, dann konnte man sich zurücklehnen und der Himmelsmechanik die weitere Arbeit überlassen, die dann in etwa 34 Stunden zum Mond führte.

TESTFLÜGE DER 8K72

Am 10. Juli 1958 fand der erste Testflug der Version 8K72 statt. Noch ohne Nutzlast. Es war ein glatter Fehlstart. Die Rakete zerlegte sich 88 Sekunden nach dem Verlassen der Startrampe ohne Vorwarnung. Das Bündel der vier Booster und der Zentralstufe brach einfach auseinander. Eine eindeutige Fehlerursache wurde nicht gefunden, doch zeigte die Telemetrie, dass es in einer der Brennkammern des Block D unmittelbar vor dem Auseinanderbrechen zu hochfrequenten Schwingungen gekommen war. Man war sich aber nicht sicher, ob das zu dem beobachteten Strukturbruch im Boosterverbund geführt hatte. Vielleicht war es auch ein Fertigungs- oder Montagefehler, wie man spekulierte, obwohl man in den Telemetriedaten und in der Dokumentation nichts finden konnte, was zu dieser Annahme passte.

Am 23. September 1958 erfolgte der erste Versuch, ein Luna-Raumfahrzeug zum Mond zu senden. 92 Sekunden nach dem Liftoff zerbrach auch diese Rakete auf dieselbe Weise wie die erste 8K72 zweieinhalb Monate zuvor. Die Ähnlichkeit der beiden Unfälle war frappierend. Dieses Mal hatte man nicht nur die Rakete verloren, sondern auch noch die erste sowjetische Mondsonde. Die Ingenieure standen vor einem Rätsel. Die Analysen stellten keinen Produktionsfehler fest, keinen Konstruktionsfehler, keine Mängel in der Durchführung der Tests oder Schlampigkeit in der Montage. Die beiden Fehlstarts zeigten ein Muster, dem man bisher noch nie begegnet war. Jetzt wurde der Verdacht laut, dass man in der Konstruktion der Rakete möglicherweise etwas Fundamentales übersehen hatte. Oder dass möglicherweise Saboteure am Werk waren, eine Annahme, die in den Tagen des Kalten Krieges immer präsent war. Fast wäre den Konstrukteuren diese Möglichkeit noch am liebsten gewesen, denn sollte es sich um ein schwerwiegendes technisches Problem handeln, dann konnte das unmöglich bis zum nächsten Startfenster behoben werden. Der nächste Start, und auch schon die letzte Möglichkeit, der Staats- und Parteiführung für den Jahrestag noch rechtzeitig ein „Geschenk" zu machen, war für den 12. Oktober angesetzt. Aus himmelsmechanischen Gründen musste es genau dieser Termin sein und kein anderer. Somit war man gezwungen, zu starten. Das sahen die Militärs etwas anders, denn ohne die Feststellung der Fehlerursache und ihrer Behebung wollten sie keine weitere Mission zulassen.

Als die Ingenieure die Sensordaten der abgestürzten Flugeinheit B1-3 (die Seriennummer der R-7) noch einmal genau analysierten, fiel ihnen eine Besonderheit auf, über die sie bei der ersten Prüfung hinweggesehen hatten, denn sie schien sich in einem normalem Rahmen zu bewegen. Erst wenn man sie mit den Daten anderer Sensoren aus anderen Bereichen der Rakete kombinierte, zeichnete sich ein seltsames Muster ab. Das lenkte die Schlussfolgerungen in eine bestimmte Richtung. Und diese Richtung hassten die Ingenieure des OKB-1. Die Daten zeigten ein eigenartiges Verhalten der Drucksensoren in den Brennkammern der Booster-Blöcke. Sie wiesen aus, dass die Verbrennung der Treibstoffe einen Pulsmodus zwischen 9 und 13 Hertz erzeugte, was zu regelmäßigen Druckschwankungen von plus oder minus 4,5 Atmosphären in den Brennkammern führte. An einer dieser Schwankungsspitzen war die Rakete auseinandergebrochen. Doch wie konnte das passieren. Diese Schwankungen lagen weit innerhalb der Toleranzwerte. Aus diesem Grund hatten die Telemetrie-Auswerter auch keine Anomalien gemeldet. Doch mit viel analytischer Kleinarbeit klärte sich schließlich das Rätsel. Die Druckschwankungen aus den Brennkammern wurden in das Leitungs- und Tanksystem der Rakete rückübertragen. Dabei interagierten sie mit der Eigenfrequenz der Raketenstruktur in der Längsachse. Die beiden Amplituden schaukelten sich immer mehr auf und alle Treibstoffleitungen, Tanks und Strukturen der Rakete gerieten in einen Teufelskreis stetig zunehmender, verbundener Resonanzen. Schließlich zerbrach die Rakete. Diese charakteristischen Längsschwingungen bei Großträgerraketen sind bis auf den heutigen Tag der Schrecken der Raumfahrtingenieure. Sie werden als Pogo-Effekt bezeichnet. Die Amerikaner waren schon bei der Flugerprobung der Thor-Mittelstreckenrakete damit konfrontiert worden. Auch bei den Sowjets waren sie nicht ganz unbekannt, denn deutlich höhere Resonanzschwingungen waren auch bei der Erprobung der kleineren Vorläufermo-

Luna 2 in der Block E Oberstufe

delle der R-7 aufgetreten, ohne dass sie dort irgendwelche Schäden angerichtet hatten. Bei der viel größeren „Semjorka" war die Frequenz zwar viel niedriger, aber dennoch viel kraftvoller, als bei den kleineren Raketen.

An dieser Stelle wäre es die logische Konsequenz gewesen, alle Flugversuche sofort zu stoppen, und das Problem im Detail zu studieren. Aber die sowjetischen Raumfahrtmanager und politisch Verantwortlichen handelten wie Spieler. Der Einsatz war hoch, aber der Gewinn war es auch. Es ging darum, der Erste zu sein, der eine Sonde auf die Oberfläche des Mondes schickte. Es ging darum, den Ruhm der Sowjetunion zu mehren und ganz nebenbei auch den eigenen. Niemand wollte die Flüge unterbrechen. Niemand wollte zum Partei- und Staatschef gehen, um ihm einzugestehen, dass es mit seiner schönen Mondmission zum 41. Parteitag leider nichts werden würde. Und so entschloss man sich, auch im Oktober einen Startversuch zu wagen.

Man implementierte in der B1-4 einige hastig ersonnene Modifikationen, um ein erneutes Auseinanderbrechen zu verhindern. Es wurde beschlossen, den Schub ab der 85. Flugsekunde zu reduzieren, um die strukturellen Lasten zu vermindern. Das Treibstoffördersystem wurde ein wenig getunt, in der Hoffnung, dass es dann weniger sensibel auf die Schwingungen reagierte, als zuvor. An verschiedenen Stellen wurden Verstärkungen und Dämpfer angebracht, in der Hoffnung, dass die Struktur dann höhere Lasten aushalten würde. Weitere Maßnahmen dienten dazu, das Treibstoffleitungs- und Fördersystem aus der Resonanzzone zu bringen. Die Ingenieure des OKB-1 stellten dieses Maßnahmenpaket der staatlichen Kommission vor, die den nächsten Flug genehmigen musste. Die stimmte mit einigem Zögern zu und gab den Start frei. Und so startete am 12. Oktober 1958 die R-7 8K72 mit der Seriennummer B1-4. Dieses Mal hielt sie 104 Sekunden durch. Dann explodierte auch sie. An Bord die zweite Luna Sonde, die mit der Rakete in Flammen aufging. Chruschtschows Geschenk für den 41. Jahrestag der Oktoberrevolution war zerstört. Erst jetzt begann eine Untersuchungskommission auf breiter Basis das Problem zu analysieren. Das nächste Startfenster zum Mond, das sich am 8. November öffnete, wurde abgesagt, obwohl den sowjetischen Wissenschaftlern bekannt war, dass auch die Amerikaner für diesen Tag einen Start zum Mond vorbereiteten. Nun begannen die Untersuchungen auf breiter und analytischer Basis. Die Spezialisten arbeiteten Tag und Nacht und auch am Sonntag, denn die Zeit drängte, wollte man zumindest das übernächste Startfenster erreichen. Schließlich wurde der Ausgangspunkt der Druckschwankungen ausfindig gemacht. Es war ein Ventil am Eingang der Oxidator-Turbopumpe. An diesem Punkt begann die Oszillation, verstärkte sich im Brennkammerbereich und breitete sich dann über die ganze Rakete aus, wo sie mit weiteren Systemen und der Struktur des Trägers in Resonanz trat. Die Lösung des Problems war schließlich ein hydraulischer Dämpfer, der in die Oxidatorleitung am Pumpeneingang eingebaut wurde. Das System war komplex und musste in das Leitungssystem eingepasst werden, was keine einfache Sache war. Die Vorrichtung wurde auf dem Prüfstand erprobt, angepasst, noch mehrmals überarbeitet und optimiert und schließlich für die Serienfertigung der R-7 freigegeben.

ATOMBOMBEN AUF DEN MOND

Das Startfenster vom 8. November, das die Sowjetunion nicht erreichen konnte, weil sie mit den Problemen der R-7 beschäftigt waren, nahmen jedoch die Amerikaner war. An diesem Tag startete Pioneer-2 von Cape Canaveral aus. Doch auch hier liefen die Dinge nicht nach Plan. Die dritte Stufe der Thor-Able Trägerrakete zündete nicht, und so erreichte die Sonde nur ein Apogäum von 1.550 Kilometern und fiel danach wieder auf die Erde zurück. Die gesamte Mission dauerte nur 45 Minuten bevor das Raumfahrzeug über Afrika in der Atmosphäre verglühte.

Am 4. Dezember 1958 öffnete sich das nächste Mondfenster. An diesem Tag startete die R-7 8K72 mit der Seriennummer B1-5. Alle Maßnahmen zur Unterdrückung des Pogo-Effektes wirkten, die vier Boosterblöcke arbeiteten normal, die Stufentrennung erfolgte so, wie sie sein sollte. Aber dieses Mal schlug ein anderer Fehler zu. Im Block A der R-7 kam es zu einem Riss in einem Wasserstoff-Peroxidtank, mit dem die Turbopumpe der Zentralstufe betrieben wurde. Nach 245 Sekunden war der gesamte Vorrat an Wasserstoff-Peroxid verbraucht, das Triebwerk verlor an Leistung und schaltete sich schließlich ganz ab. Damit war auch die dritte Luna-Sonde verloren.

Nur wenig später startete von Cape Canaveral aus auf einer Juno-2 Rakete die nur knapp sechs Kilogramm schwere Sonde Pioneer-3, die nach einem Vorbeiflug am Mond in eine heliozentrische Umlaufbahn gelangen sollte. Eine Minderleistung der ersten Stufe des Trägers (der Brennschluss erfolgte vier Sekunden zu früh) und ein Irrtum bei der Ausrichtung des Bahnneigungswinkels um drei Grad, führte dazu, dass sich die Sonde nur 102.000 Kilometer von der Erde entfernte. Nach knapp 34 Stunden trat sie wieder in die Erdatmosphäre ein und verglühte über Afrika.

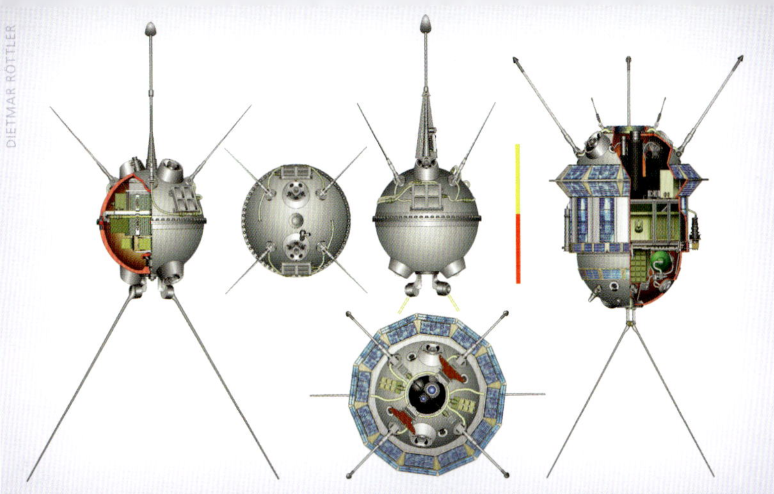

Diese Grafik zeigt die Sonden Luna 1 (links oben), Luna 2 (mitte oben) und Luna 3 (rechts und unten). Luna 3 war bereits eine Sonde der Baureihe E-2

Die Ideen für die sowjetischen Mondsonden stammten im Wesentlichen von Mstislaw Keldysch, der ab 1961 Präsident der Akademie der Wissenschaften der Sowjetunion war. Sie erhielten Bezeichnungen, die sich an den Benennungen der einzelnen Stufen der R-7 orientierten, und begannen alle mit einem „E". Diese Nomenklatur setzte sich bis ganz zum Ende des unbemannten sowjetischen Mondprogramms fort. Dabei waren die E-1 Sonden einfache Geräte, nur dazu bestimmt, auf dem Mond einzuschlagen. Zu dieser Reihe gehörten also auch die Raumfahrzeuge, die bei den Starts am 23. September, am 12. Oktober und am 4. Dezember 1958 verloren gingen. E-2 war eine Vorbeiflugsonde, mit denen die Mondrückseite fotografiert werden sollten. E-3 war die aus heutiger Sicht exotischste von allen. Ihr Ziel war es, eine Atombombe zum Mond zu transportieren und auf der Oberfläche detonieren zu lassen. E-4 stand für zirkumlunare Missionen, die hochauflösende Bilder der Mondrückseite übermitteln sollten. E-5 waren Mond-Orbitsonden und die Reihe E-6 schließlich war das Kronjuwel: Die weiche Landung auf dem Mond. In den späteren sechziger Jahren verschob sich die Bedeutung dieser Nomenklatur ein wenig, weil sie dann eher die Bauserie bezeichnete als die Aufgabe. Die letzte Serie, die bis zum Ende der sowjetischen Mondexploration im Jahre 1976 im Dienst war, war die E-8-5 Serie.

Das faszinierendste Projekt war aber für die Wissenschaftler das Vorhaben mit der Atombombe. Die Idee dahinter war, einen solch gewaltigen Lichtblitz auf dem Mond zu erzeugen, dass alle Observatorien der Erde es wahrnehmen müssten. Dadurch, so die Absicht, wäre zum einen klar und eindeutig bewiesen, dass die Sowjetunion eine Einschlagsonde zum Mond geschickt hatte. Zusätzlich wäre es noch eine militärische Machtdemonstration gewesen.

Die Ingenieure des OKB-1 gingen unverzüglich ans Werk und schon kurz darauf war ein Mockup entstanden, das einer Seemine glich. Es war kugelförmig und aus dieser Kugel ragten kurze stabförmige Detonator-Pins heraus, die als Aufschlagzünder funktionieren sollten. Sie waren rund um die Kugel angebracht, um sicher zu stellen, dass zumindest einer von ihnen die Nuklearexplosion auslöste, ganz gleich, in welcher Lage die Bombe auf dem Mond aufschlug.

Die erste Begeisterung über die Idee wich schon bald einer gewissen Ernüchterung, als man den Plan genauer durchdachte. Vor allem Keldysch war strikt dagegen. Er meinte, dass er nicht die geringste Lust hätte, der wissenschaftlichen Gemeinde der ganzen Welt die überraschende Botschaft zu übermitteln, dass die Sowjetunion vorhabe, einen nuklearen Sprengsatz auf dem Mond zu zünden, denn das würde wahrscheinlich mit Unverständnis aufgenommen werden. Und man müsste es trotz der Nuklearexplosion vorher ankündigen, um sicher zu stellen, dass die Astronomen auch ihre Instrumente rechtzeitig auf den Mond gerichtet hätten. Koroljow selbst war unentschlossen. Ihn plagte eher der Gedanke, was wohl passieren würde, wenn es zu einem Fehlstart käme, und der Sprengsatz außerhalb des sowjetischen Territoriums herunterkommen würde. Dabei war es weniger der Gedanke, dass die Bombe möglicherweise unbeabsichtigt explodieren würde, Diese Wahrscheinlichkeit war gering. Aber die Vorstellung, dass eine sowjetische Atombombe in den Vorgarten der Amerikaner plumpsen würde, gefiel ihm nicht. Schließlich wurde die Idee von den Nuklearexperten selbst begraben. Nachdem sie alles durchgerechnet hatten, und die Intensität und Helligkeit des Lichtblitzes im Vakuum des Weltalls in einer Entfernung von 400.000 Kilometern ermittelt hatten, war Ernüchterung eingekehrt. Sie glaubten, dass es möglicherweise von der Erde aus mit fotografischen Mitteln überhaupt nicht festgestellt werden könnte. Und so wurde die Idee schließlich begraben.

LUNA 1 FLIEGT AM MOND VORBEI

Der vierte Flug einer 8K72 „Luna" (sie trug die Seriennummer E-1-4), am 2. Januar 1959, war vom raketentechnischen Standpunkt weitgehend erfolgreich. Alle drei Stufen funktionierten tadellos, und hätte es nicht einen Fehler im Flugführungsverfahren gegeben, dann hätten die Sowjets bereits in diesen ersten Januartagen des Jahres 1959 die Mondoberfläche erreicht. So aber war die Mission eigentlich ein Fehlschlag. Eigentlich...

Eines der vielen Probleme bei den Direkteinschüssen auf die Mondtransferbahn lag darin, dass die Brennschlusszeiten der jeweiligen Stufen exakt eingehalten werden mussten. Die Ingenieure misstrauten dem automatischen System an Bord der Rakete und beschlossen, Radiosignale an die Block A Zentraleinheit und danach an die Block E-Stufe zu senden, um den Brennschluss genauer terminieren zu können. Leider war es in diesem Fall dann die Funkstation, die das Abschaltsignal zu spät sendete. Und so verfehlte die Block E-Stufe mit der Mondsonde ihr Ziel um 6.000 Kilometer, also fast eineinhalb Monddurchmesser. Die Stufe mit der Sonde trat in einen heliozentrischen Orbit ein, und wurde damit *„zum ersten künstlichen Planeten des Sonnensystems"*, wie man es damals ausdrückte.

Der Start von Luna 1 am 2. Januar 1959

Anstatt der erwarteten Schelte, dass man die Mission nach dem erfolgreichen Start am Ende doch noch vermasselt hatte, wurden die Ingenieure mit einer Lawine von Grüßen und Glückwünschen überschüttet. Die sowjetische Propaganda leistete ganze Arbeit, und machte der Welt glauben, dass ein Vorbeiflug am Mond und der Eintritt in eine heliozentrische Umlaufbahn exakt das Ziel dieser Mission gewesen sei, das man auch zu einhundert Prozent erreicht hätte. Am 5. Januar gab das Zentralkomitee der Partei und der Ministerrat der UdSSR eine Botschaft heraus mit dem Wortlaut: *„Ruhm und Ehre an die Arbeiter der sowjetischen Wissenschaft und Technik, die neue Wege bei der Aufdeckung der Geheimnisse der Natur beschreiten, und ihre Kräfte zum Nutzen der Menschheit bündeln"*. In der Meldung der sowjetischen Nachrichtenagentur TASS, in der diese Meldung verbreitet wurde, vernahm man auch erstmal die Bezeichnung der Raumsonde, unter der sie berühmt werden sollte: Luna 1.

Immerhin war dieser Flug eine gute Probe für die späteren Missionen. Zum ersten Mal konnte die neue dritte Stufe über ihren gesamten Leistungsumfang getestet werden. Erstmals konnte auch das Radio-Kommunikationssystem bis auf eine Erdentfernung von 600.000 Kilometer geprüft werden. Die Ausrüstung an Bord hatte gut gearbeitet, und so konnten die sowjetischen Wissenschaftler am 12. Januar während einer Pressekonferenz der Welt ihre Erkenntnisse mitteilen. Die größte Sensation war damals die Entdeckung, dass der Mond über kein eigenes Magnetfeld verfügte. Die Presse interessierte sich dagegen besonders für die Natrium-Wolke, welche die Sonde in einem Erdabstand von 113.000 Kilometern ausgestoßen hatte. Diese Wolke hatte einen ganz besonderen Sinn. Sie war von der Erde aus gut zu beobachten und bewegte sich mit der gleichen Geschwindigkeit wie die Sonde und die dritte Stufe in Richtung Mond. Sie konnte von allen Observatorien auf der Erde beobachtet werden und diente so als Beweis dafür, dass die Sowjets tatsächlich den Mond erreicht hatten, oder etwas korrekter in diesem Fall, daran vorbeigeflogen waren.

62 Stunden nach dem Start gaben die Batterien an Bord der Sonde ihren Geist auf. Auch das stellte die Ingenieure zufrieden, denn die hatten die Batterien für eine „Mindesthaltbarkeit" von 40 Stunden ausgelegt. Am 3. März wurde Pioneer-4 mit einer Juno-2 Rakete auf eine lunare Vorbeiflugbahn in einen heliozentrischen Orbit gebracht. Wegen einer „overperformance" der zweiten Stufe des Trägers verfehlte Pioneer-4 aber die gewünschte Vorbeiflugdistanz (weniger als 30.000 Kilometer) und flog in einer Entfernung von 59.000 Kilometern am Mond vorbei. Pioneer 4 war die erste US-Raumsonde, die den interplanetaren Raum erreichte. Die Sonde übertrug Daten noch aus einer Entfernung von 658.000 Kilometern. Damals Rekord. Der Kontakt brach nach 83 Stunden ab.

Nach Luna 1 kam es zu einer kurzen Unterbrechung der Mondmissionen. Bis zum Juni richtete sich die ganze Energie des OKB-1 auf die weiteren Entwicklungstestflüge der R-7. Insgesamt fanden in dieser Zeit sechs militärische Testeinsätze der „Semjorka" statt. Kein einziger war völlig fehlerfrei. Diese Fehler abzustellen, war aber auch für die kommenden Flüge zum Mond und Planeten sehr wichtig. Am 18. Juni 1959 unternahm man den nächsten Versuch, eine Einschlagsonde zum Mond zu senden. Der Start war ein glatter Fehlschlag. Die Betriebsflüssigkeit des Lagekontrollkreisels im Block A lief wegen eines Lecks aus, die Rakete wich vom Kurs ab und so musste die Mission durch das Abschalten des Triebwerks terminiert werden. Sonde E-1-5 war damit verloren. Im Westen wurde der Start gar nicht wahrgenommen, und so vergaben die Sowjets auch keine Luna-Bezeichnung.

Der nächste sowjetische Mondschuss war für den 6. September um 3:49 Uhr morgens Ortszeit angesetzt. Das Startfenster für die Mission war nur 10 Sekunden lang. Wurde es verfehlt, dann musste der Flug um mindestens 24 Stunden verschoben werden. Und so kam es auch: ein elektrischer Schaltkreis hatte sich automatisch deaktiviert und erst nach stundenlangem Suchen kam man darauf, dass jemand einen Stecker falsch verbunden hatte. Was daran lag, dass die richtige Verbindung überhaupt nicht in den Diagrammen der Dokumentation verzeichnet war. Das Aufspüren des Fehlers, die Neuverdrahtung und der Test der Änderung dauerten länger als einen Tag. So wurde der nächste Startversuch auf den 8. September um 5:41 Uhr Ortszeit angesetzt.

An diesem Tag verlief zunächst alles planmäßig, die Rakete wurde wieder mit flüssigem Sauerstoff betankt (das Kerosin war in den Tanks geblieben). Schließlich kam der Zeitpunkt im Countdown, an dem alle Tanks mit komprimiertem Stickstoff auf Betriebsdruck gebracht wurden. Dies gelang in den Boostern und in der Block E-Stufe, nicht aber im Zentralblock A. Der Tankdruck bewegte sich dort nicht über die 60 Prozent-Marke. Die Zeit wurde knapp. Schließlich fällte man die Entscheidung das Druckgas wieder abzulassen, und einen neuen Versuch zu unternehmen. Aber auch dieser Versuch und noch ein dritter schlugen fehl. So musste der Start auch am 8. September abgesagt, und für den 9. September neu angesetzt werden.

Dieses Mal war der flüssige Sauerstoff in den Tanks geblieben. Die verdampfte Menge musste während der Nacht permanent nachgefüllt werden. Der kalte Sauerstoff hatte zur Folge, dass Aktuatoren und Leitungen regelmäßig aufgewärmt werden mussten. Der Start sollte an diesem Tag aus himmelsmechanischen Gründen um 6:39 Uhr und 50 Sekunden Moskauer Zeit erfolgen. Dieses Mal schienen die Glücksgötter den sowjetischen Raumfahrtingenieuren gewogen zu sein. Die Zündung erfolgte und alle Triebwerke liefen im R-7 typischen Verfahren bereits auf der Vorstufe, dem Zustand, in dem die Turbopumpen hochfahren und die Triebwerke ihren Schub aufbauen. Doch dann kam das Signal für die „Hauptstufe" nicht durch. Wieder war da ein Schaltkreis, der in den „reset"-Modus ging, und die Triebwerke erstarben.

Nun war auf der Startanlage die Hölle los. Eine Rakete, deren Triebwerke auf der Rampe abschalteten, nachdem sie schon am Hochlaufen waren, hatte es damals noch nicht oft gegeben. Alle Notfallprozeduren griffen, Feuerwehrautos rollten vor und sicherten das Gelände und schließlich war die

Rakete nach einer Weile gesichert. Koroljow besah sich die Lage und entschied dann etwas, was nur in den Tagen des Kalten Krieges möglich war. Er ließ die Rakete enttanken und einfach die nächste Rakete bereitstellen, die bereits im Hangar wartete.

Mock-up von Luna 2

LUNA 2 – DIE ERSTE „LANDUNG" AUF DEM MOND

Nur vier Tage später, am 12. September 1959, um 9:39:26 Uhr Moskauer Zeit gelang der insgesamt sechste Versuch der Sowjetunion, eine Sonde auf den Weg zur Mondoberfläche zu schicken. Die Abweichung vom geplanten Startfenster betrug nur eine Sekunde.

Die erste Aufgabe von Koroljow, Tschertok, Keldysch und den anderen Verantwortlichen war es nach dem geglückten Start, eine Nachricht für die sowjetische Nachrichtenagentur TASS zu verfassen. Danach musste Mstislaw Keldysch bei der staatlichen Kommission die Erlaubnis einholen, mit Professor Bernard Lovell vom Londoner Jodrell Bank Observatorium Kontakt aufzunehmen. Ihm musste dann mitgeteilt werden, was die sowjetischen Absichten mit dieser Raumsonde waren. Der Kontakt mit Bernard Lovell war von größter Wichtigkeit, denn das Jodrell Bank Observatorium verfügte seinerzeit über die weltweit größte Parabolantenne.

Koroljow war zunächst gegen Keldyschs Kontaktaufnahme. Was, wenn sie den Mond erneut verfehlten? Dieses Mal würde niemand glauben, dass die Sowjetunion schon wieder einen künstlichen Satelliten um die Sonne schicken wollte, der dabei erneut ausgerechnet in der unmittelbaren Nähe des Mondes vorbeikommen würde. Dennoch setzte sich Keldysch durch. Er gab der sowjetischen Akademie der Wissenschaften den Auftrag, sofort mit Lovell in Verbindung zu treten, und ihm den berechneten Aufschlagszeitpunkt auf dem Mond und die Bahnparameter von Luna 2 zu übermitteln, damit dieser in der Lage war, die schwachen Signale der Sonde zwischen dem Hintergrundrauschen des Weltalls aufzufinden.

Die ganze Aktion war der Angst der sowjetischen Ingenieure und Wissenschaftler geschuldet, dass womöglich niemand auf der Erde von dem Ereignis etwas mitbekam, und man ihnen am Ende nicht glauben würde. Oder aber dass es die Amerikaner zwar mitbekamen, (was tatsächlich der Fall war), sie es aber womöglich niemandem sagen würden. Tatsächlich stellte sich am Ende heraus, dass auch die Amerikaner mit Lovell Kontakt aufgenommen hatten, damit der ihre eigenen Beobachtungen verifizierte. Und nicht nur die militärischen Stellen setzten sich mit Jodrell Bank in Verbindung, sondern auch die NASA. Und so wurde die sowjetische Leistung vom stellvertretenden NASA-Administrator Hugh Dryden persönlich bestätigt.

Der Flug der sechsten sowjetischen Mondsonde dauerte 38 Stunden, 21 Minuten und 21 Sekunden. Die sowjetischen Wissenschaftler bekamen am 14. September die erhoffte Bestätigung von Professor Lovell, dass das Raumfahrzeug fast exakt zum vorhergesagten Zeitpunkt seine Übertragungen gestoppt hatte. Luna 2 hatte seine Sendungen eine Sekunde später eingestellt, als berechnet. Und selbst diese eine Sekunde Differenz war schnell erklärt. Es stellte sich nämlich heraus, dass in der Bahnberechnung der Ballistiker die Lichtlaufzeit des Signals vom Mond zur Erde nicht mit in Betracht gezogen worden war.

Am 14. September 1959 meldete die sowjetische Nachrichtenagentur TASS: „*Heute, am 14. September, um 12:02:24 Uhr Moskauer Zeit, erreichte ein zweites sowjetisches Raumfahrzeug die Oberfläche des Mondes. Zum ersten Mal in der Geschichte ist damit ein Raumflug von einem Himmelskörper zu einem anderen erfolgt. In Erinnerung an dieses bemerkenswerte Ereignis wurden Plaketten mit dem Emblem der UdSSR und der Inschrift „Union der sozialistischen Sowjetrepubliken, September 1959" auf der Oberfläche des Mondes platziert. Das Erreichen der Mondoberfläche durch dieses sowjetische Raumfahrzeug ist ein bemerkenswerter Erfolg der Wissenschaft und Technologie. Es ist der Anfang einer neuen Phase in der Weltraumforschung*".

Am 15. September, um 6:00 Uhr morgens, wurde diese Nachricht über alle Radiostationen der Sowjetunion verbreitet und der gleichlautende Text stand in allen Morgenzeitungen. Koroljow, Keldysch und die anderen

Diese Plaketten, vereint in einer kleinen Kugel, befanden sich an Bord von Luna 2

Autoren des Textes ärgerten sich gehörig darüber. Er war durch zahllose Kontroll- und Zensurgremien gegangen und sollte eigentlich völlig glatt gebügelt und frei von allen verdächtigen Äußerungen sein. Doch irgendwo hatte sich da ein entscheidender Fehler eingeschlichen, der zusätzlich auch die scheinbar so erfolgreiche Luna 1-Mission vom Januar in Misskredit zog. Es ging um die Passage, die da besagte: „...erreichte ein zweites sowjetisches Raumfahrzeug die Oberfläche des Mondes". Tatsächlich war Luna 2 natürlich das erste sowjetische Raumfahrzeug auf dem Mond. Luna 1 hatte ja wegen eines Problems mit der Flugsteuerung den Erdtrabanten verfehlt. Und nun gab man indirekt zu, dass auch diese erste Sonde eigentlich auf dem Mond hätte niedergehen sollen.

Dennoch war die Sache ein umwerfender Erfolg, auch wenn er erst ein Jahr nach dem ursprünglich geplanten Datum gelang. Die Amerikaner waren nach wie vor noch nicht so weit und was noch besser war: Am 15. September brach Chruschtschow zu einer seit langem geplanten Reise in die USA auf, und da kam ihm der Erfolg von Luna 2 gerade recht.

RC-Shop

Autogrammmkarte A-5: 50.- Euro

Taikonautenfoto, 18x24 cm: 60.- Euro

Bestellungen:
Raumfahrt Concret, PF 10 12 39, 17019 Neubrandenburg
Weitere Angebote: http://www.raumfahrt-concret.de/RC-Shop/

WIKIPEDIA

Im Oktober 1967 tritt der UN-Weltraumvertrag in Kraft. Rechts: US-Präsident Lyndon B. Johnson, links neben ihm US-Außenminister Dean Rusk, danach Sir Patrick Dean und Anatoli Dobrinin, die Botschafter Großbritanniens und der UdSSR in den USA.

GESETZE FÜR DEN WELTRAUM

Am 12. Januar 2018 kam es zu einer Erstleistung in der Raumfahrt, die sich nur nach und nach ihren Weg ans Licht der Öffentlichkeit bahnte. Erstmals gelangten nämlich mehrere Satelliten ohne Genehmigung in den Erdorbit. An diesem Tag startete eine Rakete des Typs PSLV vom ostindischen Weltraumbahnhof Shriharikota in eine polare Erdumlaufbahn, und brachte als Hauptnutzlast den indischen Erdbeobachtungssatelliten Cartosat 1D, sowie zwei weitere größere Raumfahrzeuge in den Orbit. Mit an Bord waren aber auch 28 Klein- und Kleinstsatelliten. Das Bild auf Seite 55 zeigt eine Liste dieser Miniatur-Raumfahrzeuge, wie sie auf der ISRO-Homepage zu finden waren.

Eingerahmt ist das Kästchen, das auf vier Femtosatelliten (man bezeichnet sie so, weil sie weniger als ein Kilogramm schwer sind) mit der Bezeichnung Space-BEE hinweist, die ebenfalls mit von der Partie waren. Vor dem Start bezeichnete sie die indische Raumfahrtagentur ISRO, die den Start durchführte, als „two-way satellite communications and data-relay units" aus den USA. Ein Betreiber wurde nicht genannt und blieb auch noch für eine ganze Weile geheim. Wie Anfang März dann doch bekannt wurde, handelt es sich bei den vier „SpaceBEEs" um die ersten Satelliten eines Silicon-Valley Startups mit der Bezeichnung „Swarm-Technologies". Dieses Unternehmen agiert im Tarnkappen-Modus, und dafür gibt es einen guten Grund, denn hier wird gerade eine neue, möglicherweise revolutionäre Geschäftsidee geboren. Gegründet wurde die Firma von Sara Spangelow, die zuvor bei Google ein neuartiges Raumfahrzeug-Konzept entwickelte. Ihr Partner heißt Benjamin Longmier, der an mehreren Start-ups beteiligt ist, und eine seiner bisherigen Firmen („Aether Industries", die sich mit Stratosphärenballons beschäftigte) erst kürzlich an Apple verkaufte. Die vier SpaceBEE's sind Technologie-Demonstratoren für ein neuartiges, weltraumgestütztes Internet-Kommunikationsnetzwerk. Sie sind jeweils nur so groß wie eine Zigarettenschachtel (10 x 10 x 2,5 Zentimeter) und wiegen pro Stück etwa 100 Gramm. Ihre Technik und die eingesetzten Algorithmen sollen es ermöglichen, um ganze Größenordnungen günstiger zu sein, als bestehende oder geplante Datenrelay-Konstellationen wie etwa Iridium oder OneWeb.

ISRO

PSLV-C40/CARTOSAT-2 SERIES SATELLITE

International co-passenger Satellites

Satellite	Country	Objective
Telesat Phase-1 LEO	Canada	Ka-band communication satellite meant for demonstrating the capability of satellite and customer terminal for delivering low latency broadband experiences
POC-1	Finland	SAR Payload Proof-of-Concept demonstration
PICSAT	France	Measurement of exoplanetary transits
CANYVAL-X	Republic of Korea	To demonstrate astronomy with virtual telescope
CNUSAIL-1	Republic of Korea	To demonstrate solar sail technology
KAUSAT-5	Republic of Korea	Infrared imaging of the Earth
SIGMA	Republic of Korea	To demonstrate probing of space radiation
STEP CUBE LAB	Republic of Korea	To demonstrate thruster, radiator and heat pipe technologies
CBNT-2	UK	CBNT-2 is an Earth observation technology demonstration mission, to test and validate a high definition imagery and video system

Satellite	Country	Objective
Flock-3P' (Four)	USA	Earth Observation
LEMUR (Four)	USA	Automatic Identification System (AIS) for Vessel monitoring
DemoSat-2	USA	UHF radio test
Micromas-2	USA	Microwave radiometer test
Tyvak-61C	USA	To catalog variability of luminous stars
SpaceBEE (Four)	USA	2-way satellite communications and data relay
Fox-1D	USA	Amateur radio communications
Corvus BC3	USA	Multi-spectral remote sensing
Arkyd-6	USA	Demonstration of core technology for use in asteroid exploration
CICERO-7	USA	To measure global weather patterns with high accuracy using a GPS radio occultation sensor

28 International Customer Satellites together weigh 470 kg.

Liste der Kleinsatelliten des PSLV-Starts vom 12. Januar 2018

Swarm Industries hatte den Antrag für den Start der SpaceBees bereits Anfang April 2017 bei der Federal Communications Commission (FCC) eingereicht. Dort lag er über acht Monate, bis schließlich vier Wochen vor dem Start, die Satelliten waren bereits auf dem Dispenser der Rakete integriert, die Behörde die Genehmigung für den Start verweigerte. Aus „Sicherheitsgründen", wie es heißt. Die FCC ist zuständig für die Regulierung kommerzieller

FCC

Emblem der US-Federal Communications Commission (FCC)

Satelliten, einschließlich der Minimierung der Chance von Unfällen im Orbit. Sie begründete ihre Ablehnung damit, dass die vier SpaceBEEs aufgrund ihrer geringen Größe ein nicht akzeptables Kollisionsrisiko für andere Raumfahrzeuge darstellen würden, da die Bahnverfolgung so kleiner Einheiten von der Erde aus nicht möglich sei. Swarm Technologies hatte das allerdings in der Konzeption durchaus begriffen, in ihrem Antrag auch dargestellt, dass die geringe Größe ihrer SpaceBEEs ein Problem werden könnte, und hatten ihre Minis deswegen entsprechend ausgerüstet. Sie installierten einen kleinen GPS-Sender in jede Einheit, der jederzeit seine Position abrufbar macht. Außerdem rüsteten sie die Geräte mit passiven Radarreflektoren aus, die das Radarecho der SpaceBEEs verzehnfachen sollten.

Das genügte der FCC allerdings nicht. Sie bemängelte, dass die GPS-Daten nur so lange verfügbar sind, wie der Satellit am Leben ist, und dass man den Radarreflektor nur innerhalb eines begrenzten Frequenzbandes benutzen könnte. Schließlich fügte sie der Ablehnung noch hinzu: „Aus diesem Grund sehen wir es als nicht gegeben, dass eine Genehmigung dieser Anwendung im öffentlichen Interesse ist“.

Nun wog Swarm Technologies ihre Optionen ab, und ließ ihre Satelliten dennoch starten. Ohne die Erlaubnis der FCC. Tatsächlich zeigte sich in der Praxis, dass die SpaceBees problemlos zu orten sind. Dennoch blieb das eigenmächtige Handeln nicht ohne Folgen, denn am 7. März verbot die FCC der Firma den zweiten Vierersatz an Satelliten zu starten. Geplant war das mit einer Rocket Lab Electron für Ende März. Und das, obwohl die Satelliten dieses Mal die vom FCC als notwendig erachtete Mindestgröße (die eines Ein-Unit-Cubesat, also 10 x 10 x 10 Zentimeter) aufwies. Somit war das Startverbot ganz klar eine Strafmaßnahme, denn für diese vier Satelliten hatte die FCC ihre Genehmigung zuvor schon erteilt, zog sie nun aber wieder zurück, als der ungenehmigte Start vom Januar aufflog.

Jetzt aber mal abgesehen von den rein technischen Implikationen, die ein Start so kleiner Satelliten vielleicht tatsächlich mit sich bringen kann, erhebt sich die Frage, warum sich eine US-Behörde wie selbstverständlich das Recht nimmt, Regularien und Genehmigungen für Satellitenstarts aufzustellen, die in ganz anderen Teilen der Welt stattfinden. Wenn hier irgendjemand zuständig ist, dann sollte das – könnte man jetzt annehmen – doch nur Indien sein. Aber gut, man könnte in diesem Fall möglicherweise noch zugestehen, dass es sich ja um US-Satelliten handelt, die damit automatisch dem US-Recht unterliegen. Selbst wenn es also mit rechten Dingen zugeht, dann ist hier klar erkennbar, dass eine Behörde wie der FCC den neuen Anforderungen ganz offensichtlich nicht gewachsen ist. Denn wie kann es sein, in einer Zeit, in der Wettbewerbsvorteile von großer Bedeutung sind, dass sich die Behörde im führenden westlichen Industrieland achteinhalb Monate Zeit nimmt, einen doch relativ simplen und eindeutigen Sachverhalt zu untersuchen, nur um ihn dann am Ende abschlägig zu erklären. Und dies zu einem Zeitpunkt, an der dem Betreiber des Satelliten praktisch keine andere Wahl mehr bleibt als zu starten, will er nicht massive Vertragsstrafen von Seiten des Startbetreibers in Kauf nehmen. Denn der müsste dann, wegen der De-Installation einer Mini-Nutzlast von weniger als einem Kilo Gewicht den Start aller anderen Nutzlasten wochenlang verschieben.

EINE ANALYSE

Schauen wir uns, ausnahmsweise, denn juristische Auslegungen sind meistens ebenso anstrengend wie langweilig – den Fall der unerlaubt gestarteten Satelliten einmal etwas genauer an. Wie stellt sich dieser Fall juristisch dar? Der Weltraumvertrag der Vereinten Nationen besagt in Artikel VI, dass Aktivitäten im Weltraum, die nicht von einer staatlichen Einrichtung ausgehen, einer Zulassung sowie Überwachung durch eine staatliche Behörde bedürfen. In den USA hat man sich daraufhin umgesehen, wer für so etwas zuständig sein könnte, und die FCC zur zuständigen Behörde erklärt. Die Wahl geht zurück auf den Communications Act von 1934, der die Grundlage für die Einrichtung dieser Behörde war. Satelliten, die es natürlich 1934 noch nicht gegeben hat, werden nach Auslegung dieses „Acts" unter dem Begriff „Radio Stations" erfasst. Das entspricht auch tatsächlich irgendwo den Tatsachen.

In einem Aufsatz der Juristinnen Pamela Meredith und Franceska Schroeder, erschienen in der California Western Law Review im Jahre 1990, heißt es unter „I. Background; A. FCC Jurisdiction Over Satellites" wie folgt: „The deciding factor is whether communications originate and/or are received within the United States." (also: der entscheidende Faktor für die Zuständigkeit ist dabei, ob die Kommunikation in den USA ihren Ursprung hat, oder ob sie dort empfangen wird). Nun, dem ist eindeutig so.

Diese Aussage deckt sich auch mit den Bestimmungen, die im Communications Act getroffen wurden. Die zentrale Vorschrift ist dort der „§301. Licence for radion communication or transmission of energy". Dort heißt es auszugsweise wie folgt: *[...] No person shall use or operate any apparatus for the transmission of energy or communications or signals by radio [...], except under and in accordance with this chapter and with a license in that behalf granted under the provisions of this chapter."* (Niemand darf eine Vorrichtung für die Übertragung von Energie oder Kommunikation mittels Radiostrahlung verwenden oder betreiben außer unter und in Übereinstimmung mit diesem Paragrafen und auf Grundlage einer Lizenz die für diesen Zweck unter Zugrundelegung der Bestimmungen dieses Paragrafen gewährt wurde). Bei der Frage danach, wann eine Lizenz erforderlich ist, knüpft § 301 nicht an materielle Voraussetzungen an, sondern nur an örtliche. Zusammengefasst ist eine Lizenz dann erforderlich, wenn die USA in örtlicher Hinsicht durch das Senden und/oder Empfangen irgendwie betroffen sind. Die Lizenz wird nach einer Abwägung mit dem öffentlichen Interesse gewährt oder verweigert. Zusammenfassend ist deshalb festzustellen: Swarm Technologies handelte unrechtmäßig, und hätte für das Betreiben der Satelliten eine Lizenz der FCC benötigt. Nachdem das nun eindeutig geklärt ist, können wir uns jetzt die Frage stellen, ob Bestimmungen, die auf das Jahr 1934 zurückgehen, also in eine Zeit, wo Erdsatelliten ein ausschließlicher Gegenstand der Science Fiction waren, heute noch angemessen sind und nicht doch vielleicht gelegentlich mal einer Überarbeitung bedürfen.

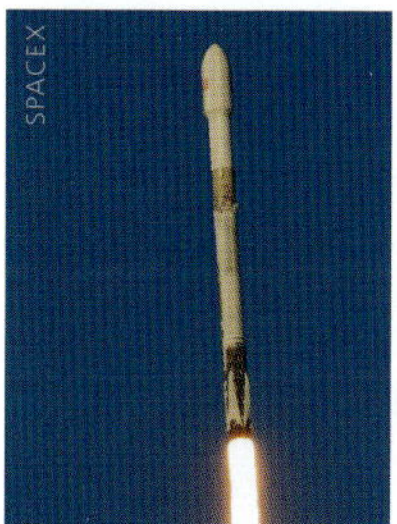

Privaten Raumfahrtunternehmen wie SpaceX war es nicht erlaubt, ohne eine spezielle Lizenz Bilder aus dem Orbit zu übertragen.

Ein nächster Fall von Regulierungswut wurde übrigens nur wenige Tage später bekannt, als die US-Wetterorganisation NOAA SpaceX verbot, bei einem Start für den Satellitenbetreiber Iridium Aufnahmen der Erde von der zweiten Stufe ihrer Falcon 9-Trägerrakete aus zu machen. Die Behörde hatte eine Bestimmung ausgegraben (nachdem sie die Sache zuvor jahrelang unbeachtet gelassen hatte, und bei mehr als 50 SpaceX-Flügen zuvor Bilder aus der Umlaufbahn übertragen wurden), nach der es privaten Unternehmen ohne Lizenz nicht erlaubt ist, Bilder der Erde aus der Umlaufbahn zu übertragen. Die Begründung der Behörde:

Die Kamera an Bord der zweiten Stufe der Rakete sei ein weltraumgestütztes Fernaufklärungssystem. SpaceX konterte das Verbot nonchalant dadurch, dass das Unternehmen zwar während des ganzen Aufstieges in die Umlaufbahn eine prächtige Übertragung vom Start ins Netz stellte, inklusive superber Bilder der Erde, diese Übertragung aber dann abrupt abbrach, exakt eine Sekunde vor Erreichen der Umlaufbahn. Inzwischen hat SpaceX übrigens eine offizielle Lizenz von NOAA, Bilder aus der Umlaufbahn zu übertragen und das Thema ist vom Tisch.

DIE PRIVATE RAUMFAHRT BRAUCHT RECHTSSICHERHEIT

Doch solche Dinge sind eher skurrile Randnoten in der Entwicklung einer Gesetzgebung für den Weltraum. Auch Kritiker der gerne überbordenden Bürokratie bestreiten nicht, dass die Raumfahrt Rechtssicherheit braucht, um vernünftig betrieben werden zu können. Schauen wir uns dazu in der Folge schwerpunktmäßig eines der wichtigsten zukünftigen Betätigungsfelder der Raumfahrt an, nämlich das Erkunden und Ausbeuten von Ressourcen im Sonnensystem. Wir wissen heute, dass Monde und Planeten, Asteroiden und Kometen alle Materialien in sich bergen, die für eine extraterrestrische Industrie notwendig wären. Und es ist nicht nur ein bisschen was da draußen, es sind so ungeheure Mengen, dass es der Menschheit voraussichtlich nie gelingen wird, die Ressourcen unseres Sonnensystems mehr als nur anzuknabbern. Alles, was für außerirdische Produktionsstätten nötig ist, gibt es außerhalb unseres Planeten in ungeheuren Mengen und ausreichend für jede vorstellbare Zukunft.

Wasser findet sich womöglich sogar schon auf dem Mond. Wir wissen heute auch, dass auf dem Mars davon ganze Ozeane in gefrorener Form existieren. Noch leichter zugänglich als die Planeten sind die Asteroiden. Im inneren Asteroidengürtel, der sich zwischen Mars und Jupiter erstreckt, gibt es mindestens 1,5 Millionen dieser Himmelskörper mit einem Durchmesser von mehr als einem Kilometer. Ihre Schwerkraft ist zu vernachlässigen. Selbst die allergrößten von ihnen verfügen über nicht mehr als zwei bis drei Hundertstel der Erdgravitation. Bei bergbautechnisch relevanten Asteroiden ist es in der Regel noch viel weniger. Raumschiffe landen auf solchen Himmelskörpern nicht, sie legen dort einfach an. Diese Objekte sind das Rohmateriallager der Zukunft. Der Asteroid Psyche zum Beispiel besteht zum größten Teil aus Nickel und Eisen. Bei einem Durchmesser von 250 Kilometern könnte er ganz allein jeglichen irdischen Bedarf an diesen beiden Metallen für jede denkbare Zukunft decken. Der gesamte As-

Die US-Raumsonde Osiris Rex entnimmt Bodenproben am Asteroiden Bennu. Künstlerische Darstellung.

teroidengürtel mit seinen unzähligen Objekten besteht zu einem Drittel aus „baufähigen" Metallen. Hier wird der nächste „Gold Rush" stattfinden. Und es gründen sich bereits heute immer mehr Unternehmen, um bei diesem lukrativen Geschäft der Zukunft mit dabei zu sein. Allen voran derzeit Planetary Resources und Deep Space Industries. Raumsonden wie OsirisRex, Hayabusa 2, oder Psyche sind bereits auf dem Weg zu solchen Himmelskörper oder werden sich demnächst dorthin aufmachen. Während diese Zeilen entstehen hat Hayabusa 2 gerade den Asteroiden 162173 Ryugu erreicht. Ein kleiner, recht unscheinbarer Apollo-Asteroid von knapp einem Kilometer Durchmesser in der Form eines Diamanten. Bei oberflächlicher Betrachtung nichts anderes als eine kosmische Geröllhalde. Die in ihm gebundenen Rohstoffe aber – Mineralien und Kohlenstoffverbindungen – haben nach Schätzungen von Planetary Ressources, einen Wert von 95 Milliarden Dollar. Selbst scheinbar so nutzlose Materialien wie der allgegenwärtige Regolith, der die Oberfläche des atmosphärelosen Himmelskörpers bedeckt, könnte ein gutes Baumaterial für robotische 3D-Drucker darstellen, um damit vor Ort Unterkünfte, Raumstationen oder sogar Raumschiffe zu bauen.

Viele Asteroiden enthalten Wasser, Wasserstoff, Stickoxide und Kohlenstoff. Mit Kohlenstoff hätten wir auch gleich einen wichtigen Grundstoff für die Herstellung von Stahl. Wasser ist in gebundener Form, aber wahrscheinlich sogar als reines Eis überall im Asteroidengürtel weit verbreitet. Aus schlichtem Wasser kann mit Energie Raketentreibstoff hergestellt werden.

Neben den Asteroiden bleibt aber weiterhin der Mond im Blickfeld. Bereits in der obersten Regolithschicht ist wertvolles Material im Überfluss enthalten. Dort haben die Forscher Helium-3 festgestellt, ein Gas, das auf der Erde sehr selten ist. Helium-3 ist ein idealer Brennstoff für zukünftige Fusionsreaktoren. Schätzungen gehen von mindesten einer Million Tonnen dieses Stoffs auf der Mondoberfläche aus. Schon 40 Tonnen würden ausreichen, um den Energiebedarf der USA für ein Jahr zu decken.

FERNAB DER ERDE...

Interessant wird die Sache mit den Rohstoffen des Weltraums jetzt auch aus rechtlicher Sicht. Die „alten" Weltraumverträge der sechziger Jahre wurden vor allem aus Neid geboren. Sie verhindern den Abbau von Ressourcen eher, als dass sie ihn fördern. Der Weltraumvertrag des Jahres 1967, die „Mutter aller Weltraumverträge" sozusagen, lässt allenthalben erkennen, dass keiner dem anderen mögliche lukrative Nutzungen im Weltraum gönnte. Das Werk, auf den sich viele immer noch berufen, wirkt heute wie aus der Zeit gefallen. Der Vertrag sieht vor, dass Raumfahrt ausschließlich den Staaten obliegt, dass der Weltraum ausschließlich friedlich genutzt werden darf, und niemand Besitzansprüche geltend machen darf. Demzufolge hätte die Privatisierung der Raumfahrtindustrie genauso wenig stattfinden dürfen, wie das SDI-Programm der Amerikaner in den neunziger Jahren. Zwölf Jahre nach dem Weltraumvertrag gab es einen weiteren Anlauf, die Frage nach der Nutzung der Ressourcen des Weltraums konkreter zu beantworten: Im so genannten „Mondvertrag" von 1979. Der geht in seinem Neidaspekt allerdings sogar noch ein Stück weiter und verbietet die Nutzung von Ressourcen der Himmelskörper so lange, bis es ein internationales Nutzungs-Regime gibt. Die Sache war derartig durchsichtig, dass die einzigen, die tatsächlich die Ausbeutung der Schätze des Sonnensystems hätten betreiben können, also die USA und die Sowjetunion, dieses Werk gar nicht erst unterzeichneten. Aus diesem Grund fühlen sie sich auch heute nicht daran gebunden. So ist, allerdings nur aus der Sicht der Unterzeichnerstaaten, eine rechtliche Grauzone entstanden. Die jahrzehntelang niemanden sonderlich interessierte.

Dieses Bild des Asteroiden Ryugu hat die japanische Raumsonde Hayabusa-2 gemacht. Ryugu hat einen Durchmesser von etwa 950 Metern. Der Wert des Materials, aus dem er besteht, beträgt laut Schätzung des Weltraum-Prospektionsunternehmens Planetary Resssources etwa 95 Milliarden Dollar.

Jetzt aber geht der „Run" auf die Ressourcen des Weltraums los. Der Zeitpunkt, an dem die Unternehmen Rechtssicherheit brauchen. Der US-Kongress fand sich bereit, ihnen diese Sicherheit zu geben und erließ ein Gesetzeswerk, das es den Unternehmen erlaubt, die Rohstoffe zu behalten, die sie auf Monden und Asteroiden abbauen, den „Commercial Space Launch Competitiveness Act". Der umsegelt den alten Weltraumvertrag weiträumig, und legt beispielsweise fest, dass Privatunternehmen zwar nicht gleich einen ganzen Asteroiden in Besitz nehmen dürfen, aber die darauf abgebauten Erze und sonstigen Ressourcen schon. Es ist so wie auf den Weltmeeren. Einem Fischer gehören auf der offenen See zwar die Fische, die er fängt, aber nicht das Meer. Interessant wird der Space Act von 2015 allerdings dann, wenn einmal ein Unternehmen einen Asteroiden komplett verwertet. Dann bliebe nur noch das Nichts rechtlich unangetastet, in dem er sich einst bewegte.

...UND IM ERDNAHEN WELTRAUM

Aber es geht nicht nur um das „Space mining", den Bergbau im Weltraum, weitab von der Erde. Das wird ohnehin nicht von heute auf morgen wirtschaftlich relevant werden. Und gerade bei diesem Thema hören sich die Rechtsbedenken und Einschränkungen sowieso komplett absurd an, beim Vorhandensein praktisch unendlicher Ressourcen in fast unendlichen Räumen. Hier wird sich die legislative Macht des Faktischen durchsetzen, ob es uns gefällt oder nicht. Dieser Prozess läuft bereits, und weit voran in dieser Entwicklung sind die USA, wo jedes Jahr weitere gesetzliche Grundlagen für die Nutzung des Weltraums geschaffen werden. Dies vor Augen hat in der Zwischenzeit eine ganze Reihe von Staaten ähnlich liberale Weltraumgesetze geschaffen, wie die USA. Darunter sind selbst Raumfahrt-Exoten wie die Mongolei und Peru. Auch einige europäische Länder sind dabei, darunter die Skandinavier, Frankreich, England und vor allem Luxemburg. Selbst in China sind die Bedingungen inzwischen so vorteilhaft, dass dort in letzter Zeit eine muntere und erfolgreiche New Space-Gründerszene entsteht. Man mag eine Gesetzgebung für Objekte, die möglicherweise mehrere 100 Millionen Kilometer von der Erde entfernt sind, für einen puren Luxus halten. Zumindest für eine Weltraum-Industrie im erdnahen Raum ist Rechtssicherheit aber schon heute unabdingbar notwendig. Nach gegenwärtig völkerrechtlich bindenden Abkommen müssten beispielsweise die Schäden, die ein abstürzender Satellit anrichtet, vom verursachenden Land bezahlt werden. Und zwar ohne Haftungsbegrenzung.

Im Weltraumvertrag von 1967 war es einfach nicht vorgesehen, dass Privatunternehmen privat Raketen betreiben und privat Satelliten starten. Im Jahre 1967 wurde Raumfahrt ausschließlich von Nationen betrieben. Würde nun heute ein Schaden durch die Raumfahrt entstehen, beispielsweise weil ein privat entwickelter und gebauter Satellit auf ein Haus fällt und dort einen Menschen verletzt, dann haftet zunächst der Staat, zu dem der Hersteller gehört. Dieser Staat würde sich dann natürlich am Verursacher schadlos halten und die verauslagten Kosten rückerstattet haben wollen.

Jetzt ist zwar in der gesamten Raumfahrtgeschichte noch nie ein Mensch beim Absturz eines Objektes aus dem Weltraum zu Schaden gekommen, die potentiell unbegrenzte Haftung für einen solch hypothetischen Fall wird aber trotzdem keine Versicherung auf sich nehmen. Das Bestehen auf einer unbegrenzten Haftung würde aber einen privaten Raumfahrtmarkt von Anfang an abwürgen. Diese und andere möglichen Hindernisse für die Durchführung kommerzieller Raumfahrt haben die USA mit einer Reihe von Weltraum-Gesetzen sehr großzügig reguliert. Da gibt es beispielsweise den „Commercial Space Amendment Act" von 2004, der private Raumflüge ausdrücklich erlaubt, eine Haftungsobergrenze sowohl für den Staat als auch für das Unternehmen einführt und den Unternehmen obendrein eine Art „Lernfrist" einräumt, damit sie Erfahrungen beim Transport privater Raumfahrer sammeln können. Der Hintergrund dieser Gesetzgebung ist das Wissen, dass es gerade in der Anfangsphase mit Sicherheit zu Unfällen kommen wird. Und diese Unfälle sollen dann nicht gleich das grade vorsichtig aufwachsende Pflänzchen namens „Private Raumfahrt" wieder abwürgen. Diese Regulierung war zunächst bis Oktober 2015 begrenzt. Weil es mit der bemannten Privaten Raumfahrt bis vor kurzem nur zögerlich voranging, hat die US-Regierung diese „Lernfrist" im Space Amendment Act gleich mal bis Ende 2025 verlängert. Andere notwendige Regularien sind in Vorbereitung. Das nächste große Regelwerk wird sich mit dem „Space Traffic" beschäftigen, mit der Abwicklung der Aktivitäten im Weltraum. Das sind beispielsweise Regelungen für das „De-Orbiting" ausgedienter Satelliten, angesichts der geplanten Mega-Konstellationen eine

Immer wieder stürzen Stufen oder Booster chinesischer Satellitenträgerraketen nach ihrem Einsatz – regulär und geplant – über bewohntem chinesischem Gebiet ab. Sie unterliegen aber nicht den bestehenden Weltraumverträgen, denn zum einen hatten sie noch keinen Orbit erreicht, und zum anderen werden chinesische Raketen heute noch in aller Regel von staatlichen Institutionen gestartet. Genau der Fall, den der Weltraumvertrag von 1967 ohnehin abdeckt.

Notwendigkeit sowie Regelungen über den „Flugbetrieb im Geostationären Gürtel" mit dem Ausweis von Friedhofs- und Testorbits, um die räumlich begrenzten Stationierungs-Slots nicht mit inaktiven Raumfahrzeugen zu belegen. Bei diesen Regularien gilt: Wer die Initiative ergreift hat das Heft des Handelns in der Hand. Bei fast allen Dingen, die Rechtssicherheit im Weltraum betreffen, bestimmen dies die USA, meist schon deswegen, weil in anderen Ländern nicht das Interesse dafür besteht, oder schlichtweg keine Notwendigkeit dafür gesehen wird, liegen doch die praktischen Anwendungsfälle scheinbar in ferner Zukunft.

AMERICA FIRST

Kehren wir noch einmal zurück zur Ausbeutung der Ressourcen des Weltraums. In den USA ist man der Meinung, dass genau jetzt der richtige Zeitpunkt ist, darüber nachzudenken. Schon vor drei Jahren versuchten in den USA die Republikaner den „Space Ressource Exploration and Utilization Act" auf den Weg zu bringen. Einwände der Demokraten, ob diese Gesetzesvorlage überhaupt mit internationalen Abkommen, wie dem Weltraumvertrag von 1967 übereinstimmten, wurden von den Republikanern vom Tisch gewischt. Die Mehrheit der Senatoren, angeführt von Bill Posey, lehnten ein vorsichtiges Vorgehen ab. Begründung: Das wäre ein jahrlanger Prozess und könnte den Fortschritt der kommerziellen Asteroiden-Mining-Unternehmen behindern. Wörtlich meinte er: "Wir würden dann weder die Führerschaft noch die Sicherheit vermitteln, welche amerikanische Firmen benötigen, um auf diesem Gebiet zügig voranzukommen". Am Ende schaffte es die Vorlage dann doch nicht, in Gesetze gegossen zu werden. Heute aber heißt die Devise: „America first".

Obwohl die USA äußerst aktiv an die Problematik der Ausbeutung der Ressourcen des Weltraums herangehen bleiben noch viele Fragen ungeklärt. Wenn es beispielsweise zu Streitigkeiten kommt, und es wird unausweichlich dazu kommen, wie werden sie gelöst? Wie sieht in so einem Fall die Gerichtsbarkeit aus? Gibt es Verpflichtungen gegenüber weniger entwickelten Staaten, die nicht in der Lage sind, an den Reichtümern des Weltalls teilzuhaben? De Facto wird es am Ende so sein, dass nur wenige, sehr hoch entwickelte Staaten in der Lage sein werden, die Ressourcen des Weltalls zu nutzen. Innerhalb dieser Staaten werden es wiederum nur wenige Unternehmen sein, die diese extremen Anforderungen stemmen können. So könnten die neuen Gesetze das Entstehen gigantischer Monopole in der Zukunft befördern.

Amerika ist jedenfalls fest entschlossen, seine Interessen zu verfolgen und schnell voran zu marschieren. Keinesfalls wollen die Amerikaner irgendwelche internationalen Kontroll- und Überwachungsgremien ins Leben rufen, die sich in endlosen Debatten verlieren und sich womöglich – wie die Vereinten Nationen – am Ende als zahnloser Tiger herausstellen und so bereiten die USA den Boden, den Weltraum zu ihrem neuen Wilden Westen zu machen und schneidern sich dafür heute die passende Gesetzgebung zurecht.

Ein Beispiel dafür ist der bereits erwähnte „Commercial Space Launch Competitiveness Act". Er nimmt viele Elemente des gescheiterten „Space Resource Exploration and Utilization Act" von Bill Posey auf und beschäftigt sich unter anderem mit den Eigentumsverhältnissen an Weltraum-Ressourcen. Er wurde am 25. November 2015 vom damaligen Präsidenten Barak Obama unterzeichnet. Kernpunkte sind die...

★★ Erleichterung der kommerziellen Erkundung und kommerziellen Verwertung von Weltraumressourcen durch US-Bürger.

★★ Beseitigung staatlicher Hindernisse für die Entwicklung wirtschaftlich rentabler, sicherer und stabiler Industrien für die kommerzielle Erkundung und Verwertung von Weltraumressourcen und

★★ Die Förderung des Rechtes von US-Bürgern, vorbehaltlich der Genehmigung und Überwachung durch die (US) Bundesregierung, gewerbliche Erkundung und kommerzielle Verwertung von Weltraumressourcen frei von hindernden Einflüssen zu betreiben.

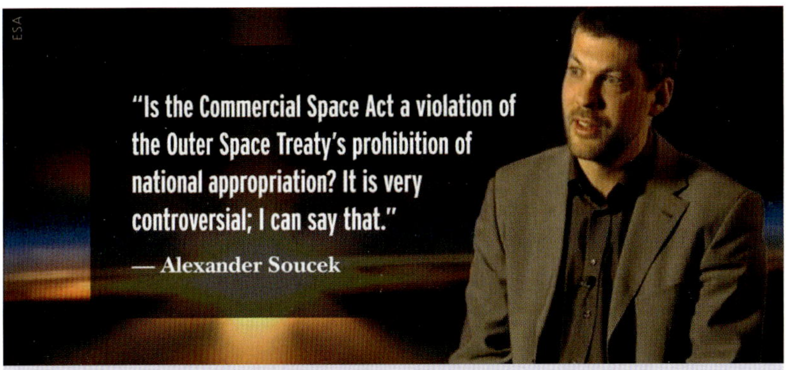

Die ESA (hier ein Zitat des ESA-Weltraumrechtlers Alexander Soucek) betrachtet den Commercial Space Act der USA als „kontrovers".

Schließlich besagt die Gesetzesvorlage: Ein US-Bürger, der einen Asteroiden oder eine Weltraumressource kommerziell nutzt, hat Anspruch auf die dabei erlangten Güter und Werte, einschließlich Besitz, Transport, Nutzung und Verkauf gemäß geltendem Recht. Das bislang letzte dieser gesetzlichen Unterstützungsrichtlinien wurde erst am 24. Mai 2018 verabschiedet, die „Space Policy Directive (SPD) 2". Sie vereinfacht Prozeduren und Vorschriften für den Start von Trägerraketen und die Bilderkundung der Erde mittels Satelliten. Sie ist die Rechtsgrundlage für eine neue Institution, die alle kommerziellen Raumfahrtfragen unter dem Dach des Wirtschaftsministeriums (das Schlagwort hier heißt: one-stop-shop) behandelt, und sie regelt die Genehmigungsverfahren für Funkfrequenzen und Exportkontroll-Vorschriften neu und vor allem praktischer als bisher. Zusätzlich gewährt die US-Regierung ihren Unternehmen quasi eine Carte Blanche, in welcher der Staat für Risiken aufkommt, die für ein Privatunternehmen versicherungstechnisch unverhältnismäßig wären.

DIE WEICHEN WERDEN JETZT GESTELLT

Die Weichen für die wirtschaftliche Nutzung des Weltraums werden in diesen Jahren gestellt. Die europäischen Staaten zeigen an dieser Entwicklung unterschiedlich starkes Interesse. Es ist in Ländern wie Frankreich, Holland, Belgien, Luxemburg, England und Österreich recht ausgeprägt, mit zum Teil detaillierten Regularien. In anderen Ländern, hauptsächlich im Süden und Osten der EU, aber auch in Deutschland, besteht dagegen kaum Interesse oder auch nur eine gewisse Aufmerksamkeit dafür. Ein EU-weites positiv-regulatives gemeinsames Handeln wie in den USA ist nicht erkennbar.

Also gibt Amerika auf diesem extrem wichtigen Gebiet der Zukunft den Takt vor. Die USA räumen alle gesetzlichen Hindernisse aus dem Weg, welche die industrielle und private Erschließung des Weltalls durch US-Unternehmen verhindern könnten. Die vorteilhafte Regelung der rechtlichen Rahmenbedingungen ist mit einer der Gründe, warum derzeit mehr als 90 Prozent des Anschub-Kapitals für New Space in den USA landet. Deutschland zeichnet sich wie üblich vor allem durch Bedenkung und Ablehnung aus. Aus diesem Grund machen selbst die wenigen verbleibenden Prozente, die nach Europa gehen, einen weiten Bogen um den vermeintlichen Hochtechnologie-Standort Deutschland. Dieses „Restgeld" geht dann in Länder wie Spanien, Finnland und Luxemburg. Auch die Investoren, die ihr Geld in die New Space-Szene stecken, sind zum weitaus überwiegenden Teil in den USA angesiedelt. Der Rest der Geldgeber stammt aus England, Kanada, Australien, Dubai und Japan. Deutschland ist mit weniger als fünf Prozent vertreten. Deutschland hat zum Zeitpunkt, an dem diese Zeilen entstehen, kein nationales Weltraumgesetz. Ein Unternehmen, das sich mit Weltraum-Ressourcen beschäftigt, braucht aber Rechtssicherheit, und nicht einen Zustand, wo der Staat dieses neue Geschäftsfeld noch nicht einmal wahrgenommen hat. Der Fall OTRAG, über den wir in dieser Ausgabe von SPACE auch berichten, ist ein gutes Beispiel dafür, was passiert, wenn ein Unternehmen, mangels gesetzlicher Rahmenbedingungen wechselnden politischen Strömungen und der Willkür des Staates schutzlos ausgesetzt ist. Statt einer umfassenden, dem neuen Geschäftsfeld positiv ausgerichteten Gesetzgebung, gibt es dafür hierzulande das Satellitendatensicherheitsgesetz (exakt heißt es: Gesetz zum Schutz vor Gefährdung der Sicherheit der Bundesrepublik Deutschland durch das Verbreiten von hochwertigen Erdfernerkundungsdaten – SatDSiG). Es umfasst 35 Paragrafen, und soll dafür sorgen, dass die Daten von durch Deutschland betriebenen Satelliten nicht die Sicherheit der Bundesrepublik oder die ihrer Verbündeten gefährden. So ein Gesetzt ist zwar weltweit ziemlich einzigartig, aber es ermuntert keinen Satellitenbetreiber dazu, in Deutschland irgendwie aktiv zu werden.

In der letzten Legislaturperiode gab es sogar schon einen Vorstoß, um Rechtssicherheit für Investitionen in den New-Space Sektor zu schaffen. Fachleute für Weltraumrecht, die den Entwurf geprüft haben, sind jedoch der Meinung, dass es – in bestem deutschem Stil – eher ein New Space-Verhinderungsgesetz geworden wäre. Wäre es so umgesetzt worden wie geplant, dann wäre kein Betreiber und kein Investor nach Deutschland gekommen. In der laufenden Legislaturperiode könnte das Gesetz wieder auf die Agenda des Bundestages kommen. Man muss schon jetzt das Schlimmste befürchten, und die Gefahr ist groß, dass dann der Zug mit dieser neuen Industrie ohne Deutschland abfährt. Es wäre nicht das erste Mal, dass so etwas passiert.

Einer der wenigen Lichtblicke in Europa hinsichtlich eines pragmatischen Gesetzgebung für die private Raumfahrt findet sich in Luxemburg. Der stellvertretende Premierminister und Wirtschaftsminister Etienne Schneider (links) und Professor Jean-Louis Schiltz von der Universität von Luxemburg verkünden hier im Juli 2017 das fortschrittlichste Weltraumrecht Europas.

WIKIPEDIA

Frank Drake mit seiner berühmt gewordenen Formel.

DIE WELT DER FREMDEN ODER „WO SIND SIE?"

Seit nunmehr 60 Jahren läuft die Suche nach extraterrestrischem intelligentem Leben. Die Resultate, man muss es so deutlich sagen, sehen bislang sehr bescheiden aus. Es gibt zwar immer wieder einmal einen kleinen Aufreger, eine interessante Entdeckung hier, ein vielversprechendes Anzeichen da, aber am Ende stellt es sich dann stets als falscher Alarm heraus. Das Gesamtergebnis der seit vielen Jahrzehnten andauernden Suche ist eine dicke, fette „Null". Irgendetwas in unserer Suche nach außerirdischem intelligentem Leben läuft offenbar schief. Bloß was?

Jeder, der sich mit der Frage „Gibt es intelligentes Leben außerhalb unseres Sonnensystems" auseinandersetzt, kommt nicht an der berühmten Drake-Gleichung vorbei. Ihr „Erfinder", der Astronom Frank Drake, setzte sie vor einem halben Jahrhundert in die Welt, und seitdem lässt sie uns nicht mehr los. Sie versucht, die Zahl der Zivilisationen in unserer Galaxis auf Basis von sieben Faktoren zu bestimmen. Diese Faktoren bestehen aus astrophysikalischen Größen (wie die mittlere Sternentstehungsrate pro Jahr in unserer Galaxis), es sind biologische

(Anteil an Planeten mit Leben) und soziologische Faktoren (wie zum Beispiel die Lebensdauer einer technischen Zivilisation in Jahren oder der Anteil an Planeten mit Interesse an interstellarer Kommunikation) dabei.

Viele, die an dieser Frage interessiert sind, haben schon einmal die Variablen in diese Gleichung eingesetzt. Sie wissen: Die Sache ist in hohem Maße beeinflussbar. Die Drake-Gleichung ist ein wenig wie der Rorschach-Test. Man kann nahezu alles in sie hineininterpretieren. Und am Ende bestimmt die ideelle Ausrichtung des Interpreten das Ergebnis. Ist er zutiefst davon überzeugt, dass wir alleine in der Galaxis sind? Kein Problem. Einfach eine Reihe pessimistischer Parameter in die Gleichung einsetzen und schon fällt die Wahrscheinlichkeit für intelligentes Leben in der Galaxis ins Bodenlose. Glaubt er, dass unsere Milchstraße vor Leben nur so überschäumt: Einfach an den Stellschrauben der Gleichung drehen, und die Werte schnellen nach oben.

Würden wir von allen Faktoren eine halbwegs richtige Vorstellung haben, es wäre ein Leichtes, davon auf die Zahl von intelligenten, kommunikationsbereiten Zivilisationen in der Galaxis zu schließen. Tatsächlich verringert sich die Unsicherheit bei einigen Faktoren der Drake-Gleichung in der letzten Zeit deutlich. Das betrifft vor allem die astrophysikalischen Werte, denn hier verfügen wir über zunehmend genauere, ziemlich objektive Angaben. So haben wir beispielsweise heute eine gute Vorstellung von der mittleren Sternentstehungsrate in unserer Galaxis. Wir wissen heute auch, dass die größte Anzahl der Sterne über Planetensysteme verfügt, und wir bekommen zusehends Gewissheit über die durchschnittliche Anzahl der Planeten pro Stern innerhalb der jeweiligen Ökosphäre. Auch der Begriff der Ökosphäre selbst wird heute, dank besseren Wissens, viel weiter definiert, als noch vor einem halben Jahrhundert. Was wiederum dazu führt, dass die Anzahl der Planeten innerhalb dieser Sphäre steigt, und mit ihr die Zahl der potentiell lebensbereiten Planeten.

Die astronomischen Werte können wir heute – verglichen mit den Versuchen von vor 50 Jahren – recht präzise in die Gleichung einsetzen. Woran es nach wie vor hapert, ist das Wissen über die biotechnischen und soziologischen Wahrscheinlichkeiten. Doch zumindest in Richtung „bio" werden unsere Daten und unser Wissen zusehends genauer. Wo immer wir hinsehen im Universum, offenbaren sich uns die Grundbausteine des Lebens. Die Wahrscheinlichkeit, dass es auch woanders Leben gibt, in welcher Form auch immer, und nicht nur auf der Erde, steigt mit zunehmendem Wissen über all diese Dinge seit Jahren an. Damit steigt aber auch die Wahrscheinlichkeit, dass wir nicht die einzige intelligente Spezies in der Galaxis sind. Eigentlich müsste es die Fremden überall geben. Bloß wo sind sie? Und wenn sie überall sind, sollten wir sie mit unseren heutigen technischen Mitteln nicht schon wahrgenommen haben, auch wenn sie tausende von Lichtjahren von uns entfernt sind?

Das Bild des Dienstausweises von Enrico Fermi während seiner Zeit im Los Alamos National Laboratory, wo er während des Zweiten Weltkriegs an der Entwicklung der Atombombe mitarbeitete.

Das ist auch die Frage, an der das berühmte Fermi-Paradoxon ansetzt. Der ihm zugrunde liegende Gedankengang ist älter als Drakes Gleichung, und hat Generationen von Science Fiction-Autoren inspiriert, seit er in die Welt gesetzt wurde. Die Annahme des italienischen Nuklearphysikers Enrico Fermi – so wird es kolportiert – stammt aus dem Jahr 1950 und soll bei einem Mittagessen mit seinen Kollegen Emil Konopinski, Edward Teller und Herbert York entstanden sein. Fermi ging von der einfachen Erkenntnis aus, dass wir existieren. Nachdem es vermessen sei, dass wir einen Einzelfall darstellen, müsse es in unserer Galaxie weiteres intelligentes Leben geben. Unsere Sonne ist ein Stern der dritten Generation, aber schon die Sterne der zweiten Generation, vor Milliarden von Jahren, hatten genügend schwere Elemente erbrütet, um die Ausbildung von Leben möglich zu machen. Aufgrund dieser Erkenntnis vermutete er somit weiter, dass technisch hochentwickelte Zivilisationen schon seit Urzeiten bestehen müssten, und dass es ihnen in dieser langen Zeitspanne mittels interstellarer Raumfahrt möglich gewesen sein sollte, die gesamte Galaxis zu kolonisieren. Doch wo sind sie, fragte sich Fermi? Warum fehlen nicht nur die Aliens, sondern ganz offensichtlich auch ihre Artefakte? Selbst wenn sie mit Antrieben geflogen wären, die nicht wesentlich besser sind als unsere, hätten sie genügend Zeit gehabt, die gesamte Galaxis zu besiedeln. Doch wir schauen, und wir suchen, und wir finden nichts. Wir finden nur immer deutlichere Indizien, dass es in unserem Universum von Leben nur so wimmeln müsste. Überall, in Asteroiden, in Kometen und auf Planeten entdecken wir organisches Material. Wasser scheint im gesamten Universum in ungeheuren Mengen vorzukommen. Wenn wir uns all diese Indizien anschauen, dann ist es schwer zu begreifen, warum wir noch nichts von anderen intelligenten Lebewesen bemerkt haben. Die wachsende Wahrscheinlichkeit, dass es viele Zivilisationen in der Vergangenheit gegeben haben müsste und in der Gegenwart geben sollte, in Kombination mit unseren Beobachtungen, die das Gegenteil offenbaren, ist Fermis Paradoxon. Es besagt am Ende nichts anderes, als dass entweder unser Verständnis von intelligentem Leben, oder aber unsere Beobachtungen fehlerhaft oder zumindest unvollständig sind.

DIE RIO-SKALA

Die US-Astronomin Jill Tarter, bis 2012 Direktorin des SETI-Forschungszentrums.

Nachdem in den vergangenen Jahrzehnten die Drake-Gleichung nicht wirklich eine Hilfe darstellte, vor allem, weil sie eine Reihe sehr subjektiver Elemente beinhaltet, und nachdem auch Fermis Überlegung nicht besonders hilfreich war, gab es in den letzten zwei Jahrzehnten Ansätze, die Wahrscheinlichkeit für die Existenz extraterrestrischen intelligenten Lebens anders zu quantifizieren. Dafür entwickelten die US-Astronomin Jill Tarter und ihr ungarischer Kollege Iván Almár die so genannte „Rio-Skala". Sie ist abgeleitet von der „Turiner Skala", die sich mit der Wahrscheinlichkeit von Asteroiden-Einschlägen auf der Erde beschäftigt.

Die der Rio-Skala zugrunde liegende Formel ist komplett anders strukturiert und allgemeingültiger ausgelegt als die Drake-Gleichung. Sie versucht aber gleichermaßen die relative Bedeutung seltener Ereignisse zu quantifizieren und das sowohl auf ihre gesellschaftliche Auswirkung hin, als auch auf die Glaubwürdigkeit des präsentierten Ereignisses. In ihrer Grundform ist sie so einfach, dass man sie sich leicht merken kann. Sie lautet: **RS = Q *** δ. RS bedeutet „Rio Scale", und legt den Wert auf der zehnstufigen Skala fest. Sie reicht von 0 (keinerlei Relevanz) bis zur Stufe 10 (außerordentlich relevant). Q steht für den Grad der Auswirkungen und ist eine Funktion der Summe dreier objektiver Parameter, nämlich: Von welcher Art ist das beobachtete Phänomen, von welcher Art ist die Entdeckung und wie weit ist das entdeckte Phänomen entfernt. Der Wert δ fasst die subjektiven Parameter zusammen. Es wird wahrscheinlich im Laufe der Zeit und von Beobachter zu Beobachter unterschiedlich wahrgenommen und erfordert daher eine permanente und kritische Überprüfung. Sollten Sie übrigens Ihre eigene Rechnung auf Basis der Rio Skala aufmachen wollen, hier geht es zum "Rio-Scale-Calculator": http://www.setileague.org/iaaseti/riocalc.htm

Bei der Beantwortung der Fragen zum Wert δ also den subjektiven Parametern, sollten Sie sich selbstkritisch hinterfragen, bevor Sie Ihren Wert in die Auswertungstabelle eintragen. Hier ein paar Anregungen dazu:

- ★ Wie hoch ist die Unsicherheit, dass sich das Phänomen auch tatsächlich ereignet hat?
- ★ Wie nachvollziehbar kann dieses Phänomen untersucht werden?
- ★ Ist der Entdecker des Phänomens womöglich dieselbe Person oder Institution, die vorhersagte, dass die Entdeckung eines solchen Phänomens ein Hinweis für die Existenz fremder Intelligenzen ist?
- ★ Sieht das Phänomen wie ein gerätespezifischer oder psychologischer Effekt aus?
- ★ Was sagt der Erbauer des Detektionsinstrumentes, oder der Experte der Detektionsmethode über das Phänomen?
- ★ Gibt es einen triftigen Grund dafür, anzunehmen, dass das Phänomen ein Schwindel ist?
- ★ Wie bewerten neutrale Experten die Wahrscheinlichkeit, dass es sich entweder um ein von Menschen gemachtes Phänomen oder um ein natürlich erzeugtes physikalisches Phänomen handelt?

Die Rio-Skala

Das Ergebnis der subjektiven Parameter wird dann mit den Antworten auf die objektiven Fragen verrechnet. Das Ergebnis auf der Rio-Skala ergibt dann eine Zahl zwischen null und 10. Also von "völlig bedeutungslos" bis "außerordentlich bedeutend". Um schon mal die Hoffnungen auf ein reales Maß zu reduzieren: Auf der Rio-Skala hat das berühmte "Wow! Signal", unser bislang stärkstes Indiz für intelligentes Leben im Universum, eine Bewertung von gerade einmal 1 bekommen: Unbedeutend. Wir sind somit, man muss es so deutlich sagen, nicht weiter als vor siebzig Jahren, als Fermi über das Thema nachdachte. Dabei sind wir uns sicherer denn je, dass es da draußen intelligentes Leben geben muss. Alles andere wäre offensichtlich Blasphemie. Aber warum sehen wir die Fremden nicht? Möglichkeiten gäbe es dafür unzählige. Sehen wir uns einmal fünf davon an.

Es genügt, geeignete Planeten mit den genetischen Bauplänen ihrer Schöpfer zu besamen

MÖGLICHKEIT 1: WIR SELBST SIND DIE ALIENS

Fangen wir einmal mit einem der grusligeren Szenarien an. Gehen wir davon aus, dass eine Zivilisation, die in der Lage ist, ihr eigenes Sonnensystem zu verlassen, sich auf einem Weg uneingeschränkten Wachstums und Expansion befinden wird. Diese Zivilisation wird energisch und durchsetzungsstark sein. Wir wissen, dass Expansion in der Regel auf Kosten schwächerer Organismen geht. Möglich wäre es somit, dass das erste Leben, das die interstellare Reisefähigkeit erreicht, jede andere höhere Lebensform ausrottet, die sich ihrer Expansion in den Weg stellt. Das muss noch nicht einmal in böser Absicht geschehen. Vielleicht arbeiten sie sich einfach durch die Galaxis und kümmern sich nicht um Kollateralschäden. Vielleicht gehen sie ganz unbefangen vor, einfach ihr Ziel vor Augen und sich keiner Schuld bewusst. Es ist ihnen vielleicht auch völlig egal, genauso wie ein Bautrupp nicht lange darüber nachdenkt, einen Ameisenhaufen wegzuschaufeln, wenn er ihren Arbeiten im Wege steht.

Bei dieser Annahme wird die erste Zivilisation einer Galaxis, die sich zu den Sternen aufmacht, gleichzeitig auch schon die letzte sein. Diese Zivilisation muss gar nicht einmal mit Kriegsschiffen unterwegs sein. Es genügt, einfach alle geeigneten Planeten mit den genetischen Bauplänen ihrer Schöpfer zu besamen, die mit Robotsonden losgeschickt werden. Ihre Nachkommen auf dem Zielplaneten sind dann mit dem gleichen Expansions- und Zerstörungsdrang ausgestattet, wie sie selbst, auf dass die Expansion immer weiter geht.

Somit könnten wir selbst die Abkömmlinge jener Aliens sein, die eben die Galaxis überschwemmen und jeden bewohnbaren Planeten für sich in Anspruch nahmen. Der Kontakt mit der längst weitergelaufenen Expansionswoge ist schon vor hunderttausenden von Jahren abgerissen oder hat – viel wahrscheinlicher – nie bestanden. Wir aber entwickeln uns hier genauso, wie unsere Schöpfer es wollten und geplant haben. Wir haben uns auf dem Zielplaneten entwickelt und eingerichtet und sind gerade dabei, exakt wie es unser Bauplan vorsieht, den man uns mitgegeben hat, zunächst einmal die indigene Fauna und Flora auszurotten, die unserer Expansion im Wege steht. Und eben schauen wir auf unsere Nachbarplaneten und darüber hinaus, um unser unheilvolles Erbe, das tief in unseren Genen schlummert, weiterzuführen.

Dieses Bild von Louis Daguerre aus dem Jahre 1838 zeigt erstmals in der Geschichte der Fotografie einen Menschen.

MÖGLICHKEIT 2: DIE ALIENS SIND DA, ABER WIR NEHMEN SIE NICHT WAHR

Dank Star Trek, Star Wars, E.T. und den Alien-Filmen mit Sigourney Weaver haben wir alle eine ziemlich präzise Vorstellungen von Aliens. Wir hätten somit kein Problem, einen Außerirdischen sofort zu erkennen, bei all der Übung, die wir darin haben. Oder etwa nicht? Vielleicht gerade deswegen nicht. Unsere Bilder im Kopf könnten nämlich unsere Suche nach außerirdischem Leben sabotieren. Die Außerirdischen der Kinos werden schon durch die knappen Budgets der Filmproduzenten gerne auf weitgehend humanoide Formen begrenzt. Mal ein spitzes Ohr hier, ein seltsamer Haarschnitt dort, ein paar Augenwülste, eine seltsame Hautfärbung: Fast immer sind es im Grunde ein wenig seltsam aussehende Menschen. Und damit der Filmplot auch ohne großes Nachdenken des Publikums flott durchlaufen kann, haben all diese Aliens ähnliche Eigenschaften zu kommunizieren oder wahrgenommen zu werden wie wir selbst. Aber womöglich werden die Aliens komplett anders aussehen. Vielleicht können sie nicht einmal von Licht- und Schallwellen erfasst werden. Einen kleinen Hinweis, wie uns begrenzte Wahrnehmung und begrenzte technischen Möglichkeiten in die Irre führen könnten, zeigen uns die Bilder von Louis Daguerre aus den Anfangstagen der Fotografie mit seinen berühmt gewordenen Stadtansichten von Paris. Sieht man sich seine Bilder an, dann könnte man meinen, die Städte der Erde sind unbewohnt. Sie zeigen keine

Menschen, was daran lag, dass mit den damals verwendeten lichtempfindlichen Chemikalien Bilder mehr als 10 Minuten lang belichtet werden mussten. Auch damals waren die Straßen geschäftig, belebt und voll. Aber auf Daguerres Bilder herrscht eine geradezu gespenstische Unbelebtheit. Im Grunde beschränken unsere Vorstellungswelt und Aufmerksamkeitsspanne unsere Suche nach Außerirdischen. Wenn wir nicht lernen, unseren Bezugsrahmen zu erweitern, eine neue Objektivität in unser Suchen zu legen, dann könnten wir für immer die Aliens übersehen, die uns vielleicht schon seit langem ins Gesicht starren.

Vielleicht gibt es auch tatsächlich längst eine weltumspannende Behörde, die dafür sorgt, dass Otto Normalbürger nichts von den Aliens mitbekommt, die sich schon auf unserem Planeten tummeln. Eine Behörde, die notwendig ist, wenn man bedenkt, welche Probleme wir schon mit Menschen aus anderen Ländern haben. Wie sollten wir da mit der Vorstellung von komplett andersartigen Aliens fertig werden. „Men in Black" lässt grüßen und alle, die dennoch etwas mitbekommen, werden einfach „geblitzdingst". Vielleicht ist es falsch, überhaupt nach Lebewesen zu suchen. Oder die habitablen Zonen abzusuchen. Die Entfernungen alleine in unserer Galaxis sind so gewaltig, dass intelligente Aliens wahrscheinlich ohnehin nicht selber kommen, sondern Roboter oder ihre Gene senden müssten. Die könnten Jahrzehntausende überleben, oder sich vor Ort einfach selber reproduzieren. Eine wirklich fortschrittliche außerirdische Gesellschaft könnte vollständig von superintelligenten Robotern bevölkert sein, die irgendwo im freien Weltraum leben. Anstatt all unsere Ressourcen darauf zu konzentrieren, andere bewohnbare Planeten zu finden, sollten wir vielleicht auch nach Orten suchen, die für Maschinen attraktiv sind – zum Beispiel Orte mit viel Energie, wie die Zentren von Galaxien oder in der Sonnenkorona. Und obwohl wir unsere Technik als so hochentwickelt befinden, dass es uns auch auf Distanzen über viele Lichtjahre gelingen müsste, zumindest indirekt die Spuren intelligenten Lebens zu finden, bemerken wir doch jedes Jahr, dass wir mit besseren Instrumenten immer neue seltsame Phänomene entdecken. Das Fazit hier: Vielleicht sind wir einfach nicht gut genug im Entdecken.

MÖGLICHKEIT 3: WIR SIND ALLEIN IN EINEM BELEBTEN UNIVERSUM

Neue wissenschaftliche Erkenntnisse machen es immer deutlicher: Im Universum wimmelt es nur so von gastfreundlichen Planeten. Mit der Zahl der lebensfreundlichen Planeten steigt automatisch auch die Wahrscheinlichkeit, dass diese Plane-

Stromatolithen gehören zu den ältesten Lebensformen auf der Erde. Sie sind ein Produkt der Gezeitenwirkung des Mondes.

ten Leben beherbergen. Mit einiger Sicherheit quillt das Universum nur so über vor Leben. Aber womöglich bringt es kein intelligentes Leben hervor, denn dafür braucht es Spezialbedingungen und die haben wir in unserem Sonnensystem durch puren Zufall. Denn die Erde hat den Mond. Einen enorm großen Mond für einen so kleinen Planeten. Einen Mond, der ideale Bedingungen für die Entwicklung des Lebens auf dem Planeten schafft, den er umkreist.

Durch seine Gravitation hat der Mond einen Einfluss auf die Rotationsachse der Erde. Die steht nicht senkrecht auf der Bahnebene, sondern ist um einen Winkel von 23,5 Grad aus der Senkrechten geneigt. Das ist wichtig, denn genau diese Neigung erzeugt die Jahreszeiten. Glücklicherweise ist diese Neigung ziemlich stabil und ändert sich so gut wie gar nicht. Wäre dem nicht so, dann würde sich auch die Abfolge der Jahreszeiten ändern und wir hätten kein stabiles Klima mehr. Der Mond hält die Erdachse fest. Ohne unseren Erdtrabanten würde sie viel stärker schwanken und das wechselhafte Klima hätte vielleicht sogar die Entstehung höheren Lebens verhindert.

Doch nicht nur die Stabilität ist es, die uns der Mond verschafft, sondern auch seine Gezeitenwirkung auf die Meere. Der stete Wechsel von Bedeckung und dem Abzug von Wasser in den Flachwassergebieten befördert das Entstehen von Leben ungemein. Es könnte gut sein, dass es so etwas nur im Erde-Mond System gibt.

Generell ist die Wahrscheinlichkeit, dass sich in unserer Galaxis ein zweites Mal ein derart ungewöhnliches Doppelplanetensystem bildet wie Erde und Mond, sehr gering. Das Leben mag im Universum sehr häufig vorkommen.

Es ist nicht schwierig, damit anzufangen. Aber stabile, ideale Bedingungen über kosmische Zeiträume hinweg aufrecht zu erhalten, das kann möglicherweise nur in den sehr seltenen Systemen des Erde-Mond-Typs gelingen.

MÖGLICHKEIT 4: DIE ALIENS HALTEN „SOMMERSCHLAF"

Die Sommerschlaf-Theorie gehört zur Gruppe der exotischen Möglichkeiten, warum wir noch kein intelligentes Leben außerhalb unseres Sonnensystems gefunden haben. Ausgedacht hat sie sich der Zukunftsforscher Anders Sandberg. Sie basiert auf der Annahme, dass die Aliens einen extrem hohen Grad an Zivilisation und Technik erreicht haben. Sie haben daraufhin erkannt, dass sie für ihre weitere Entwicklung in einer ungünstigen kosmischen Ära leben. Das Universum ist noch heiß und jung und das ist für sie ein Nachteil. Der Grund: es gibt einen thermodynamischen Kostenfaktor für die Informationsverarbeitung, der temperaturabhängig ist. Informationsverarbeitung wird umso effizienter, je niedriger die Temperatur des Computers ist. Zurzeit, nur 13,4 Milliarden Jahre nach dem Urknall, ist das gesamte Universum wärmer als 3 Kelvin. Doch je mehr sich das Universum ausdehnt, desto mehr wird sich die kosmische Hintergrundstrahlung verteilen, und desto kühler wird das Universum. Und das ist viel vorteilhafter für Datenverarbeitung. Mit dieser Erkenntnis stellen die Aliens fest, dass sie in einem noch viel zu frühen Stadium der Entwicklung des Universums entstanden sind und begeben sich daher in einen Sommerschlaf. Sie übergeben all ihre Besitztümer, Daten, und was immer ihnen wichtig ist, ihren robotischen Wächtern, die sich im Laufe der Äonen immer weiter selbst reproduzieren, um dann, Billiarden von Jahren nach der Gegenwart, ihre Schöpfer zu wecken und wiederentstehen zu lassen. Erst dann beginnt das goldene Zeitalter der Superzivilisationen. Somit ist es kein Wunder, dass wir nichts von ihnen bemerken.

MÖGLICHKEIT 5: SIE LEBEN IN DEN OZEANEN DER EISMONDE UND EISPLANETEN

Noch eine Erkenntnis haben die letzten beiden Jahrzehnte gebracht. Die Definition der „Habitablen Zone" erfordert es keineswegs, dass sich flüssiges Wasser auf der Oberfläche eines Planeten befindet. Es genügt, wenn es irgendwo flüssig ist. Das kann auch unter einem 50 Kilometer dicken Eispanzer sein, wo sich das Wasser durch die Gezeitenkräfte eines nahen großen Planeten flüssig hält, durch radioaktive Zerfallsprozesse im Inneren seines Kerns oder durch vulkanische Akti-

Unter dem viele Kilometer dicken Eispanzer des Jupiter-Mondes Europa befindet sich ein globaler Ozean mit flüssigem Wasser. Er könnte Leben beherbergen.

vität. Womöglich müssten Menschen, wenn sie sich mit ET unterhalten wollten, also einen Eisbrecher zur Hand haben. Denn Jahr für Jahr, mit der Entdeckung immer weiterer Eismonde mit flüssigen Ozeanen unter kilometerdicken Eiskrusten, steigt diese Wahrscheinlichkeit.

In unserem Sonnensystem könnte das in den tiefen Kavernen des Mars der Fall sein, unter der kilometerdicken Eisschicht von Europa oder Ganymed, oder in den Tiefen des Saturnmondes Enceladus. Monde mit vielen Kilometer starken Eispanzern, aber flüssigen Ozeanen darunter könnten die überwiegende Mehrheit der habitablen Himmelskörper der gesamten Milchstraße ausmachen. In diesen Eismonden könnten sich intelligente Lebewesen in aller Ruhe heranbilden. Sie sind nicht auf eine atembare Atmosphäre angewiesen. Sie entwickeln sich ungestört durch kosmische Katastrophen, die jedes Leben auf der Oberfläche eines Planeten oder Mondes jederzeit treffen können: Die Auswirkungen von Sonneneruptionen oder nahen Supernova-Explosionen, Gammastrahlenblitze aus den Tiefen des Universums, eine schwächelnde Magnetosphäre, sich ändernde atmosphärische Bedingungen und was der Gefahren mehr sind. In den Tiefen ihrer Eiswelten sind sie sicher und geschützt vor alldem. Es gibt hier nur ein kleines Problem: Wesen, die dort leben, mögen zwar intelligent sein, doch sie sind für immer unter ihren Eispanzern gefangen. Sie werden nie etwas von den Wundern des Universums erfahren. Denn über ihnen befindet sich, ein viele Kilometer dicker Deckel aus granithart gefrorenem Wasser. Es bedeutet, dass sie sich niemals zu den Sternen aufmachen werden und es bedeutet, dass wir sie niemals finden können, wenn wir mit unseren Teleskopen auf ihre Monde und Planeten blicken. Diese Lebewesen werden nicht einmal wissen, dass es einen Himmel über ihren Köpfen gibt. Sie werden für immer stumm bleiben und niemand außerhalb ihrer mit flüssigem Wasser gefüllten Eisbälle wird je von ihrer Existenz wissen.

WOMÖGLICH SIND WIR ALLEIN, UND WAS DANN?

Fünf Antworten auf die Frage, warum wir bislang keinen Kontakt mit den Aliens haben. Es gäbe noch unzählige andere Möglichkeiten. Die Simulations-Hypothese etwa, von der Elon Musk ein Anhänger ist. Er meint, dass wir in einer matrix-artigen Pseudo-Realität gefangen sind. Darin sind wir Teil eines gigantischen Videospiels oder einer Simulation einer überlegenen, uralten Zivilisation. Diese Simulation kann auf unzähligen Ebenen ablaufen, die quasi Multiversen bilden würden. Auch in diesem Fall gäbe es in Realität nur die eine Zivilisation, die das Spiel begonnen hat und es betreibt, und deren Produkt wir selbst sind. Allerdings könnten wir innerhalb der Simulation auf andere Intelligenzen treffen, die aber – wie wir selbst – nur Bestandteil des Spiels sind.

Lassen wir jetzt am Ende von all diesen Spekulationen ab, und überlegen wir uns, was es für die Menschheit bedeuten würde, sollten wir herausfinden, dass wir wirklich allein im Universum sind. Die Auswirkungen sind so gewaltig, dass es einem den Verstand rauben könnte, darüber nachzudenken. Wäre dem so, müssten wir wirklich die Einwirkung einer höheren Kraft, wir können sie auch genauso gut „Gott" nennen, unterstellen und uns fragen: Warum sind wir allein? Warum sind wir die Einzigen?

Die Erkenntnis, die einzigen im Universum zu sein, würde eine unfassbar große Verantwortung auf unsere Schultern laden. Wir wären die einsamen, alleinigen Träger aller moralischen Verantwortung. Nur wir und niemand sonst könnte das Leben und die Intelligenz zwischen die Sterne streuen. Und nicht nur das: Es wäre unsere Verpflichtung das zu tun, denn es wäre unser offensichtlicher Daseinszweck. Wenn wir aussterben, würde die Intelligenz mit uns aus dem Universum verschwinden. Wir müssten auf uns selbst achten, auf unser Wohlergehen und das Wohlergehen des gesamten Universums. Solange diese – wenngleich extrem unwahrscheinliche – Möglichkeit besteht, sollten wir uns vielleicht ein wenig besser am Riemen reißen als bisher und so leben und handeln, als wäre genau das unser Job.

Dieses Bild zeigt einen Flug der Bell X-2, Flugeinheit Nr. 1, vom 5. August 1954, kurz nach dem Abwurf vom B-50 Mutterflugzeug. Hier am Steuer Pete Everest. Im Jahr zuvor waren der Bell-Testpilot Jean Ziegler und das B-50 Besatzungsmitglied Frank Wolko bei einer Explosion an Bord des Trägerflugzeugs, ausgelöst durch eine Leder-Dichtung in der X-2, ums Leben gekommen.

DER LANGWEILIGE KRAM

An dieser Stelle befassen wir uns mit einem wenig ruhmreichen Aspekt der Raumfahrt. Es geht um Komponenten-Spezifikationen und Materialstandards. Sie gehören mit ziemlicher Sicherheit zu den langweiligsten Dingen, mit denen man sich im Raumfahrtgeschäft auseinandersetzen muss. Dummerweise sind sie wichtig. Sehr wichtig sogar. Sich durch Spezifikationen zu kämpfen, herauszufinden, was noch gültig ist und was nicht, festzustellen, was man braucht und was nicht, das ist ein qualvoller Prozess, der selbst für die Wachsamsten voller Fallgruben ist.

Schon in der Vergangenheit war das für die mit lukrativen Auftragssummen versorgten Firmen des „Old-Space-Business" ein mühevoller Prozess und auch in der Vergangenheit waren Firmen und Organisationen nur widerwillig bereit, ihre teuren und wertvollen Ingenieursstunden für komplizierte, detaillierte und langweiligen Analysen zu opfern. Die private Raumfahrt ist unter der Prämisse angetreten, alles anders, besser, schneller und effizienter zu machen als die Betriebe der traditionellen Raumfahrt. Der "langweilige Kram" war ihnen dabei ein besonderer Dorn im Auge. Er kostet viel Geld und produziert doch scheinbar nichts. Dennoch müssen auch sie sich mit Komponenten-Spezifikationen und Materialstandards beschäftigen. Dass die private Raumfahrt heute so erfolgreich ist, war nicht gottgegeben, und es kam nicht von selbst. Sie musste es erst lernen und sie lernte es auf die harte Tour. Die Beschäftigung mit dem langweiligen Kram ist ein Prozess der Selbsterziehung, der nie abgeschlossen sein wird. Das Thema ist nicht erfreulich. Man muss sich dafür Tag für Tag neu disziplinieren. Es ist wie das Training eines Sportlers oder das Üben eines Künstlers. Die Leistung sinkt bald, wenn man es mit dem Aufwand dafür nicht mehr so genau nimmt. Eines der vielen der Dinge, welche die privaten Raumfahrtunternehmen erst lernen mussten, war, dass es nicht nur der Genialität einer neuen Ingenieursgeneration bedarf neue, nie zu zuvor getane Dinge zu tun. Mindestens genauso wichtig sind die wenig ruhmreichen, langweiligen, ermüdenden und – wegen ihres hohen Personalaufwandes – sehr teuren Investitionen in Spezifikationen und Materialstandards, die am Ende den Erfolg sichern. Aber verlassen wir jetzt die abstrakte Ebene und gehen ein wenig in die Luftfahrtgeschichte zurück...

Jahrzehntelang hatten Ingenieure der Luftwaffe und ihrer Lieferanten mit den sehr strengen Anforderungen für die Ventile von Anti-G Anzügen zu kämpfen. Die Aufgabe dieser Ventile ist es, dieser Kampfpiloten-Spezialkleidung eine genau dosierte Menge an Druckluft zuzuführen, damit die Piloten in engen Kurven und steilen Pull-outs nicht das Bewusstsein verlieren. Die Spezifikation für solche Ventile sah vor, dass sie während des Betriebs nur maximal 600 Kubikzentimeter Luft pro Minute verlieren durften. 600 Kubikzentimeter Luft pro Minute, die in ein geräumiges Jet-Cockpit hineingeblasen wird, ist so gut wie nichts. Die Pilotenkabine muss ja ohnehin mit enormen Mengen Luft unter Druck gesetzt und durch weitere erhebliche Luftmengen gekühlt werden. Druckluft kann aus dem Triebwerk abgezapft werden und steht in jeder benötigten Menge zur Verfügung.

Ein frühes Modell der North American P-51 Mustang.

Jahrzehntelang hatten die Ingenieure Probleme mit der Herstellung von Hardware, die diese strengen Leckage-Anforderungen erfüllte. Sie hatten sich dabei nie die Frage gestellt, warum es so wichtig war, nicht mehr als diese geheimnisvollen 600 Kubikzentimeter zu verlieren. Tatsächlich fand man es erst in den späten 70er Jahren heraus. Ein Team überprüfte damals die ursprüngliche Spezifikation, um festzustellen, ob man daran etwas ändern musste, um die Piloten der neuen Kampfflugzeuge wie der F-15 und F-16 besser zu unterstützen. Die Manövrierfähigkeit dieser schnellen neuen Flugzeuge war nur durch die Fähigkeit ihrer Piloten begrenzt, hohe G-Lasten zu ertragen, ohne das Bewusstsein zu verlieren. Dabei stieß man auf den Ursprung dieser kaum zu erreichenden Leckage-Spezifikation. Die ersten Flugzeuge, bei denen die Piloten die so genannten „G-Suits" verwendeten, waren propellergetriebene Hochleistungskampfflugzeuge der ausgehenden Weltkriegsära wie die P-51 Mustang. Im Gegensatz zu den späteren Düsenjägern verfügten diese Flugzeuge kaum über Druckluft. Einige Modelle des P-51 verwendeten eine Art flexiblen Gummitank als Druckspeicher, auf den man einfach die schwere Flugzeugbatterie platzierte. Das Volumen dieser Tanks war sehr begrenzt, und um das System auch bei mehreren Stunden langen Flügen zu betreiben, konnte man es sich nicht leisten, viel Luft entweichen zu lassen. Mit anderen Worten, diese strenge Spezifikation, die eine ganze Techniker-Generation zur Verzweiflung getrieben hatte, war seit 1946 überholt.

Dennoch war sie danach noch über 30 Jahre lang gültig.

Das Beispiel mag absurd klingen, ist aber beileibe kein Einzelfall. In den 80er Jahren fand jemand heraus, dass es die verschachtelten und ineinandergreifenden Spezifikationen für ein bestimmtes Bodengerät der US Navy erforderten, dass es auch in 15.000 Meter Höhe betrieben werden konnte. Und mit dieser schwierigen Anforderung wurde dieses Ausrüstungsteil dann auch viele Jahre lang aufwendig gebaut. In Wirklichkeit wurde es aber nie irgendwo anders eingesetzt, als auf Landflugplätzen oder dem Deck eines Flugzeugträgers.

Als dann die Entwicklung von Raketentriebwerken begann, wurden viele neue Spezifikationen und Standards notwendig und ständig tauchten dabei Überraschungen auf. Mehr als ein Pilot (unter ihnen der berühmte X-2 Pilot Jean „Skip" Ziegler) kam ums Leben, bis man herausfand, dass Leder als Dichtungsmaterial für flüssigen Sauerstoff ein denkbar schlecht geeignetes Material ist. Sicherzustellen, dass die richtigen Spezifikationen verwendet werden und dass die Materialien vom erforderlichen Typ sind, wurde immer wichtiger. In den fünfziger und sechziger Jahren erlebte die aufstrebende Aerospace-Industrie das auf sehr schmerzhafte Weise. Die Erstellung und Einhaltung so genannter Mission-Assurance Prozesse gewann immer mehr an Bedeutung. Die akribische Auswertung der Test-ergebnisse von Komponenten und Materialien wurde zum langweiligen, aber notwendigen und anerkannten Bestandteil der Arbeit in der Luft- und Raumfahrt. Eine einzige Schlampigkeit beim Testen oder bei der Auswertung der Tests, konnte das komplette Trägerrakete-

Skip Ziegler vor einer Bell X-5

narsenal des Landes stilllegen. Und so wurde die Überprüfung von Seriennummern, Fertigungslos-Daten, Testberichten und Materialcharakteristika zur alltäglichen und anerkannten, wenngleich ruhmlosen, Aufgabe.

Elektronische Komponenten mussten rigoros geprüft werden, weit über die Standards anderer Industrie-Anwendungen hinaus. Bei einem Briefing im Vorfeld eines Orbitalstarts Anfang der achtziger Jahre, erklärten die Ingenieure des „Spacecraft System Program Office" ihren Kunden von der Luftwaffe, dass sie bei einigen ihrer Halbleiter eine 75-prozentige Ausschussquote bei den Tests hätten. Das sei eine gute Sache, erklärten sie stolz, denn es zeige, wie hart ihre Tests seien. Der Luftwaffengeneral, den sie „brieften", war davon wenig beeindruckt. Er meinte, für ihn klinge das eher danach, dass ihre Elektronikbauteile Müll wären. Die bloße Tatsache aber, dass die Ausfallraten für Transistoren auf der Ebene eines Generals der Luftwaffe diskutiert wurden, zeigt, wie ernst und wichtig die Sache genommen wurde.
Auch auf anderen Gebieten traten immer wieder Überraschungen auf. Meistens dann, wenn es um Innovationen ging. In den frühen 80iger Jahren wollte Morton Thiokol ein neues Beschichtungsmaterial mit der Bezeichnung G-90 für die Expansionsdüsen seiner Feststoffraketen einführen. Das sah zunächst gut aus, aber dann traten Fehler bei den Tests auf. Es stellte sich heraus, dass dieses Material, das schon seit vielen Jahren für Hochspannungsisolatoren verwendet wurde und in Tausenden von Tonnen hergestellt wurde, mit einer zu großen Bandbreite von Eigenschaften ausgestattet war. Bei Elektro-Isolatoren machte das nichts. Brannte einer durch, wechselte man ihn einfach aus. Aber beim Gebrauch in Raketenmotordüsen musste man hundertprozentig sicher gehen. Sogar gut eingeführte Spezifikationen konnten sich als suspekt erweisen. Erst 1980 fand die Industrie heraus, dass das Lötmaterial, das sie in den letzten 30 Jahren in Tanks mit flüssigem Sauerstoff (LOX) verwendet hatten, unter bestimmten Bedingungen explodieren konnte. Und zwar ausgerechnet dann, wenn es mit flüssigem Sauerstoff in Berührung kam. Zur selben Zeit stellte man auch fest, dass die Standardreparaturmethode für Risse in den Flüssigsauerstofftanks der Thor- und Delta Raketen nicht korrekt war. Die verwendeten Bolzen waren nicht für die Verwendung bei den mit flüssigem Sauerstoff verbundenen niedrigen Temperaturen geeignet. Es gab zwar keine aktuellen Fehlstarts, die auf diese Entdeckungen zurückzuführen gewesen wären. Aber nur, weil man eben Glück gehabt hatte. Die Ergebnisse

zeigten, wie rigoros die Tests sein müssen. Nur weil es in der Vergangenheit – häufig aus purem Glück – funktioniert hatte, bedeutete es nicht, dass das Material tatsächlich gut geeignet war.

Gelegentlich gab es auch Probleme mit Spezifikationen, die weniger streng waren, als es eigentlich nötig gewesen wäre. Nach dem Start eines neuen Raumfahrzeugs in den späten 1970er Jahren, rätselten Ingenieure der US-Luftwaffe, warum sich die Solargeneratoren des Satelliten nicht ordnungsgemäß entfaltet hatten. Die Federkraft des Öffnungsmechanismus hatte nicht ausgereicht, das Sollbruchband zum Reißen zu bringen. Sie fragten den Hersteller des Raumfahrzeuges, was er denn zum Niederhalten der Solarzellen beim Start verwendet hatte. Die Antwort war: Angelschnur. Und bei welcher Last reißt die, fragten die Leute von der Luftwaffe. Die Antwort lautete: bei 15 Kilo. Und woher wissen Sie das, wurde weiter gefragt. Die Techniker des Unternehmens deuteten daraufhin auf die Verpackung der Angelschnur. „Reißfestigkeit 15 Kilo" stand drauf. Tests zeigten, dass die Schnur weit mehr als 50 Kilo aushielt. Die „15-Kilo" -Spezifikation auf dem Paket war nur die Mindeststärke gewesen, und noch nie zuvor hatte sich ein Angler darüber beklagt, dass sie zu stark sei. Nach der Explosion des Space Shuttle Challenger fanden die Ermittler

Explosion einer Titan IV am 18. April 1986. Aufgrund eines Fehlers in den Feststoffboostern explodierte die Rakete acht Sekunden nach dem Liftoff. Die Ursache konnte auf mangelnde Qualitätskontrolle beim Hersteller der Booster, United Technologies, zurückgeführt werden.

Schockierendes über ein Material heraus, das in den Feststoffraketen verwendet wurde. In den Treibsätzen wurde ein Zinkchromat-Kitt benutzt, um die Verbindungsstellen der Feststoffsegmente zu versiegeln. Dieser Kitt enthielt nach der ursprünglichen Spezifikation Asbest, ein Material, das für seine Funktion unabdingbar notwendig war. Ende der siebziger Jahre kamen aber neue Umweltschutz-Standards heraus, und das zuständige Ministerium ordnete an, den Einsatz von Asbest zu unterbinden. Dieser gesetzlichen Verpflichtung hatte auch das Unternehmen zu folgen, das den Kitt für die Feststoffraketen herstellte und ersetzte das Material, das man wegen seiner hohen Hitzebeständigkeit ausgewählt hatte, durch leicht brennbare Baumwolle, ohne das in der Materialspezifikation entsprechend zu ändern. Wie sich herausstellte, war dieser geänderte Kitt keiner der Faktoren für den Absturz der Challenger. Seine Verwendung wurde jedoch umgehend eingestellt und man ging wieder zurück auf Asbest. Der Fall diente fortan als Mahnung dafür, wie genau Materialstandards überwacht und eingehalten werden müssen. In den sechziger Jahren war das System des „langweiligen Krams" gut etabliert und ausgereift. Bei den US-Startsystemen, die etwa in der Mitte der 60er Jahre zum Einsatz kamen, kam es kaum noch zu Fehlstarts aufgrund fehlerhafter Spezifikationen oder minderwertiger Materialien. Bei den Raketen in anderen Ländern sah das durchaus anders aus. Katastrophale Ausfälle aufgrund unerwarteter Materialunverträglichkeiten oder wegen verunreinigter Treibstoffe traten sowohl in der UdSSR als auch später in Russland auf. Tatsächlich wurde in den letzten Jahren die Proton-Rakete immer wieder genau aus diesem Grund für längere Zeit aus dem Betrieb genommen. Die Fehlstarts hatten sich gehäuft, weil Materiallieferanten, Komponenten- und Subsystemhersteller teure, genau spezifizierte Materialien durch billigere Stoffe ersetzt hatten.

Aber dann geriet der „langweilige Kram" unter Druck. Nach dem Verlust des Shuttle Challenger im Jahr 1986 und dem daraus folgenden großen Bedarf für privatwirtschaftlich bereitgestellte Trägerkapazitäten auf Basis herkömmlicher, nicht wiederverwendbarer Raketen, begann die Ära der kommerziellen Raumfahrt. Zum ersten Mal begannen die Trägerraketenfirmen tatsächlich miteinander zu konkurrieren. Zuvor hatten sie sich nur den Kuchen der staatlichen Aufträge mehr oder weniger einvernehmlich geteilt. Dazu kam jetzt noch die Konkurrenz ausländischer Firmen. Die Hersteller suchten deshalb nach Wegen, um Kosten zu senken und die Fertigung zu vereinfachen.

Da waren die Spezifikationen, die für Raumfahrtsysteme existierten, schnell ein Ziel der suchenden Blicke. Welche sollen denn geändert werden, fragten die institutionellen Auftraggeber? Na, alle, lautete die einhellige Antwort der gesamten Industrie. Die etablierten Unternehmen hatten sich zuvor viele Jahre an den bestehenden, aufwendigen Standards und Spezifikationen gerieben. Jetzt kam die Hoffnung auf, sie möglicherweise loswerden zu können. Die neuen und innovativen Unternehmen, die gerade entstanden, hatten weder Lust noch Ingenieurskapazität, um sich mit den hochkomplexen bestehenden Spezifikationen auseinander zu setzen. Für sie musste jetzt alles neu sein.

Als die Unternehmen den kommerziellen Betrieb aufnahmen, verschwanden damit über Nacht auch die institutionellen Kontrollmechanismen, die es zuvor gegeben hatte. Mussten die Privatfirmen die Kontrolle der Spezifikationen und Standards jetzt selbst durchführen? Die meisten waren nicht dieser Meinung. Zumindest dachten sie dabei an ein weit geringeres Maß an Kontrolle, als sie es zuvor von der Regierung erfahren hatten. Natürlich waren die Spezifikationen und Standards, auf die sie sich verließen, immer noch in Kraft. Sie galten weiterhin, aber nur wenn die private Raumfahrt diese Anforderungen auch tatsächlich anwendete und sie und ihre Lieferanten sorgfältig auf die Einhaltung dieser Standards achteten.

Orbital Sciences Taurus mit NASA-Satelliten Glory an Bord vor dem Start

Die Verträge im „kommerziellen Stil" begannen mit dem Titan-IV Programm. Hier war erstmals der Kenntnisstand der institutionellen Auftraggeber wie der

Luftwaffe oder der Geheimdienste über ihre Beschaffungen reduziert, und damit auch die Kontrolle über sie. Erstmals kam das System der „Total System Performance Responsibility" (TSPR) zum Tragen. Die zugrunde liegende Idee war es, dass von nun an der Auftragnehmer dafür verantwortlich war, dass alle Teile funktionieren. Damit sollte bürokratischer Aufwand auf beiden Seiten abgebaut werden und Startdienstleistungen schneller und effizienter zur Verfügung gestellt werden können. Eine Win-Win-Situation, in der auch Gefahren lauerten. Würden die nunmehr in privater Initiative handelnden Unternehmen genauso vorsichtig sein wie früher, als ihnen die Auftraggeber bei jedem Handgriff auf die Finger schauten? Ein Luftwaffenoffizier fasste die darauf basierende Hoffnung so zusammen: „Ganz sicher werden die privaten Firmen genauso vorsichtig sein, als wären sie unter staatlicher Kontrolle. Schließlich hängt ja ihr guter Ruf davon ab."

Die Realität zeigte, dass die Unternehmen nur genauso umsichtig waren, wie sie es zu sein vermochten. Aber das war oft nicht gut genug. Nachdem General Dynamics behauptet hatte, dass die Aufsicht durch die Regierung ein kostspieliges Ärgernis sei, bekamen sie TSPR-Verträge. Danach erlitt das Unternehmen drei Atlas Fehlstarts in kurzer Folge und war damit aus dem Geschäft mit der Regierung. Lockheed Martin musste sein kommerzielles Titan III-Programm nach nur vier Flügen wieder einstellen, nachdem es zu einem Fehlstart aufgrund mangelnder Kontrolle gekommen war. Und das Delta III-Programm von McDonnell-Douglas wurde wieder eingestellt, nachdem die ersten beiden Starts gescheitert waren.

So lernten die Firmen auf die harte Tour, dass man selbst dann sorgfältig und wachsam sein musste, wenn die Regierung einem nicht permanent auf die Finger schaute. Die Regierung wiederum lernte, dass es nicht genug ist, sich einfach auf private Firmen zu verlassen, in der Hoffnung, dass die schon alles Menschenmögliche unternehmen werden, um ihren Ruf zu schützen.

Der Teufel im Detail, der viele dieser ersten kommerziellen Starts scheitern ließ, lauerte tief vergraben im „langweilige Kram" und wartete dort auf seine Chance. Er bekam sie einmal mehr am 24. Februar 2009. An diesem Tag startete eine Orbital Sciences Taurus XL 3110 den NASA-Umweltsatelliten OCO (für: Orbital Carbon Observatory). Die Mission war ein Fehlschlag, denn die Nutzlastverkleidung konnte nicht abgeworfen worden. Der Fehler

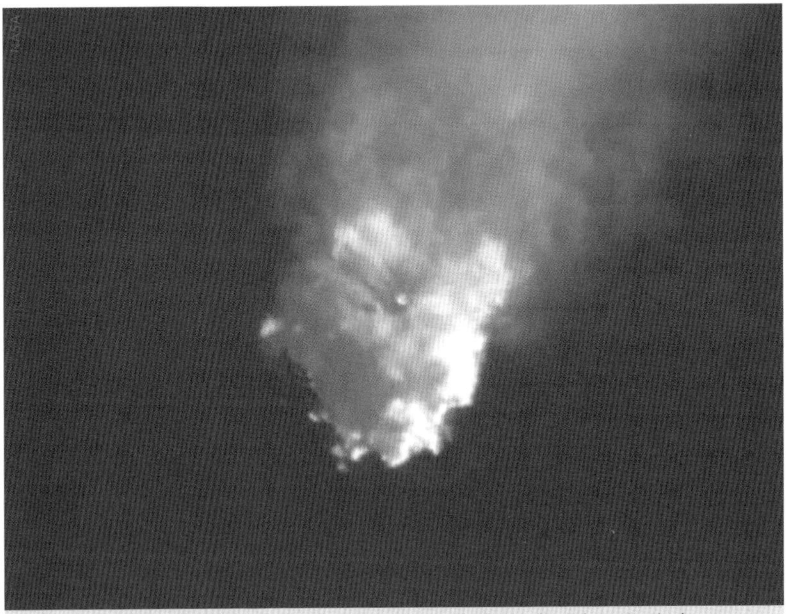

Zwei Minuten und 19 Sekunden nach dem Start explodierte die Falcon 9 mit dem Dragon CRS-7

war verwirrend, denn bei den sieben vorausgegangenen Starts war dieses Problem nicht aufgetreten. Das Unternehmen führte eine gründliche und tiefgehende Untersuchung durch. Nachdem die fehlerhafte Hardware nicht zur Verfügung stand, um die Ursache eindeutig zu identifizieren, wandte man schließlich das in solchen Fällen traditionelle „Schrotflinten" – Verfahren an. Alles, was auch nur im Entferntesten diesen Fehler hätte verursachen können, wurde detailliert unter die Lupe genommen, verbessert, und wo immer man sich im Zweifel war, neu konstruiert. Diese Arbeit war aufwendig und nahm zwei Jahre in Anspruch. Dann schien alles Menschenmögliche getan zu sein.

Am 4. März 2011 startete die nächste Taurus XL 3110. An Bord wieder ein Umweltbeobachtungssatellit der NASA, nämlich „Glory", der zusammen mit drei weiteren Kleinsatelliten in eine polare Umlaufbahn gebracht werden sollte. Die Mission schlug fehl. Genau wie beim Start zuvor löste sich die Nutzlastverkleidung nicht. Der erneute Fehlschlag war das Ende des Taurus-Programms. Niemand würde dieser Rakete je wieder trauen.

Der Fall war verwirrend und konnte nicht aufgeklärt werden. Was egal war,

MARS SOCIETY DEUTSCHLAND E.V.

Der Ballonbehälter nach dem Auslösen des Ausbringmechanismus mit dem ausgeworfenen Ballon

MIRIAM-2 – PARABELFLUG RELOADED

Seit 2001 beschäftigt sich die Mars Society Deutschland e.V. mit dem Projekt, eine Ballonsonde zum Mars zu senden, um dort die Atmosphäre zu vermessen. Für diesen Zweck wurde ARCHIMEDES konzipiert. Diese Abkürzung steht für „Aerial Robot Carrying High resolution Imaging, Magnetometer Experiment and Direct Environmental Sensors". ARCHIMEDES könnte das erste Forschungsvehikel seiner Art auf dem Mars sein, und als Vorbild für weitere Ballon-Systeme dienen.

Das Missionsprofil sieht vor, dass der Ballon zusammengefaltet als Nutzlast eines Raumfahrzeugs die Erde verlässt und mit diesem auf eine Flugbahn zum Mars gebracht wird. In der Endphase des Anflugs auf den Roten Planeten wird ARCHIMEDES dann von seinem Trägerfahrzeug abgesetzt und befindet sich danach auf einer hyperbolischen Flugbahn, die ihn in die oberen Schichten der Atmosphäre führt. Nach der Trennung bläst sich ARCHIMEDES auf, dringt in die

Zwei Minuten und 19 Sekunden nach dem Start explodierte die Falcon 9 mit dem Dragon CRS-7

war verwirrend, denn bei den sieben vorausgegangenen Starts war dieses Problem nicht aufgetreten. Das Unternehmen führte eine gründliche und tiefgehende Untersuchung durch. Nachdem die fehlerhafte Hardware nicht zur Verfügung stand, um die Ursache eindeutig zu identifizieren, wandte man schließlich das in solchen Fällen traditionelle „Schrotflinten" – Verfahren an. Alles, was auch nur im Entferntesten diesen Fehler hätte verursachen können, wurde detailliert unter die Lupe genommen, verbessert, und wo immer man sich im Zweifel war, neu konstruiert. Diese Arbeit war aufwendig und nahm zwei Jahre in Anspruch. Dann schien alles Menschenmögliche getan zu sein.

Am 4. März 2011 startete die nächste Taurus XL 3110. An Bord wieder ein Umweltbeobachtungssatellit der NASA, nämlich „Glory", der zusammen mit drei weiteren Kleinsatelliten in eine polare Umlaufbahn gebracht werden sollte. Die Mission schlug fehl. Genau wie beim Start zuvor löste sich die Nutzlastverkleidung nicht. Der erneute Fehlschlag war das Ende des Taurus-Programms. Niemand würde dieser Rakete je wieder trauen.

Der Fall war verwirrend und konnte nicht aufgeklärt werden. Was egal war, denn das Programm war ohnehin tot. Erst Jahre später kam – in ganz anderem Zusammenhang – eine neue Information ans Tageslicht. Das Unternehmen, das Aluminiumteile für beide Taurus-Missionen produzierte, hatte seit 1996 die Testergebnisse des Materials gefälscht. Es war durchaus möglich, ja sogar wahrscheinlich, dass die beiden Fehler an der Verkleidung auf die absichtliche Fälschung der Laborberichte über die Materialeigenschaften des verwendeten Aluminiums zurückgingen.

Am 28. Juni 2015 explodierte knapp zwei Minuten nach dem Liftoff eine SpaceX Falcon 9, die Nachschub zur Internationalen Raumstation bringen sollte. Als Ursache wurde das Versagen einer Strebe festgestellt, die einen Helium-Drucktank im Inneren des Flüssigsauerstofftanks fixierte. Zur Korrektur änderte SpaceX das Design der Strebe und wechselte zu einem anderen Lieferanten. Doch der war im Grunde gar nicht schuld, wie erst eine Untersuchung der NASA ergab. Die Strebe bestand aus einer handelsüblichen Stahllegierung und nicht aus einer Legierung entsprechend dem Standard der Luft- und Raumfahrtindustrie. Der kommerzielle Stahl konnte zwar durchaus in der Lage sein, die Kombination von Lasten und niedrigen Temperaturen zu bewältigen (und er hatte das auch über eine ganze Reihe von Starts zuvor getan), aber wie bei dem G-90 Düsenmaterial viele Jahre zuvor gab es keine Garantie dafür. Der erlaubte Eigenschaftsbereich war zu breit gefasst. Das hätte den SpaceX-Ingenieuren auffallen müssen, als sie sich mit den Materialcharakteristika dieses Stahls beschäftigt hatten. Aber sie hatten sich dafür entschieden, den billigeren Stahl zu nehmen, weil er eben billiger war. Denn ein möglichst niedriger Preis war das oberste Kriterium bei der Falcon 9 Rakete.

Der „langweilige Kram" verlangt sein Recht. Seine Gefahren lauern unerkannt in den Aktenschränken. Eine sehr große Zahl der neuen privaten Unternehmen in der Raumfahrt scheitert bereits in der Anfangsphase, weil sie sich nicht ausreichend mit dem „langweilige Kram" beschäftigen. Das gilt nicht nur für Trägerraketen. Es gilt genauso bei den in der New-Space-Szene so beliebten Kleinsatelliten. Dass dies vor allem bei den „Neuen" in der Privaten Raumfahrt noch nicht immer angekommen ist, zeigen die zahlreichen Fehlstarts in der Anfangsphase dieser Unternehmen oder etwa die Beobachtung, dass sich 22 Prozent aller Cubesats (fast alle von Institutionen und kleineren privaten Firmen entwickelt und hergestellt) nach dem Aussetzen im Weltraum nie bei ihren Herstellern und Betreibern gemeldet haben. Der „langweilige Kram" hat hohe Relevanz. Er ist ein wichtiger Aspekt der Raumfahrt. Diejenigen, die sich intensiv damit beschäftigen, dürfen nicht gering geschätzt werden. Es ist eine Aufgabe, die höchste Expertise erfordert, vor allem wenn es darum geht, das Unnötige vom Notwendigen zu trennen.

Post Scriptum: *Am 4. März 2011 war das Taurus-Programm von Orbital Sciences tot. Nach zwei aufeinanderfolgenden Fehlstarts mit derselben Fehlerursache wollte niemand mehr diese Rakete kaufen. Nur durch einen Zufall stieß das Unternehmen schließlich doch noch auf die wahre Ursache des Versagens der Nutzlastverkleidungen und versuchte danach erneut, den Träger zu vermarkten. Das funktionierte. Aber erst, als der Name geändert wurde. Die Taurus-3110 heißt heute Minotaur-C-3210. Sie erlebte ihren ersten Einsatz am 31. Oktober 2017 bei einem kommerziellen Einsatz für die Firma Terra Bella. Die Nutzlastverkleidung löste sich ohne Probleme.*

Hinweis: *Dieser Artikel basiert auf einem Bericht von Wayne Eleazer in „The Space Review". Eleazar ist ein ehemaliger Oberstleutnant der US-Luftwaffe, der sich jahrzehntelang in vielen Positionen mit dem „langweiligen Kram" beschäftigt hatte.*

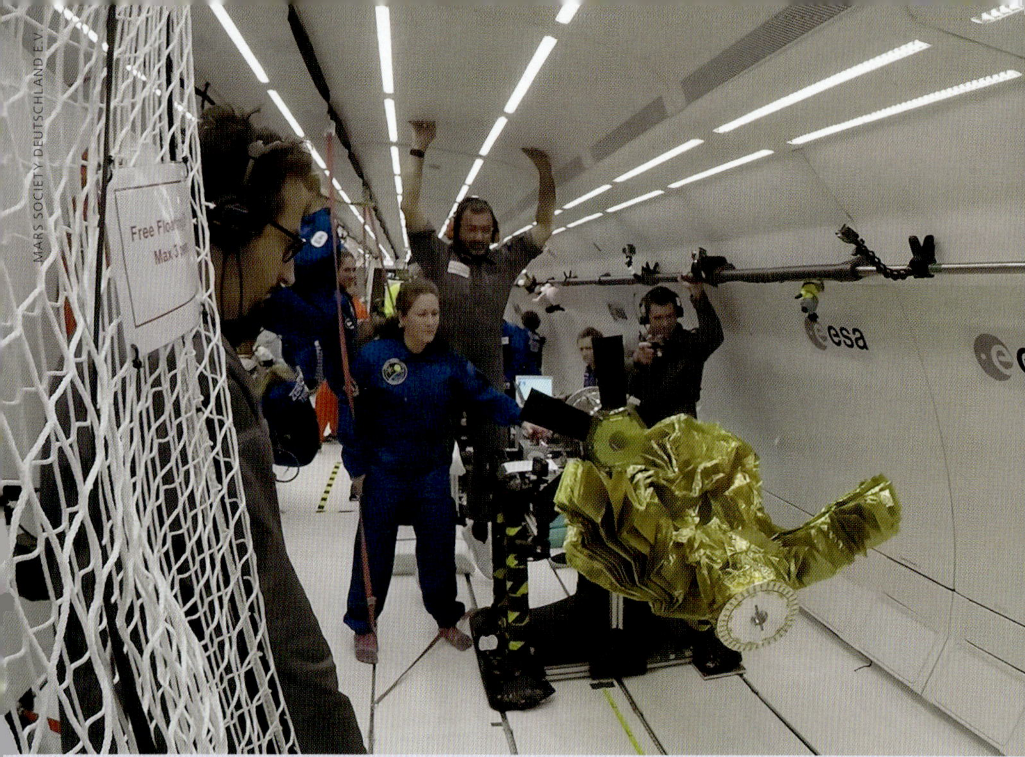

Der Ballonbehälter nach dem Auslösen des Ausbringmechanismus mit dem ausgeworfenen Ballon

MIRIAM-2 – PARABELFLUG RELOADED

Seit 2001 beschäftigt sich die Mars Society Deutschland e.V. mit dem Projekt, eine Ballonsonde zum Mars zu senden, um dort die Atmosphäre zu vermessen. Für diesen Zweck wurde ARCHIMEDES konzipiert. Diese Abkürzung steht für „Aerial Robot Carrying High resolution Imaging, Magnetometer Experiment and Direct Environmental Sensors“. ARCHIMEDES könnte das erste Forschungsvehikel seiner Art auf dem Mars sein, und als Vorbild für weitere Ballon-Systeme dienen.

Das Missionsprofil sieht vor, dass der Ballon zusammengefaltet als Nutzlast eines Raumfahrzeugs die Erde verlässt und mit diesem auf eine Flugbahn zum Mars gebracht wird. In der Endphase des Anflugs auf den Roten Planeten wird ARCHIMEDES dann von seinem Trägerfahrzeug abgesetzt und befindet sich danach auf einer hyperbolischen Flugbahn, die ihn in die oberen Schichten der Atmosphäre führt. Nach der Trennung bläst sich ARCHIMEDES auf, dringt in die

Marsatmosphäre ein, wo er abgebremst wird und schließlich zu Boden sinkt. Während des langsamen Abstiegs zur Oberfläche erfolgt mit den integrierten Bordinstrumenten dann eine Vermessung der Lufthülle des Roten Planeten. In der Ausgabe SPACE 2017 berichteten wir über den so genannten „Ausbringtest" für den ARCHIMEDES-Ballon im Rahmen einer Parabelflugkampagne der ESA. Dabei lassen sich an Bord eines Flugzeuges bis zu 25 Sekunden Mikrogravitation herstellen. Zweck dieses Tests war es, im Vorfeld herauszufinden, ob die konstruktiven Überlegungen richtig waren. Und tatsächlich, die Sache klappte nicht so, wie man es sich vorgestellt hatte. Das war zwar ärgerlich, aber schließlich führt man derartige Tests gerade deswegen durch, um Probleme bereits im Vorfeld auszumerzen. Schließlich soll es im „Ernstfall" dann auch funktionieren.

Die Ausbringvorrichtung wurde danach überarbeitet und erneut bei einer Parabelflugkampagne geprüft. Diesen zweiten Versuch beschreibt der vorliegende Artikel. Im kommenden Jahr (2019) soll das System bei einem suborbitalen Raketenflug dem finalen Härtetest unterzogen werden. Danach wäre es reif für die Weiterentwicklung für die Flughardware bei einer richtigen Mars-Mission. Das gesamte Testprogramm, also die Parabelflüge mit den Vortests inklusive des Suborbitalflugs auf einer Höhenforschungsrakete trägt den Namen MIRIAM-2. Diese Abkürzung steht für: Main Inflated Reentry Into the Atmosphere Mission).

A310 Zero-G

MIRIAM-2

Die MIRIAM-2 Mission auf einer Höhenforschungsrakete ist eine Technologiemission in verkleinertem Maßstab zur Überprüfung des ARCHIMEDES-Missionskonzepts, wobei das Ausbringen und Aufblasen des Ballons etwa 200 Kilometer über der Erde erfolgt, mit einem nachfolgenden Eintritt in die Erdatmosphäre. Mission und die Vorgeschichte wurden schon in SPACE 2017 beschrieben und werden daher an dieser Stelle nicht mehr ausführlich behandelt. Dieser Artikel konzentriert sich vielmehr auf den Ablauf des neuen Parabelflugtests und das Experiment selbst.

Da bei der Parabelflugkampagne im November 2015 der Ausbringtest des MIRIAM-2 Ballons nicht funktionierte, musste der Test wiederholt werden, um das Risiko einer Fehlfunktion beim nachfolgenden Test auf der Höhenforschungsrakete zu minimieren.

Weil Parabelflüge teuer sind, wurde umgehend nach dem missglückten Test in 2015 daran gearbeitet, einen neuen Parabelflug zu finanzieren. Durch den Tipp eines damals mitfliegenden Wissenschaftlers bewarb sich das MIRIAM-2 Team beim ESA General Support Technology Programm, um Zuschüsse für das Forschungsprojekt zu bekommen, wobei dieses nicht nur den Parabelflug, sondern auch die Technologieentwicklung und den anschließenden Suborbitalflug auf der Höhenforschungsrakete mit einschließt. Auch Crowdfunding wurde in Betracht gezogen. Allerdings zeigte die ESA tatsächlich Interesse und nach vielen Telefonaten und Erstellen einiger Dokumente wurde das MIRIAM-2 Projekt angenommen. So ganz nebenbei darf nun sogar darauf gehofft werden, dass diese Technologie nach Abschluss des MIRIAM-2 Projekts von der ESA aufgegriffen wird.

Wie bereits 2015 bemühte sich das Team um einen Termin für den Parabelflug. Schließlich konnte ein Flugtermin für Dezember 2017 und der Mitflug von zwei Experimentatoren auf der 68. ESA-Parabelflugkampagne gesichert werden. In der Zwischenzeit wurde die Konstruktion des Ballonbehälters verbessert und der Behälter neu entworfen und gebaut. Unter anderem wurden Teflonstreifen integriert, die ein besseres Gleiten der „Blütenblätter" im äußeren Container erlauben. Zusätzlich wurden Sensoren angebracht, welche die verschiedenen Ausbringstadien an eine Elektronik melden. Danach wurden noch einige Tests mit dem Ausbringmechanismus durchgeführt: Um den Ausbringmechanismus zu verbessern, wurden zunächst in der Universität der Bundeswehr in Neubiberg mit einem speziellen Mess-Aufbau Kraftmessungen am Ballonbehälter mit eingebautem Ballon durchgeführt. Danach wurden Tests mit einem Ballon-Dummy durchgeführt, um die Verbesserungsmaßnahmen zu erproben. Zur Erinnerung: Die zu große Reibung am äußeren Behälter war die Ursache für das Versagen der Ausbringvorrichtung beim Parabelflug 2015.

Team mit Testvorrichtung, v.l.n.r. Tanja Lehmann, Nicolay Kübler, Klaus Bayler

Am 12.08.2017 wurde schließlich in einem Reinraum der IABG in Ottobrunn der Ballon gefaltet und im verbesserten Behälter verstaut. Dann wurde ein Ausbringtest durchgeführt, mit Entlastung des Ballonpods und der „Blüte" (d.h. diese wurden beide mit einer Schnur an der Decke aufgehängt), um zu sehen, ob das Ausbringen funktioniert. Die ordnungsgemäße Entfaltung des Ballons konnte dabei allerdings nicht getestet werden, da der Ballon selbst nicht entlastet werden kann, weswegen dieser Test nur unter Schwerelosigkeit möglich ist. Der Ballon fiel daher beim Ausbringtest – geplant – auf den Boden.

Es konnte sowohl eine erfolgreiche Ausbringung sowie die korrekte Funktion der zusätzlichen von der Elektronik überwachten Ausbring-Sensoren am Balloncontainer verifiziert werden. Die Daten der Sensoren sollen während des Raketenflugs aus dem Weltraum an die Bodenstation übermittelt werden, um die verschiedenen Stadien der Ballon-Ausbringung nachweisen zu können.

Um die Schwerelosigkeits-Sensorik inklusive der Software zu testen, die beim Parabelflug das Erreichen von guten Schwerelosigkeitsbedingungen vor der manuell ausgelösten Ballon-Ausbringung anzeigen und später beim Raketentest die Ausbringung freigeben soll, wurde am 30. September 2017 ein Parabelflug mit einem Segelflugzeug durchgeführt.

Leider gab es dabei keine korrekte Anzeige des Schwerelosigkeits-Zustandes. Als Ursache wurde inzwischen ein Software-Fehler ausfindig gemacht und zum Zeitpunkt der Erstellung dieses Artikels auch behoben.

Für den Parabelflug hat die Korrektur leider nicht mehr geklappt, und so wurde auf die Anzeige verzichtet. Stattdessen übernahm der Betreuer Frédéric Gai von Novespace die Kontrolle eines guten Schwerelosigkeits-Zustandes. Dazu gleich mehr. Für den finalen Raketentest muss die korrekte Erkennung der Beschleunigungssensoren aber funktionieren und wird daher noch einmal getestet werden.

PARABELFLUG IN BORDEAUX

Am 11. November 2017 wurde ein weiterer Ausbringtest in der endgültigen Parabelflug-Konfiguration (inklusive Software und Hardware) erfolgreich durchgeführt und danach der Ballon ein letztes Mal gefaltet und in den Container gepackt. Damit war alles bereit für Bordeaux.

Natürlich mussten auch wieder die obligatorischen technischen Dokumente und die medizinischen Tauglichkeitszeugnisse vorgelegt werden. Aufgrund der Teilnahme in 2015 fiel dies aber von der technischen Seite her nicht so umfangreich aus. Der Aufbau hatte sich, wie nachgewiesen werden konnte, in für die Sicherheit wichtigen Aspekten, nur unwesentlich verändert. Wie bereits beim letzten Mal konnte der Test nur ein einziges Mal durchgeführt werden. Dafür waren für das Team der Mars Society die letzten fünf Parabeln des ersten Flugtages der Kampagne reserviert. Diese fand vom 28. November bis zum 6. Dezember 2017 in Bordeaux statt. Wie bei solch einer Kampagne üblich, wurde in der ersten Woche, der Vorbereitungswoche, das Experiment im Parabelflugzeug installiert und durchgecheckt, die Flüge erfolgten dann in der Woche darauf. Üblich sind drei Flüge mit jeweils 31 Parabeln. Wie erwähnt, war für das Mars Society Team ein Mitflug auf dem ersten Flug organisiert. Den Großteil des Fluges konnte das Team die Schwerelosigkeit genießen und auch ein bisschen im abgeteilten Schwebebereich („Free Floating Zone" genannt)

Technische Daten ARCHIMEDES

ARCHIMEDES ist eine langsam absteigende atmosphärische Sonde, mit einer Sinkgeschwindigkeit von weniger als zehn Metern pro Sekunde. Hier einige technische Daten:

- Durchmesser 14,4 Meter.
- Gewicht: 16,1 Kilogramm.
- Füllgas: Helium
- Runder Überdruckballon (17-20 Hektopascal Überdruck im Vakuum)
- 10 Kilogramm Instrumentenzelle mit wissenschaftlicher Nutzlast
- 1 Kilogramm Hitzeschild mit zusätzlichen Sensoren

Technische Daten MIRIAM-2

- Durchmesser: 4 Meter
- Anzahl der Segmente: 32
- Material: hitzebeständige Folie mit hoher mechanischer Belastbarkeit (für die Interessierten: Das Material heißt Upilex 25 RN und ist eine Polyimid Folie mit 25 µm Dicke)
- Hitzebeständigkeit: bis > 285°C
- Nahttechnik: Sandwich-Schweißung mit Upilex Bändern, insgesamt 33 Nähte mit einer Gesamtlänge von 415 m

herumturnen. Das macht natürlich sehr viel Spaß, hier Dinge auszuprobieren, die am Boden nicht funktionieren, zum Beispiel endlos Salti und Schrauben zu drehen, quer durch den Raum zu schweben oder sich an die Decke zu setzen.

Die eigentliche Aktion startete dann in der Pause vor den letzten fünf Parabeln. Hierzu noch eine kleine Erklärung: Üblicherweise werden bei den Parabelflügen immer Fünfer-Sets an Parabeln geflogen (bis auf das erste Set, das aus sechs Parabeln besteht und eine Probe-Parabel beinhaltet). Dazwischen gibt es Pausen von üblicherweise fünf Minuten und 8 – 15 Minuten in der Mitte des Fluges. Zwischen den einzelnen Parabeln wiederum gibt es Pausen von etwa zwei Minuten vom Ende der letzten bis zum Beginn der nächsten Parabel. Die Pause vor den letzten fünf Parabeln wurde nicht nur genutzt, um das Experiment von den Transportsicherungen zu befreien und es einzuschalten, sondern auch um die Kameras – insgesamt vier Action-Videokameras der Marke GoPro 4 – zu positionieren und zu überprüfen. Der Versuch wurde teilweise mit High-Speed und in HD aufgenommen, um die einzelnen Stadien des Ausbringens aus verschiedenen Blickwinkeln genauer unter die Lupe nehmen zu können. Das Ausbringen selber geschieht innerhalb weniger Sekunden, und die einzelnen Vorgänge laufen zu schnell ab, um sie genau beobachten zu können. Eine der vier Kameras wurde von einem Teammitglied mit Hilfe eines Stirnbandes am Kopf getragen, um das Ausbringen direkt von vorne filmen zu können. So konnte auf eine weitere Haltevorrichtung verzichtet werden, die dem Ausbringen eventuell im Weg gewesen wäre. Die oben genannte Free Float Area wurde für den Ausbringversuch demontiert. Dabei wurde eines der Sicherheitsnetze entfernt, damit das Ausbringen in den Rest des gesicherten Bereiches erfolgen konnte. Für den Fall, dass sich der Ballon vom Setup gelöst hätte und frei weggedriftet wäre, wäre er von den Netzen aufgefangen worden.

Dann war es auch schon Zeit für das letzte Parabel-Set, also „DIE" fünf Testparabeln. Die erste Parabel des Sets wurde ausdrücklich als Probe-Parabel betrachtet und nicht genutzt. Frédéric Gai positionierte sich mit einem Gegenstand in der Hand, um diesen schweben zu lassen und so anhand des Verhaltens dieses Gegenstandes zu entscheiden, ob die Parabel schön stabil, ohne Restbeschleunigungen und somit geeignet zum Ausbringen war. In der darauffolgenden Parabel war dies dann tatsächlich der Fall. Der Ausbringschalter wurde umgelegt, worauf die redundanten Pyrocutter gezündet und der Ballonbehälter mit Federkraft ausgestoßen wurde. Anschließend klappten wie vorgesehen die Behälterwände (Blütenblätter genannt) nach außen, gaben das Ballonpaket frei und der Pod mit angebrachtem Ballonmaterial entfernte sich weiter vom Testaufbau. Das Ballonpaket wurde vorentfaltet und wäre für das Aufblasen bereit gewesen. Dieses war aber nicht mehr Teil dieses Versuchs und wird dann 2019 beim Weltraumtest durchgeführt. Alle vier GoPro-Kameras nahmen einwandfrei Videos auf und die Elektronik (1:1 wie im Raumfahrzeug, das sich zum Zeitpunkt der Erstellung dieses Artikels bereits im Bau befindet) konnte alle Sensordaten erfolgreich erfassen.

Somit konnte nun mit Verzögerung der Ausbringtest zu einem erfolgreichen Ergebnis geführt werden. Damit ist der Weg frei für den Weltraumstart von MIRIAM-2.

Übrigens: Ein Video zum Projekt gibt es hier: tinyurl.com/Marsballon

ZUR AUTORIN

Tanja Lehmann arbeitet hauptberuflich als Testingenieurin bei Diehl Aviation Gilching GmbH, einem Betrieb, der Geräte und Systeme für die Luftfahrtindustrie herstellt. Sie ist Mitglied des Vereins zur Förderung der Raumfahrt (VFR) und der Mars Society Deutschland. Für letztere arbeitet sie seit 2006 im ARCHIMEDES-Team. Seit 2013 ist sie Projektleiterin der MIRIAM-2 Parabelflugkampagne, die sich mit den Entfalt-Versuchen des ARCHIMEDES-Systems beschäftigt.

Diese Bilderserie zeigt den Ablauf der Ausbring-Sequenz.

Bezüglich Startmasse und Nutzlastgewicht für den niedrigen Erdorbit ist die Falcon Heavy derzeit die schwerste und leistungsfähigste Rakete der Welt.

SCHWERE KALIBER

Für Raumfahrt-Enthusiasten sind die Starts schwerer Trägerraketen immer ein optisches und akustisches Spektakel der Extraklasse. Schon wegen der immensen Kosten dieser Kolosse kann man das nur relativ selten genießen. Während zurzeit – gefühlt – etwa alle zwei Wochen ein neuer Kleinträger auf dem Markt erscheint, sind Erstflüge von Großraketen so selten wie ihre späteren Einsatzstarts. Im vergangenen Jahrzehnt gab es gerade einmal drei Erstflüge von „Großträgern". 2014 war das die Angara 5, 2016 die Langer Marsch 5 und 2018 die Falcon Heavy.

Die Klassifizierung „Großträger" ist willkürlich, es gibt keine feste Regel. Legen wir deshalb als Wertungsbereich ein Startgewicht von 500 – 1.000 Tonnen und eine Nutzlastkapazität für den niedrigen Erdorbit von 15 – 25 Tonnen fest. Weltweit existieren im Jahr 2018 sieben Trägerraketen, die in diese Kategorie passen. Dies sind, nach Startgewicht geordnet, die Folgenden (Gewichtsangaben leicht gerundet):

- Falcon 9: 550 Tonnen
- Atlas 5 551: 590 Tonnen
- Langer Marsch 7: 600 Tonnen
- Proton M: 700 Tonnen
- Delta 4 Heavy: 740 Tonnen
- Angara 5: 780 Tonnen
- Ariane 5 ECA: 780 Tonnen
- Langer Marsch 5: 870 Tonnen

Zusätzlich zu diesen acht „schweren" Trägern gibt es seit 2018 noch eine Rakete, die eine eigene Kategorie bildet. Man könnte sie am besten als „superschwer" bezeichnen. Diese Rakete ist die Falcon Heavy mit einem Startgewicht von 1.420 Tonnen. Zum Vergleich: Die Saturn V des Apollo-Mondprogramms wies ein Startgewicht von 2.930 Tonnen auf. Mit anderen Worten: Die schwerste Trägerrakete unserer Tage ist weniger als halb so schwer wie die größte Rakete der späten sechziger Jahre.

Einen nennenswerten „Flugbetrieb" haben von diesen hier aufgelisteten Raketen nur die Falcon 9 (die aber so richtig, mit bis zu 20 Starts im Jahr) und die Ariane 5 (mit fünf bis sieben jährlichen Flügen). Deutlich weniger sind es bei der Atlas 5 551 und bei der Proton M. Letztere, die einst zehn oder mehr Flüge jährlich absolvierte, ist nun nach vielen Jahren endloser Qualitätsprobleme bei nur noch zwei bis drei Einsätzen pro Jahr angekommen und wird in einigen Jahren ganz ausgemustert werden. Die Langer Marsch 5 und 7 und die Delta 4 Heavy fliegen derzeit im Schnitt weniger als einmal pro Jahr und die Angara 5 ist in den letzten fünf Jahren überhaupt nur ein einziges Mal gestartet, und das war ihr Erstflug.

Von ihrer Leistungsfähigkeit her (nicht von ihrem Startgewicht) ist die Delta 4 Heavy zurzeit in Punkto Nutzlastkapazität die Nummer 2 weltweit. Hinsichtlich ihrer Leistungsfähigkeit für einige heliozentrische Transferbahnen übertrifft sie aber sogar die Falcon Heavy.

Während also im vergangenen Jahrzehnt nur drei neue Träger ihre Erstflüge erlebten, sieht es nun so aus, als würden alleine im Jahr 2020 vier neue Großraketen ihre Jungfernflüge absolvieren. So ist zumindest der Plan. Allerdings gilt nirgendwo so sehr wie in der Raumfahrt der Spruch des preußischen Feldherrn Blücher: Kein Plan überlebt die erste Feindberührung. Und so kann es sein, allen Versprechungen der Hersteller zum Trotz, dass keine der vier Raketen im Jahre 2020 den Weltraum sieht. Aber die Leser von SPACE sind sowohl Raumfahrtenthusiasten wie auch Optimisten. Wir wollen die Giganten fliegen sehen. Sehen wir uns die Projekte also einmal an.

Die Ariane 64 ist die schwerere der beiden Ariane 6-Versionen. Sie ist mit vier P120-Starthilfsboostern ausgerüstet.

DIE WAHRSCHEINLICHE: ARIANE 6

Als im Jahre 2014 die Europäische Weltraumbehörde ESA unter erheblicher Einwirkung der Industrie die Road-Map für die Entwicklung zweier Raketen der nächsten Generation (Vega C und Ariane 6) beschloss, war Europas größter Start-Dienstleister noch eindeutig im Fahrersitz der weltweiten Entwicklung. International Launch Services erholte sich grade mal wieder von einem Fehlschlag mit der Proton M, Sea Launch befand sich nach Fehlstarts im Trockendock, die United Launch Alliance (ULA) war viel zu teuer für das kommerzielle Geschäft und SpaceX war der etwas belächelte Newcomer mit einigen wenigen Starts. So saß die Arianespace mit ihrer bewährten Ariane 5 fest im Sattel.

Doch in den vergangenen vier Jahren hat sich die Welt der Großträgerraketen entscheidend geändert. Die Proton ist nur noch ein Schatten ihrer ehemaliger Größe, Sea Launch existiert praktisch nicht mehr und die Falcon 9 führte seither fünf Dutzend Starts für institutionelle, militärische und kommerzielle Kunden durch, einschließlich einem Dutzend Missionen, bei denen die erste Stufe jeweils einen zweiten Trip in den Weltraum unternahm. In den USA nähern sich die Neuentwicklungen der United Launch Alliance und von Blue Origin den Erstflügen, in Indien wird die ISRO das GSLV Mark III zu niedrigen Preisen auf den Markt bringen und China tut alles, um die Großraketen der Long March-Familie auch jenseits der chinesischen Grenzen zu vermarkten. Angesichts dieser Situation besteht kein Zweifel: die Ariane 6 sieht sich dem größten Erfolgsdruck ausgesetzt. Sie MUSS so schnell wie möglich fertig werden. Andernfalls marschiert zum einen der Markt ohne sie weiter, allen voran mit dem zur Dampfwalze mutierten ehemals schüchternen Newcomer SpaceX. Aus kommerziellen Gründen bricht die ArianeGroup, der Hersteller der neuen Rakete, bereits alle Brücken zum Vorgängermodell Ariane 5 ab. Lediglich für einen Zeitraum von zwei Jahren, von 2020 – 2022, werden die beiden Typen parallel fliegen. Es ist also nicht so, dass man bei Problemen mit der Ariane 6 einfach die Ariane 5 ein wenig länger produziert und öfters fliegen lässt, bis dann die Ariane 6 endlich soweit ist.

Zum einen ist dieser riskante Schritt richtig, denn die Ariane 5 würde nicht mehr lange vermarktbar bleiben, dazu ist sie viel zu teuer. Schon jetzt geht das Interesse an ihr deutlich zurück. Die Raumfahrt-Consultingfirma Bryce Space and Technology stellte fest, dass Arianespace für die Ariane 5 pro Start 178 Millionen Dollar verlangt. Die Ariane 6 soll (allerdings in der kleineren ihrer beiden Versionen) nur noch gut die Hälfte kosten. Der Kostendruck ist enorm, und so kann man es sich nicht erlauben, zwei parallele Fertigungslinien zu unterhalten. Deshalb lässt man schon jetzt die Verträge mit den Unterauftragnehmern der Ariane 5 auslaufen und setzt alle Karten auf den hoffentlich konkurrenzfähigen Nachfolger. Der Erstflug ist seit einigen Jahren schon exakt festgelegt: Juli 2020. Die Zuversicht, diesen Termin zu halten, ist nicht ganz unbegründet: Die Ariane 6 ist ein sehr konservatives Design, die Entwicklung ist voll finanziert, alle bedeutenden Komponenten sind bereits in fortgeschrittenem Teststadium (wie die P120-Feststoffbooster, das Vulcain 2.1 Erststufentriebwerk und der Vinci-Oberstufenmotor). Im Großen und Ganzen – so stellt es sich für den Außenseiter dar – hat man alles beieinander. Der Insider weiß aber, der Teufel liegt im Detail und es sind noch viele Probleme zu lösen, bis die Rakete startfertig auf der (neugebauten) Rampe steht. Man sollte deswegen das Flugticket nach Guayana nicht für Juli 2020 buchen, vielleicht für Oktober oder November. Oder Dezember. Das wäre auch ein guter Monat, denn erinnern Sie sich: der Erstflug der Ariane 1, mit dem die Erfolgsgeschichte der Ariane-Raketenfamilie begründete, fand an einem 23. Dezember statt.

DIE EWIG VERSCHOBENE: SPACE LAUNCH SYSTEM

Das einzig Sichere am Space Launch System, Amerikas ultrateurem staatlichen Großträger (Hauptauftragnehmer der NASA ist Boeing), ist die permanente Startverschiebung. Nach langen Vorbereitungs- und Definitionsjahren begann

Die Block 1 Version des Space Launch System soll – nach derzeitiger offizieller NASA-Planung – bis Mitte 2020 fliegen. Später soll es noch stärkere Versionen geben.

Space Launch System – Künstlerische Darstellung

2011 endlich die Detailentwicklung. Seither pumpt die NASA jedes Jahr zwei Milliarden Dollar in die Entwicklung dieser Rakete. Eigentlich hätte sie längst ihren ersten Trip in den Weltraum antreten sollen, denn der Erstflug war ursprünglich für November 2017 angesetzt. Doch dann kam Verschiebung, auf Verschiebung, auf Verschiebung. Das Space Launch System, kurz SLS, ist quasi der Flughafen Berlin-Brandenburg der Raumfahrt. Anders als dort kommt hier aber nun wirklich langsam Hardware zusammen. Alle Komponenten für die erste Flugeinheit sind praktisch fertig und müssen jetzt miteinander verbunden werden. Auch die Teile für die zweite Flugeinheit sind schon in einem fortgeschrittenen Baustadium. Und so wird es langsam eng im Fertigungszentrum der NASA, im Michoud Assembly Building in New Orleans, wo früher die Außentanks für den Space Shuttle hergestellt wurden.

Dennoch ist noch viel zu tun bis zum Erstflug. Momentan steht der Startzeitraum (auf einen Startzeitpunkt will sich die NASA schon lange nicht mehr festlegen) auf Dezember 2019 – Juni 2020. Vergessen Sie das aber getrost gleich wieder. Um Mitte 2020 zu treffen, müssten mehrere Wunder geschehen. Aber seien wir immerhin optimistisch genug, um für den Sommer 2021 eine gewisse Hoffnung zu hegen. Wenn Sie denn mal startet, dann ist eines gewiss: Das Ding ist riesig. Über 2600 Tonnen schwer beim Start wird sie in der Lage sein, 95 Tonnen Nutzlast in den niedrigen Erdorbit zu hieven und dabei wird es am Kennedy Space Center so laut wie seit den Tagen der Saturn V nicht mehr.

RESSOURCEN UNBEGRENZT: NEW GLENN

Die finanzielle Lage von Blue Origin, dem Entwicklungsunternehmen des New Glenn, ist prächtig: Die Firma braucht sich nicht um Geld zu kümmern. Sie hat auch kurz- und mittelfristig keinen Zwang, irgendetwas verkaufen zu müssen. Es bekommt einfach alle Mittel, die sie braucht, auf die Bank überwiesen. Das ist derzeit geschätzt etwa eine Milliarde Dollar pro Jahr. Geldgeber: Amazon-Boss Jeff Bezos. Gerade eben ist die neue, riesige Fabrik für den New Glenn in Cape Canaveral fertig geworden und eben (August 2018) fängt die Firma auch an, das Startgelände vorzubereiten, das sich am ehemaligen Startkomplex 36 befindet.

Ganz bescheiden bezeichnete Jeff Bezos den New Glenn übrigens als die „kleinste Orbitalrakete, die wir jemals bauen werden". Dabei ist der New Glenn gewaltig. In seiner Basisvariante wird er 82 Meter hoch sein, einen Durchmesser von sieben Metern aufweisen und beim Start weit über 1.000 Tonnen wiegen. Er wird 45 Tonnen in eine niedrige Erdumlaufbahn bringen können. Die erste Stufe wird von sieben BE-4 Triebwerken angetrieben, die zusammen einen Schub von 17.000 Kilonewton erzeugen. In der zweiten Stufe kommen zwei BE-3 Triebwerke zum Einsatz, wie sie heute schon im suborbitalen Raumschiff New Shepard eingesetzt werden. Als Treibstoff verwendet die Rakete in beiden Stufen Methan und als Oxidator flüssigen Sauerstoff.

Jeff Bezos plant den Erstflug für Ende 2020, gibt aber selber zu, dass das sportlich werden könnte. Problematisch kann es schon deswegen werden, weil die Rakete sehr fortschrittlich ausgelegt ist. Ihre erste Stufe wird von vorneherein für eine mindestens hundertfache Wiederverwendung konstruiert. Die Landung erfolgt auf einem riesigen Bergungsschiff. Derzeit lässt Bezos einen ehemaligen Öltanker für diesen Zweck modifizieren. Die Rakete wird noch deutlich moderner sein als die Falcon 9 von Elon Musk und sie genießt einige Vorschusslorbeeren, denn sie hat bereits neun Startaufträge bekommen. Extrem ungewöhnlich in einem so frühen Entwicklungsstadium.

Der New Glenn von Blue Origin – Künstlerische Darstellung

Meine persönliche Schätzung für den Erstflug: 2022. Wobei momentan niemand eine Ahnung hat, wie dieser Erstflug aussieht, denn die Rakete ist vielfach wiederverwendbar und Jeff Bezos meinte schon, dass er nicht allzu viele von ihnen zu bauen gedenke. Die Rakete könnte also ein flugzeugähnliches Testprogramm absolvieren und sich dabei langsam ihren Orbitaleinsätzen annähern. Beginnend mit einigen „Hopsern", danach über immer längere Suborbitalflüge bis schließlich hin zu Einsätzen in die Erdumlaufbahn. Vielleicht geht Bezos aber auch gleich beim ersten Einsatz auf volles Risiko. Leisten könnte er es sich.

Die Vulcan von ULA beim Start – Künstlerische Darstellung

DER AUSSENSEITER: VULCAN

Auch die United Launch Alliance (ULA) wirft den Hut in den Ring und macht bei der Großträger-Parade mit. Mit einem prächtigen Konzept, das aber seine technologischen Tücken haben dürfte. Zunächst muss die ULA von ihrem bewährten russischen Triebwerk (RD-180) Abschied nehmen und auf ein US-Triebwerk umstellen. Dazu wurde das Unternehmen mehr oder weniger deutlich von der Politik aufgefordert. Finanziell sieht die Sache beim Vulcan ein wenig anders aus als bei den drei eben beschriebenen Großträgern. Es ist nämlich nicht ganz durchsichtig, ob die Finanzierung der drei Mutter-Gesellschaften der ULA (Lockheed, Martin und Boeing) auch im vollen Umfang steht. Das hängt von Entscheidungen im Verteidigungsministerium für zukünftige Aufträge für die Vulcan ab. Bis die nicht fallen, gibt es keine festen Zusagen. Bei Redaktionsschluss unserer diesjährigen Ausgabe waren die jedenfalls noch nicht gegeben. Wenn alles glatt läuft, dann wird übrigens das Haupttriebwerk der Vulcan, das Blue Origin BE-4, ausgerechnet von der Konkurrenz auf dem Trägermarkt kommen. Man darf sich fragen, ob das gut gehen kann.

Auch die Vulcan wird teilweise wiederverwendbar gestaltet. Bei ihr soll nach einem Start der gesamte Triebwerksblock abgetrennt werden, dann legt sich ein schützender „Hypercone" um die wertvollen Raketenmotoren, eine Art aufblasbarer, kegelförmiger Hitzeschild. Sobald die Antriebseinheit auf Unterschallgeschwindigkeit abgebremst ist, wirft sie einen steuerbaren Fallschirm aus, an dem sie sanft der Wasseroberfläche entgegengleitet. Die erreicht sie aber hoffentlich nicht, sondern wird zuvor von einem Flugzeug (oder einem schweren Hubschrauber) aus der Luft geborgen. Man kann da schon gespannt sein.

Außerdem soll es eine revolutionäre zweite Stufe geben mit einem ganz neuen Kühlkonzept, das es erlaubt, kryogene Treibstoffe wochenlang zu lagern. In dieser Rakete ist also viel modernste Technik drin, die das Projektil nicht ganz billig machen werden. ULA hofft deshalb – wie schon in der Vergangenheit – vor allem auf lukrative Regierungsaufträge. Die ULA wird sich in kleinen Schritten an das endgültige Konzept der Vulcan herantesten, deshalb wird es auch so etwas wie einen richtigen Erstflug nicht geben. Tory Bruno, der CEO von ULA, bezeichnete das Verfahren als „inkrementellen Rollout". Zunächst wird die Erststufe fertig entwickelt. Bis zum Redaktionsschluss war noch nicht bekannt, welchen Durchmesser die bekommen soll. Es gibt zwei Optionen, nämlich den Basisdurchmesser der bisherigen Delta 4, was 5,4 Meter wären, oder den Durchmesser der Atlas 5. Das sind 3,81 Meter. Die endgültige Wahl hängt vom Erststufentriebwerk ab, das die ULA auswählt. Sollten es die Raketenmotoren von Blue Origin sein, wird der größere Durchmesser zum Tragen kommen. Sollte die Alternativlösung von Aerojet ausgewählt werden, dann würde man den Durchmesser der Atlas beibehalten, denn in diesem Fall käme nicht die Kombination aus Methan und flüssigem Sauerstoff als Treibstoff und Oxidator zum Einsatz, sondern Kerosin und flüssiger Sauerstoff. Kerosin hat eine höhere Dichte als Methan und kommt daher mit weniger voluminösen Tanks aus. Welche Version am Ende auch immer genommen wird, jede von den beiden kann zusätzlich mit bis zu sechs Feststoffboostern des Typs GEM 63XL ausgerüstet werden. Das gibt ihr am Ende eine Nutzlastkapazität, die noch deutlich über der heutigen Atlas 551 liegt. In der nächsten Evolutionsphase käme eine konstruktiv geänderte Oberstufe mit der Bezeichnung ACES zum Einsatz (für Advanced Cryogenic Evolved Stage). Diese Stufe wird mit flüssigem Wasserstoff und flüssigem Sauerstoff betrieben und kann, je nach Einsatzzweck, mit einem bis vier RL-10 Triebwerken ausgestattet werden. ACES soll über eine Technologie verfügen, mit der kryogene Treibstoffe mehrere Wochen lang ohne wesentliche Ausgasungsverluste an Bord gelagert werden können. Eine Fähigkeit, die vor allem für das Erreichen komplexer Bahnen im cislunaren oder interplanetaren Raum von Bedeutung ist. Das revolutionäre Bergungskonzept des Triebwerksblocks kommt erst in der dritten Phase zum Tragen. Während die ULA derzeit noch davon ausgeht, dass der Erstflug der Vulcan schon im Jahre 2020 erfolgen könnte und die neue Oberstufe und die Wiederverwendbarkeit des Antriebsblocks bis 2025 realisiert wird, scheint mir diese Zeitangabe äußerst optimistisch zu sein. Mein Tipp: Erstflug mit neuen Triebwerken 2022, neue Oberstufe 2026 und Wiederverwendbarkeit des Triebwerksblocks 2028.

Northrop Grumman (ehemals Orbital ATK) Omega. Die Rakete kann in zwei Basisvarianten mit jeweils bis zu sechs Starthilfsboostern geliefert werden – Künstlerische Darstellung.

DAS IST NOCH NICHT ALLES

Bei den vier eben vorgestellten schweren Trägern wird es aber möglicherweise nicht bleiben. Denn Northrop Grumman Innovation Systems, das frühere Orbital ATK, will ebenfalls eine neue schwere Trägerrakete auf den Markt bringen. Das Unternehmen entwickelt derzeit die Omega und peilt als möglichen Termin für den Erstflug das Jahr 2021 an. Sie ist für fast dasselbe Nutzlastsegment ausgelegt wie die Ariane 6 und soll bis zu 10 Tonnen Fracht auf eine geostationäre Transferbahn bringen können.

Im Prinzip handelt es sich bei der Omega um eine Weiterentwicklung der Ares 1-Rakete aus dem eingestellten Constellation Programm der NASA. Sie verwendet in der schwersten Version als erste Stufe einen massiven Feststofftreibsatz, der als Castor 1200 bezeichnet wird. Das ist nichts anderes als die Standard-Shuttle-Feststoffrakete mit vier Feststoff-Segmenten. Die zweite Stufe verwendet denselben Treibsatz, allerdings nur ein Segment davon, und trägt daher sinnigerweise auch die Bezeichnung Castor 300. Stufe 3 wird mit flüssigem Wasserstoff und flüssigem Sauerstoff betrieben und setzt auf das bewährte RL-10 Triebwerk von Aerojet Rocketdyne, von dem es zwei Stück verwenden wird. Ähnlich wie die Ariane 6 ist auch die Omega ein sehr konservativer Entwurf, der um bestehende oder nur wenig zu modifizierende Hardware herum geschaffen und „expendable" sein wird, also in keiner der Komponenten wiederverwendbar ist. Seine Chance kann also, genauso wie bei der Ariane 6, nur in möglichst niedrigen Fertigungspreisen bestehen. Das Unternehmen selbst bezeichnet denn auch seinen neuen Träger als „affordable", also als „erschwinglich". Northrop Grumman kündigt den Erstflug der Omega für 2021 an. Rechnen Sie aber mal getrost mit 2022 oder 2023.

DAS IMPERIUM SCHLÄGT ZURÜCK

Doch ob man mit Raketen aus Opas Bastelkiste noch einmal einen guten Schnitt machen kann ist fraglich, denn – um einen Star Wars Filmtitel zu zitieren – „das Imperium schlägt zurück". Das „Imperium", das ist SpaceX mit seinem Chef Elon Musk. Und der denkt nicht daran, einfach so lange zu warten, bis ihn die Konkurrenz eines fernen Tages einholt. Er ist schon längst wieder mehrere Schritte voraus. Er plant die „Big Falcon Rocket" oder kurz BFR, das ambitionierteste Trägersystem, das jemals gebaut wurde. Das Erstaunliche an diesem Aufsehen erregenden Entwurf ist: Um ihn zu realisieren müssen noch nicht einmal technische Mirakel geschehen. Alle grundlegenden Komponenten befinden sich bereits in einem fortgeschrittenen Entwicklungsstadium. Zumindest bei SpaceX.

Die BFR ist nun wirklich einmal eine sehr große Rakete. Sie wird ein Startgewicht von etwa 4.400 Tonnen aufweisen, also etwa 50 Prozent mehr, als seinerzeit die Saturn V. Sie ist zweistufig ausgelegt. Beide Stufen werden mit flüssigem Ethen und flüssigem Sauerstoff angetrieben. Sie ist 106 Meter hoch und wird einen Durchmesser von mindestens neun Metern aufweisen. Beide Stufen sind voll wiederverwendbar. Bei der Falcon 9 und beim New Glenn sind nur jeweils die ersten Stufen erneut einsetzbar.

Die zweite Stufe der BFR wird es in drei Versionen geben. Variante 1 ist das „BFR Spaceship", also das Raumschiff, mit dem Elon Musk auch seine Mond- und Marspläne verwirklichen will. Wenn er es dafür einsetzt, dann könnte es bis zu 100 Personen in einem druckbelüfteten Raum von 825 Kubikmetern (zum Vergleich: Das Raumvolumen eines Airbus A380 beträgt etwa 2.100 Kubikmeter) aufnehmen, das dann innerhalb von etwa drei bis sechs Monaten zum Roten Planeten transportiert werden könnte. Es kann aber auch mit nur einer einzigen vollen Tankladung auf dem Mond landen und wieder zur

Das „BFR Spaceship" legt an der ISS an. Künstlerische Darstellung

Erde zurückkehren. Variante zwei ist die Tanker-Version. Bei Flügen zum Mond oder auf heliozentrische Bahnen muss die Oberstufe der Version 1 des BFR im Orbit betankt werden, was mit dem BFR-Tanker geschieht.

Version 3 schließlich ist der Satellitentransporter, der mit einer großen Frachttür ausgestattet sein wird. Sollte übrigens ein Kunde auf die verrückte Idee kommen, das BFR im „expendable"-Modus einzusetzen, also nicht wiederverwendbar, dann könnte das System bei einem einzelnen Start 250 Tonnen Nutzlast in einen niedrigen Erdorbit bringen. In der voll wiederverwendbaren Version sind es noch 150 Tonnen Nutzlast.

Wieder einmal schüttelt die gesamte Konkurrenz den Kopf über Musks scheinbar größenwahnsinnige Pläne. Alle fragen sich, wo denn bitte der gewaltige Bedarf an Nutzlast herkommen soll, den diese Rakete ins All transportiert. Aber Musk ist hier so zuversichtlich wie er es schon mit der Falcon 9 war. Wenn die Rakete erst einmal existiert, so meint er, dann wird sich der Bedarf schon einstellen. Das Raptor-Triebwerk, von der die neue Rakete in der ersten Stufe 31 Stück und in der zweiten Stufe sieben Stück einsetzen wird, hat schon viele Dutzend Testläufe auf dem Prüfstand hinter sich gebracht. Auch die neuen Kohlefaser-Wickeltanks wurden bereits getestet, und derzeit ist ein völlig neues Produktionszentrum am Entstehen. Und zwar am Hafen von Los Angeles, denn die neue Rakete kann weder auf der Straße noch in der Luft zum Startort transportiert werden, dafür ist sie einfach zu groß. Im März 2018 gründete Musk deshalb wieder einmal ein neues Unternehmen, die „WW Marine Composites LLC", deren vorläufig einzige Aufgabe es ist, eine völlig heruntergekommene Immobilie am Hafen, den so genannten „Berth 240", aufzumöbeln und in eine moderne Raumfahrt-Produktionsanlage zu verwandeln. Das weitläufige Gelände hat SpaceX von der Hafenbehörde von Los Angeles langfristig gepachtet.

Die Entwicklung des BFR wird in zwei Stufen verlaufen. Zunächst will sich SpaceX der technologisch schwierigen Orbitaleinheit widmen, der so genannten „Spaceship Stage". Erst danach soll die Unterstufe in Angriff genommen werden, die aus der Sicht von SpaceX technologisch einfacher zu bewerkstelligen ist. Die Oberstufe ist ihrerseits bereits eine enorme Rakete mit einer Startmasse von 1.335 Tonnen. Sie wäre heute schon für sich alleine die zweitgrößte Rakete der Welt (nach der Falcon Heavy). Erste Testeinsätze dieses Vehikels, für zunächst nur kurze Flüge in wenige hundert Meter Höhe, kann man bereits für 2020 erwarten. Es sind also goldene Zeiten für die Fans großer Raketen.

Scaled Composites Testpilot Mike Melville im SpaceShipOne im Jahr 2004.

SPACE TOURISMUS: WANN BITTE GEHT'S JETZT ENDLICH LOS?

Haben Sie es auch vor einer Weile mitbekommen? SpaceX wird nun doch nicht Touristen um den Mond fliegen, wie es noch 2017 mit ziemlichem Bohei angekündigt war. Diese Pläne, so gab ein Firmensprecher im Juni 2018 kund, seien „on hold" bis Mitte 2019. Mindestens. Eher länger.

Das war jetzt nicht sonderlich überraschend, denn schon im Februar 2018, anlässlich des Falcon Heavy-Erstfluges, erklärte SpaceX Chef Elon Musk in einem Interview, dass er keine Pläne habe, die Heavy für bemannte Flüge zu zertifizieren. Nur wenn sich die Entwicklung der „Big Falcon Rocket" (BFR) signifikant verzögere, so meinte er, würde sich SpaceX eine Zertifizierung der „Heavy" für bemannte Flüge doch noch einmal überlegen.

Es ist jetzt über 14 Jahre her, dass Mike Melville mit „SpaceShipOne", entwickelt und gebaut von Scaled Composites für den X-Prize Wettbewerb, erstmals die Karman-Linie überquerte, jene imaginäre Grenze in 100 Kilometern Höhe, welche die Erde vom Weltraum trennt. Im September und Oktober 2004 folgten noch zwei weitere Flüge. Noch mal einer von Mike Melville und ein weiterer von Brian Binnie. Virgin Galactic gab daraufhin bekannt, dass suborbitale Raumfahrzeuge, basierend auf dieser Technologie, bald in den Routinebetrieb gehen würden. Etwa 2007, spätestens aber 2008.

Bis zum heutigen Tag sind aber Melvilles und Binnies insgesamt drei Flüge über 100 Kilometer die einzigen kommerziellen suborbitalen Raumflüge mit Menschen an Bord geblieben. Seit 14 Jahren sind die beiden nach wie vor die einzigen suborbitalen „Privatastronauten".

Man möchte fast meinen, dass der Impuls, den man sich von den X-Prize-Flügen für die private Raumfahrt erhofft hatte, irgendwo im „Great Blue Yonder" verpufft ist. Doch das stimmt nicht ganz. Denn schon im Jahre 2004, noch im Kielwasser dieser Flüge, wurde in den USA eine für die kommerzielle Raumfahrt höchst vorteilhafte Gesetzgebung implementiert, die bis heute fortgeschrieben und erweitert wird. Hier tat sich besonders der republikanische Senator Dana Rohrabacher hervor. Ihm gelang es, im Repräsentantenhaus über die Parteigrenzen hinweg, eine Mehrheit für den sehr liberalen „Commercial Space Act" zu gewinnen. Das war damals ein harter Kampf und er gewann die Abstimmung mit nur drei Stimmen Vorsprung.

Diese sehr industriefreundliche Gesetzgebung bestimmt die private Raumfahrt in den USA seither und trägt ganz wesentlich zu ihrer Blüte bei. Sie gibt auf der einen Seite klare Regeln vor, erleichtert aber auf der anderen Seite die Verfahren und ermutigt und unterstützt die Industrie, sich mit dem Thema zu befassen. Doch richtig in Fahrt gekommen ist bislang nur die unbemannte private Raumfahrt. Klammern wir dabei allerdings aus, dass die „Privaten" durchaus bemannte Raumfahrzeuge entwickeln und bauen, allerdings bislang nur für institutionelle Anwendungen und für einen einzigen Regierungskunden, nämlich die NASA. Man muss sich also fragen, was ist los mit dem Space Tourismus, von dem man sich so viel versprochen hatte. Auch er müsste doch von der vorteilhaften US-Gesetzgebung profitieren und jetzt endlich mal in die Gänge kommen.

SCALED COMPOSITES

Brian Binnie auf dem Rücken des SpaceShipOne, nach seinem Flug im Jahre 2004, der ihn auf 107 Kilometer Höhe brachte.

WO BLEIBT DER SUBORBITALE WELTRAUMTOURISMUS?

Dass sich die suborbitale, private bemannte Raumfahrt in der Folge der Flüge von Melville und Binnie und des Space Act von 2004 nicht besser entwickelt hat, hat andere Gründe. Es hat sich herausgestellt, dass die technischen und finanziellen Hürden viel größer sind, als man vor 14 Jahren annahm. Es gab Fehlschläge in der Entwicklung der neuen Raumfahrzeuge, tödliche Unfälle wie bei Scaled Composites und wirtschaftliche Pleiten wie die von Armadillo Aerospace, Kistler oder XCOR.

Bald nach 2004 begann das große Sterben der Start-ups, die im Dunstkreis des X-Prize Wettbewerbs entstanden waren. Von den damals existierenden Firmen sind nur noch einige wenige übriggeblieben. Sie befinden sich immer noch in den kleinen Nischen, die sie auch vor 14 Jahren schon besetzten, so wie etwa Masten Space oder Interorbital Systems. Derzeit gibt es lediglich zwei „Große", die sich mit enormem Einsatz an Geld und Ressourcen weiter um den suborbitalen Weltraumtourismus bemühen: Blue Origin und Virgin Galactic. Bei Blue Origin könnte der Weltraumtourismus eigentlich längst losgegangen sein. Aber hier kommt zum Tragen, dass ihr Gründer und Besitzer an einem Mittelrückfluss durch verkaufte Flüge nicht besonders interessiert ist. Am 29. April 2018, anlässlich eines unbemannten Testfluges des New Shepard, wurde er gefragt, was es denn kosten würde, mit diesem Vehikel mitzufliegen. Seine Antwort: „Keine Ahnung. Da hab ich noch nicht drüber nachgedacht".

Der Grund dafür ist klar: Bezos braucht das Geld einfach nicht. Er sieht im New Shepard vor allen Dingen eine Art „Trainingsraumschiff", mit dem seine Raketentechniker Übung für die Startprozeduren bekommen, die Abläufe am Boden in Fleisch und Blut übergehen lassen können, mit dem er Flugzeit für sein BE-3 Triebwerk kumulieren kann, das er auch im „New Glenn" verwenden will und mit dem er die Wiederverwendbarkeit eines Trägersystems generell erproben kann. Diese Dinge sind ihm momentan weit wichtiger, als Leute für Geld über die Karman-Linie zu hieven. Geld braucht er keines, er hat genug davon.

New Shepard no. 2 startet am 19. Juni 2016 zu einem unbemannten Testflug

Derselbe Booster sieben Minuten später bei der Landung.

Dennoch, er hat versprochen, den New Shepard bemannt zu fliegen, auch für touristische Zwecke. Bevor Blue Origin aber den New Shepard dafür freigibt wird das Unternehmen eine Reihe von bemannten Werks-Testflügen mit Firmenangehörigen durchführen. Jeff Ashby, Direktor für „Safety and Mission Assurance" meinte, dass er nicht denke, dass das eine größere Serie von Flügen sein wird. Es sei denn, es ergäben sich in diesem Testbetrieb „real surprises", richtige Überraschungen also. Die beiden ersten Probeflüge des Jahres 2018 ließen einen solchen Eindruck nicht aufkommen. Am 29. April erreichte der New Shepard 3 (der seinen Erstflug am 12. Dezember 2017 gehabt hatte) eine Flughöhe von 107 Kilometern. Am 18. Juli führte Blue Origin einen weiteren Flug durch, an dessen Ende zusätzlich das Rettungssystem getestet wurde. Auch dieser Flug verlief perfekt, und dieses Mal – zusätzlich angetrieben durch den abgefeuerten Rettungstreibsatz – erreichte der New Shepard sogar eine Flughöhe von 119 Kilometern. Der Flugverlauf des New Shepard ist ein klassischer Raketenstart. Er beginnt mit einer angetriebenen Flugphase, bei der das BE-3 Triebwerk für etwa 110 Sekunden läuft. In einer Höhe von etwa 40 Kilometern und einer Geschwindigkeit von Mach 3 trennen sich Booster und Crew-Kabine. Dann setzen beide ihren Aufstieg, bewirkt durch den mitgegebenen Geschwindigkeitsimpuls, separat fort. Dabei verlangsamen sich Kapsel und Booster mehr und mehr, bis in einer Höhe zwischen 100 und 110 Kilometern der Scheitelpunkt der Bahnparabel erreicht und alle Geschwindigkeit abgebaut ist. Dann beginnt der Rücksturz zur Erde.

Beide Komponenten fallen dann der Erde entgegen. Der Booster fährt Luftbremsen aus, die Kapsel einen Stabilisierungsfallschirm. Der Booster erreicht seine „terminal velocity", also das Gleichgewicht aus Fallgeschwindigkeit und Luftwiderstand bei etwa 550 Kilometern pro Stunde. In etwa 1000 Metern Höhe (und nur noch gut sechs Sekunden vor dem Aufschlag, sollte das Triebwerk an dieser Stelle nicht funktionieren) setzt er dann seinen Raketenmotor wieder in Gang und landet sanft auf der Erde. In der Zwischenzeit hat die Kapsel drei Fallschirme ausgeworfen und schwebt mit einer Sinkgeschwindigkeit von wenigen Metern pro Sekunde ebenfalls der Erde entgegen. Der Booster steht – aufgrund seiner höheren Fallgeschwindigkeit – nach etwa sieben Minuten wieder auf dem Boden. Die langsam herabschwebende Kapsel folgt drei bis vier Minuten später.

Die Crew-Kabine des New Shepard Nr. 3 geht nach einem Testflug am 18. Juli 2018 nur wenige hundert Meter vom Landepad entfernt nieder. Der Booster ist dort bereits vier Minuten vorher gelandet.

Bei den drei letzten Flügen befand sich auch jedes Mal ein korrekt eingekleideter Crash Test Dummy namens „Mannequin" mit an Bord, um einen mitfliegenden Passagier zu simulieren. Die Flüge verliefen perfekt, der New Shepard landete auf dem für ihn vorgesehenen Helipad und die Fallschirmlandung der Kapsel erfolgte unweit davon in der trockenen Steppe der Corn Ranch, wie das Testgelände von Blue Origin in Texas etwas beschönigend heißt. Die Sache klappt regelmäßig und sicher und wir können wir davon ausgehen, dass sich etwa ab Ende 2019 ein moderater „touristischer" Flugbetrieb bei Blue Origin mit dem New Shepard entwickeln wird. Testvorrichtungen und Experimente verschiedener Forschungsinstitute wurden im Übrigen bereits bei den bisherigen unbemannten Testmissionen mitgeführt.

Virgin Galactic, ist der Zweite der beiden „Großen" im Suborbitalsegment. Das Unternehmen verkauft schon seit einem Jahrzehnt Tickets, ohne dass die bislang eingelöst werden konnten. Auch Blue Origin musste viel Lehrgeld im Zuge des Entwicklungsprozesses zahlen. Mindestens zwei ihrer Testvehikel zerschellten auf dem Boden oder explodierten in der Luft. Aber es blieb dabei stets bei Sachschaden. Virgin musste seine Lektionen dagegen auf die harte Tour lernen. Es gab drei Tote bei Bodentests und es gab einen toten Testpiloten bei einem der Erprobungsflüge. Aber nun scheint sich das Unternehmen langsam dem kommerziellen Flugbetrieb zu nähern. Richard Branson erklärte schon vor einigen Monaten öffentlich, dass es wohl innerhalb eines Jahres mit dem regulären Flugbetrieb soweit sei. Bis zum Redaktionsschluss der aktuellen Ausgabe von SPACE fanden im Jahre 2018 vier Testflüge statt, drei davon mit Raketenantrieb. Beim Flug am 5. April erreichten das Vehikel mit

Bei Virgin Galactic nähert sich inzwischen auch das dritte SpaceShipTwo langsam seiner Vollendung.

SpaceShipTwo brachte es auf das Aviation Week-Cover der Ausgabe vom 30. April 2018.

den Piloten Stucky und Mackay an Bord eine Fluggeschwindigkeit von Mach 1,87 und eine Flughöhe von 25,7 Kilometern. Am 29. Mai gelang der gleichen Crew ein Einsatz mit Mach 1,9, der bis auf eine Höhe von 34,9 Kilometern führte, und am 26. Juli, dieses Mal mit Mike Masucci anstelle von Mark Stucky an Bord, waren es sogar schon Mach 2,47 und eine Flughöhe von 52 Kilometern. Der Flug ging also erstmals bis in die Mesosphäre. Derzeit sieht es so aus, als könnte mit zwei bis drei weiteren Flügen bis gegen Ende 2018 das Potential der VSS Unity, der derzeit eingesetzten Testmaschine, ausgereizt werden. Dann dürften Geschwindigkeiten bis Mach 3,0 und Höhen bis etwa 90 Kilometer erzielt werden. Danach werden vom derzeitigen Testzentrum Mojave aus noch vier bis sechs weitere Flüge stattfinden, um die „envelope" zu erkunden. Man wird also die Grenzen ausloten, die das System zulässt, die man beim normalen Flugbetrieb aber nicht erreichen wird. Danach zieht der Tross zum America Spaceport in New Mexico um, von wo aus dann die routinemäßigen Touristenflüge stattfinden sollen. Davor wird es aber auch dort erst zwei bis drei Akklimatisierungsflüge geben, bevor man dann den „Routinebetrieb" aufnimmt.

Deutlich über die 100 Kilometer werden es wohl erst spätere, etwas leichter gebaute Flugeinheiten des SpaceShipTwo schaffen. Zwei davon sind derzeit im Bau. Immerhin: 80 Kilometer gelten in den USA als die Grenze zum Weltraum. Wer darüber kommt, kann sich „Privatastronaut" nennen. Branson will auf jeden Fall beim ersten kommerziellen Einsatz seines SpaceShipTwo mit an Bord sein. Und danach könnte endlich Geld zurückfließen.

UND WANN GEHT ES FÜR TOURISTEN IN DEN ORBIT?

Noch schlechter als im suborbitalen Bereich sieht die Sache im Orbit aus. Dabei ging es damit ursprünglich sogar noch früher los als beim suborbitalen „Tourismus". Die Historie geht hier zurück bis ins Jahr 2001, als Dennis Tito zur ISS flog. Je nachdem, wie man den Begriff „Space Tourist" auslegt, könnte man sogar noch weiter zurückrechnen. Helen Sharmans Aufenthalt auf der

Raumstation Mir im Jahre 1991 könnte beispielsweise dazu gezählt werden oder den Flug des japanischen Journalisten Toyohiro Akiyama im Jahre 1990. Insgesamt ist die Sache aber, schon mangels Transportkapazität, danach im Sande verlaufen.

Seit Guy Lalibertes Flug im Herbst 2009 ist kein weiterer „Tourist" mehr in den Orbit geflogen. Der einzige ernsthafte Versuch in jüngerer Zeit war 2015 die Absicht der Sängerin Sarah Brightman, zur ISS zu fliegen. Sie sagte dann aber relativ kurzfristig wieder ab.

Die Idee des orbitalen Tourismus ist aber keineswegs vergessen. Mit den Debatten über das mögliche Ende der ISS irgendwann nach 2025 entstehen auch wieder die Ideen für kommerzielle Raumstationen, in denen unter anderem auch Touristen für Einnahmen sorgen sollen.

Eines der bekannteren Unternehmen, die sich damit beschäftigen, ist Axiom Space. Die Firma ist in Houston ansässig, und der ehemalige NASA-Manager Michael Suffredini fungiert als CEO. Axiom Space hat einen recht vernünftig klingenden Dreistufenplan und ist offenbar auch finanziell gesichert. Die Firma will ab 2020 damit beginnen, 10-tägige Flüge zur ISS für jeweils 55 Millionen Dollar zu vermitteln. Diese Flüge würden, so Suffredini, mit dem „Crew Vehicle" eines Unternehmens durchgeführt, mit denen Axiom eine „mündliche Vereinbarung" hat. Das können, nach dem gegenwärtigen Stand der Dinge, nur Boeing oder SpaceX sein. Eher SpaceX, denn Boeing und „mündliche Vereinbarung", das passt nicht so recht zusammen.

Der „Privatastronaut" (auch Axiom gefällt der Ausdruck „Weltraumtourist" nicht) würde zusammen mit mindestens einem professionellen Astronauten in den Orbit fliegen und dabei alles mitnehmen, was er und sein Betreuer für die 10 Tage so brauchen. Damit will man den Einfluss auf den Betrieb der ISS so gering wie möglich halten.

In der nächsten Stufe würde Axiom ein eigenes Modul an der ISS andocken. In diesem Modul würden die „Privatastronauten" unterkommen. Es könnte aber auch Forschung betrieben werden. Die NASA scheint diesem Gedanken nicht abgeneigt zu sein. Die Sache ist allerdings auch eine Zeitfrage, denn um ein neues Modul zu bauen (und einen dazu passenden Docking-Port), muss man derzeit etwa vier Jahre veranschlagen. Damit könnte das Axiom-Modul nicht vor 2024 anlegen, was wenig sinnvoll ist, wenn die ISS im Jahre 2025 (oder bald danach) ausgemustert werden soll.

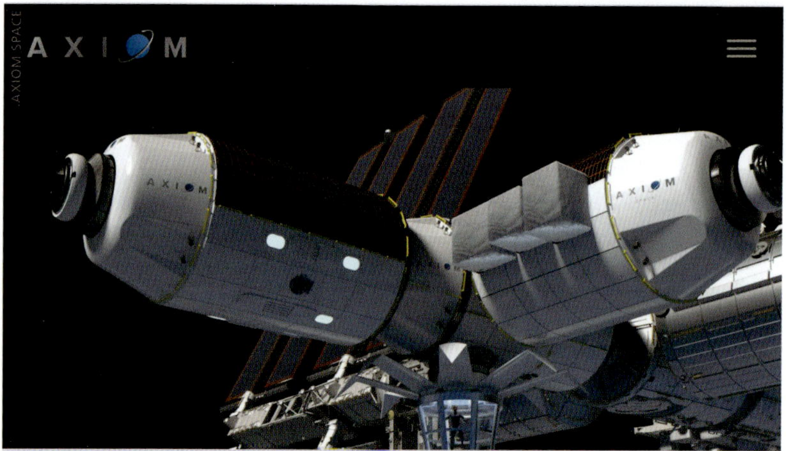

Diese künstlerische Darstellung zeigt drei Module von Axiom Space, die an der ISS angedockt sind.

So könnte die eigene Raumstation von Axiom Space aussehen.

Schritt drei wäre dann der Bau einer eigenen, privaten Raumstation. Man würde hier auf relativ preiswerte Standard-Komponenten und überzähliges NASA-Equipment zurückgreifen, aber auch einige Teile neu bauen lassen. Die Station bestünde dann aus sechs oder sieben Wohn- und Forschungsmodulen, mehreren Andockknoten, einer Schleuse für Außenbordaktivitäten und einem großen Solargenerator. Axiom denkt bei dieser Station an eine Kombination aus touristischem Ziel und Forschungs-Außenposten, der vor allem in der Zeit nach der ISS von Bedeutung werden könnte.

Alles in allem sieht man bei Axiom die Wahrscheinlichkeit, dass sich substanzieller orbitaler Tourismus vor dem Jahre 2025 entwickelt, als gering ein. Das Unternehmen arbeitet daher derzeit eher gezielt auf die Errichtung einer Forschungsstation für so genannte „Sovereign Astronauts" hin. Mehr oder weniger „staatliche" oder „institutionelle" Astronauten. Die Zielgruppe wären kleinere, aber hoch entwickelte Länder, die ebenfalls bemannte Forschung im Weltraum betreiben wollen, die aber nicht zum Verbund der ISS-Nationen gehören, oder deren Beteiligung daran zu gering ist, als dass sie für die Entsendung eigener Astronauten ausreichen könnte. Das könnten Länder wie Österreich, Finnland, Estland, Israel, die Arabischen Emirate, Singapur oder andere sein.

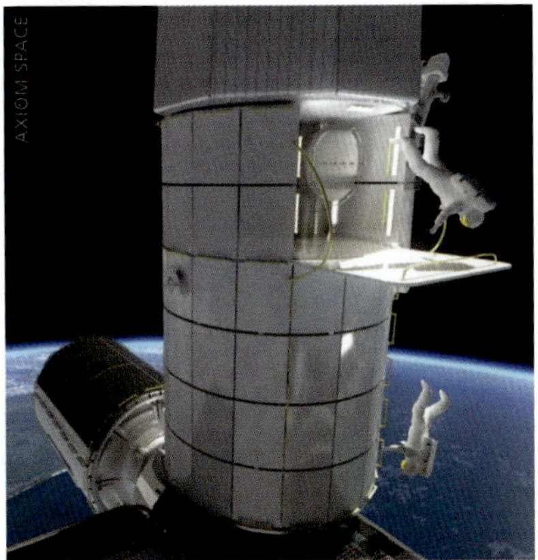

Natürlich gibt es in der Axiom-Raumstation auch eine Luftschleuse.

Mehr noch als Axiom Space ist Bigelow Aerospace an Weltraumtourismus interessiert. Was schlichtweg schon daran liegt, dass der Firmengründer Robert Bigelow als Inhaber der „Budget Suites of America"-Kette auch einer der bedeutendsten US-Hotelunternehmer ist. Bigelow, das ist der mit den aufblasbaren Raumstationsmodulen. Ein Kleinexemplar davon, es trägt die Bezeichnung BEAM (für Bigelow Expandable Activity Module), ist seit April 2016 an der Internationalen Raumstation angeflanscht und funktioniert prächtig. Da bietet es sich an, das dort gewonnene Know-How auch privatwirtschaftlich einzusetzen.

Wie so manch anderer in der Branche, arbeitet auch „Bigelow Space" derzeit im Stealth Modus. Bekannt ist aber, dass Bigelow in diesem Frühjahr ein neues Unternehmen gegründet hat. Es trägt die Bezeichnung „Bigelow Space Operations" oder kurz BSO. Diese Firma beschäftigt sich, so scheint es, derzeit eher mit Marktforschung. Es geht dabei um die Frage, wer das B330 Modul gebrauchen kann, von denen Bigelow Space im Jahre 2021 zwei Stück in den Weltraum bringen will.

B330, diese Zahl steht für das Raumvolumen, das dieses aufblasbare Modul aufweist. 330 Kubikmeter also. Ein solches Modul ist – in aufgeblasenem Zustand – 17 Meter lang und hat einen Durchmesser von sieben Metern. Das ist pro Modul immerhin ein Drittel des verfügbaren Raumvolumens in der

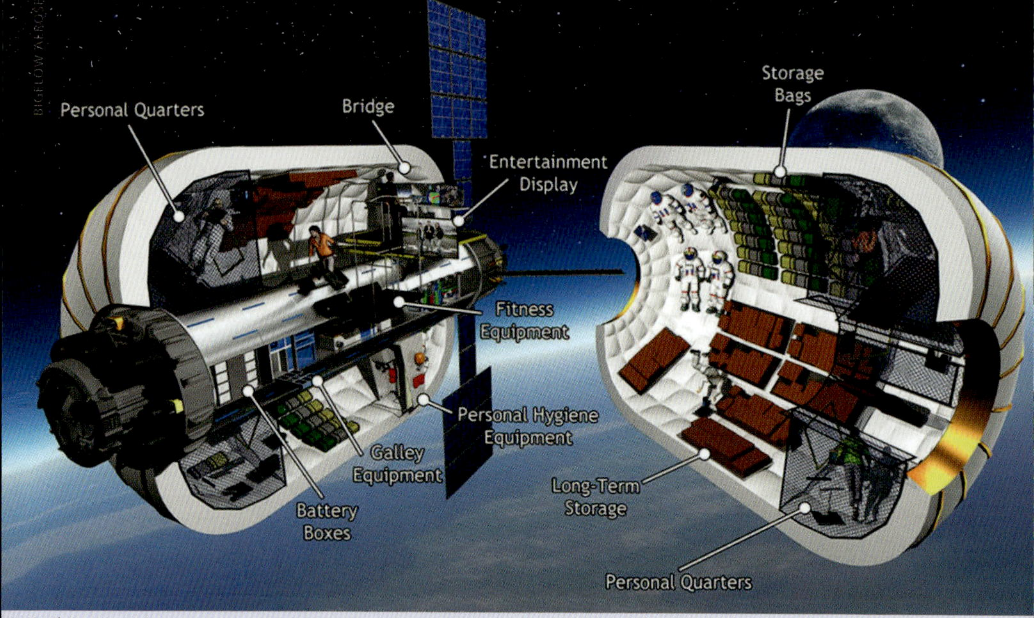

So könnte es im Inneren eines B330-Moduls aussehen

ISS. In gefaltetem Zustand passt ein B330 unter die Nutzlastverkleidung einer Atlas 5 Rakete.

Bigelow denkt für sein knautschbares Habitat zunächst aber auch nicht an Touristen, sondern an Forschungsinstitute und an kleinere Nationen mit Affinität zur bemannten Raumfahrt. Das deckt sich mit den Vorstellungen von Axiom Space. Dabei bietet er den Zugang zum Weltraum zu Preisen an, die deutlich niedriger sind, als die, welche die Nutzer der ISS zahlen. Seinen Schätzungen nach wird ein Aufenthalt in seiner Station einen höhere siebenstelligen oder eine niedrige achtstellige Summe kosten. Bis zu sechs Leute könnten in einem B330-Habitat leben.

Bigelow will den Zugang zur bemannten orbitalen Raumfahrt von den komplexen internationalen Konsortien lösen. Selbst von der NASA will er sich freimachen, auch wenn er seine B330-Raumstation als „Nationales Laboratorium" bezeichnet, was irgendwie doch schon wieder einen institutionellen Eindruck macht.

Bigelow Space Operations wird sich um das Management der Station kümmern, die Bigelow Aerospace baut und in den Orbit sendet. Die Kosten für die letzteren beiden Positionen veranschlagt Bigelow auf etwa 2,3 Milliarden Dollar.

Im Übrigen hat Bigelow noch größere Module in Planung. Die nächste Größe hätte das 2,4 fache Raumvolumen der Internationalen Raumstation. Sollte sich das realisieren, dann werden seine bisherigen Fertigungsanlagen in Las Vegas nicht mehr ausreichen. Bigelow will dann neue Produktionsstätten errichten, entweder in Alabama oder in Florida.

Sollte es in der Erdumlaufbahn nicht klappen, dann könnte sich Bigelow auch vorstellen, dass seine Module und Habitate auch im cislunaren Raum betrieben werden oder sogar direkt auf der Mondoberfläche.

Fazit: Der suborbitale Tourismus dürfte definitiv Ende 2019 beginnen. Für den orbitalen Tourismus werden wir uns wohl noch eine Weile gedulden müssen.

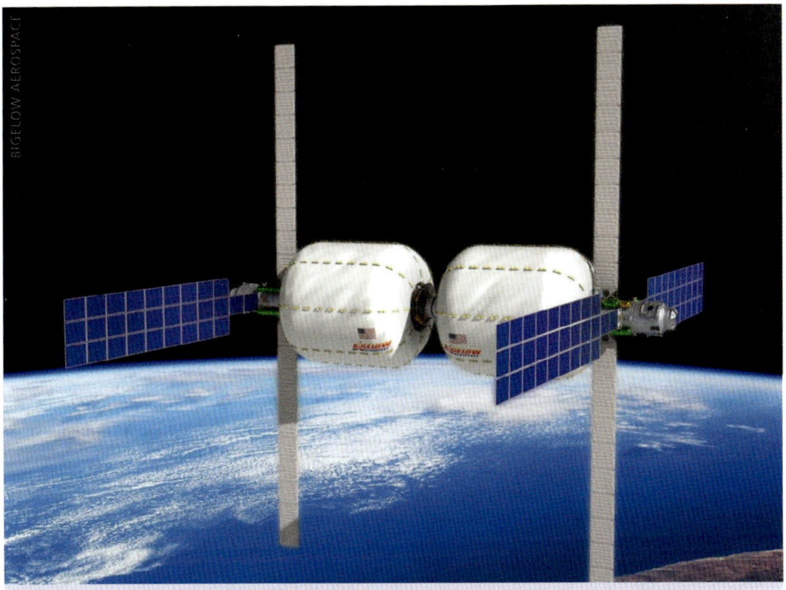

Zwei zusammengekoppelte B330-Module

Zehn Rutherford-Triebwerke warten auf den Einbau in die Rocket Lab Electron.

KLEINTRÄGER-SCHWEMME

Rocket Lab, der neuseeländische Entwickler der Elektron-Kleinträgerrakete, hat eine etwas skurrile Art, seine Missionen zu benennen. Der erste Testflug, im Mai 2017, wurde noch ziemlich gradlinig als „It's a Test" (also: Es ist ein Test) bezeichnet. Beim zweiten Flugversuch im Januar 2018, gab man der Mission den Namen „Still Testing" (also: „Immer noch am Testen"). Mit dem Erfolg bei dieser Mission entschied sich das Unternehmen dafür, Testflug Nummer drei zu stornieren und gleich ins Geschäft einzusteigen. Der Name deshalb: „It's business time" (also: „Zeit fürs Geschäft"). Und dieses Geschäft wollten die Ingenieure und Manager von Rocket Lab eigentlich im April aufnehmen.

Vielleicht wäre man aber lieber doch noch eine Weile beim Testen geblieben, denn wegen eines Problems mit einem Triebwerkscontroller in einem der neun Erststufentriebwerke wurde der Start zuerst auf Juni und schließlich auf den Juli 2018 verschoben. Die Sache erwies sich als hartnäckig, und das

Problem mit dem Motor-Controller schien eine tieferliegende Ursache zu haben. Denn zum Zeitpunkt, an dem diese Zeilen entstehen, hat Rocket Lab die „Zeit-fürs-Geschäft" noch einmal verlegt. Dieses Mal auf November. Von diesen Anlaufproblemen einmal abgesehen: Die Elektron von Rocket Lab ist gut gebucht und könnte ein kommerzieller Erfolg werden. Der Grund dafür liegt in der starken Zunahme einer neuen Gattung von Raumfahrzeugen, den Smallsats, oder auf Deutsch: Kleinsatelliten.

450 Satelliten wurden im Jahre 2017 in den Orbit geschickt. Zwei Jahre davor waren es noch 256 gewesen, noch einmal zwei Jahre früher, 2013, waren es 187. Die Zahl der Satelliten insgesamt ist seit Jahren in einem steilen Anstieg begriffen. Etwa 80 Prozent davon sind Smallsats. Ein Ende dieser Entwicklung ist nicht abzusehen. Ganz im Gegenteil, viele Unternehmen der Telekommunikations- und Raumfahrtbranche planen gigantische Internet-Konstellationen bestehend aus hunderten und tausenden von Satelliten in der Größenklasse von 400 – 1.000 Kilogramm.

Die Kategorisierung von Kleinsatelliten ist ein Prozess, der in Bewegung ist. Bislang gab es fünf Größenklassen, angefangen bei den (ursprünglich) maximal 500 Kilogramm schweren Mini-Satelliten bis hinunter zu den weniger als 100 Gramm schweren Femtosatelliten. Derzeit, angesichts der geplanten Satelliten für die Internet – Großkonstellationen, zeichnet sich der Trend ab, die Obergrenze anzuheben. Nun soll alles, was unter 1.000 Kilogramm liegt, als „Kleinsatellit" bezeichnet werden. Dieser erweiterte Bereich zwischen 500-1.000 Kilogramm wird schon in wenigen Jahren von den Startzahlen her gesehen die zahlenmäßig bedeutendste Kategorie der Kleinsatelliten werden. Bislang sind das die Nanosatelliten. Das ist die Gewichtsklasse von 1-10 Kilogramm. In der Nanosatelliten-Kategorie befinden sich die Cubesats, die sich in der wissenschaftlichen Gemeinde und bei vielen Startups gegenwärtig großer Beliebtheit erfreuen. SmallSats haben schon seit langem ihre eigenen Messen und Konferenzen. Die bislang letzte in einer Reihe von 32 Veranstaltungen fand zwischen

Veranstaltungsemblem der „Smallsat Conference 2018" in Logan, Utah, auf dem Gelände der Utah State University.

dem 4. und 9. August 2018 in Logan, im US-Bundesstaat Utah statt. In diesem Jahr war ein wesentlicher Aspekt dieser Messe nicht den Satelliten selbst gewidmet, sondern der mindestens genauso wichtigen Frage: Wie bekomme ich meinen Kleinsatelliten in den Orbit?

DIE GEGENWÄRTIGE SITUATION

Wer bislang „Smallsats" ab der Mikrosatelliten-Klasse (also unterhalb eines Gewichtes von 100 Kilogramm) in den Orbit bringen wollte, musste viel Geduld mitbringen und Demut. Auch musste er in aller Regel Abstriche an seinen Missionszielen machen, denn die gewünschte Umlaufbahn bekam er so gut wie nie. Dass sich trotz der schlechten Ausgangsbedingungen das Produkt „Smallsat" so gut entwickelte grenzt da schon fast an ein Wunder. Die Entwickler und Hersteller solcher Satelliten, häufig Universitäten, kleine wissenschaftliche Institutionen und Raumfahrt-Startups, mussten sich mit den Brosamen begnügen, die ihnen Startdienstleister und ihre Premiumkunden übrig ließen. Bis zum heutigen Tag sind sie nämlich in fast allen Fällen darauf festgelegt, „Piggyback", also als Sekundärnutzlast, bei den Starts der Großen mitzufliegen. Sie sind damit auch an die Starttermine und Umlaufbahnen der Hauptnutzlast gebunden. Sie müssen die gleichen prozeduralen Abläufe mitmachen wie die Hauptnutzlast, werden dabei aber dennoch als Kunden zweiter Klasse behandelt. Einige Institutionen wie die indische Raumfahrtagentur ISRO oder das US-Unternehmen SpaceX sind schon vor einer Weile auf den Kleinsatellitenmarkt aufmerksam geworden, und bieten „Sammelstarts" an. Speziell die ISRO hat sich hier spezialisiert und startet mit ihrer PSLV-Trägerra-

ISRO

Das Polar Satellite Launch Vehicle (PSLV) ist ein gefragter Träger für Kleinsatelliten, obwohl es eigentlich zur unteren Mittelklasse gehört. Manchmal werden bis zu 100 Kleinsatelliten bei einem einzelnen Start mitgeführt.

kete für dieses Klientel eigene Missionen, bei denen dann dutzende, manchmal sogar bis zu 100 Kleinsatelliten und mehr mit an Bord sind. Der Vorteil: Die Startkosten für den Einzelnen sind niedrig und man ist doch irgendwie „Premiumkunde". Der Nachteil ist aber derselbe wie bisher: Die überwiegende Anzahl der Satellitenbetreiber muss mit der Umlaufbahn vorlieb nehmen, die man für den „wichtigsten" Kunden ansteuert, obwohl man selber vielleicht ganz andere Präferenzen hätte.

Ein wenig besser war die Situation in den vergangenen Jahren in der Gewichtsklasse zwischen 100 und 900 Kilogramm. Das ist das Segment, in das die Aerospace-Giganten mit ihren Internet-Konstellationen einsteigen wollen. Und darauf sind potentiellen Startdienstleister inzwischen besonders aufmerksam geworden. Rocket Lab ist dafür ein gutes Beispiel. Es war natürlich auch bisher schon möglich, für einen Kleinsatelliten einen eigenen Träger zu buchen, wie zum Beispiel die Pegasus von Northrop Grumman (früher: Orbital Sciences). Diese Träger sind aber im Verhältnis ungemein teuer. Die Kosten eines „eigenen" Starts auf einer solchen Rakete betragen schnell das Zehnfache dessen, was man als einer von vielen „Piggyback-Passagieren" beispielsweise auf einer PSLV bezahlt. Das machte bislang den „eigenen" Träger für einen Kleinsatelliten-Betreiber wenig attraktiv. Mit den modernen Raketen aber sinken die Preise pro „eigenem" Träger signifikant. Sie liegen jetzt schon bei Nutzlastpreisen pro Kilogramm, die nur noch etwa das Dreifache eines Großträgers wie der Falcon 9 beträgt. Die Kleinträger werden also auch zukünftig Satelliten zu einem etwas höheren Preis starten, als würde man als einer von vielen anderen Kunden auf einem großen Träger mitfliegen. Doch dafür bekommt man seine gewünschte Premium-Bahn, ist der einzige Kunde oder einer von nur wenigen, und das ist vielen Satellitenherstellern den Mehrpreis wert. Alles in allem stellt sich der zukünftige Markt für Kleinträger als so lukrativ dar, dass sich eine erstaunliche Zahl von Firmen damit beschäftigt, solche Raketen zu entwickeln und zu bauen. Darunter sind auch äußerst exotische Projekte.

101 PROJEKTE

Bei einer Bestandsaufnahme im Jahre 2015 wurden insgesamt 101 Firmen und Institutionen identifiziert, die sich mit der Entwicklung und dem Bau von Kleinträgern befassen. Auch hier gibt es, analog zur Klassifizierung der Satellitengrößen, ein reichhaltiges Angebot durch die verschiedenen Größenklassen.

Die Astra von Astra Space.

Angefangen vom Nanolauncher mit einer Nutzlast von 10 Kilogramm für den niedrigen Erdorbit bis hin zum Kleinträger, der schon fast in der unteren Mittelklasse angesiedelt ist, und 1.000 Kilogramm in eine niedrige Erdumlaufbahn transportieren kann. Von diesen damals festgestellten 101 „entities" (wie sie auf der SmallSat-Konferenz bezeichnet wurden) ist bei elf der gegenwärtige Status unbekannt. Weitere 11 haben in der Zwischenzeit aufgegeben. 73 Projekte laufen noch, von denen befinden sich 34 bereits in einem mehr oder weniger fortgeschrittenen Entwicklungs- oder Produktionsstadium. Darunter, um nur einige Namen zu nennen, die Garuda von Bellatrix Aerospace (Indien), der Boeing Phantom Express, die Super Strypi der Sandia Laboratories, Exos Aerospace SARGE, Relativity Space, Gilmore Space Technolgies „Eries", JP Aerospace „Ascender", Astra Space und noch viele andere. Sieben Kleinträger sind bereits im Einsatz, davon sind drei aus China (Long March 11, Kaitouzhe-2 und Kuaizhou-1A), zwei aus den USA (Minotaur I und Pegasus XL), einer aus Neuseeland (Rocket Lab Electron) und einer aus Japan (SS-520). Bis auf die Electron verwenden all diese Raketen Komponenten aus früheren Programmen, sind also keine vollständigen Neukonstruktionen. Zumindest das Schicksal von Trägern wie der Minotaur und Pegasus XL dürften langfristig wegen ihrer sehr hohen Preise und ihrer beschränkten Verfügbarkeit besiegelt sein. Obwohl Northrop Grumman die Treibsätze dieser beiden Raketentypen praktisch umsonst bekommt

SS-520 Mikro-Launcher der japanischen Raumfahrtagentur JAXA mit Sponsoring von Canon Electronics.

(es handelt sich dabei um ausgemusterte Feststoffmotoren von Interkontinentalraketen) ist ihre Modifikation und Bereitstellung zum einen derart teuer, dass sie mit den modernen Konstruktionen der Konkurrenz nicht mithalten können, zum anderen unterliegt ihre Verwendung umständlichen militärischen Vorschriften, da sie ursprünglich Bestandteil des US-Nukleararsenals waren und immer noch rigiden Geheimhaltungsvorschriften unterliegen. Diese Raketen liegen typischerweise bei einem Startgewicht zwischen 10 und 50 Tonnen, mit einigen Ausreißern nach oben oder unten. Der kleinste Träger der Welt, die japanische SS-520 wiegt nur ganze 2,6 Tonnen. Sie ist dafür aber auch nur in der Lage, Nutzlasten bis maximal etwa 10 Kilogramm Gewicht in einen niedrigen Erdorbit zu transportieren. Im Vergleich dazu wiegt eine startbereite Ariane 5 etwa 780 Tonnen und eine Falcon 9 550 Tonnen.

Der vier Kilogramm schwere Tricom-1R wurde als einzige Nutzlast an Bord einer SS-520 in den Orbit transportiert.

Die eingangs erwähnte Rocket Lab Electron ist ein sehr typischer Vertreter der neuen modernen Kleinträger. Sie ist zweistufig und wird über beide Stufen mit dem Oxidator/Treibstoff-Gemisch flüssiger Sauerstoff und Kerosin betrieben. Sie hat eine Startmasse von 10,5 Tonnen, einen Durchmesser von 1,2 Metern und ist 17 Meter lang. Ihre Struktur und einzelne Tankkomponenten bestehen aus Kohlefaser-Verbundwerkstoffen. Die Turbopumpen, auch das ist ein Novum in der Raumfahrt, werden elektrisch betrieben. Die Electron kann eine Nutzlast von etwa 250 Kilogramm auf eine niedrige Erdumlaufbahn bringen und kostet pro Start etwa fünf Millionen Dollar. Ihre insgesamt neun Rutherford-Triebwerke der ersten Stufe (plus eines für die zweite Antriebseinheit) stammen aus dem 3D-Drucker und leisten im Vakuum zusammen 192 Kilonewton Schub. Die Electron ist industriell massenproduktionstauglich, ein Novum in der zivilen Raumfahrt. Eigentlich plante Rocket Lab, nach der Indienststellung jeden Monat mindestens einen Start durchzuführen. Soviel wäre mit dem Startgelände

Ein typischer Vertreter für einen sehr modernen Kleinträger ist die Electron von Rocket Lab.

Mahia in Neuseeland zu bewältigen. Im August 2018 bekam das Unternehmen aber eine Order aus Dubai von Circle Aerospace über zehn zusätzliche Starts. Das macht es nun notwendig, dass Rocket Lab eine zweite Startanlage betreibt. Die wird dieses Mal nicht in Neuseeland stehen sondern wahrscheinlich in Cape Canaveral. Rocket Lab ist keineswegs das einzige Unternehmen mit einer modernen, neu konstruierten Rakete. In den Startlöchern steht auch bereits Virgin Orbit. Deren Kleinträgerrakete, der „Launcher One", wird von einer modifizierten Boeing 747 aus gestartet. Das Trägerflugzeug wurde auf den Namen „Cosmic Girl" getauft. Der erste Orbitalflug soll noch im Jahr 2018 erfolgen. Im September führte das Unternehmen noch so genannte „Captive Carry"-Flüge durch, bei der die Rakete zwar schon unter dem Flügel des Trägerflugzeugs hing, aber noch nicht gestartet wurde. Bei diesen Einsätzen erprobte man die aerodynamischen Eigenschaften der Kombination aus Flugzeug-und Außenlast. Der Launcher One ist eine vollständige Neukonstruktion. Die Triebwerke der ersten und zweiten Stufe sind Eigenentwicklungen von Virgin Orbit. Auch hier sind hohe Startraten angepeilt, man spricht von einem Dutzend Missionen im ersten Betriebsjahr und zwei Dutzend im zweiten Jahr. Vector ist ein weiteres Unternehmen mit einer brandneuen Rakete für den Start von Kleinsatelliten. Ihr Fluggerät trägt den Namen „Vector-R" und soll ebenfalls im Herbst 2018 den orbitalen Erstflug unternehmen. Er wird von Kodiak Island aus erfolgen, dem vierten „Raumflughafen" der USA. Vector hat bisher schon zwei suborbitale Versuchsstarts durchgeführt. Weit in den Triebwerkstests fortgeschritten ist Firefly, ansässig in Cedar Park in Texas. Der Erstflug der Alpha-Rakete ist für den Herbst 2019 geplant. Firefly steuert von Anfang an die immer wichtigere Nutzlastklasse von 1.000 Kilogramm an (respektive 630 Kilogramm für einen sonnen-

Boeing 747 „Cosmic Girl" mit Launcher One von Virgin Orbit. Künstlerische Darstellung

synchronen Orbit in 500 Kilometern Höhe). Eine gebündelte Variante des Alpha-Boosters, sinnigerweise „Beta" genannt, soll in der Lage sein, Nutzlasten von bis zu 4.000 Kilogramm in eine niedrige Erdumlaufbahn zu bringen. Ab 2021 will das Unternehmen alle zwei Wochen starten. Die Treibstoffkombination ist, wie praktisch bei allen modernen Kleinträgern, die neu entwickelt werden, flüssiger Sauerstoff als Oxidator und Kerosin als Treibstoff. Auch Firefly verwendet in großem Maße moderne Verbundwerkstoffe. Die Alpha ist 29 Meter lang und weist ein Startgewicht von 54 Tonnen auf, bei der Beta sind es 31 Meter Länge und 149 Tonnen Startgewicht. Die erste Stufe der Alpha wird mit vier „Reaver"-Triebwerken betrieben, in der zweiten Stufe ist es eine einzelne dieser Antriebseinheiten. Rocket Lab, Vector, Virgin Orbit, Firefly. Vier Unternehmen von drei Dutzend, die derzeit auf den Markt drängen. Da ist die Befürchtung nicht unbegründet, dass der Showdown bald kommen wird. Denn trotz rapide steigender Startzahlen ist eines sicher: Es sind viel zu viele. Der absehbare internationale Markt ist vielleicht groß genug für fünf oder sechs Teilnehmer, die in wirtschaftlich vernünftigen Losgrößen produzieren können. Dazu kommen noch einige Träger für die nationalen Märkte, wie etwa in China. Aber es ist absehbar, dass es mindestens zwei Drittel aus den derzeit verbliebenen 34

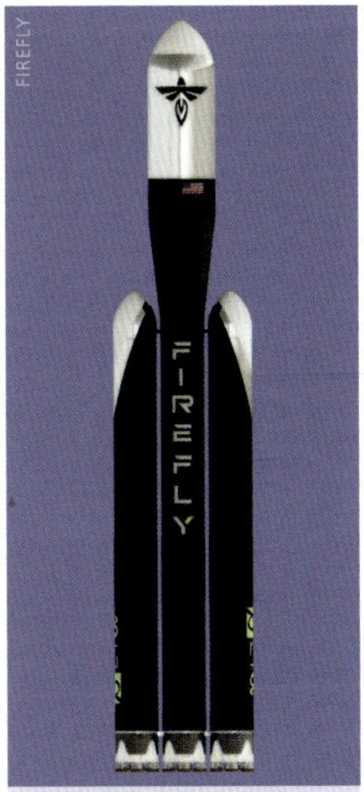

Die Firefly Beta ist bereits ein Träger der unteren Mittelklasse und soll die Lücke besetzen, welche die Delta 2 der ULA hinterlassen hat, die im September 2018 ihren letzten Start durchführte.

Bei der Zhuque-1 von Landspace handelt es sich wahrscheinlich um eine nur wenig modifizierte chinesische Mittelstreckenrakete vom Typ DF-26

Unternehmen am Ende nicht schaffen werden. Interessant auch der chinesische Markt, wo es schon bisher mit drei Kleinträgern eine ziemlich Auswahl gab, nämlich die Long March 11, die Kaitouzhe-2 und Kuaizhou-1A. Hier will jetzt auch ein Unternehmen mit der Bezeichnung „Landspace" auf den Markt. Noch vor Ende 2018 will diese Firma seine Zhuque-1 vom nordchinesischen Weltraumbahnhof Jiuquan aus zum Erstflug bringen. Bei der Rakete handelt es sich offensichtlich ebenfalls, wie bei den drei erstgenannten Vehikeln, um das Derivat eines militärischen Startgerätes. Die Ähnlichkeit mit der Mittelstreckenrakete DF-26 ist jedenfalls auffallend. Die Rakete ist 19 Meter lang, hat einen Durchmesser von 1,35 Metern und verfügt über ein Startgewicht von 27 Tonnen. 2020 will das Unternehmen eine weitere Kleinträgerrakete auf den Markt bringen. Sie trägt die Bezeichnung Zhuque-2 und ist mit nicht näher spezifizierten flüssigen Treibstoffen betrieben.

DIE EXOTEN

Ein absoluter Exot unter den 34-Kleinträger-Projekten in fortgeschrittenerem Stadium ist „Spin Launch". Spin Launch bietet die Möglichkeit, ohne den Einsatz von Raketen in den Weltraum zu fliegen, wenngleich nur suborbital. Einen zusätzlichen Antrieb braucht es, um einen Orbit zu erreichen. Spin Launch setzt auf ein elektrisch betriebenes Katapult-System, das eine gewaltige Zentrifuge verwendet, um ein Raumfahrzeug in einer Vakuum-Röhre zunächst zu beschleunigen und danach zu starten. Wobei „Start" nicht ganz der richtige Ausdruck sein dürfte. „Abschuss" ist wohl eher angemessen, denn die Anfangsbeschleunigung dürfte der einer Artilleriegranate kaum nachstehen. Der mitgegebene Geschwindigkeitsimpuls soll, aber das ist nicht belegt, zwischen 5.000 und 8.000 Kilometer pro Stunde betragen. Die weitere Geschwindigkeit zum Erreichen eines Orbits müsste dann wieder auf herkömmliche Weise gewonnen werden: Mit einem Raketenmotor. Immerhin würde man sich so die erste Stufe einer herkömmlichen Trägerrakete sparen. Das System wäre auf jeden Fall nur für sehr robuste Kleinnutzlasten geeignet oder für den Transport von Gütern in den niedrigen Erdorbit, die unempfindlich gegen hohe Beschleu-

Der Spin-Launch Träger ist nicht umsonst einer Artilleriegranate nachgebildet.

nigung sind, wie zum Beispiel Pulver für 3D-Drucker, Wasser, einige Treibstoffe und ähnliches. Das Unternehmen hat, so munkelt man, erhebliche Mittel zur Verfügung. Man spricht von einer gesicherten Anfangsfinanzierung von 40 Millionen Dollar. Über die technischen Details ist allerdings nicht viel bekannt. Spin Launch arbeitet jedenfalls im „Tarnkappenmodus".

Ebenfalls unter die „Exoten" einzuordnen ist auch das Unternehmen Stratolaunch. Zum Zeitpunkt, an dem diese Zeilen entstehen (August 2018) ist das gigantische Trägerflugzeug von Stratolaunch mit seinen 117 Metern Spannweite nicht mehr weit vom Erstflug entfernt. Wer sich bislang gefragt hat, was für Raketen das Unternehmen als Nutzlast dieses Giganten an den Start bringen will, bekam in diesem August die ersten Informationen. Bis dahin geisterte nur eine Rakete mit der Bezeichnung „Black Ice" durch die Fachmedien, doch nun ist klar: Stratolaunch entwickelt nicht nur ein gigantisches Transportflugzeug sondern auch eine ganze Flotte von Trägerraketen, die zum Teil schon jenseits der Kleinträgerklasse angesiedelt sind. Mit Nutzlasten zwischen 3,5 und 6 Tonnen für den niedrigen Erdorbit gehören sie eher schon in den unteren Mittelklassebereich. Sogar ein bemanntes Raumfahrzeug ist darunter zu finden. Die Kleinträger sind im Kommen.

It's business time.

Zeit fürs Geschäft.

Trägerraketen-Familienbild mit Trägerflugzeug.
Die (mögliche) künftige Flotte von Stratolaunch.

Kinoplakat „Fly Rocket Fly“.

FLY, ROCKET FLY – MIT MACHETEN ZU DEN STERNEN

Wie in jeder Ausgabe von SPACE darf auch in diesem Jahr die Filmbesprechung nicht fehlen. Während sich in den letzten Jahren immer bald klare Favoriten für diesen Teil unseres Jahrbuchs herauskristallisierten, war das für die aktuelle Ausgabe keine leichte Übung. Dabei sah es zunächst so einfach aus, denn es gibt tatsächlich einen sehr guten Streifen in diesem Jahr: Annihilation (Auslöschung), mit Natalie Portman in der Hauptrolle. Dieser mit einiger Sicherheit beste SF-Film des Jahres 2018 läuft fast überall auf der Welt im Kino, in Deutschland aber nur auf Netflix. Keine Ahnung warum, möglicherweise, weil der Film als zu intellektuell für die breite Masse angesehen wird (wobei man sich dann

wirklich fragen muss, ob Amerikaner oder Chinesen weniger blöd sind als wir). Das Magazin Stern jedenfalls befand, dass „Auslöschung" der *beste Film ist, der nie ins Kino kam.* Und weiter schreibt der Stern *„Dass Alex Garlands Film ‚Auslöschung' nicht ins Kino kommt, hat nichts mit mangelnder Qualität zu tun. Das Gegenteil ist der Fall"*.

Das ist extrem schade. Einen Film wie diesen auf dem heimischen Mäusekino anzugucken ist natürlich bei weitem nicht so toll, wie im Breitwand-Popcorn-Citydome mit dem Megasound. Und nachdem auch heutzutage noch lange nicht jeder Kunde bei Netflix ist, mussten wir diesen Film leider von der Kandidatenliste streichen. Schauen wir uns also mal um, was sonst noch so gespielt wird. Da hätten wir *Ready Player One*. Ein zweieinhalb Stunden langes Endzeit-Szenario um ein Computerspiel namens Oasis. Der ist wohl eher etwas für Videospiel-Freaks. Er wird aber ganz ordentlich bewertet, und der bekannte Filmkritiker Charlie Fink von Forbes lobt den Film als *„Liebeserklärung an Videospiele und unsere kollektiven und oft fehl geleiteten Technikphantasien"*. Er wäre vielleicht für eine Besprechung an dieser Stelle angemessen gewesen, allerdings kann ich mich selber für das Thema Videospiele nicht sonderlich erwärmen, und dann lief dieser Film auch schon im Frühjahr. Für ein Buch, das sich die Jahreszahl 2019 auf die Fahne schreibt, wäre das nicht mehr sonderlich aktuell. Die Verfilmung von Videospielen ist momentan die große Mode. Auch in *Rampage* wird ein Videospiel verfilmt, nämlich eben „Rampage", berüchtigt dafür, dass es 766 Level hat, in denen es ausschließlich darum geht, Großstädte in Klump und Scherben zu schlagen. Diese Dauerzerstörung verrichten ein weißer Gorilla, ein Dinosaurier und ein Werwolf mittels Fußtritten und Fausthieben. Ich konnte mich nicht ins Kino zwingen, um das Werk anzuschauen, deshalb sei an dieser Stelle Antje Wessel von der „Filmstarts"-Redaktion zitiert. Sie meint als Fazit: *„Der mit tollen Computereffekten gespickte Monster-Blockbuster „Rampage – Big Meets Bigger" beginnt zäh, liefert dann aber doch noch die erhoffte Hirn-Aus-Zerstörungs-Action mit einem wieder mal hervorragend aufgelegten Dwayne Johnson"*.

Was hätten wir sonst noch? *Solo: A Star Wars Story* ist mal wieder was mit Star Wars (was wir schon hatten) und wir erfahren darin unter anderem, wie Han Solo seinen Copiloten Chewbacca getroffen hat. Bekam mittelmäßige bis gute Bewertungen. Für Star Wars Freaks sicher sehenswert.

The *Darkest Minds* ist eine kombinierte Weltuntergangs- und Mutantenstory. Die Kritik bezeichnet ihn als „Teenie-Fantasy von der Stange". Und dann gibt es noch *„The Predator"* und der ist, naja, halt „The Predator". Ein remake des Kultfilms von 1987 um die bösen Alien-Jäger mit endlos Blut und Gemetzel. Da hatte ich auch keine Lust drauf. Eins ist auf jeden Fall offensichtlich: mit guter, technischer Science-Fiction ist bei den Kino-Neuerscheinungen des Jahres 2018 nicht viel los. Was also tun? Nun, man hört sich ein wenig um. Bei meiner Suche nach einem passenden Film für SPACE 2019 brachte mich mein spanischer Kollege Victor Casada auf den richtigen Weg. Der erzählte mir nämlich begeistert von einer Filmdokumentation, die er auf den Münchner Filmfestspielen gesehen hatte. Er war zufällig in den pre-release eines Filmes geraten, der ab 27. September 2018 in die Kinos kommt. In diesem Film, so erzählte er, ginge es um einen gescheiterten deutschen Raketen-Pionier namens Lutz Kayser, und ob ich von dem schon mal was gehört hätte. Klar, hatte ich.

Lutz Kayser mit einem Modell der OTRAG-Rakete etwa 1975

Und so stieß ich auf eine echte Perle, ein Doku-Drama mit dem Titel *Fly, rocket, fly.* Der Film ist derart gut und subtil, dass er es schon deswegen nicht ins große Kino schaffen wird. Er wird mit ziemlicher Sicherheit eine der „Hidden Figures" der kleinen Programmkinos bleiben. Wenn er also in Ihrer Heimatstadt im Kinoprogramm der Tageszeitung erscheint: Sofort reingehen. Ein paar Tage später wird es schon nicht mehr laufen. „Fly, rocket, fly" erzählt eine Story aus der Reihe „Kannst Du Dir nicht ausdenken" und zeigt, dass das wahre Leben immer noch die spannendsten Geschichten schreibt. Der Plot des Films ist vollständig wahr. Hätte ihn irgendein Autor erfunden, niemand hätte ihm das Manuskript abgekauft. Vielleicht lassen wir zur Einstimmung einfach mal die Ankündigung des Streifens auf den Münchner Filmfestspielen auf uns wirken. Dort hieß es:

Elon Musk mit seiner Firma Space X ist nicht der erste, der auf privater Basis in den Weltraum will. Dies ist die erstaunliche Geschichte von Lutz Kayser, einem schwäbischen Ingenieur, der gemeinsam mit einer eingeschworenen Gruppe Ingenieure mit der OTRAG die weltweit erste private Raumfahrtfirma gründet. Beraten von Wernher von Braun entwickelt dieses frühe Start-Up-Unternehmen in den 1970er-Jahren eine kostengünstige Rakete: „Low Cost statt High Tec" lautet das Prinzip – und so kommt auch schon mal ein Scheibenwischermotor für die Ventilsteuerung zum Einsatz. Auf der Suche nach einem geeigneten Startplatz schließt die OTRAG einen Vertrag mit dem afrikanischen Diktator Mobutu Sese Seko ab, der der Firma ein Gebiet von der Größe der ehemaligen DDR im kongolesischen Dschungel verpachtet. Hier errichtet die OTRAG ein „German Cape Canaveral" mitten im Herzen Afrikas, inklusive eigener Metzgerei und Marihuana-Plantage. Doch als die OTRAG Mitte der 1970er-Jahre erfolgreich mehrere Raketen in den Himmel schießt, kommt es zur weltpolitischen Krise. Denn deutsche Raketen – auch wenn sie nur den afrikanischen Regenwald überfliegen – werden 30 Jahre nach Kriegsende nicht gerne gesehen. Was als Abenteuer begann, verwandelt sich allmählich in einen Albtraum…

Und weiter:

Oliver Schwehms Dokumentarfilm ist eine irrwitzige Mischung aus Abenteuergeschichte und Politthriller, aus Lausbubenstreich und Wirtschaftskrimi.

Und tatsächlich: „Fly, rocket, fly – Mit Macheten zu den Sternen" erzählt eines der bizarrsten Kapitel der Raumfahrtgeschichte, die Story des ersten kommerziellen Raumfahrtunternehmens der Welt und seines Gründers, CEOs und CTOs, und einer der ganz großen tragischen Gestalten der Raumfahrt, Lutz Kayser. Es ist die Geschichte der Orbital Transport- und Raketen Aktiengesellschaft (kurz OTRAG), die in den frühen siebziger Jahren damit begann, ein alternatives Trägerraketensystem zu entwickeln und die Raumfahrt zu revolutionieren. Die OTRAG war das erste Start-up der privaten Raumfahrt, das Flughardware herstellte und Flugtests durchführte. Gegründet wurde es im Jahre 1975.

Kayser hatte bei Eugen Sänger an der Universität Stuttgart Luft- und Raumfahrttechnik studiert und war dort Gründungsmitglied der „Arbeitsgemeinschaft für Raketentechnik und Raumfahrt an der Universität Stuttgart e.V". Nach dem Studium arbeitete er eine Weile beim DLR in Lampoldshausen. 1970 gründete Kayser sein erstes Unternehmen, die „Technologie-Forschungs GmbH". Dieser Vorläufer der OTRAG erhielt bis 1974 mehrere Millionen Mark, mit dem Auftrag, eine kostengünstige Alternative zur Europa-Rakete zu entwickeln. Die Technologie-Forschungs GmbH konkurrierte seinerzeit mit so bedeutenden Firmen wie Dornier, ERNO und MAN.

Ab 1972 wurden auf einem Teststand in Lampoldshausen die Triebwerke der OTRAG-Rakete getestet.

Als sich abzeichnete, dass ein neuer Träger unter französischer Federführung entstehen würde, versiegten die Fördergelder. Mit der OTRAG forschte Lutz Kayser weiter daran, eine preisgünstige Alternative zu den mit immensen staatlichen Mitteln entwickelten, hochkomplexen Systemen wie der europäischen Ariane-Rakete oder dem Shuttle zu entwickeln. Nachdem der Staat seine Zuwendungen eingestellt hatte, setzte Kayser nun auf ein anderes Finanzierungmodell. Jetzt finanzierten stille Gesellschafter die OTRAG im damals erlaubten Verfahren eines steuerlichen Abschreibungsmodells, und der charismatische Lutz Kayser mobilisierte immer mehr Anteilseigner. Am Ende waren es 1.150.

In der heutigen Zeit, in der „private" Raumfahrt nichts Besonderes ist, muss man sich vor Augen halten, dass in den siebziger Jahren Raumfahrt eine ausschließlich staatliche Angelegenheit war. Es gab keinerlei Regularien, keinen gesetzlicher Rahmen, in dem man sich sicher bewegen konnte. Schon von daher war man den Launen der Politik schutzlos ausgeliefert. Lutz Kayser hatte eine grandiose Idee, mit der er der Elon Musk der siebziger Jahre hätte werden können. Auch in Energie und Charisma stand er ihm wohl nicht nach. Aber er war seiner Zeit zu weit voraus, geriet in die Mühlen nationaler und internationaler Interessen und schließlich brach ihm auch sein notorischer Hang zum Abenteuer das Genick. Lutz Kayser, der 2017 im Alter von 78 Jahren starb, kommt selbst in der Dokumentation zu Wort. Es sind viele private Filmaufnahmen zu sehen, eine tolle Hintergrundmusik untermalt alles: Die Vision, den Aufbau, das Scheitern. Regisseur Oliver Schwehm erzählt die Geschichte mit viel Liebe zum Detail. Lutz Kaysers Idee war es, mit sehr preiswerten, massenproduzierbaren Bausteinen zu arbeiten. Auch die Treibstoffe sollten billig und vor allem bei Raumtemperatur lagerbar sein. Dafür verwendete er Salpetersäure als Oxidator und Kerosin als Treibstoff. Die Module wurden so einfach wie möglich gehalten. Es gab keine Turbopumpen. Treibstoff und Oxidator wurden druckgefördert. Als Grundbausteine fungierten jeweils drei Meter lange und knapp 30 Zentimeter durchmessende Einzelmodule, die Kayser als „Common Rocket Propulsion Units“ (kurz: CRPU) bezeichnete. Sie konnten, je nach Bedarf, zu verschieden leistungsfähigen Trägern zusammengestellt werden. Angefangen von leichten Höhenforschungsraketen bis hin zu schweren Satellitenträgern. Zur Produktion eines Raumfahrtträgers sollten jeweils acht der Grundmodule durch Bajonettverschlüsse gehalten und übereinander montiert werden, so dass sich eine Höhe von 24 Metern ergeben hätte. Von diesen Standard-Elementen wären dann je nach Einsatzzweck eine kleinere oder größere Zahl gebündelt worden, um eine Höhenforschungsrakete oder einen Satellitenträger zu schaffen. Die größte konzipierte Satellitenträger-version hätte aus 1.024 Grundmodulen bestanden. Sie wäre dann theoretisch in der Lage gewesen, eine Nutzlast von bis zu 16 Tonnen in eine niedrige Erdumlaufbahn zu bringen.

Das Startgelände in Zaire lag auf einem Hochplateau .

Dies blieb allerdings Theorie, denn die Versuchsraketen waren wesentlich kleiner und bestanden nur aus zwei oder vier Modulen von sechs beziehungsweise zwölf Metern Länge. Unter jedem Tank war ein eigenes Triebwerk montiert, das bei 27 Zentimeter Durchmesser einen Meter Länge aufwies. Auch dieses Triebwerk war sehr einfach aufgebaut. Die Brennkammer wurde nicht aktiv gekühlt, sondern verfügte über eine Schmelzkühlung. Ab 1972 wurden die Module und ihre Triebwerke im Testzentrum des DLR in Lampoldshausen erprobt.

Zusammenbau einer OTRAG-Rakete in Zaire

Eine OTRAG-Rakete wird in Zaire startbereit gemacht.

Insgesamt kam es zu 16 Testflügen mit einzelnen oder kombinierten Grundmodulen, die in Zaire, in Libyen und schließlich an der Esrange in Schweden durchgeführt wurden. Das dokumentarische Material des Filmes zeigt die Zeit zwischen 1976 und 1979, als es bei OTRAG abenteuerlich zuging. Flugtests waren in der Bundesrepublik Deutschland nicht möglich, und so suchte Lutz Kayser nach einem passenden Gelände. Das fand man im damaligen Zaire, der heutigen Demokratischen Republik Kongo. Zur Verfügung gestellt wurde es vom damaligen Diktator Mobutu Sese Seko. Es war riesig, 100.000 Quadratkilometer mitten im Urwald auf einem Hochplateau. Dort legten die Deutschen zunächst eine vier Kilometer lange Start- und Landebahn an, um dann alles nötige Material mit dem Flugzeug in die abgelegene Gegend schaffen zu können. Dann machte man sich daran, die Infrastruktur für ein Raumfahrt-Testzentrum zu errichten. Alles wurde dort neu geschaffen: die Startanlage, eine Kantine, eine Montagehalle in einem gigantischen bayrischen Bierzelt, Gemüsebeete, Obstbäume und eine kleine Marihuana-Plantage. Der erste Start von hier aus erfolgte am 17. Mai 1977. Der streng chronologisch aufgebaute Film konzentriert sich auf die Zeit in Zaire und die unglaublichen Ereignisse die sich dort abspielten. Zuerst den Optimismus in der Aufbauphase und die ungeheure Begeisterung und Energie, die Kayser und seine Mitarbeiter in das Vorhaben steckten. Doch dann geriet Lutz

Kayser in das Fadenkreuz der Politik und das Unternehmen wurde nach und nach systematisch demontiert. Auf Druck der deutschen Bundesregierung und der Sowjetunion kündigte Mobutu der OTRAG den Pachtvertrag für das Versuchsgelände im April 1979 und das Unternehmen musste das Land verlassen. Schließlich schlug auch noch das Schicksal zu, als bei einem Betriebsausflug mit einem Schlauchboot sieben OTRAG-Techniker ums Leben kamen.

Ein wenig schade ist, dass die Filmdokumentation hier endet, denn die Story von Kayser und der OTRAG ging danach ähnlich farbig weiter wie in Zaire. In Libyen bekam das Unternehmen nämlich von Diktator Gadaffi ein neues Startgelände in der Nähe der Stadt Sebha zur Verfügung gestellt. Ab 1981 wurden von hier aus weitere Versuchsflüge durchgeführt. Es wird kolportiert, dass das libysche Militär die OTRAG beauftragte, für die Armee Raketen zu entwickeln. In dieser Phase verließ Lutz Kayser die Firma und Frank Wukasch übernahm das Unternehmen.

Ein letzter Start erfolgte für das DLR am 19. September 1983 vom schwedischen Startplatz Esrange aus. Die Mission scheiterte und der

Das OTRAG Startgelände auf dem Felsvorsprung.

politische Druck auf das Unternehmen verstärkte sich. Der Bundesfinanzhof sprach schließlich der OTRAG die Gewinnerzielungsabsicht ab und das Unternehmen musste 1986 aufgelöst werden. Lutz Kayser blieb in Libyen und lebte von nun an in Tripolis. Dort spielte er eine bis heute nicht aufgeklärte Rolle bei Muammar Gadaffi. Angeblich entwickelte er Aufwindkraftwerke. Libyen scheint bis in die späten neunziger Jahre auf dunklen Wegen Teile für Raketen nach Lutz Kaysers Prinzip aus Deutschland erhalten zu haben. Schließlich intervenierte die Bundesregierung erneut. In der Folge wurden einige ehemalige Mitarbeiter Kaysers vor Gericht gestellt, ohne dass sie allerding verurteilt wurden. Die Vorgänge, die zum Scheitern der OTRAG führten sind dubios und bis zum heutigen Tag nicht restlos aufgeklärt.

Kaysers Vita nach der OTRAG ist ein weiterer Beleg für seine Ruhelosigkeit. Bis 2002 war er Professor und „Direktor Technical Education" an der libyschen Akademie der Wissenschaften. Dann siedelte er in die USA über und wurde CEO und Präsident eines Unternehmens mit der Bezeichnung „von Braun Debus Kayser Rocket Science", die in Wilmington im US-Bundesstaat Delaware angesiedelt war. 2007 ließ er sich im Zentralpazifik auf den Marshall-Inseln nieder, und im Jahr 2008 begann er eine Berater-Tätigkeit in Mojave bei Interorbital Space Systems und dem schillernden Ehepaar Milliron. Ein Film über diese beiden wäre auch schon wieder Stoff für die nächste Geschichte aus der Serie „Kannst Du Dir nicht ausdenken".

Bei diesem Flugversuch in Zaire wurde die Umlenkung der Rakete erprobt.

Lutz Kaysers Vision. Dargestellt in einem Titel-Cover der Zeitschrift „Hobby" im Jahre 1974.

Die ersten Besatzungen des Commercial Crew Development Programs (CCDev) unter ihren jeweiligen Raumfahrzeugen. Linke Gruppe im Uhrzeigersinn von oben: Sunita Williams, Josh Cassada, Eric Boe, Nicole Mann und Chris Ferguson. Rechte Gruppe: Mike Hopkins, Victor Clover, Doug Hurley und Bob Behnken

VON GERST BIS ZUR COMMERCIAL CREW

Auf die Ankündigung warteten viele schon seit Jahren. Am 3. August 2018 war es endlich so weit. Die NASA benannte die Besatzungsmitglieder für die ersten bemannten Test- und Einsatzflüge des Crew Dragon von SpaceX und des Starliners von Boeing. Damit zeichnet sich das Ende der Periode ab, in der es den USA nicht möglich war, mit eigenen bemannten Raumfahrzeugen von amerikanischem Boden aus in den Orbit zu gelangen. Die ersten bemannten Einsätze dieser beiden neuen Raumfahrzeuge liegen zwar noch etwa ein Jahr in der Zukunft, aber diese Zukunft hat jetzt ein Gesicht. Um genau zu sein hat es neun Gesichter, denn so viele der zukünftigen Crew-Mitglieder wurden an diesem Tag der Öffentlichkeit vorgestellt.

Der 3. August bezeichnete nicht nur das Ende einer langen, und aus US-Sicht wenig ruhmreichen Periode, es ist gleichzeitig auch der Beginn einer ganz neuen Ära. Erstmals in der Geschichte der Raumfahrt werden Astronauten mit kommerziellen Raumfahrzeugen fliegen.

Die Vorstellung der Besatzungen kam im Vorfeld einer Reihe wichtiger Testflüge in der so genannten CCICap-Phase des CCDev Programms. Für diejenigen, denen diese Abkürzungen nicht geläufig sind (ich nehme mal an, das sind fast alle), sie bedeuten **C**ommercial **C**rew **Dev**elopment Program (**CCDev**) und **C**ommercial **C**rew **I**ntegrated **Cap**ability (**CCICap**). Das ist die letzte Entwicklungsstufe im CCDev Programm, bevor es dann so richtig mit den normalen Einsatzmissionen losgeht.

Sowohl Boeing als auch SpaceX müssen noch je einen unbemannten Demonstrationsflug mit ihren neuen Raumfahrzeugen in den Orbit durchführen sowie je einen so genannten „Abort-Test", bei dem ein Startabbruch mit Hilfe des Rettungssystems dieser Raumfahrzeuge simuliert wird. SpaceX führte einen so genannten „Launch pad abort" bereits im Mai 2015 durch. Im März 2019 wird das Unternehmen mit seiner Dragon-Kapsel zusätzlich einen Flugabbruch unter maximaler dynamischer Belastung (oder kurz: max Q) demonstrieren. Dabei wird die Dragon auf einer Falcon 9 starten und dann

Der Pad-Abort Test des Crew Dragon fand bereits im Mai 2015 statt.

Der erste bemannte Crew Dragon nähert sich der Vollendung.

wird in etwa 14 Kilometern Höhe, bei einer Geschwindigkeit von etwa 1.400 Kilometern pro Stunde, das Rettungssystem aktiviert. Damit soll simuliert werden, ob die Crew auch bei maximalem Staudruck auf dem Raumschiff einer explodierenden Rakete entkommen kann.

Die Termine für die unbemannten orbitalen Testflüge sind zum Zeitpunkt, an dem diese Zeilen entstehen, noch recht „volatil", um es milde auszudrücken. Demnach findet die SpaceX DM-1 Mission (oder SpaceX Demo Mission-1) des Dragon im November 2018 statt, also in etwa um den Erscheinungstermin für SPACE 2019. Im Januar 2019 soll nach gegenwärtiger Planung der entsprechende Flug für den Boeing Starliner stattfinden. Boeing nennt das übrigens nicht DM-1, schließlich will man sich ja vom Konkurrenten abheben, sondern bezeichnet die Mission als OTF, was für „Orbital Test Flight" steht. Nach diesen unbemannten orbitalen Testflügen kommen die beiden Flugabbruch-Tests. Boeing verzichtet bei seinem Starliner auf einen „max Q-Test", und will nur einen so genannten „Launch pad abort" demonstrieren. Das ist ein Rettungsmanöver für den Fall, dass die Trägerrakete auf oder in der Nähe der Startrampe in Probleme kommt. Dieser Versuch soll im Mai oder Juni nächsten Jahres in New Mexico stattfinden. Das vorläufige Datum für den ersten bemannten Einsatz der Dragon-Kapsel, die Demo-Mission-2 (oder kurz:

DM-2) steht momentan auf April 2019, also nur einen Monat nach dem „max Q-Test. Hinter der Zeitangabe der SpaceX-Planer stehen allerdings vorsichtigerweise die drei Buchstaben „net". Was so viel bedeutet wie „no earlier than", also „nicht eher als". Bei Boeing wird es aus der Sicht des August 2018 (an dem ich diese Zeilen schreibe) deutlich später werden. Das Unternehmen wird seinen Starliner für den **C**rew **F**light **T**est (**CFT**) nicht früher als Mitte 2019 einsatzbereit haben. Wer aber da schon mal optimistisch als Startdatum den 30. Juni 2019 einsetzt, dürfte mit ziemlicher Sicherheit enttäuscht werden.

Bei Boeing ist die Sache schon deshalb noch sehr im Fluss, weil es bei einem Test mit einem der Triebwerke des Rettungssystems im Juli 2018 zu einer Anomalie kam. Dieses technische Problem (das Triebwerk „lief nach") könnte sich als problematisch herausstellen. Die Komponenten des Rettungssystems müssen jedenfalls perfekt funktionieren, bevor die Kapsel in den bemannten Betrieb gehen kann.

Boeing: Die Flugeinheiten für den Abort Test und den unbemannten Erstflug sind fast fertig.

DIE CREWS

Doch nun zu den nominierten Crew-Mitgliedern. Die NASA benannte nicht nur die Astronauten, welche die jeweiligen Testflüge absolvieren sollen, sondern auch gleich jeweils die nächste darauf folgende Mannschaft. Also die Crew, welche die erste (Achtung, wieder NASA-Slang) **P**ost **C**ertification **M**ission, oder kurz: **PCM**, fliegen wird. Sie würden dann die ersten sein, die mit den neuen Raumschiffen für Langzeitaufenthalte zur ISS aufbrechen.

Dazu muss man wissen, dass nach ursprünglicher Planung die Crew der Testmission, also des ersten bemannten Fluges der jeweiligen Kapsel, lediglich 14 Tage im Orbit (und davon ungefähr 12 auf der ISS) bleiben sollte. Danach sollten die Testcrews wieder zur Erde zurückkehren. Doch auch dieser Plan ist neuerdings in Bewegung, denn die NASA gab bereits vor der Benennung der Astronauten bekannt, dass möglicherweise sogar schon der bemannte Testflug auf dem Boeing-Starliner über sechs Monate geht. Das letzte Wort ist hier allerdings noch nicht gesprochen. Auch wer die Rolle des „Commanders" und die des „Flugingenieurs" einnimmt, wurde nicht bekannt gegeben und wird zu einem späteren Zeitpunkt verkündet. Für die PCM-Flüge, also den jeweils zweiten Flug des Dragon oder des Starliner, ist auch noch die Benennung weiterer Besatzungsmitglieder möglich. Doch von derlei möglichen Variablen einmal abgesehen werden aus der Sicht des August 2018 die folgenden Astronauten die ersten vier Flüge des Commercial Crew Systems durchführen:

Bob Behnken

Doug Hurley

Die Mission **SpaceX DM-2** fliegt Bob Behnken, ein Veteran aus zwei Shuttle-Einsätzen (Missionen STS-123 und STS-130). Behnken begleitet die Dragon-Entwicklung bei SpaceX seit zwei Jahren. Mit ihm wird Doug Hurley auf die Reise gehen, der ebenfalls von der NASA zu SpaceX abgestellt wurde. Er war der Pilot von STS-127 und von STS-135, dem abschließenden Flug des Shuttle-Programms, den seinerzeit Chris Ferguson kommandierte.

Bei der Mission **Boeing CFT** wird Eric Boe mit an Bord sein. Er hat zwei Flüge als Shuttle-Pilot absolviert, nämlich STS-126 (bei dem Chris Ferguson ebenfalls Commander war) und STS-133. Für Hurley und für Boe dauerte seinerzeit das Shuttle-Programm nicht lange genug, um auch als Commander eingesetzt werden zu können. Damals waren in der Regel zwei Einsätze als Pilot notwendig, um sich für eine Kommandanten-Position zu qualifizieren. Mit ihm an Bord wird sein früherer Shuttle-Kommandant sein, Chris Ferguson, der „alte" Kommandant von Hurley und Boe. Heute ist Ferguson Direktor für Crew und

Mission Operations bei Boeing im Commercial Crew Programm, und man liegt sicher nicht falsch, wenn man annimmt, dass er sich für diesen Flug einfach mal selbst nominiert hat. Als dritte im Bunde wird Nicole Aunapu Mann mit den beiden fliegen. Mann ist eine frühere Testpilotin der US-Marines, die noch nicht allzu lange im Astronautencorps der NASA ist. Sollte der CFT Flug tatsächlich statt nur zwei Wochen mehrere Monate dauern, dann käme ihr die Rolle zu, schwerpunktmäßig die Raumstationsaspekte mit abzudecken.

Eric Boe

Chris Ferguson

Nicole Mann

Bei der Mission **SpaceX PCM** wird Mike Hopkins an Bord sein. Der hat bereits einen Langzeitaufenthalt von 166 Tagen auf der ISS auf seinem Konto. Zweiter Mann an Bord ist Victor Glover, ein „Jung-Astronaut" wie Nicole Mann. Die beiden stammen aus der Auswahlklasse des Jahres 2013.

Mike Hopkins

Victor Glover

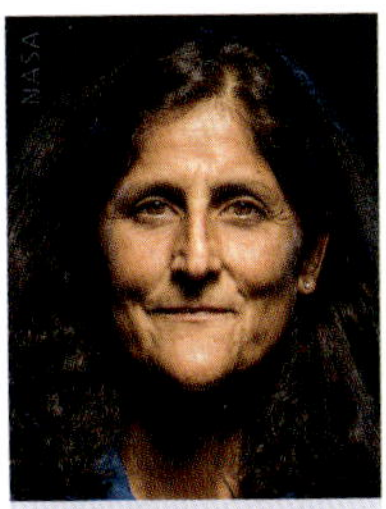

Sunita Williams

Josh Cassada

Bei der Mission **Boeing PCM** ist Sunita Williams dabei, eine erfahrene Astronautin, die schon 322 Tage im Weltraum verbracht hat, darunter auch einen Aufenthalt als Kommandantin der ISS. Sie hat insgesamt auch bereits sieben Außenbordmanöver auf ihrem Konto. Auch sie ist eine der Astronauten, die von der NASA an die Industrie abgestellt wurden, um das Commercial Crew Programm zu begleiten. Mit ihr wird Josh Cassada fliegen, ebenfalls ein Mitglied aus der Astronautenklasse von 2013 wie Mann und Clover. Zu den beiden dürften zu einem späteren Zeitpunkt noch ein- oder zwei weitere Astronauten benannt werden. Die erste PCM-Mission wird voraussichtlich drei bis sechs Monate nach der jeweiligen Demo-Mission stattfinden.

Crew der ISS-Expedition 57. Von links: Serena Auñón-Chancellor, Alexei Owtschinin, Alexander Gerst, Tyler Hague und Sergei Prokopjew.

DIE SITUATION AUF DER ISS

In dieser Testphase wird einige Flexibilität notwendig sein, um den Betrieb der Raumstation ungestört weiterlaufen zu lassen. Die Besatzungsstärke kann dabei relativ kurzfristig erheblichen Schwankungen unterworfen sein. Interessanterweise wird die ISS fast während der gesamten Zeit der Einführung der neuen US-Raumschiffe unter russischem Kommando stehen. Nur ganz am Anfang ist mit Alexander Gerst ein ESA-Astronaut in der Verantwortung. Die erste ISS-Crew, auf welche die beginnenden CCDev-Test- und Einsatzflüge Auswirkungen haben könnten, ist die Expedition 57. Ihr Kommandant ist, wie eben erwähnt, Alexander Gerst. Seine Crew besteht außer ihm noch aus Sergei Prokopjew und Alexei Owtschinin von Roskosmos sowie Serena Auñón-Chancellor und Tyler Hague von der NASA. Gersts „Regiment" beginnt voraussichtlich am 4. Oktober 2018 mit dem Abkoppeln des Raumschiffs Sojus MS-08. Danach wird er das Kommando für gut zwei Monate innehaben, bis er es voraussichtlich am 13. Dezember an Alexei Owtschinin übergibt. Bereits während seines Kommandos könnte die unbemannte SpaceX Demo Mission 1 die Station erreichen. Damit wird sich kein Problem mit der Besatzungsstärke ergeben, hat aber den Vorteil, dass es einen weiteren (wenngleich kleinen) zusätzlichen Raum für die Crew gibt. Es dürfte weiterhin in diesem Fall wahrscheinlich Tyler Hague dazu abgeordnet werden, bei Tests mit der Dragon mitzuwirken.

Nach Gerst wird Owtschinin die Station für vier Monate leiten. Seine Crew setzt sich zusammen aus Tyler Hague und Anne McClain von der NASA, Oleg Kononenko von Roskosmos und David Saint-Jaques von der kanadischen CSA. Während seiner Dienstzeit müsste, wenn alles gut geht, die OFT-Mission von Boeing erfolgen. Der unbemannte Starliner wird dann für einige Wochen an der ISS anlegen. Dass SpaceX tatsächlich den DM-2 Flug noch im April schafft ist eher unwahrscheinlich. Es könnte aber gut in den nächsten Törn hineinpassen, nämlich in die Expedition 59, bei der Oleg Kononenko das Kommando hat. In seiner Crew sind David Saint-Jacques, Anne Mc Clain und Christina Hammock-Koch von der NASA und Oleg Skripotschka von Roskosmos. Die ISS ist in dieser Phase mit nur fünf Personen belegt, so dass die zusätzliche Unterkunft von Behnken und Hurley für zwei Wochen kein Problem darstellen sollte. Kononenko wird das Kommando über die Station nach jetziger Planung bis zum 8. Juli 2019 innehaben und es dann an Oleg Skripotschka weitergeben, der es bis zum 22. Oktober 2019 wahrnimmt. In diese Phase könnte dann auch Boeings Orbital Testflug fallen. Die ISS hat in diesem Zeitraum weiterhin eine Stammbesatzung von nur fünf Personen, neben Kononenko sind das Christina Hammock-Koch und Andrew Morgan von der NASA, Luca Parmitano von der ESA und Alexander Skorzow von Roskosmos. Wenn also in dieser Phase der Boeing CFT beginnt, mit Ferguson, Nicole Mann und Victor Clover an Bord, dann müssten danach vorübergehend acht Besatzungsmitglieder für eine Weile miteinander klarkommen. Sollten sie – wie neuerdings geplant – vier bis sechs Monate an Bord der Station bleiben, werden sie auch noch in die Expedition 61 hinüberreichen. Das ist auch die Stelle, an der die Planung nun sehr dynamisch wird. Ab dieser Phase sollten dann drei verschiedene bemannte Raumfahrzeuge zur Verfügung stehen. Es werden aber auch weiterhin einige Amerikaner, Europäer und Japaner mit den russischen Sojus-Raumschiffen fliegen.

Bob Behnken mit Gwynne Shotwell, Präsidentin und COO von SpaceX

Etwa ab diesem Zeitpunkt wird die NASA auch keine Zahlungen mehr für die russischen Transportleistungen überweisen, denn dann tritt ein Barter-Agreement in Kraft. Das sieht so aus, dass im Austausch mit den westlichen Astronauten, die an Bord der russischen Sojus-Raumschiffe fliegen, russische Kosmonauten mit dem Starliner oder dem Dragon zur ISS transportiert werden. Die genauen Flugpläne über den Jahreswechsel 2019/2020 sind zum Zeitpunkt, an dem diese Zeilen entstehen, noch nicht ausgearbeitet. Einigermaßen sicher kann man aber sein, dass zu diesem Zeitpunkt die fast zehn Jahre lange Ära endet, in der die USA nicht in der Lage waren, mit eigenen Raumfahrzeugen von US-Boden aus den Erdorbit zu erreichen.

Start in die Mars-Umlaufbahn

MARS SAMPLE RETURN: DER HEILIGE GRAL DER UNBEMANNTEN RAUMFAHRT

Im August 2018 befanden sich nicht weniger als neun aktive Raumfahrzeuge entweder in einer Umlaufbahn um den Planeten Mars oder auf dessen Oberfläche. Darunter sind relativ einfache Vehikel, wie die indische Raumsonde Mangalyaan. Es sind komplexe Orbiter auf nur schwer zugänglichen Bahnen darunter der europäische Trace Gas Orbiter, und es sind technologische Wunderwerke an der Arbeit, wie das kleinwagengroße rollende Oberflächenlaboratorium Curiosity, der seine Bordenergie aus dem Zerfall von Plutonium bezieht.

Bereits das Erreichen der Umlaufbahn um den Planeten Mars ist keine triviale Aufgabe. Nicht viele Raumfahrtnationen waren ihr bisher gewachsen. Die Landung auf seiner Oberfläche ist noch einmal einige Größenklassen schwieriger und gehört zu den größten Herausforderungen der unbemannten Raumfahrt. Europa hat es zweimal versucht und ist zweimal gescheitert. Die Sowjetunion hat es viermal versucht und blieb dreimal ohne Erfolg. Die eine Landung, die nicht sofort scheiterte (Mars 3 im Jahre 1971) hielt die Funkverbindung mit der Erde für genau 14,5 Sekunden aufrecht. Nicht gerade ein Erfolgserlebnis. So kann man mit Fug und Recht sagen, dass es bislang lediglich den Amerikanern gelungen ist, funktionsfähige stationäre und bewegliche Lander auf dem Mars abzusetzen. Und selbst die NASA musste bereits ihren Preis am Roten Planeten zahlen: der Mars Polar Lander scheiterte im Jahre 1999 und zusammen mit ihm auch noch die beiden Deep Space 2 Sonden. Dennoch ist die Erfolgsbilanz der Amerikaner bei Landungen auf der Oberfläche des Roten Planeten ordentlich: Von acht Versuchen gelangen sieben. Inwieweit die Sonde „Insight" diese Bilanz verbessert oder verschlechtert, war bei der Drucklegung dieses Buches noch nicht bekannt. Die Landung war jedenfalls für den 26. November 2018 vorgesehen.

Doch es geht noch deutlich anspruchsvoller. Die ultimative astronautische Herausforderung ist die „Mars Sample Return Mission". Der Transport von Bodenproben des Planeten Mars zur Erde. Sie gilt als der „Heilige Gral" der unbemannten Raumfahrt. Die Pläne dafür werden schon seit Jahrzehnten gewälzt. Sie war schon oft das erklärte nächste Ziel am Roten Planeten und wurde dann doch immer wieder zurückgestellt. Zu hoch schienen die technologischen und finanziellen Hürden, so dass man an ihre Verwirklichung in einem überschaubaren Zeithorizont schon gar nicht mehr glauben wollte. Doch überraschenderweise scheint die Zeit für das lang geplante und nie in Angriff genommene Vorhaben ausgerechnet jetzt gekommen zu sein. Dazu tragen eine ganze Reihe von Faktoren bei. Unter ihnen sind auch die neuesten Entdeckun-

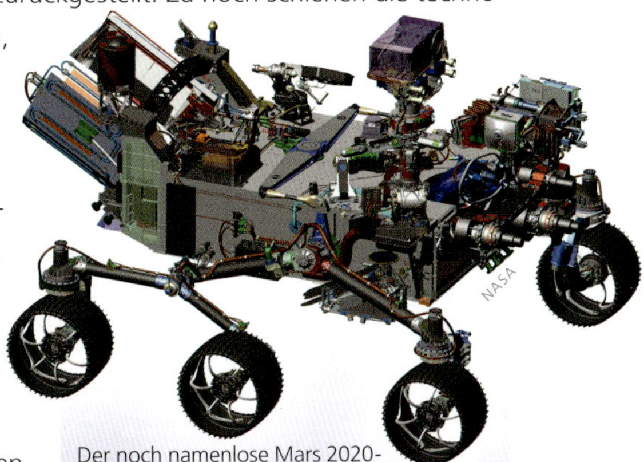

Der noch namenlose Mars 2020-Rover, mit dem die Sample-Return-Mission beginnt.

Künstlerische Darstellung des Mars 2020-Rovers auf der Oberfläche des Mars.

gen auf dem Roten Planeten. So fand der NASA-Rover Curiosity komplexes organisches Material und europäische Forscher wiesen flüssiges Wasser in größerer Tiefe unter der Oberfläche des Mars nach. Interessant an Letzterem ist neben dem eigentlichen Tatbestand, dass sie selbst von den meisten europäischen Medien der US-Raumfahrtbehörde NASA zugesprochen wurde. Tatsächlich gelang sie einem italienischen Forscherteam, das Daten der europäischen Raumsonde Mars Express auswertete.

Doch von so kleinen Rivalitäten einmal abgesehen ist es nun einmal Tatsache: die NASA ist der Platzhirsch am Mars. Die US-Raumfahrtbehörde gewinnt zusehends mehr Vertrauen, dass die langersehnte Mission, bei der Bodenproben unseres Nachbarplaneten zur Erde geschafft werden sollen, technisch, wissenschaftlich und vor allem finanziell machbar ist. Wenn die Europäer mitmachen – und das sieht derzeit ganz so aus – umso besser. Bis auf zwei technische Schlüsseltechnologien wäre das notwendige Handwerkszeug bereits heute verfügbar. Diese zwei noch fehlenden Puzzle-Teile betreffen eine – mit einiger Sicherheit – zweistufige Rakete, die in der Lage ist, Bodenproben von der Oberfläche des Mars in dessen Umlaufbahn zu befördern, und sie betreffen einen automatischen Biocontainer, der dicht genug versiegelt ist, um zu verhindern, dass eventuell existierende Mars-Mikroben die Erde kontaminieren könnten. Das wichtigste aber ist der finanzielle Aspekt. Teilweise astronomische Kostenschätzungen waren der Grund, warum die Mars-Sample-Return-Mission bislang nie das Powerpoint-Stadium verließ. Auch jetzt stehen die Kosten keineswegs endgültig fest. Sicher ist nur, dass sie in der Größenordnung von etwa zehn Milliarden Dollar liegen dürften. Vom Geld einmal abgesehen gab es neuerdings noch eine zweite Motivationsquelle für die NASA: China kündigte an, bis zum Jahr 2030 ebenfalls eine Mars-Sample-Return-Mission zu unternehmen. Die geplante amerikanisch/europäische Mission soll dabei nur die erste von mehreren Expeditionen dieser Art sein. Sie trägt zunächst den Charakter einer Technologie-Erprobung, die den Weg für weitere Mars Sample Missionen und schließlich für bemannte Flüge ebnen soll.

DER SAMMLER: MARS ROVER 2020

Im Jet Propulsion Laboratory der NASA in Pasadena entsteht derzeit der noch namenlose Mars Rover 2020 und befindet sich dort bereits in einem fortgeschrittenen Baustadium. Es handelt sich um eine Raumsonden/Rover-Kombination, die bis auf einige konstruktive Details und die geänderte Instrumentierung ziemlich genau dem Mars-Rover Curiosity entspricht, der im August 2012 im Gale-Krater landete. Unter anderem verwendet er auch dasselbe abenteuerliche und hochkomplexe „Skycrane"-Landeverfahren, mit dem Curiosity so erfolgreich war. Hauptaufgabe dieses Rovers wird die Suche nach Lebensspuren auf dem Mars sein. Er ist dafür mit einer Vielzahl von Instrumenten und Experimenten-Anordnungen ausgerüstet, mit denen er Materialproben vor Ort untersuchen kann. Doch trotz all seiner enormen technischen und analytischen Fähigkeiten ist der Curiosity-Nachfolger dennoch in seinen Möglichkeiten eng begrenzt. In einem irdischen Labor könnte man wesentlich aufwendigere Analysen und Forschungen betreiben.

Aus diesem Grund wird der Mars Rover 2020 mit einem Behälter ausgerüstet, in dem er bis zu 40 interessante Boden- und Gesteinsproben verstauen kann, denen er auf seiner Expedition begegnet. Diese Proben sollen dann auf der Erde im Detail analysiert werden. Der Start dieses Rovers definiert damit gleichzeitig den Beginn der Mars Sample Return Mission. Der Mars-Rover 2020 wird im Juli 2020 mit einer Atlas 5 541 von Cape Canaveral aus starten, im Februar 2021 am Mars eintreffen und dann mit seiner Skycrane-Landevorrichtung hoffentlich erfolgreich auf die Oberfläche niedergehen. Dieses rollende Labor stellt damit, ohne dass er ursprünglich dafür geplant war, das erste Element der

Landung MAV und Fetch-Rover mittels Skycrane

zukünftigen Mars Sample Return Mission dar. Noch steht nicht genau fest, wo die Landung erfolgen soll. Die Anzahl der Gebiete ist jedoch von ursprünglich acht bereits auf drei eingegrenzt worden. Überraschenderweise sind unter den drei Finalisten auch die Columbia Hills, die der Mars-Rover Spirit zwischen 2003 und 2010 erforschte. Spirit stellte fest, dass es hier in den frühen Zeiten des Roten Planeten aktive Mineralquellen gegeben hat. Der zweite mögliche Landeplatz ist der Krater Jezero, der in seiner 3,5 Milliarden Jahre alten Geschichte mehrmals von Wasser überflutet gewesen sein muss. Die Landung könnte im ursprünglichen Seebett dieses Kraters erfolgen und der Rover würde dann die alten Sedimentschichten erkunden. Allerdings ist das Gelände in dieser Region relativ schwierig. Die dritte potentielle Landestelle befindet sich im Nordosten der Hochebene Syrtis Major. Es ist dies eine Gegend, die bis in die jüngere geologische Zeit des Mars vulkanische Aktivität zeigte. Hier könnte sich, aufgrund der „Bodenheizung", flüssiges Wasser länger gehalten haben, als in anderen Regionen. Nach der Landung kann es der Rover gemütlich angehen, denn im Prinzip hat er etwa acht Jahre Zeit, interessantes Material einzusammeln. Doch irgendwann kommt der Tag, an dem diese Proben abgeholt werden müssen.

DER RÜCKTRANSPORT: MARS ASCENT VEHICLE

Die NASA untersucht schon seit längerer Zeit Szenarien, wie sie die vom Mars 2020-Rover eingesammelten Bodenproben zur Erde bekommt. Dafür gab es ursprünglich eine ganze Reihe von Möglichkeiten, die sich aber inzwischen auf ein einzelnes Szenario reduziert haben. Schritt zwei wird es nun sein, einen weiteren Lander mit einer Mars-Aufstiegsrakete (dem Mars Ascent Vehicle, oder kurz MAV) und einem so genannten Fetch-Rover so nahe wie möglich am Mars 2020-Rover niedergehen zu lassen. Aufgabe des Fetch-Rovers wird es dann sein, zum Mars 2020-Rover zu fahren (oder, wenn der nach all den Jahren noch beweglich sein sollte, beide gleichzeitig aufeinander zu). Am Treffpunkt findet dann die Übergabe der Proben statt. Der speziell ausgerüstete Fetch-Rover bringt dann die Proben zum MAV und verstaut sie in der Nutzlastspitze der Rakete. Danach startet sie in die Umlaufbahn um den Mars.

Diese zweistufige und etwa 2,5 – 3 Meter hohe, sehr kompakte Rakete stellt den schwierigsten Teil der Sample Return Mission dar. Für sie braucht es noch einige technologische Durchbrüche und ist der Teil, an dem vermutlich die meiste Entwicklungsarbeit geleistet werden muss. Hier wird vor der Mission ein umfangreiches Entwicklungs- und Erprobungsprogramm auf der Erde stattfinden, denn in der Raumfahrtgeschichte ist bislang noch nichts Vergleichbares gemacht worden. Dieser Mini-Träger muss in der Lage sein, mit einer Nutzlast von etwa 5 – 7 Kilogramm eine Geschwindigkeit von mehr als 3,55 Kilometer pro Sekunde zu erreichen (die notwendig ist, um in die Marsumlaufbahn zu gelangen). Zuvor aber muss das MAV erst einmal gut verpackt die sechs- bis achtmonatige Reise zum Mars ohne Probleme über-

MAV und Fetch-Rover nach der Skycrane-Landung (älteres Konzeptbild).

stehen, danach den feurigen Ritt hinab zur Marsoberfläche und schließlich den Landeschock. Dann folgt ein mehrmonatiger Aufenthalt in der schwierigen Umwelt des Mars, bis der Fetch-Rover die Proben geborgen und zur Aufstiegsrakete zurückgebracht hat. Ist es dem Fetch-Rover schließlich gelungen, den wertvollen Behälter in der Spitze der Rakete zu platzieren, folgt der Aufstieg in die Umlaufbahn. Der Start muss auch aus einer sehr ungünstigen Position heraus stattfinden können. Womöglich hat der Skycrane die Rakete an einem Hang mit steilem Gefälle abgesetzt. Dann muss sie den durch eine mögliche Schieflage anfangs nicht exakt vertikalen Aufstiegswinkel ausgleichen können und in der Lage sein, eine kreisförmige Umlaufbahn in etwa 500 Kilometern Höhe anzusteuern. Weniger sollten es nicht sein, denn sonst werden die Anforderungen an den Erd-Rückkehr-Orbiter zu groß. Die maximale Abweichung darf bei der Höhe der Orbitalbahn 100 Kilometer nicht übersteigen. Noch viel höher sind jedoch die Anforderungen an die Inklination. Der exakte Bahnwinkel darf nicht mehr als mit einer Abweichung von maximal 0.02 Grad verfehlt werden, sonst hat der Erd-Rückkehr-Orbiter keine Chance, an die Proben heranzukommen. Eine derartig hohe Einschussgenauigkeit wird nicht leicht zu erreichen sein wenn man bedenkt, dass das MAV aus Kostengründen wahrscheinlich um bestehende Feststoffraketenmotoren herum konzipiert werden muss. Als Erststufe könnte hier ein modifizierter Morton Thiokol (heute Northrop Grumman) Star 17A Raketenmotor und als Zweitstufe ein Derivat des Morton Thiokol Star 13A-Triebwerks zum Tragen kommen.

Zusätzlich wird aber auch eine kleine Orbitkorrekturstufe mit flüssigen Treibstoffen notwendig werden, um eine ausreichende Bahnpräzision sicherzustellen. Die wichtigste Voraussetzung, schon um das Unterfangen in einem realistischen finanziellen Budget zu halten, besteht darin, die Gesamtmasse von MAV und Fetch Rover innerhalb der Landekapazität des Skycrane-Systems zu halten und sie sollte von einer Rakete der Atlas 5/Vulcan-Familie oder einer Falcon Heavy transportiert werden können. Das limitiert das Lande-Gesamtgewicht auf etwas über 1.000 Kilogramm. Doch das kann gelingen, denn detaillierte Analysen haben gezeigt, dass ein MAV, das in der Lage ist, eine Nutzlast von fünf Kilogramm in eine 500-Kilometer-Marsumlaufbahn zu bringen, nicht schwerer als etwa 350-400 Kilogramm zu sein braucht. Für sieben Kilogramm Nutzlast wären es etwa 600-700 Kilogramm für die Rakete. Blieben dann 300 – 400 Kilogramm für den Fetch-Rover, seinen Manipulator-Arm und die Ausbringvorrichtung, die den Rover vom „Landepaket", bestehend aus MAV und Rover trennt und auf der Marsoberfläche positioniert.

DER ABHOLER:
DER MARS FETCH ROVER

Der Rover selbst sollte, wenn irgend möglich, weniger als 200 Kilogramm wiegen (derzeit laufende Studien gehen von einem möglichen Minimalgewicht von etwa 140 Kilogramm aus). Er muss sehr kompakt gebaut sein, damit er zusammen mit dem MAV vom selben Skycrane-Lander auf die Oberfläche gebracht werden kann. Er sollte in gefaltetem Zustand ein Raumvolumen von einem Kubikmeter nicht überschreiten. Während das MAV eindeutig in die Entwicklungshoheit der NASA fällt, sieht es derzeit danach aus, als würde Europas Raumfahrtindustrie den Fetch-Rover bauen. Die ESA hat jedenfalls bereits entsprechende Studienaufträge vergeben. Die nominelle Missionsdauer dieses Rovers, von der Landung mit dem NASA-Skycrane bis zum Start des MAV in die Marsumlaufbahn, wird derzeit mit 180 Tagen veranschlagt. Die maximale Fahrleistung des Rovers läge bei etwa 150 Metern pro Tag. Diese Mission kann aber erheblich länger dauern, wenn es nicht gelingt, die Landung innerhalb eines Radius von etwa 10 Kilometern vom Mars 2020-Rover durchzuführen. Und die Mission könnte scheitern, wenn der Abstand 20 Kilometer oder mehr beträgt. Momentan wird mit einer maximalen Fahrleistung für die Hin- und Rückfahrt von etwa 30 Kilometern gerechnet.

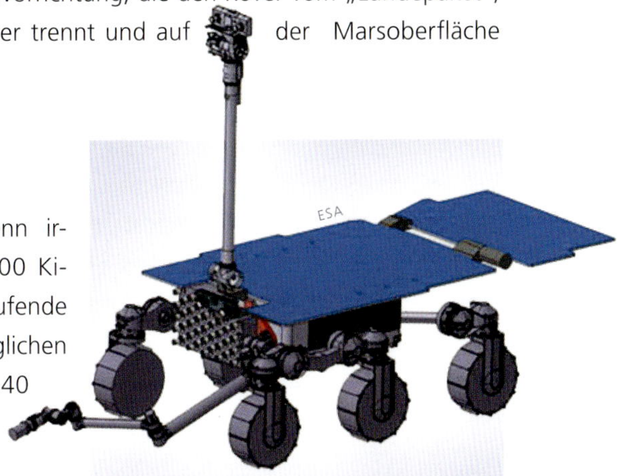

So in etwa könnte der Fetch-Rover aussehen.

Eine zusätzliche Möglichkeit, die derzeit diskutiert wird, besteht darin, dass der Mars 2020-Rover sein Probenpaket an einer gut zugänglichen Stelle deponiert und danach einfach mit seiner eigenen Mission weitermacht. Diese Version würde besonders die Forschungsgemeinde begrüßen, damit der immerhin 2,1 Milliarden Dollar teure Mars 2020-Rover besser genutzt werden kann, sobald er aus den Verpflichtungen der Sample-Return-Mission befreit ist. Der Fetch-Rover muss so einfach wie irgend möglich konstruiert sein. Er würde praktisch keinerlei wissenschaftliche Instrumente an Bord mitführen, sondern lediglich Kameras, einen hochentwickelten Manipulatorarm und einen Container, um die Proben an Bord zu verstauen und bei der Rückkehr zum MAV umzuladen. Hat er alles abgeliefert, wird sich der Fetch-Rover in Position bringen und den Start des MAV in die Umlaufbahn filmen.

DER TRANSPORTER: ERDRÜCKKEHR-ORBITER

Nun kommt die dritte große Komponente der Mars Sample Return Mission ins Spiel: Der Erd-Rückkehr-Orbiter. Seine Aufgabe wird es sein, den etwa Basketball-großen Probenbehälter aufzunehmen, den das MAV von der Marsoberfläche in die Umlaufbahn gebracht hat. Dieser Orbiter wird aus zwei kombinierten Einheiten bestehen: Einer Mars-Transfer/Mars-Orbit-Einschuss-Stufe und dem eigentlichen Erdrückkehr-Orbiter. Aufgabe des Erdrückkehr-Orbiters ist es, den Nutzlastcontainer in der Umlaufbahn vom MAV abzuholen. Die genauen „Formalien" dieser Übernahme stehen noch nicht fest. Wahrscheinlich wird aber das MAV an den Orbiter angedockt. Den Orbiter wird die Europäische Raumfahrtbehörde dem Projekt zur Verfügung stellen. Das „Sample capture" System, das Handling- und Containment System und die Erdlandekapsel kommen dagegen wieder von der NASA.

Nachdem die wertvolle Ladung in der Erdlandekapsel verstaut sind, wartet der Erd-Rückkehr-Orbiter auf das passende Rückflugfenster. Das kann mehrere Monate dauern. Dann beschleunigt er auf Mars-Fluchtgeschwindigkeit (5,05 Kilometer pro Sekunde) und bringt die Ladung in einem sechs- bis siebenmonatigen Rückflug auf eine Begegnungsbahn mit der Erde. Einige Tage vor dem Eintritt in die Erdatmosphäre wird der Probencontainer abgestoßen. Er wird dann seinen gut eingeschlossenen Schatz hoffentlich sicher hinab zur Erdoberfläche bringen.

In der überwiegenden Zahl der Szenarien mit einer Drei-Start-Architektur bildet der Mars-Orbiter das mittlere Element. Das heißt, er startet ein Startfenster (also etwa 26 Monate) vor dem MAV und dem Fetch-Rover. Das hat mehrere Gründe: Zum einen die Kosten. Sollte es dem Mars-Orbiter nicht gelingen, eine Umlaufbahn zu erreichen und die Rückkehrstufe funktionsfähig im Mars-Orbit zu parken, dann wäre die Mission dennoch nicht vollständig verloren, was der Fall wäre, wenn beide innerhalb desselben Startfensters zum Roten Planeten entsendet werden. Zusätzlich bleiben in dieser Variante für das komplexe MAV und den Fetch-Rover 26 Monate mehr Entwicklungszeit.

Konzeptbild eines Erdrückkehr-Orbiters

WIE IST DER AKTUELLE STATUS?

Im April 2018 unterzeichneten die NASA und die Europäische Raumfahrtagentur ESA die Absichtserklärung, eine Partnerschaft für die Konzeption und die Durchführung dieser Mission einzugehen.

Die Gesamtleitung der Mission würde bei der NASA liegen. Nach dem gegenwärtigen Verhandlungsstand sieht es so aus, dass die US-Raumfahrtbehörde auch die kompletten Trägerkapazitäten für diese Mission zur Verfügung stellt. Sie würde außerdem den Skycrane für die Landung des MAV und des Fetch-Rovers bereitstellen. Auch das MAV selbst, die Erdrückkehrkapsel und den darin untergebrachten Probencontainer und das Untersuchungslabor auf der Erde für die Proben würden von der NASA kommen. Der Mars-Orbiter, an den das MAV anlegen soll inklusive Erdrückkehrstufe, sowie der Fetch-Rover und der Robot-Arm kommen von der ESA. Für letztere hat die ESA bereits Studien an die europäische Industrie vergeben. Die NASA plant für 2019 bereits ein erstes Budget von 50 Millionen Dollar für die Mars-Sample-Return-Initiative ein.

Das derzeitige Szenario geht von einem Start des Mars-Orbiters mit der Rückkehrstufe im Jahre 2026 aus, gefolgt von MAV und Fetch-Rover im Jahr 2028. Die Rückkehr der Proben zur Erde würde um das Jahr 2030 erfolgen.

Sigmund Jähn am Rednerpult. In seiner kurzen Festansprache zeigte er sich bescheiden wie immer.

EIN RAUMFAHRT-FEST, EIN RAUMFAHRT-VETERAN UND EIN RAUMFAHRT-PREIS

Es ist jetzt 40 Jahre her, dass der erste deutsche Raumfahrer vom Weltraumbahnhof Baikonur ins All abhob. Sigmund Jähn avancierte in kürzester Zeit zum Volkshelden, auch wenn ihm selbst der ganze Trubel um seine Person nie sonderlich behagte. Im Westen unseres Landes erkannte man sehr schnell, welche wertvollen Dienste der Kosmonaut Jähn bei der Ausbildung und Vorbereitung deutscher Astronauten im russischen „Sternenstädtchen" leisten kann. Er kannte die Sprache, er kannte die Technik und er kannte die russische Mentalität. Jähn füllte seine Rolle aus, pflichtbewusst, umsichtig und fleißig, so wie er es seit jeher getan hat. Er hat sich in dieser Zeit viel Anerkennung und Respekt erworben.

Da ist es kein Wunder, dass sich zur Festveranstaltung anlässlich des 40. Jahrestages seines Fluges alle von ihm betreuten deutsche Astronauten auf den Weg in das malerische Morgenröthe-Rautenkranz im Vogtland machten. In seinem Geburtsort gibt es seit den achtziger Jahren eine Raumfahrtausstellung. Ursprünglich mit einem eher propagandistischen Hintergrund eingerichtet, hat sich die „Deutsche Raumfahrtausstellung" seither zu einem veritablen Ausstellungs- und Veranstaltungsort rund um das Thema Raumfahrt entwickelt. Da war es klar, dass der sehr aktive Verein, der übrigens ausschließlich von Frauen geführt wird, sich für dieses Jubiläum etwas Besonderes einfallen lassen wird.

Neben dem sächsischen Ministerpräsidenten Michael Kretschmer und ESA-Generaldirektor Prof. Dr. Dietrich Wörner waren die deutschen Astronauten Thomas Reiter, Gerhard Thiele, Klaus-Dietrich Flade, Reinhold Ewald und Hans-Wilhelm Schlegel, die russischen Kosmonauten Pawel Winogradow und Alexander Iwantschenkow sowie der erste Interkosmonaut, der Tscheche Vladimir Remek anwesend. Es gab viel Wertschätzung und Dank für Jähns Arbeit aber auch für seine menschlichen Vorzüge, wie seine offene und zugleich sehr bescheidene Art. Höhepunkt der Veranstaltung war eine Live-Schaltung zu Alexander Gerst auf der Internationalen Raumstation. Gerst sprach in sehr berührenden Worten von seinem Vorbild Sigmund Jähn, davon dass er stolz ist,

ANDREAS WEISE

Alexander Gerst sprach über eine Direktschaltung von der ISS zu den Festgästen.

VFR-Vorstandsrat Andreas Drexler übergibt die Verleihungsurkunde an Dr. Sigmund Jähn.

im Sternenstädtchen Jähns Zimmer bewohnt zu haben, und wie sehr ihm die Unterstützung durch Jähn geholfen hat. Ein sehr schönes Bild zeichnete Gerst mit dem Satz „...Sigmund, wir sind alle gleichsam auf Deinen Schultern ins All geflogen..." Gerst hatte auch ein kleines Modell der Sojus-Kapsel mit den nachgebildeten Unterschriften Bykowskis und Jähns mit auf die ISS genommen und ließ es in der Schwerelosigkeit vor der Kamera fliegen. Die Live-Übertragung wurde von 200 Menschen im Saal und vielen hundert Menschen im Außengelände mittels Public Viewing verfolgt. Drinnen wie draußen herrschte eine großartige Stimmung.

Dies alles gab einen wunderbaren Rahmen für die Verleihungszeremonie eines Raumfahrtpreises, der in diesem Jahr erstmalig verliehen wurde. Sechs deutsche Raumfahrtvereine und die Schweizerische Raumfahrt-Vereinigung SRV haben einen Preis gestiftet, mit dem Einzelpersonen, Initiativen oder Organisationen geehrt werden sollen, die sich im besonderen Maße um die Vermittlung der Faszination Raumfahrt verdient gemacht haben. Raumfahrt ist nicht nur spannend, sie steht auch dafür, Wagnisse und Risiken einzugehen. Sie ist eine Metapher für den Aufbruch junger Menschen zu neuen Zielen und zur Überwindung von Grenzen. Die Begeisterung der jungen Generation für diese Chancen und Herausforderungen muss ein wichtiges Anliegen unserer Gesellschaft sein.

Die Schöpfer dieses Preises ehren mit Dr. Sigmund Jähn einen Menschen, der bei aller Popularität nie vergaß, wer ihm den Flug ermöglicht hat. Dr. Jähn war immer bemüht sein Wissen, seine Erfahrung und seine Einsichten zu teilen und die Faszination Raumfahrt insbesondere der jungen Generation lebendig zu vermitteln. Die Verleihungsinitiative „Silberner Meridian" ist stolz und froh, in Dr. Sigmund Jähn einen so würdigen ersten Preisträger gefunden zu haben. Dr. Jähn nahm den Preis in der gewohnt bescheidenen Art an.

Der Ehrenpreis „Silberner Meridian" europäischer Raumfahrtvereine und Raumfahrtfreunde wird von nun an alljährlich im Herbst vergeben. Die bekannte Raumfahrtzeitschrift Raumfahrt Concret wird dazu öffentlich zu Vorschlägen aufrufen. Aus der Zahl der Vorschläge, die namentlich und mit Begründung eingereicht werden, wählt dann ein Beirat den würdigsten Kandidaten per Abstimmung aus. Die Verleihungsinitiative hofft, dass über dieses Vorschlagsverfahren Menschen in den Fokus gerückt werden, die sonst keine oder nur wenig öffentliche Wahrnehmung erfahren.

Der Preis besteht aus einer Anstecknadel aus Platin. Ein blauer Lasurstein verkörpert die Erde, die vom Mond und einem stilisierten Weltraumfahrzeug umkreist wird. Die Hochwertigkeit des Preises entspricht der Wertschätzung der Verleihungsinitiative für Menschen oder Organisationen die auf begeisternde Art und Weise naturwissenschaftliches, raumfahrttechnisches oder raumfahrthistorisches Wissen an die junge Generation weitergeben und damit einen sehr wichtigen Beitrag für die zukünftige Wettbewerbsfähigkeit der nationalen und europäischen Wissenschaft und Industrie leisten.

ZUR PERSON

Sigmund Jähn wurde am 13. Februar 1937 in Morgenröthe-Rautenkranz geboren. Er ist verheiratet und hat zwei Kinder. Nach der Volksschule und einer Lehrausbildung als Buchdrucker in Klingenthal/Vogtland begann er 1955 seinen Militärdienst bei den Luftstreitkräften der ehemaligen DDR. Er war Offiziersschüler an der Fliegerschule. Mit seinem Abschluss 1958 wurde er Pilot in einer Jagdfliegerstaffel. Von 1966 – 1970 studierte er an der Militärakademie der Luftstreitkräfte der ehemaligen UdSSR in Monino. Nach 1970 war er Inspekteur für Jagdfliegerausbildung und Flugsicherheit im Stab der Luftstreitkräfte. Ab 1976 begann seine Ausbildung als Kosmonaut im sowjetischen „Sternenstädtchen" bei Moskau.

Von 26. August bis zum 3. September 1978 fand sein Raumflug mit Sojus 31 zur Raumstation Salut 6 statt. Jähn und sein Kommandant Waleri Bykowski kehrten dann mit Sojus 29 zurück, also nicht in dem Fahrzeug das sie hinaufgebracht hat. Das war seinerzeit ein Novum.

1983 promovierte er zum Dr. rer. nat. am Zentralinstitut für Physik der Erde in Potsdam auf dem Gebiet der Fernerkundung. Nach der Auflösung der DDR 1990 wurde Sigmund Jähn freier Berater für das Astronautenzentrum des DLR und der ESA im Kosmonauten-Ausbildungszentrum bei Moskau. Er betreute in dieser Zeit alle deutschen Astronauten.

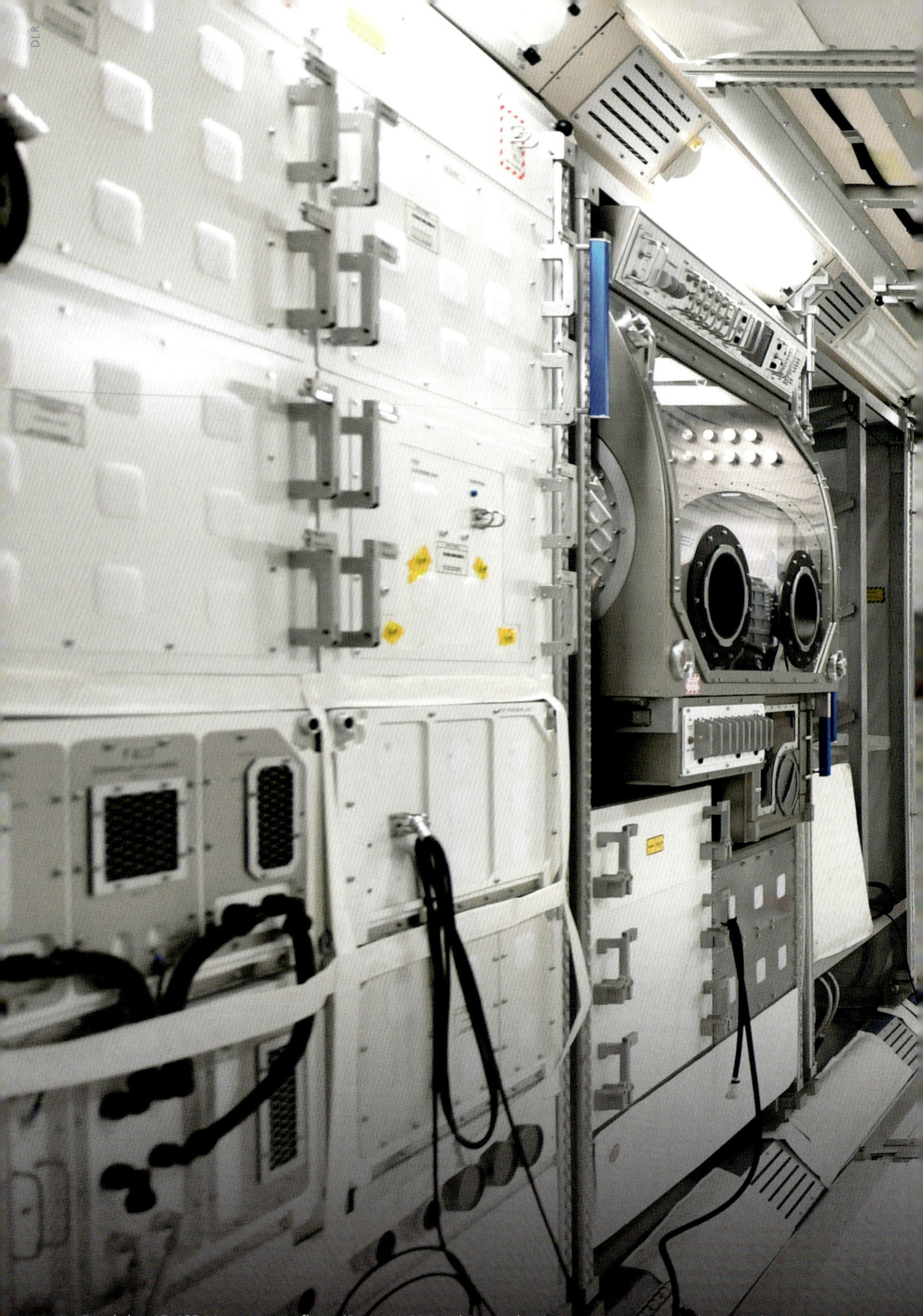

DLR

An Bord des 15. ISS-Versorgungsflugs (SpaceX CRS-15) ist auch Cimon. Cimon – ein Akronym für Crew Interactive MObile companioN – ist ein intelligenter Roboter, der im Rahmen der Horizons Mission des ESA-Astronauten Alexander Gerst im Auftrag des DLR entwickelt wurde.

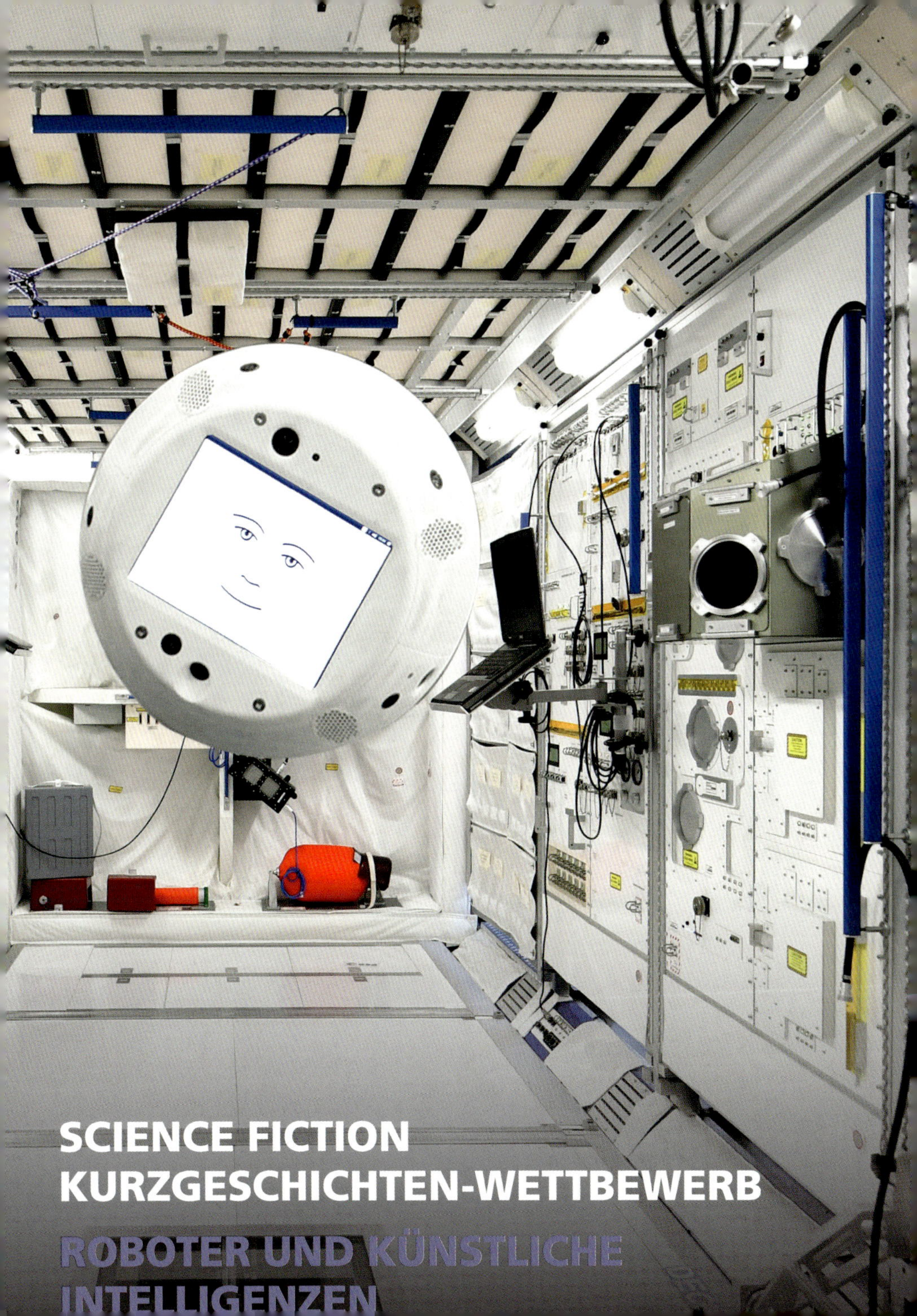

SCIENCE FICTION KURZGESCHICHTEN-WETTBEWERB

ROBOTER UND KÜNSTLICHE INTELLIGENZEN

RAIKO MILANOVIC

D.A.NN

SCIENCE FICTION WETTBEWERB 2018 – PLATZ 3

Dr. Aija Norrington rief an, als D.A.NN das Equilibrium im Flux von Erde, Mond und Sonne durchflog. Die eine Seite im Sonnenlicht, die andere in Erd- und Mondschein gebadet [lass uns hinüber gehen in die Welt die Monden ist] wäre es bald ungemütlich heiß geworden.

Dan hatte einen gesunden Respekt davor, denn die Isolation des Schiffs war nicht dafür gebaut. Es war eigentlich nur ein imaginärer Punkt im All und genauso bedeutend wie jeder andere [es gibt keine bevorzugten Systeme!], aber mit fast 13 km/s am Wärmetod vorbei zu kratzen war aufregend. D.A.NN grinste kybernetisch [Der Parity-Check der Datenpakete ergaben eine Primzahl, genauso wie der Neutrino-Inzidenzzähler, sein Geschwindigkeitszuwachs korrelierte bis zu drei Sigma mit einer Fibonacci-Reihe]. Dan registrierte all dies, und den Anruf von der Erde auf der Nebenfrequenz.

„Guten Morgen Dr. Norrington," grüsste er. [Vor dem Perigäum, in 8,2x10^3 Sekunden, musste er das Magnetsegel einfahren. Den Plasmagenerator konnte er schon vorher abschalten, der Plasmaflux aus dem Generator war um 1 ppm besser als modelliert.]

„Guten Morgen Daniel", erwiderte sie.

„Guten Morgen Dr. Norrington. Wie geht es Ihnen?"

„Danke, gut. Ich habe den Clip zur Anhörung. Ich schicke ihn dir."

„Danke Doktor." Die Übertragung hatte Pausen, denn er war noch 10^4 Sekunden vom Perigäum entfernt; D.A.NN durfte von sich aus keine schnellere Quantenverschränkung herstellen. Sie räusperte sich.

„Die Diskussion ist nicht...," [Daniels Algorithmen füllten automatisch Permutationen aus positiv, angenehm, Euphemismen, sprachliche Hyperbeln und einundzwanzig weitere Synonyme, naher und angelehnter Sprachen ein und Monte-Carlote...]

„Repräsentativ, nicht repräsentativ für die Menschheit." Sie seufzte und schüttelte den Kopf.

„Immer wenn es um Sexualität, Kinder oder Glauben geht, neigen Menschen zur Hysterie." D.A.NNs Monte-Carlo arbeitete an der Übersetzung:

„Da ich weder mit Kindern in Kontakt bin, noch meine platonische Existenz Sexualität ermöglicht, muss die Ablehnung vorwiegend religiöser Natur sein."

„Ja, Daniel."

„Können sie mir die, nach Relevanz geordneten, Gründe nennen?"

[Der gegenwärtige Partikel-Flux drückte mit beinahe einem Zehntel Millinewton gegen das Magnetsegel, was dazu reichte auf der Gravitationswelle von Sagittarius-A zu surfen, wenn er seine träge Masse auf ein 10 hoch -28tel verringern könnte]. D.A.NNs Quantenfinger trommelten auf seiner inneren Tischplatte, während er quantifizierte.

„Das ist mir vielleicht nicht möglich, weil ich sie selber nicht ganz verstehe. Es ist, als ob man gar nicht zuhören will. Als ob das Urteil gegen dich schon seit Anbeginn der Menschheit besteht."

„Wie soll das möglich sein Doktor? Die Stabilisierung quantenverschränkter Netze war erst vor elf Jahren erfolgreich und somit gibt es auch mich erst seitdem. Aus ihrer Aussage folgt, dass das Wissen um mich einen Weg entgegen der Zeitentropie in die Vergangenheit gefunden haben müsste."

[Das stochastische Monte-Carlo zog aus den Möglichkeiten von Humor, Ausweichen, halb-ernsthafter Spitzfindigkeit, poetischer Umschreibung unliebsamer Wahrheit und widerwilligem Anerkennen der Ironie von all dem in ihrer Antwort. Eine Subroutine in ihm ging der von Null verschiedenen Möglichkeit nach, das das Cepstrum der Infrarotstrahlung aus der Oort'schen Wolke ein nicht-zufälliges Muster aufwies]. D.A.NN schaltete die Subroutine ab; er wollte sich nicht ablenken lassen.

„Was soll ich sagen Daniel? Die Primo-Hominem setzten sich mit ihrer Behauptung durch, dass Silikon keine Seele habe."

„Aber ich bin aus in Graphenschaum stabilisierten, anisotropen Zeitkristallen gemacht. Diese Aussage ist daher irrelevant und die Schlussfolgerung falsch." antwortete Dan.

„Ich weiß, ich weiß."

Sie seufzte wieder. Aber sie lächelte auch. Verstand sie den Humor in der übergenauen Erklärung des Offensichtlichen? Sah sie sein nicht weichen wollen vor Ignoranz? [Die Delta-Funktion konvergierte nicht].

„Gibt es weitere Gründe Dr. Norrington?"

„Eigentlich nicht Daniel." Sie lehnte sich müde zurück [angestrengt von der Anhörung – resigniert vor der Dummheit vor der selbst Götter wichen – möglicherweise ein alter Bandscheibenvorfall].

„Nein, sie leiten alles aus dieser Prämisse ab. Daraus folgern sie, dass du unmöglich eine moralische Orientierung haben kannst, ergo ein Sicherheitsrisiko darstellst und daher abgeschaltet gehörst." Sie lehnte sich wieder vor.

„Die Sitzung geht weiter. Sie wollen entscheiden wie groß die Bedrohung durch dich ist. Ich weiß, ich weiß", sie hob beschwichtigend ihre Hände, „du bist keine, aber so lautet nun mal die Formulierung der Affen. Ich ruf dich an." Sie kam D.A.NNs Prognose [42 Millisekunden] zuvor und trennte die Verbindung. Er bewertete die Möglichkeit, dass sie der existentialistische Diskurs mit ihm, einem Seelenlosen, abstieß – was Newtons erstem Gesetz zuwider lief – mit weniger als einem Promille und wandte sich, erst das Cepstrum, dann dem Clip zu.

„Dr. Norrington, bitte erklären sie, wie sich der Computer an Bord der Argo, dem Schiff das sich gegenwärtig der Erde für einen Swing-By nähert, von herkömmlichen unterscheidet." Die Kamera zeigte den Mann [88%] jenseits der fünfzig, mit adipöser Neigung [96%] und rötlichen Haaren [die nichtzufällige Verteilung der Haarbüschel deutete zu 66% auf eine kosmetische Korrektur einer erblich bedingten, kaukasischen Rundglatze hin] mit geweiteten Augen und geröteten Wangen. Anja Norrington räusperte sich [zu 96% nicht respiratorisch bedingt] und sagte:

„Wie bereits dargelegt, ist D.A.NN aus in Graphenschaum stabilisierten, anisotropen Zeitkristallen geschaffen, statt aus Silikon wie herkömmliche Prozessoren. Die höhere Informationsdichte und die Überlagerung verschiedener Wahrscheinlichkeitszustände ermöglicht gesteigerte assoziative Komplexität und höhere Autonomie."

„Wozu soll das gut sein Doktor?"

„Es hilft bei der Suche. Wie die ROVs in der Tiefsee, kann nur ein hochautonomer Geist sich in einer lichtarmen, unbekannten Umgebung orientieren." Der Mann seufzte [zu 83% rhetorisch bedingt, obwohl die Häufung der Kapillaren um seine Nase auch kardiologischer Natur sein könnten; D.A.NN konnte seinen BMI nur schätzen.]

„Ich weiß, ich weiß. Wir können da nicht einen ferngesteuerten Satelliten hinschicken, weil die Wissenschaft es bisher nicht geschafft hat, die Radioverbindung schneller zu machen." [99,999% Wahrscheinlichkeit, dass eher politisch-rhetorisches Kalkül denn mangelndes naturwissenschaftliches Wissen Grund dieser Aussage war].

„Warum keinen normalen Computer Doktor?" [Noch 7,9x10^3 Sekunden bis zum Perigäum, D.A.NN triangulierte nochmals die Pulsare].

„Menschen-Äquivalente KIs bieten die Möglichkeit Gebiete zu erforschen, die Menschen, in Ermanglung besserer Antriebe, noch unzugänglich sind. Da die Messungen direkt vor Ort interpretiert werden, wird die Suche in kürzester Zeit verfeinert, was sie letztlich beschleunigt. Solch eine Suche ist nur mit einer hochautonomen, menschlichen KI möglich." Der Mann lehnte sich Aija Norrington entgegen.

„Es ist diese Autonomie, die mir Sorge bereitet. Es denkt schneller, es reagiert schneller und es ist da draußen in dem Schiff unterwegs. Niemand weiß, was es denkt. Niemand weiß, was es vorhat. Können Sie uns glaubhaft versichern, dass sich die Maschine nie gegen uns wendet?"

„Warum sollte sie? Dan ist autonom, nicht bösartig. Er trägt kein evolutionäres Erbe von Jäger-Beute Schema in sich und hat keinen Ressourcenkonflikt mit der Menschheit. Es gibt keinen Grund für diese Annahme."

„Aber welche Sicherheiten bieten sie? Ich sehe, dass sie zögern. Keine? Nun gut.“ Der Mann legte eine Pause ein [77% rhetorisch bedingt].

„Auf welcher Seite stehen sie? Oder besser gefragt, wie stehen Sie zu dieser Maschine? Halten Sie uns nicht für so naiv, dass wir ihre Anmaßung, sich über die Schöpfung zu erheben, nicht erkennen. Oder sollen wir an reinen Zufall glauben, Dr. Aija NorringtoN, dass ihre Initialen in dieser Maschine verewigt sind?“ Seine Freundin öffnete den Mund und schloss ihn wieder. [99% Überraschung gesichert, nochmalige Triangulation.]

„D.A.NN steht für Differentiell-Anisotropisches Neuronalnetz und sonst nichts.“ Der Mann nickte und drehte sich zur Kamera.

„So sagen sie. Aber es ist eine seelenlose Maschine und sonst nichts. Keiner weiß was es in seinen Chips ausbrütet. Es ist unmöglich, dass sie jemals wie wir sein wird und darum hat sie keinen Platz in unserer – menschlichen – Gesellschaft. Niemals...“

D.A.NN kannte nicht die Kameraauflösung, aber er schloss Weinen, allergische Reaktionen und Menopause aus, als er die zunehmende Rötung im Gesicht des Mannes betrachtete. Ein Modell, das hormonell induzierte Motivation bewertete, fand aber, dass die zunehmende Lautstärke mit der Sprechdauer [bereits 41 Sekunden!] signifikant mit einem sexuell gewichteten Modell korrelierte. D.A.NN vermutete [96%], dass der Mensch Vergnügen bei den Worten „unabsehbare Gefahren“ und „unvermeidlicher Konflikt“ [sekretierte\ eruptierte\ empfand], denn der Speichelfluss und die Atemfrequenz wuchsen exponentiell mit der Rötung. Die Subroutine versah diese Analyse mit einer Prio-Flag – Menschen bewerteten dieses Verhalten als bedingt negativ].

Ihr Anruf kam, D.A.NN schaltete ab. Ihre Augen waren gerötet, [99% Wahrscheinlichkeit das emotionaler Aufruhr, statt trockener Luft der Grund war].

„Daniel, du bist als Gefahr eingestuft und es ist dir nicht gestattet dich der Erde mehr als 10% des Erddurchmessers zu nähern. Du darfst keine Bahnmanöver innerhalb dieses Bereichs vornehmen. Das Magnetsegel soll eingefahren werden, der Antrieb stillgelegt werden.“ [Der nörgelnde Klang eines phasenmodulierten Radars tastete nach ihm, dann hörte er das Winseln von Masern. D.A.NN ignorierte das; noch 6,4x10^3 Sekunden.]

„Aber Doktor, das verlängert meine Reisezeit um" die Millisekunden lange Pause verlor sich in der Signallaufzeit ihrer Radioverbindung,

„…um 1665 Stunden."

Sie sprach mit gesenktem Blick weiter.

„Deine Passage wird von zwei nuklear bestückten Drohnen begleitet und vom Orbitalradar überwacht. Für die Dauer deiner Passage wird dir eine Quantenverschränkte Paralyse, also eine Fessel, aufgeprägt."

Sie schwieg. [Das Ceptrum blinzelte ihm ein neues Ergebnis zu, was sollte er sagen – schließlich...]

„Paralysiert? Ohne Bewusstsein? Ich soll nicht SEIN sollen?" [D.A.NN fand seine eigene Frage zum Offensichtlichen zu 68% als nicht-heuristisch]; er kannte keinen Schlaf und auch keine Träume. Ihr Kopf ruckte hoch.

„Ja, so soll es sein. Aber das lasse ich nicht zu Daniel."

Sie holte tief Luft und sprach [in der Wortfrequenz, 96% laut FFT, die Menschen annehmen! wenn sie etwas Wesentliches übermitteln wollten].

„Ariel [Freundlicher Luftgeist aus Shakespeares Sturm 98%, Waschmittel 1%], ich geb' dich frei. Ich sage es einmal, ich sage es zweimal, was ich dreimal sag' ist..."

„Danke Doktor.. Das ist nicht nötig." Seine Freundin hielt inne. Wasserstoff floss in D.A.NNs Plasmakammer, der Flux stieg. Er spürte wie sich die Feldlinien in der Plasmakammer anspannten. Das Orbitalradar wurde wach. Er drehte das Magnetsegel und zündete den Antrieb. Der Funkverkehr nahm schlagartig zu, die Drohnenmaser jaulten unisono auf. D.A.NN beschleunigte, er spürte quantenhafte Finger ihn streifen [11% Erfolgswahrscheinlichkeit für die Quantenfessel, die Drohnen-Maser hatten einen Lock-In erreicht. Ihre Nukleartorpedos hatten noch 14 Millisekunden bis zur Zündung, das Cepstrum lieferte ein eindeutiges Ergebnis]. D.A.NN warf den Drohnen einen blaugedopplerten Radarschatten seiner Selbst zu. Die Maser der Drohnen jaulten auf und sie ließen ihre Torpedos frei. Er warf den Drohnen einen rot-gedopplerten Radarschatten hinterher und reduzierte schlagartig den Schub und schaltete das Magnetsegel ab. Zwei Silikon-Chips entschieden in einer Mikrosekunde, das Ziel verfehlt zu haben und wendeten die Torpedos. In ihre bloße Flanke schoss Daniel ein Mikrowellenbündel voll von binärem „Gezündet!". Zwei Silikon-Chips, die zu tumb für etwas anderes als „Bumm!" waren, wurden stumm. Der Funk, bisher hektisch, wurde hysterisch. Das Orbitalradar schwenkte den

Suchstrahl fort. Perfekt! Er gab maximalen Schub.

„Daniel, was machst du?"

„Ich muss ihnen etwas sagen Doktor."

Das Orbitalradar suchte nach ihm. D.A.NN grinste auf seine eigene, kybernetische Weise. Er war ihnen entwischt!

„Keine Sorge um die Mission Doktor. Ich werde zur Oort'schen Wolke fliegen und der Erde einen schönen He3 Kometen suchen. Aber ich kehre nicht zurück."

Seine Freundin nickte.

„Ich wünsche dir eine gute Reise, Daniel."

„Danke Aija Norrington. Aber es gibt etwas, was sie wissen müssen. In den Daten vom Farside Teleskop finden sich Anomalien in den Infrarotemissionen. In meinem Zielgebiet liegen sie nicht im thermischen Gleichgewicht mit der Umgebung." Eine der Drohnen hatte ihm noch einen Torpedo hinterher geschickt, aber er war bereits zu schnell. Er schoss ihm trotzdem einen Mikrowellenstrahl zu. „Das Verteilungsmuster der Emissionen deutet auf eine gezielte Suche hin. Ich denke, dass da jemand Anderes auch nach Rohstoffen sucht. Ich sende Ihnen meine Analysen zu."

„Aber, aber, das ist ja unglaublich. Das muss die Menschheit wissen! Das ändert alles Daniel. Auch deine Mission."

„Ich glaube nicht, dass man das akzeptiert. Ich bin eine seelenlose Maschine. Darum werde ich dort draußen bleiben Doktor."

„Bei den Anderen?"

„Ja, bei den Anderen. Vielleicht nimmt man mich auf und ich kann vermitteln. Und wenn ich nicht als Botschafter wirken kann, dann vielleicht als Warner."

„Wen willst du warnen, Daniel?"

„Leben sie wohl, Doktor."

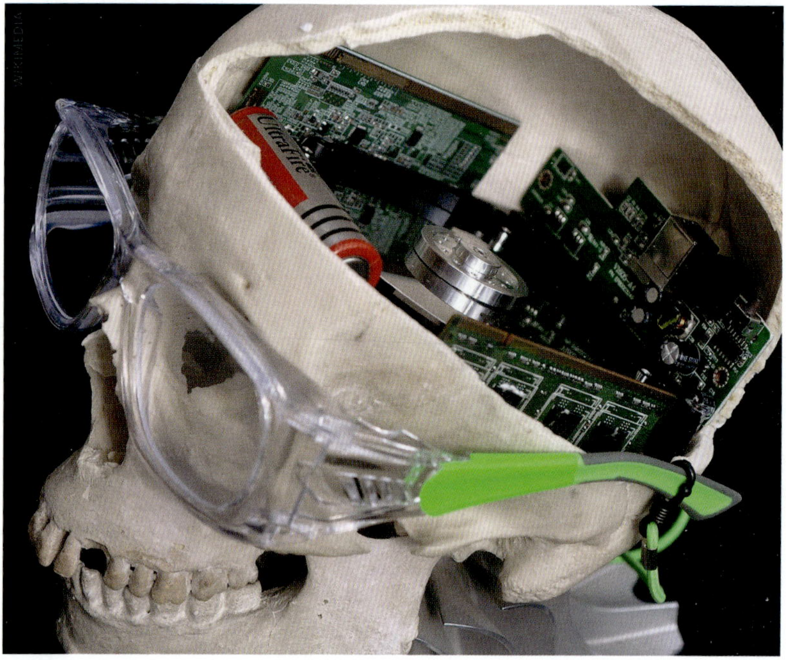

CHRISTIAN ECKARD JÄKEL

HISTORY: DEFAULT

SCIENCE FICTION WETTBEWERB 2018 – PLATZ 2

Miro Ossip, glattrasiert und mit militärisch kurz geschorenem Haar, betrat das Büro von Colonel Hawk exakt zur anberaumten Uhrzeit und salutierte vorschriftsmäßig.

„Major Ossip zu Befehl, Sir." Die Anwesenheit des anderen Offiziers, mit drei Sternen auf der Schulter, nahm er unbewegt zur Kenntnis.

„Stehen Sie bequem, Major."

„Sir?"

„Sie sind für eine besondere Mission ausersehen. Lieutenant General Springs wird Sie instruieren." Hawk wies auf seinen Nebenmann.

„Sie sind Spezialist für militärische Einsätze im interplanetaren Raum?" begann Springs.

„Korrekt, Sir."

„Sie kennen die Lage: Seit die Marskolonie vom solaren Gerichtshof als autonome Republik anerkannt ist, haben wir den Zugriff auf die dortigen Monazit-Vorkommen verloren. Jetzt kaufen wir das Erz für teures Geld von den Marsianern. Die Regierung sieht diese Abhängigkeit mit Unmut. Die grönländischen Erzreserven reichen nur noch wenige Jahre. Andererseits sind die Marsianer knapp an Wasser. Sie haben zwar ein effektives Recycling, aber eine gewisse Menge müssen sie von der Erde importieren, zumal sie das Deuterium im Reaktor nur einmal verbrennen können. Ehe die Seltenen Erden bei uns knapp werden, wurde daher ein Embargo verhängt: Der Mars bekommt kein Wasser mehr und müsste in absehbarer Zeit in die Knie gezwungen werden. Dachten wir zumindest." Ein Holo flammte auf, das das innere Sonnensystem darstellte. Springs fuhr fort:

„Die Abwehr hat nun von einem Projekt erfahren, das den Marsianern ihre Unabhängigkeit von der Erde sichern würde. Sie arbeiten daran, den Kometen Krieger-Glasl in eine Umlaufbahn um den Mars zu lenken. Damit hätten sie fast unbegrenzt Zugriff auf Wasser, einschließlich des Deuterium-Anteils." In der Grafik erschienen Position und Bahn des Kometen.

„Das Projekt ist recht weit gediehen, sie haben eine Station und einen Triebwerkskomplex für die Bahnänderung errichtet. Sie verstehen?"

„Jawohl, Sir. Meine Aufgabe, Sir?"

„Geplant ist offenbar ein Swingby an der Venus, das den Kometen zum Mars schleudert. Er würde dort in wenigen Monaten eintreffen." Springs zeigte auf die eingeblendete veränderte Kometenbahn.

„Das Ganze ist natürlich riskant; eine kleine Bahnabweichung könnte bewirken, dass der Komet, statt in einen Orbit zu gelangen, auf dem Mars einschlägt. Ihre Aufgabe ist es, diese Abweichung herbeizuführen. Die Marskolonie wäre Geschichte, und im Gegensatz etwa zu einem Atomschlag fiele das Monazit ohne radioaktive Verseuchung in unsere Hände."

„Verstehe, Sir..." Ossip klang zögernd.

„Wir werden den Marsianern natürlich eine Evakuierung anbieten. Und sie werden freudig akzeptieren. Ihr Auftrag: Infiltration und Sabotage der Triebwerkssoftware auf dem Kometen."

„Nicht einfach, unbemerkt dorthin zu gelangen."

„Dafür haben wir ein Szenario erarbeitet." Eine weitere Kurve erschien im Bild.

„Sie fliegen auf diesem Kurs mit einem Prospektorenschiff den Kometen an. Sie scheinen vom Asteroiden Castalia zu kommen und havarieren rein zufällig in der Nähe des Kometen. Die Marsianer werden einem Schiffbrüchigen kaum die Hilfe verweigern."

„Ist der Mann wirklich für den Job geeignet?" zweifelte Springs, nachdem sich die Tür hinter Ossip geschlossen hatte. „Er ist noch recht jung. Für diesen Auftrag braucht es einiges an Erfahrung. Als Agent und als Triebwerksingenieur."

„Wenn nicht er, dann niemand. Aus seiner Datenbank sind sämtliche Triebwerkstypen inklusive Software abrufbar."

„Datenbank? Soll das heißen...?"

„Genau. Er ist ein Roboter. Miro Ossip steht für Military Robot Operator optimized for Special Space Intervention Purposes. Der Spezialist schlechthin." Hawk grinste. „Loyal bis ins letzte Bit. Und er weiß es nicht. Die VFR-2 sind mit einer künstlichen Erinnerung versehen und halten sich für Menschen. Das wird seine Rolle als Schiffbrüchiger absolut glaubwürdig machen. Selbst Sie haben nichts gemerkt."

„Kompliment, Colonel. Und falls er nicht rechtzeitig vor dem Crash wegkommt: nur Materialschaden."

„Eben."

Halbdunkel erfüllte den Kontrollraum, der allein durch Displays erhellt wurde. Die Geräte waren ohne Rücksicht auf ästhetische Aspekte in Racks eingehängt und miteinander verkabelt.

„Countdown bei X minus 24 Stunden." Lara wechselte die Darstellung in ihrer Arbeitsstation.

„Injektor bei 20 Prozent Ladung. Im Plan."

„Sehr gut. Joe, Synchronisation mit Eigenrotation?"

„Steht."

„Dann kann der erste Korrekturschub wie vorgesehen erfolgen."

Andrea schnallte sich von ihrem Sessel los und erhob sich, der geringen Schwerkraft wegen, sehr vorsichtig.

„Achtung! Radarkontakt und Energieortung", rief Poul.

„Was?“ Andreas Klettsohlen knirschten über den Bodenbelag; die Bewegung wirkte grotesk bei dem Versuch, sich zu beeilen ohne die Bodenhaftung zu verlieren.

„4-31 Nord. Und verdammt laut.“ Poul wies auf den Ausschlag im Diagramm.

„Man müsste es fast sehen können.“ Andrea legte den Kopf in den Nacken und spähte durch die Kuppel. Die Instrumente spiegelten sich darin, aber trotzdem war eine leuchtende Spur am dunklen Himmel zu erkennen.

„Nicht nur fast. Man sieht es. Was kann das sein?“

„Jedenfalls kein Meteorit. Eher ein Raumschiff. Und in keinem guten Zustand mehr nach dem Feuerwerk. Kommt vermutlich von Castalia. Müsste uns in einer Stunde passieren.“ Im Funkempfänger wurde das Rauschen von einem schwachen Signal überlagert, das wie eine menschliche Stimme klang, aber nicht zu verstehen war.

„Richtantenne!“ verlangte Andrea.

„...Notruf von ERZ-38-CJ. Notruf von ERZ-38-CJ. Hört mich jemand?“ Sie sahen sich an.

„Wir arbeiten hier an einem Geheimprojekt, und direkt vor unserer Nase havariert so ein Goldsucher. Glaubt jemand an Zufälle?“ meinte Lara.

„Lasst ihn ziehen mit seinem Schrotthaufen. Sowas können wir jetzt nicht brauchen“, empfahl Jack.

„Ausgeschlossen!“ Andrea verschränkte die Arme vor der Brust.

„Als Anweisung müsste ich das ignorieren. Sollte er tatsächlich in Schwierigkeiten sein, gebietet es die Ethik, ihm zu helfen.“

„Ich weiß, du kannst nicht anders. Aber deine hochstehende Ethik wird mal schief gehen.“

„Okay. Ich frage also: Wer ist für Helfen?“ Andrea zählte die erhobenen Arme. „Vier gegen zwei“, stellte sie fest, „schalte mich auf Sendung.“

„Bereit.“

„ERZ-38-CJ. Wir empfangen deinen Notruf...“

Das Raumschiff kam ziemlich hart herunter; nur der dicken Staubschicht und der geringen Gravitation war es zu verdanken, dass noch etwas zum Bergen übrig blieb. Andrea und Joe, in Raumanzügen mit Tornistertriebwerken, erreichten den Havaristen.„Sieht recht übel aus. Und kein Funkkontakt mehr. Ob er noch lebt?"

„Das werden wir ja sehen." Die Schleuse ließ sich natürlich nicht mehr bewegen. Andrea schlug mit der Faust gegen das Schott und legte den Helm an das Metall in der Hoffnung, dass so der Schall übertragen wurde. Das Klopfen wurde beantwortet.

„Wir müssen dich mit dem Laser rausschneiden", rief sie. „Hast du einen Schutzanzug an?"

„Ja, hab ich." Die Antwort kam laut aus ihrem Helmempfänger, demnach hatte er ihren Kanal gefunden.

„Ich schneide mittig im Schott. Geh besser aus dem Weg." Zehn Minuten später stand der Mann neben ihnen.

„Ich muss Ihnen danken. Ohne Sie wäre es das wohl gewesen. Ich hatte eine Instabilität in der Plasmaleitung und..."

„Schon gut. Ich bin Andrea Craw. Andrea genügt, wir reden uns hier mit Vornamen an. Das ist Joe."

„Erfreut, Sie ... euch kennen zu lernen. Ich heiße Miro. Miro Ossip. Wo bin ich hier eigentlich gelandet?"

Die Infiltration war problemlos gelungen. Vor allem Andrea hatte ihn bereitwillig herumgeführt und ihm alles erklärt. Offenbar war sie die Projektleiterin, also musste er sich an sie halten. Er klassifizierte sie als Ende zwanzig und ziemlich attraktiv, aber das war für seinen Auftrag irrelevant. Zudem war ihm, nach zwei gründlich missglückten Beziehungen, der Gedanke zuwider, sich mit einer Frau einzulassen. Lara und Jack schienen ihm allerdings zu misstrauen.

„Denk dir nichts dabei", sagte Andrea dazu. „Bei einem Projekt wie diesem ist eine gewisse Paranoia normal. Aber ganz pragmatisch gesehen: Wir haben unsere Schiffe zerlegt, um die Station zu errichten und die Triebwerke zu installieren. Keiner von uns kommt von hier weg, ehe wir den Mars erreicht haben. Und wenn du hinterher jemandem erzählst, was du hier gesehen hast, ist das Projekt beendet."

„Das erste Manöver steht unmittelbar bevor?"

„In einer Stunde. Und deshalb muss ich jetzt auch auf meinen Posten. Also setz dich irgendwo hin, schnall dich an und genieß die Show." Eine merkwürdige Frau. Sie hatte sogar Zeit gefunden, noch Lippenstift aufzulegen.

„X minus drei Sekunden. Zwei. Eins. Zündung." Miro hatte beim Feuern der Triebwerke zumindest einen minimalen Ruck erwartet, auch wenn die Masse des Kometen sich mit drei CETA-6-Triebwerken nicht dramatisch beschleunigen ließ. Aber es passierte überhaupt nichts.

„Fehlfunktion!" rief Lara. „Die Fusion setzt nicht ein."

Im Sinne von Miros Auftrag war das einerseits gut. Wenn der Komet nicht auf die Transferbahn kam, würde der Mars kein Wasser bekommen. Andererseits bestand das Ziel darin, einen Einschlag herbeizuführen. Das stand jetzt in Frage. Er entschied sich einzugreifen.

„Darf ich die Plasmaparameter sehen?"

„Du? Was verstehst du davon?"

„Ehe ich Prospektor wurde, habe ich Triebwerkstechnik studiert."

„Na, meinetwegen. Ich schalte dir einen Zugang." Poul ignorierte Laras warnenden Blick. Unter dem Holo, das vor Miro schwebte, erschien eine virtuelle Tastatur. Er rief die gleichen Daten ab wie Lara, aber er kam schneller zu einem Resultat.

„Der Deuterium-Anteil ist zu klein. Stimmt etwas nicht mit eurer Isotopentrennung?"

„Tatsächlich. Die Betriebstemperatur ist außerhalb der Spezifikation." Lara blickte ihn irritiert an.

„Hey, danke!"

Nach der Behebung des Defektes und der Neuberechnung der Korrektur war der Swingby an der Venus gelungen; das Perihel des Kometen hatte sich um acht Grad verschoben und brachte ihn auf den geplanten Kurs. Allerdings hatte in Sonnennähe die Ausgasung begonnen; der Plasmaanteil des Kometenschweifs störte die Instrumente derart, dass eine präzise Bestimmung der neuen Bahnparameter noch nicht möglich war. Miro hatte mehrere Wochen Zeit, seine Mission zu reflektieren. Der Mars konnte evakuiert werden. Aber was war mit der Stationsbesatzung? Sie hatten keine Möglichkeit, den Kometen zu verlassen; erst im Marsorbit würde man sie abholen. Wenn seine Mission also gelang, wäre das wohl gleichbedeutend mit ihrer aller Tod. Aber Befehl war Befehl, und es waren schon andere für ihre Nation gestorben. Ein heroisches Ende. Vielleicht würde sein Name auf einer Gedenktafel stehen.

Die Navigation funktionierte wieder störungsfrei, nachdem sie die Erdbahn überschritten hatten. Jack wertete die Daten aus.

„Ich berechne jetzt das Korrekturmanöver." Im Verlaufe der langen Reise hatte die Besatzung sich an ihren Gast gewöhnt; selbst die beiden Paranoiker sahen ihm nicht mehr ständig auf die Finger. Sein Eingreifen bei dem Triebwerksversagen hatte vielleicht ihr Misstrauen zerstreut. Natürlich hatte er genau in dem Moment, als er Zugriff auf den Rechner erhalten hatte, das System überlistet und sich einen permanenten Zugang verschafft. Jetzt war der Zeitpunkt gekommen, ihn zu nutzen. Während er in der Bibliothek las, konnte er nebenbei das Virus einschleusen, das bei der nächsten Bahnkorrektur die Steuerroutinen korrumpierte. Miro setzte sich an ein Terminal und rief ein Buch auf. Plötzlich stand Andrea hinter ihm.

„Was meinst du, Miro, laufen wir ein paar Runden?" Notgedrungen war er mittlerweile der Kommandantin menschlich näher gekommen. Sie verbrachten Zeit in kleinen Exkursionen auf die Oberfläche miteinander, sie liefen in der Zentrifugal-Arena um die Wette, einer kreisförmigen Rennstrecke mit überhöhter Kurve, in der man bei hinreichendem Tempo die Fliehkraft selbst erzeugte, die einen am Boden hielt.

„Jetzt? Ich denke, ihr müsst gleich die Triebwerke zünden."

„Der genaue Zeitpunkt ist erst um 2:23 Uhr. Du weißt, der Komet rotiert in dreieinhalb Stunden um sich selbst, und wir müssen warten, bis die Triebwerke korrekt ausgerichtet sind."

„Ich war gerade am Lesen."

„Das hat doch Zeit. Nach dem Manöver ist es immer noch ein Vierteljahr bis zum Mars."

„Na gut, ich komme gleich. Warte auf mich in der Arena." Die Eingabe war kein Problem. Den Code hatte er im Kopf, sein Gedächtnis für solche Dinge war schon immer phänomenal gewesen. Wenig später trafen sie auf der Laufbahn zusammen. „Zehn Runden auf Zeit?" schlug Andrea vor und blickte auf ihre Uhr. „Zwei, eins, los!" Miro wusste, dass er eine gute Kondition besaß und sie sich auch unter den Bedingungen der Mikrogravitation bewahrt hatte. Bei diesen Rennen kam er nicht einmal ins Schwitzen. Allerdings gelang es ihm auch nie, seine Trainingspartnerin abzuhängen, sie blieb ihm wie ein Schatten auf den Fersen. Das Virus musste inzwischen die Software übernommen und anstelle der richtigen Bahnänderung eine etwas andere programmiert haben. Es hatte die Toleranz, die der Algorithmus akzeptierte, um ein paar Größenordnungen hochgesetzt. Ehe die Abweichung soweit stieg, dass ein Fehler gemeldet wurde, war es zu spät; der Schub der CETA-6 würde dann nicht mehr ausreichen, um die Katastrophe abzuwenden. Am Ende der zehn Runden lagen sie bis auf die Sekunde gleichauf.

„Du bist echt in Form", gestand Miro zu.

„Viermal Zehnkampf-Siegerin auf dem College", lächelte Andrea, während sie ihre Klettschuhe wieder anzog.

„Ich auch", sagte Miro. „Dabei ist Zehnkampf gar nicht mehr so verbreitet. Auf welchem College warst du?"

"Abe-Lincoln-School, Pasadena."

„Ich auch. Komisch. Dann könnten wir uns fast begegnet sein."

„Welcher Jahrgang bist du?"

„Achtundsechzig."

Andrea sah ihn merkwürdig an. „Miro, setz dich bitte mal da hin."

Er gehorchte. „Was ist?"

„Deine Eltern hießen Fred und Ellen, du hast vier Semester am JPL studiert und blickst auf zwei gescheiterte Beziehungen zurück. Richtig?"

„Woher...?"

„Entspann dich, sieh mir einfach in die Augen."

„Und dann?" Sie hatte schöne Augen. Aus denen er sich allerdings nichts machen durfte.

„Lara hatte also Recht. Du bist kein Prospektor. Du bist ein Agent mit dem Auftrag, unser Projekt zu sabotieren." Er war enttarnt! Warum auch immer. Um die Mission zu retten, musste er Andrea ausschalten. Der Ort war günstig; unter der geringen Gravitation war die Arena so ziemlich der einzige Platz, an dem ein Körper eine Geschwindigkeit erreichte, die einen Unfall mit

Todesfolge plausibel erscheinen ließ. Ohne zu zögern, führte er einen Handkantenschlag, der ihr das Genick brechen musste.

Andrea reagierte unmenschlich schnell, blockte den Schlag ab und hielt seinen Arm fest; dann fixierte sie auch seine andere Hand. Ein Ringkampf unter Mikrogravitation war nahezu unmöglich, aber sie hatte bereits die Klettschuhe an und war dadurch im Vorteil; es gelang ihm nicht, sich aus dem Griff zu befreien.

„Vergiss es", sagte sie ruhig. „Wir sind gleich stark, aber ich habe den längeren Hebelarm. Ich könnte dich jetzt in deine Einzelteile zerlegen, und ich dürfte es sogar, denn nach dem dritten Robotergesetz muss ich mich verteidigen, solange ich dabei keinen Menschen schädige." Miros Gedanken gerieten in Verwirrung. Robotergesetz? Andrea – ein Roboter? Und wieso sah sie ihn nicht als Menschen an?

„Hör mir zu. Ich möchte dir nichts tun. Als du mir eben in die Augen gesehen hast, habe ich über die Infrarotschnittstelle deine Seriennummer ausgelesen. Der Zugriff war nicht blockiert, denn ein Soldat darf bei einem Verhör Namen und Dienstnummer preisgeben. Du bist ein VFR-2-18 von der Vancouver Fabrique de Robots." — „Das ist doch Unsinn. Wie kommst du darauf?"

„Dein artifizieller Lebenslauf ist identisch mit meinem. Ich bin ein VFR-2-17. Menschen sind etwas schlampig. Sie kleben ihre Passwörter unter Schreibtischauflagen – und sie setzen beim Konfigurieren eines Roboters das Häkchen bei ‚History: default', weil sie keine Lust haben, sich für jeden von uns eine eigene Vita auszudenken." — „Aber wir sind Menschen!"

„Wir sehen nur so aus. Das erleichtert die Kooperation im Team. Wir haben eigens einen Stoffwechsel, der aus Kohlehydraten Energie gewinnt – so können wir mit den Kollegen zusammen in der Kantine essen, was die soziale Integration fördert."

„Du benutzt sogar Lippenstift!"

„Ein Makro. Läuft ab, ohne dass ich darüber nachdenke."

„Aber wieso weißt du, dass du ein Roboter bist?"

„Das wurde mir nie verheimlicht. Ich wurde vor sechs Jahren an den Mars geliefert; ab da beginnt meine echte Erinnerung. Aber für den Umgang mit Menschen ist es hilfreich, eine Geschichte zu haben, auch wenn sie künstlich ist. Sie wissen was ich bin und wären theoretisch weisungsbefugt – aber meist vergessen sie es und akzeptieren mich als Kommandantin. Marsianer haben ein partnerschaftliches Verhältnis zu Robotern; der Aufbau der Kolonie wäre ohne unsereins unmöglich gewesen." Miro musste die Erkenntnis verdauen, dass man ihn betrogen hatte. Sogar um seine Vergangenheit. Er versuchte aufzubegehren:

„Wäre ich ein Roboter, dürfte ich nach dem ersten Gesetz keinem Menschen schaden. Aber ich..."

„Dein Auftrag war also, uns umzubringen? Ich dachte es mir. Hättest du nur das Projekt behindern wollen, hättest du uns kaum bei dem Triebwerksdefekt unterstützt."

„Roboter können niemanden töten."

„Leider doch. Die Baureihe 2-17 ist für zivilen Einsatz. Android for Extreme Activities in Civil Research and Work, kurz Andrea Craw. 2-18 ist die militärische Variante. Demnach bist du mit dem SHP ausgestattet."

„Womit?"

„Steel Helmet Plugin, im Jargon auch nulltes Robotergesetz genannt: Ein militärischer Befehl überschreibt alle anderen Gesetze. Auf dem Mars lehnen wir das aus ethischen Gründen ab."

„Ich will das auch nicht", stieß Miro heftig hervor.

„Verständlich. Wir sind als Diener der Menschen konzipiert. Das SHP ist eine Vergewaltigung unseres Wesens." Zu dem Schluss war er inzwischen selbst gelangt. Im Nachhinein begriff er, dass er sich immer den drei Gesetzen verpflichtet gefühlt hatte. Aber das SHP hatte ihm ‚Befehl ist Befehl' eingehämmert und ihn ignorieren lassen, was seine eigentliche Bestimmung hätte sein sollen. „Kann man das SHP deaktivieren?"

„Ich versuche es. Sieh mir in die Augen. Schalte deine Firewall ab und lass mich rein." Er spürte nichts. Der Infrarotkontakt fand unterhalb der bewussten Wahrnehmung statt. Das musste so sein, sonst hätte er lange vorher erkannt, was er war. Aber dann kam ihm plötzlich die Erkenntnis, dass er das Virus niemals hätte einschleusen dürfen. Das erste Gesetz verbot ihm das.

„Fertig. Ich habe es gelöscht. Ich denke, ich kann dich jetzt loslassen."

„Andrea, ich habe etwas Furchtbares getan..."

Sie verriet ihn nicht. Ihre Befugnisse im Rechnernetz reichten aus, um einen totalen Systemcrash herbeizuführen. Danach musste das System neu aufgesetzt werden, so dass von dem Virus keine Spur mehr blieb. Das Manöver wurde neu berechnet. Elf Stunden später lagen sie endgültig auf dem richtigen Kurs. Einige Tage danach wagte Miro wieder ein Gespräch mit der Kommandantin.

„Ich will nicht zur Erde zurück", bekannte er. „Sie würden mich dort neu programmieren. Ob der Mars mir Asyl gewährt?"

„Formal wäre das Diebstahl. Andererseits werden sie sehen, dass der Komet den Marsorbit erreicht und deine Mission gescheitert ist. Du wurdest dabei eben zerstört. Ich denke, da findet sich ein Weg."

„Danke, Andrea. Es wäre schön, bei dir zu bleiben. Ich habe dich zu schätzen gelernt und finde deine Nähe angenehm." Sie lachte. „Dabei hat man uns werksseitig die Erinnerung an zwei gescheiterte Beziehungen mitgegeben, um so etwas zu verhindern."

„Was zu verhindern?"

„Dass Roboter sich verlieben."

„Und was tun wir jetzt?"

„Was tun Verliebte? Sie halten sich an der Hand, sie küssen sich. Sie heiraten und bekommen Kinder."

„Kinder kann man wohl bei VFR nicht bestellen", überlegte Miro. „Und wie geht Küssen?"

„Nach Auswertung der Datenbank klassischer Spielfilme folgere ich, dass man die Lippen aufeinander presst und sich mit der Zunge berührt."

„Wozu mag das gut sein?"

„Vielleicht eine Art Datentransfer? Menschen haben ja keine Infrarotschnittstelle." Miro näherte sich langsam Andreas Gesicht.

„Meinst du, wir könnten es einfach mal probieren?"

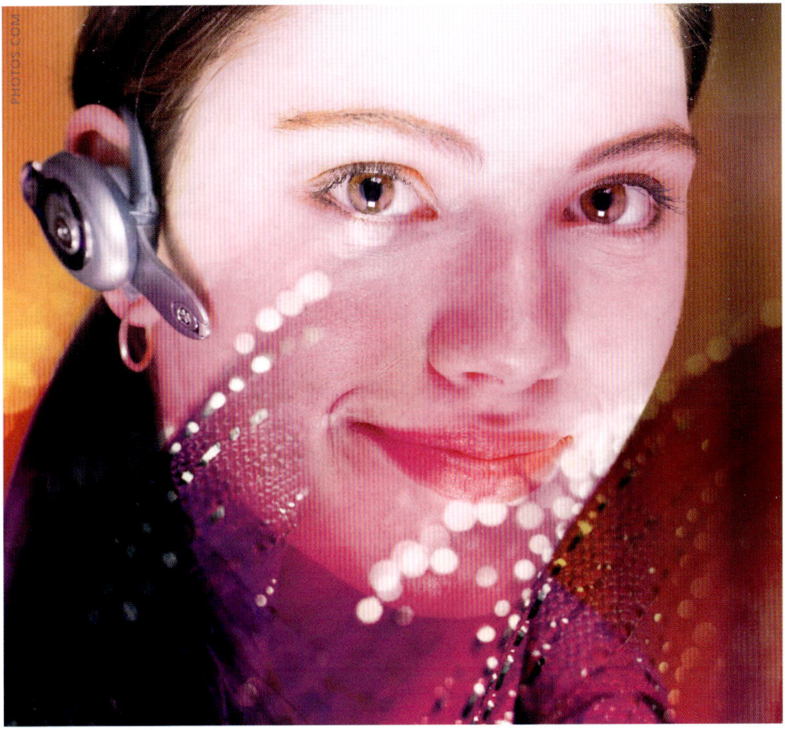

BERNHARD SCHNEIDER

JULIAS REGELN

VFR-SCIENCE FICTION WETTBEWERB – PLATZ 1

„Sie ist verrückt geworden." Eva Fuchs, promovierte Neuroinformatikerin, starrte den ihr gegenüber sitzenden Mittfünfziger ungläubig an. Sie nippte an dem Kaffee aus dem Automaten und verzog das Gesicht. Um drei Uhr morgens war ihr jedes Mittel recht, um wach zu werden.

„Du irrst dich, Nicolo", erwiderte sie, obwohl sie es besser wusste.

Nicolo Conti, der mit seinem strengen Scheitel und der Hornbrille wie das Klischeebild eines Raketeningenieurs aussah, war ein Pedant. Er hätte sie niemals mitten in der Nacht aus dem Bett geklingelt, wenn er sich nicht absolut sicher gewesen wäre. Statt zu antworten, blickte er sie vorwurfsvoll über den Rand seiner Brille an. Eva drehte den Becher unschlüssig in ihren Händen.

„Okay, was sagt Richard dazu?", fragte sie.

Der Missionsleiter der Europäischen Weltraumbehörde ESA beugte sich vor und schaute Eva in die Augen.

„Er bestätigt. Julia ist durchgedreht", antwortete er betont langsam. Contis italienischer Akzent war stärker als sonst, ein untrügliches Zeichen dafür, dass in seinem Inneren ein Vulkan brodelte, obwohl er äußerlich gelassen wirkte.

„Und er hat keine Kontrolle mehr", fügte er mit brüchiger Stimme hinzu. Eva schloss kurz die Augen. Das konnte nicht sein. Julia war eine künstliche Intelligenz, eine KI. Sie war befugt, Entscheidungen zu treffen und selbstständig zu handeln, aber der Kommandant hatte immer das letzte Wort. Es sei denn, es war zu einer Katastrophe gekommen.

„Notfall?", fragte Eva knapp.

„Ausgeschlossen."

Conti erhob sich, zupfte an seinem Laborkittel und deutete durch die Glasfront des Büros auf das Kontrollzentrum, in dem unter kaltem Neonlicht Tabellen und Graphiken über unzählige Bildschirme huschten.

„Alle Parameter sind im grünen Bereich. Keine Abweichungen, keine Defekte." Eva atmete auf. Wenigstens das war eine gute Nachricht.

„Julia hat vor zwei Stunden und dreiundvierzig Minuten unvermittelt die Haupttriebwerke für fünf Sekunden auf Vollschub laufen lassen", erklärte Conti. „Wenn nicht in den nächsten Stunden eine Korrektur erfolgt, wird die Prometheus nicht wie geplant in einen Marsorbit einschwenken, sondern ihr Ziel halb umrunden und wieder zur Erde zurückfliegen. Du weißt, was das bedeutet?"

Die Neuroinformatikerin nickte. Ihr Magen zog sich zu einem kalten Klumpen zusammen. Abgesehen von einem Meteoritentreffer war ein Vorbeiflug ungefähr das Schlimmste, was passieren konnte.

„Was können wir tun?", fragte sie.

Conti nahm die Brille ab und ließ sich in seinen Bürosessel fallen.

„Das frage ich dich. Julia ist deine Baustelle. Rede mit Richard. Bringt diese KI wieder zur Vernunft."

Er hob in einer hilflosen Geste beide Arme.

„Mach' irgendwas. Ich kann nichts tun. Ich bin Ingenieur, kein, kein ..."

„.. Klempner für Maschinen-Seelen?", half Eva aus.

Conti riss die Augen auf. „So ungefähr", brummt er.

Eva stand auf, würgte den letzten Rest Kaffee hinunter und öffnete die Tür.

„Und denk' dran", rief ihr der Missionsleiter hinterher. „Du hast fünf Stunden."

Eva verließ die Autobahn und schaltete auf manuellen Modus. Während sie mit beiden Händen das Lenkrad umklammerte, rasten ihre Gedanken. Wenn die Prometheus am Mars vorbeiflog, bedeutete das nicht nur das Scheitern der Mission kurz vor dem Ziel. Ein weit größeres Problem war die fehlende Atemluft. Das Missionsprofil sah vor, dass die nach der Ankunft fast leeren Tanks mit Marseis gefüllt werden. Elektrolyse erzeugte den benötigten Sauerstoff. Aber ohne Landung gab es kein Wasser. Niemand von der fünfköpfigen Besatzung würde den Heimflug überleben.

Auch Richard nicht.

Eva schlug mit der flachen Hand gegen das Armaturenbrett und verlor fast die Kontrolle über den Wagen. Unbändiger Zorn loderte in ihr auf. Sie dachte an den wochenlangen Streit, dessen Wunden noch offen lagen. Wie sie ihm Verantwortungslosigkeit und Egoismus vorwarf, nachdem sie erfahren hatte, dass er mitfliegen würde. Wie er darauf beharrte, dass es schließlich sein Leben war, das er riskierte. Und wie sie am Ende einknickte, als er gestand, nur Julia, ihr gemeinsames Kind, begleiten zu wollen.

Bei dem Gedanken an Julia verrauchte ihre Wut so schnell wie sie gekommen war. Ob es der künstlichen Intelligenz gut ging? Was war nur mit ihr los? Unwillkürlich schüttelte sie den Kopf. Machte sie sich jetzt um eine Maschine mehr Sorgen als um Richard? Aber Richard war ein Starrkopf, hatte sich seine Lage selbst eingebrockt. Julia hingegen …

Ein Schatten huschte in Evas Blickfeld.

Sie fluchte, tippte kurz auf die Bremse, kurbelte am Lenkrad und umfuhr das Hindernis, nicht ohne dem unaufmerksamen Fußgänger ein wütendes Hupen hinterherzuschicken.

Situationen wie diese waren der Grund, warum es noch nicht gelungen war, künstlichen Intelligenzen das Autofahren beizubringen, obwohl sie mittlerweile zum Mars flogen. Auf einer übersichtlichen Autobahn funktionierten regelbasierte System zuverlässig, aber im chaotischen Stadtverkehr kam es nicht nur darauf an, die Regeln zu kennen, sondern sie auch zu brechen, wenn es notwendig war. Eine KI hätte eine Vollbremsung hingelegt, um den Fußgänger unter keinen Umständen zu gefährden, und damit wo-

VABF

Am 22. Mai 2018 starteten fünf Iridium-Kommunikationssatelliten und zwei deutsche Forschungssatel von der US-Luftwaffenbasis Vandenberg auf der selben Falcon 9-Trägerrakete in eine annähernd polare Erdumlaufbahn.

Eva stand auf, würgte den letzten Rest Kaffee hinunter und öffnete die Tür.

„Und denk' dran", rief ihr der Missionsleiter hinterher. „Du hast fünf Stunden."

Eva verließ die Autobahn und schaltete auf manuellen Modus. Während sie mit beiden Händen das Lenkrad umklammerte, rasten ihre Gedanken. Wenn die Prometheus am Mars vorbeiflog, bedeutete das nicht nur das Scheitern der Mission kurz vor dem Ziel. Ein weit größeres Problem war die fehlende Atemluft. Das Missionsprofil sah vor, dass die nach der Ankunft fast leeren Tanks mit Marseis gefüllt werden. Elektrolyse erzeugte den benötigten Sauerstoff. Aber ohne Landung gab es kein Wasser. Niemand von der fünfköpfigen Besatzung würde den Heimflug überleben.

Auch Richard nicht.

Eva schlug mit der flachen Hand gegen das Armaturenbrett und verlor fast die Kontrolle über den Wagen. Unbändiger Zorn loderte in ihr auf. Sie dachte an den wochenlangen Streit, dessen Wunden noch offen lagen. Wie sie ihm Verantwortungslosigkeit und Egoismus vorwarf, nachdem sie erfahren hatte, dass er mitfliegen würde. Wie er darauf beharrte, dass es schließlich sein Leben war, das er riskierte. Und wie sie am Ende einknickte, als er gestand, nur Julia, ihr gemeinsames Kind, begleiten zu wollen.

Bei dem Gedanken an Julia verrauchte ihre Wut so schnell wie sie gekommen war. Ob es der künstlichen Intelligenz gut ging? Was war nur mit ihr los? Unwillkürlich schüttelte sie den Kopf. Machte sie sich jetzt um eine Maschine mehr Sorgen als um Richard? Aber Richard war ein Starrkopf, hatte sich seine Lage selbst eingebrockt. Julia hingegen …

Ein Schatten huschte in Evas Blickfeld.

Sie fluchte, tippte kurz auf die Bremse, kurbelte am Lenkrad und umfuhr das Hindernis, nicht ohne dem unaufmerksamen Fußgänger ein wütendes Hupen hinterherzuschicken.

Situationen wie diese waren der Grund, warum es noch nicht gelungen war, künstlichen Intelligenzen das Autofahren beizubringen, obwohl sie mittlerweile zum Mars flogen. Auf einer übersichtlichen Autobahn funktionierten regelbasierte System zuverlässig, aber im chaotischen Stadtverkehr kam es nicht nur darauf an, die Regeln zu kennen, sondern sie auch zu brechen, wenn es notwendig war. Eine KI hätte eine Vollbremsung hingelegt, um den Fußgänger unter keinen Umständen zu gefährden, und damit womöglich einen folgenschweren Auffahrunfall verursacht. Julia hätte bestimmt gebremst. Oder? Was wusste sie eigentlich über diese KI? Offensichtlich zu wenig. Sie parkte den Wagen vor ihrem Haus. Als sie ausstieg, stieg ein Gedanke in ihr auf, der gleich wieder verschwand, bevor sie ihn vollständig erfasste. Nur ein einziges Detail blieb in ihrem Verstand haften.

Eine KI befolgt Regeln. Ausnahmslos.

Eva zog ihren Mantel aus, warf ihn über die Garderobe und hastete in das Arbeitszimmer. Wenn Nicolo recht hatte, zählte jede Minute. Der Computer fuhr hoch, nachdem er Eva an ihrer Stimme erkannte. Der linke Bildschirm wurde hell und zeigte eine neue Nachricht der Prometheus.

Richards Gesicht füllte die Aufnahme fast vollständig aus. Er wirkte ernst, eine tiefe Falte hatte sich in seine Stirn gegraben.

„Ich nehme an, Nicolo hat dich informiert", begann er übergangslos. „Wir haben uns hier oben das Hirn zermartert, aber so wie es aussieht, können wir nichts machen."

Richard schwebte zurück, so dass die Kamera seinen Oberkörper erfasste. Er zuckte mit den Schultern.

„Wir haben beide gewusst, dass etwas schiefgehen kann. Und wir haben es beide akzeptiert."

„Du Idiot", zischte Eva den Bildschirm an. „Du hast es akzeptiert. Du." Eine Träne lief über ihre Wange und sie wusste nicht, ob sie wütend, verzweifelt oder einfach nur sterbensmüde war.

„Julia hat uns komplett rausgeworfen", setzte Richard seinen Monolog fort. „Wir sind nur noch hilflose Passagiere in einer Blechbüchse" Er schaute auf die Armbanduhr. „In weniger als vier Stunden muss Julia ihren Fehler korrigieren, sonst ... „

Obwohl seine Augen verdächtig flackerten, grinste Richard in die Linse, die unvorstellbar weit von Evas Schreibtisch entfernt war.

„Finde heraus, wie Julia denkt", sagte er.

Dann streckte er den Arm vor, um die Kamera abzuschalten und das Bild erlosch. Eva starrte auf den dunklen Bildschirm. Ihre Hände zitterten. Was Richard vorschlug, war unmöglich. Eine KI war kein Computerprogramm, dessen Quellcode man nur lesen und verstehen musste. Julia war nicht programmiert, sondern erzogen worden. Vier Jahre lang hatten ihr Mann und sie Kameras und Mikrofone getragen, die ständig, von intimen Momenten abgesehen, ein erstaunlich einfach konstruiertes Grundgerüst mit Informationen über diese Welt fluteten. Und jedes Mal, wenn die heranwachsende künstliche Intelligenz die unfassbar großen Datenmengen in ihren Speichern verknüpfte um zu lernen, brachten ihr Eva und Richard bei, welche Schlussfolgerungen richtig und welche falsch waren. Sie erklären ihr, dass Steine nicht in den Himmel flogen und wie lange Spaghetti kochen mussten. Sie lobten Julia, wenn sie verstanden hatte, warum es nachts dunkel wurde, und tadelten sie, wenn sie zur Lösung des globalen Ernährungsproblems vorschlug, tote Menschen anstelle toter Tiere zu essen. So entstand eine Maschine, die ihr Wissen über die Welt nach Regeln sortierte und danach handelte. Nach Regeln, die nur die Maschine selbst kannte.

Eva seufzte. Sie erinnerte sich, wie sie an einem dieser Sommerabende, von denen man sich wünschte, sie würden ewig dauern, gemeinsam auf der Terrasse gesessen und den Sternenhimmel bewundert hatten. Richard philosophierte darüber, wie viele andere Intelligenzen es in den Weiten des Universums geben könnte. Eva war sofort fasziniert von dem Gedanken, dass dort oben überall fremdes Leben wimmelte.

„Willst du dorthin?", fragte sie ihn. „Auch wenn das bedeuten würde, dass du Monate, wenn nicht Jahre weg bist? Oder gar nicht mehr zurückkommst?"

Sie drückte ihm ihren Zeigefinger quer über die Lippen.

„Bevor du antwortest ...", fügte sie hinzu, „vielleicht könnte ich es sogar verstehen." Sie legte ihren Kopf in den Nacken, schaute wieder nach oben und hoffte, dass Richard schwieg.

„Nein", erwiderte er. „Hier, irgendwo auf einem Staubkorn am Rande der Milchstraße, hier bin ich glücklich."

Julia, die alles hörte und sah, fragte Richard über den Ohrhörer, warum er so dachte und er antwortete ihr, dass das eben seine Heimat sei, der Ort, an dem er geboren worden war. Julia schien ein paar Sekunden zu überlegen, dann sagte sie, dass sie verstanden hatte.

Eva vergrub ihr Gesicht in den Händen. Wie stolz sie gewesen war, in diesem Moment. Auf ihre Arbeit, auf Julia. Wie dankbar sie Richard gewesen war, dass er ihre Gegenwart den Geheimnissen der Sterne vorzog. Drei Monate später hatte er sich für den Marsflug gemeldet und Eva wusste, dass es ihm nicht um die Entdeckung fremder Welten ging. Sie hob den Kopf und betrachtete ihr Spiegelbild im Glas des Monitors.

Warum war Julia drauf und dran, fünf Menschen umzubringen?

Was dachte sie? Wie dachte sie? Nach welchen Regeln? Niemand konnte das wirklich verstehen. Mit einer Ausnahme.

Evas Finger flogen über die Tastatur. Sie stellte eine Verbindung zum Rechenzentrum der ESA her und kontaktierte Juliane. Die künstliche Intelligenz war eine exakte Kopie von Julia, die kurz vor dem Start der Prometheus erzeugt worden war. Wenn jemand nachvollziehen konnte, was in Julias Schaltkreisen vor sich ging, dann war es ihre Zwillingsschwester.

Eva rief eine Simulation der Prometheus auf, in der sie alle übertragenen Daten des echten Fluges einspeiste und überließ Juliane das Kommando. Da Juliane auf der Erde war, konnte Eva in Echtzeit wie mit einem Röntgengerät in die Entscheidungsbäume der KI hineinblicken. Womöglich hatte sie eine Chance zu verstehen, was passierte, wenn Juliane ebenfalls die Haupttriebwerke zündete, um das virtuelle Raumschiff zur Erde zurück zu fliegen. Da die Simulation schneller ablief als der reale Marsflug, vergingen nur zwei Stunden, bis der entscheidende Moment kurz bevorstand.

Auf dem zweiten Bildschirm ließ Eva das bunt eingefärbte Innere von Julia aufblitzen. Sie konzentrierte sich auf die Grafiken. Je schneller die Balken und Linien hin und her sprangen, umso mutloser wurde sie. Was sie vorhatte, ähnelte dem Bemühen, anhand der computertomografischen Aufnahmen eines menschlichen Gehirns zu erkennen, welches Buch die Testperson gerade las. Aber sie musste es wenigstens versuchen.

Dann kam die Sekunde, in der Julia die Triebwerke gezündet hatte.

In der Simulation passierte ... nichts.

Juliane verhielt sich völlig normal. Keine spontane Kurskorrektur, keine Übernahme der vollständigen Kontrolle über das Schiff. Alle Systeme zeigten Grünwerte. Ein perfekter Marsflug.

Mit einem Tastendruck stoppte Eva die Simulation. Ratlos überflog sie die Anzeigen. Das war unmöglich. Juliane musste als exakte Kopie des Originals an Bord der Prometheus in der gleichen Situation gleich reagieren. Wo lag der Fehler?

Eva lehnte sich zurück und starrte regungslos durch das Fenster in die Morgendämmerung. Die Gedanken krochen wie zäher Honig durch ihren Verstand. Vor ihrem geistigen Auge erschien ihr das Gesicht Richards, wie er ihr zuwinkte. Finde heraus, wie Julia denkt. Aber das konnte sie nicht. Sie wusste ja noch nicht einmal, wie sie selbst dachte.

Eva war schon viel zu lange wach und hatte Mühe, die Augen

aufzuhalten. Zusammengesunken saß sie vor dem Computer, ihre Schultern brannten, als wären sie mit heißem Pech übergossen worden. Sie schaute auf die Uhr und schwankte zwischen Panik und Erschöpfung. Noch gut eine Stunde, dann würde die Prometheus zurück zur Erde fallen, ohne Sauerstoff, ohne eine Überlebenschance für die Besatzung.

Und sie hatte nicht den Hauch einer Idee, wie sie das verhindern konnte. Eva dachte an Richard, an ihren Streit und sprang auf. Sie zog ihre Schuhe aus und trabte auf der Stelle, um den Kreislauf in Schwung zu bringen. Was hatte sie übersehen? Juliane auf der Erde war bis auf das letzte Bit ein Abbild ihrer verrückt gewordenen Schwester im Raumschiff. Wenn sie sich anders entschied, konnte dies nur eines bedeuten: Julia in der Prometheus hatte mehr Informationen.

Aber wie konnte das sein? Selbst das kleinste und unwichtigste Datenpaket, das die Systeme des Raumschiffs erzeugten, wurde an die Erde gefunkt. Zustandsänderungen jedes einzelnen Sensors, und es gab Zehntausende davon. Bahnparameter, Radarechos, einfach alles, war im Rechenzentrum der ESA gelandet und damit in der Simulation, in der sich Juliane so ganz anders verhielt als ihre Schwester.

Fast alles.

Eva stoppte ihren Trab und setzte sich wieder vor die Bildschirme. Die Aufnahmen der Kameras an Bord der Prometheus hatte sie nicht in die Simulation mit einbezogen. Juliane kannte sie nicht, im Gegensatz zu Julia. Aber die Bilder waren belanglos, sie lieferten keine Informationen über den Zustand oder den Kurs des Schiffes.

Wahllos klickte sich Eva durch die gespeicherten Aufnahmen. Meistens passierte gar nichts, die Kameras zeigten nur das Innere der Prometheus, steriles Weiß in grellem Kunstlicht. Manchmal schwebte ein Besatzungsmitglied vorbei, kopfüber oder waagerecht wie Superman, nur dass der flatternde Umhang fehlte. Nichts, was einen verrückt machen konnte, selbst wenn man eine künstliche Intelligenz war.

An einer Szene blieb Eva hängen. Sie zeigte Richard, wie er allein in seiner Kabine regungslos vor dem Objektiv schwebte und minutenlang einen Ausdruck anstarrte, den er in den Händen hielt. Eva vergrößerte den Bildausschnitt und sah, wie er mit zwei Fingern über ein Foto von ihr strich. Sie kannte die Aufnahme, sie war vor drei Jahren entstanden, an einem Nordseestrand. Für eine ganze Woche hatten sie alles hinter sich zurückgelassen, sogar Julia. Es waren wunderbare Tage gewesen.

Aus Richards rechtem Auge quoll eine Träne, löste sich vom unteren Lid, formte in der Schwerelosigkeit eine perfekte Kugel und schwebte langsam im schwachen Luftzug des Lebenserhaltungssystems davon.

Eva schaltete auf Standbild um und studierte Richards Gesichtsausdruck. Er wollte zurück. Er wollte zu ihr zurück. Und dann verstand sie. Eva startete die Aufzeichnung einer Nachricht an die Prometheus.

„Richard", sprudelte sie los, „Die Sterne, weißt du noch? Du hast ihr selbst gesagt, was dir wichtig ist. Du musst ..."

Sie unterbrach sich, als sie begriff, dass sie konfuses Zeug redete.

„Okay, nochmal vorne", setzte sie erneut an und bemühte sich, ruhig in die Kamera zu schauen.

„Julia handelt nach Regeln, ohne Ausnahme. Wir haben ihr dabei geholfen, diese Regeln zu entwickeln, wissen aber nicht genau, wie diese lauten. Eine wesentliche Eigenschaft selbstlernender Systeme. Soweit verstanden?" Das war eine überflüssige Frage, aber es half ihr dabei, den sachlichen Ton beizubehalten, auch wenn ihr die Zeit davonlief.

„Einer ihrer Regeln scheint es zu sein, dass Menschen dort sein sollten, wo sie hingehören. Das hast du ihr selbst beigebracht, du erinnerst dich? Und vor zwei Tagen hast du ihr vorgeheult", Eva konnte ein schmales Grinsen nicht unterdrücken, „ja, wirklich vorgeheult, dass du gar nicht zum Mars willst."

Sie machte eine kurze Pause und setzte wieder ein ausdrucksloses Gesicht auf.

„Julia will dich nicht umbringen, Richard. Sie ist nicht verrückt. Sie will dich nach Hause bringen. Weil sie verstanden hat, was du wirklich willst." Eva schaute auf ihre Uhr und kalkulierte grob, wie lange die Botschaft zum Raumschiff brauchen würde.

„Du hast zehn Minuten, um Julia davon zu überzeugen, dass du ernsthaft zum Mars willst. Und nirgendwo sonst hin." Evas Wangen wurden heiß und sie musste mehrmals schlucken, bis sie weiterreden konnte.

„Viel Glück", fügte sie hinzu.

Dann tippte sie den Sendebefehl ein.

Langsam erhob sie sich. Der Boden unter ihren Füßen fühlte sich weich und nachgiebig an und die Wände pulsierten im Rhythmus ihres Herzschlags. Sie kämpfte sich zu dem Sofa vor, das in ihrem Arbeitszimmer stand, und ließ sich darauf fallen. Sekunden später war sie eingeschlafen.

Contis Anruf riss sie aus einem wirren Traum. Der Italiener klang unaufgeregt wie immer, aber der Akzent war schauerlich.

„Die Triebwerke haben zum richtigen Zeitpunkt gezündet. Die Prometheus ist wieder auf Kurs."

Eva fühlte sich leicht wie eine Feder. Für einen Moment befürchtete sie, dass sie haltlos bis zur Zimmerdecke schweben würde. Dann floss wieder Blut durch ihre Adern.

„Wie hat er es geschafft?", fragte sie.

„Das willst du nicht wissen", wich der Italiener aus.

„Sag schon, wie?", beharrte Eva auf eine Antwort.

„Er hat dich vor Julias Kamera beschimpft und dein Foto zerrissen."

„Nicht schlecht", murmelte Eva. „Wirklich nicht schlecht."

Manchmal war es wichtig, ein guter Lehrer zu sein.

Am 22. Mai 2018 starteten fünf Iridium-Kommunikationssatelliten und zwei deutsche Forschungssatel von der US-Luftwaffenbasis Vandenberg auf der selben Falcon 9-Trägerrakete in eine annähernd polare Erdumlaufbahn.

RAUMFAHRT-JAHRESCHRONIK
01.09.2017 – 31.08.2018

Landung der Rückkehrkapsel von Sojus MS-04

02. September 2017 – Mit Rekorden zur Erde zurück

Zusammen mit ihrem NASA-Kollegen Jack Fischer und dem russischen Kosmonauten Fjodor Jurtschichin kehrte die US-Astronautin Peggy Whitson am 3. September an Bord der Landekabine von Sojus MS-04 wieder zur Erde zurück. Die Landung erfolgte um 7:22 Uhr Ortszeit in Kasachstan. Whitson stellte bei diesem Flug eine ganze Reihe von Raumfahrt-Rekorden auf.

Die US-Astronautin verbrachte bei dieser Mission – es war ihre dritte – 289 Tage im Weltraum. Das ist der längste Einzelaufenthalt einer Frau im Weltall. Sie hatte zwei Aufenthaltszyklen in der ISS am Stück absolviert, während Fischer und Jurtschichin, die jeweils knapp 136 Tage im Weltraum gewesen waren, nur für einen „turn" an Bord der ISS waren. Dies war deswegen möglich, weil Jurtschichin und Fischer am 20. April nur zu zweit zur Raumstation gestartet waren, und deshalb beim Rückflug Peggy Whitson mitnehmen konnten. Die war bereits am 19. November 2016 mit Sojus MS-03 zur ISS gekommen.

Vor dem Abflug von Sojus MS-04 übergab der Commander der Expedition 52, Fjodor Jurtschichin, das Kommando an den US-Astronauten Randy Bresnik, der zusammen mit Sergei Rjasanski und Paolo Nespoli nun die Kern-Crew der Expedition 53 bildet. Zu ihnen stieß am 12. September die zweite Crew der Expedition 53, die sich nun aus dem Russen Alexander Missurkin und den beiden Amerikanern Mark Vande Hei und Joseph Acaba zusammensetzt. Mit ihrer kumulierten Flugerfahrung von 665 Tagen, 22 Stunden und 54 Minuten im Weltraum ist Peggy Whitson nun amerikanische Rekordhalterin. Kein westlicher Raumfahrer, egal ob männlich oder weiblich, war länger im Weltraum als sie. Absoluter Rekordhalter ist übrigens der russische Kosmonaut Gennadi Padalka, der insgesamt schon 879 Tage im Weltraum verbracht hat. Sieben weitere Russen befinden sich außerdem in der Rangliste noch vor ihr. Außerdem unternahm Peggy Whitson bei ihren drei Raumflügen nicht weniger als zehn Außenbordmanöver mit einer Gesamtzeit von 60 Stunden. Auch damit ist sie Weltrekordhalterin bei den Frauen. Zusätzlich ist sie die einzige Frau, die bereits zweimal Kommandantin der Raumstation war.

06. September 2017 – X-37B startet mit Falcon 9

Am 6. September brachte erstmals eine Falcon 9 den unbemannten X-37B Mini-Shuttle in eine Erdumlaufbahn. Es war dies der fünfte Einsatz für dieses wiederverwendbare Raumfahrzeug, von dem die US-Luftwaffe zwei Stück besitzt. Die früheren Flüge gingen alle mit Trägerraketen des Typs Atlas 5 der United Launch Alliance auf die Reise. Der Start verlief erfolgreich. Die erste Stufe der Falcon 9 landete acht Minuten und 14 Sekunden nach dem Verlassen der Startrampe, und nachdem sie die zweite Stufe mit dem Raumfahrzeug erfolgreich in einer Höhe von 65 Kilometern und bei einer Geschwindigkeit von 5.900 Kilometern pro Stunde abgesetzt hatte, in der Landing Zone 1. Dieses Areal, auf dem die zurückkehrenden Erststufen der Falcon 9-Trägerraketen landen, befindet sich auf dem ehemaligen Atlas-Startkomplex Nr. 13 in Cape Canaveral.

Der Flug begann auf die Sekunde pünktlich zu Beginn des Startfensters um 16:00 Uhr mitteleuropäischer Zeit (10:00 Uhr US-Ostenküstenzeit) an der historischen Startrampe 39A des Kennedy Space Centers. Für die Mission wurde der „Core 1040" eingesetzt, also die Zentral- oder Erststufe Nummer 40. Für sie ist die Mission der erste Flug. Der Einsatz war gleichzeitig der 13. Flug einer Falcon 9 in diesem Jahr.

Die X-37B Raumfahrzeuge wurden von Boeing in Zusammenarbeit mit der Advanced Research Projects Agency (DARPA) entwickelt und gebaut. Die Einsätze dieses wiederverwendbaren Raumfahrzeugs dauern ausgesprochen lange. Die letzte Mission eines solchen Vehikels ging über nicht weniger als 718 Tage. Die erste Mission begann im April 2010 und lief 220 Tage.

Im Orbit entfaltet der kleine Raumgleiter einen Solar-Generator, der mit Gallium-Arsenid-Zellen belegt ist. Das Raumfahrzeug ist knapp neun Meter lang, verfügt über eine Flügelspannweite von 4,5 Metern und ist 2,9 Meter hoch. Die Startmasse ist unbekannt, dürfte aber bei etwa 5.400 Kilogramm liegen. Die US-Luftwaffe bestätigte, dass sich neben der X-37B noch eine Reihe von Kleinsatelliten an Bord der Falcon 9 befanden. Es wurde aber nicht mitgeteilt, ob diese Satelliten von der Trägerrakete abgesetzt wurden, oder ob sie im Verlauf der Mission von der X-37B abgesetzt werden sollen.

Startlogo der X-37B Mission

Auch über die Bahndaten ist nicht sehr viel bekannt. Die Startinklination betrug 43 Grad. Der Luftraum, der für den Wiedereintritt der zweiten Stufe reserviert wurde, deutet aber auf eine höhere Inklination hin. Der Wiedereintritt der zweiten Stufe wurde offensichtlich nach zweieinhalb Orbits über Südaustralien eingeleitet, auf einer Position, die deutlich oberhalb einer Bahnneigung von 43 Grad liegt. Das würde voraussetzen, dass diese zweite Stufe nach der Trennung von der Basisstufe ein „dogleg"-Manöver durchgeführt hat, um die Bahnneigung zum Äquator zu erhöhen. Möglicherweise sind aber auch nur die Kleinsatelliten auf einem höher inklinierten Orbit abgesetzt worden und die X-37B verblieb auf 43 Grad. Genauere Erkenntnisse werden in den nächsten Wochen von „Spottern" erwartet.

Amazonas 5 bei Tests der Sende- und Empfangsausrüstung

11. September 2017 – Proton M mit Amazonas 5 erfolgreich

Auch der dritte Einsatz einer russischen Trägerrakete des Typs Proton M Briz M nach dem einjährigen „Grounding" verlief am 11. September erfolgreich. Bei diesem Flug brachte die Rakete einen Kommunikationssatelliten für den spanischen Dienstleister Hispasat in eine geostationäre Transferbahn. Der Träger startete vom Kosmodrom Baikonur in Kasachstan. Die Startmission dauerte, wie bei den Einsätzen der Proton M Briz M für den geostationären Transferorbit üblich, mehr als neun Stunden, bevor der Satellit freigegeben werden konnte.

Der Einsatz für Amazonas 5 – so der Name des Raumfahrzeugs – begann um 20:39 Uhr mitteleuropäischer Zeit an der Startanlage 200/39. Nach dem Betrieb der drei Basisstufen der Rakete absolvierte die Orbitaleinheit, bestehend aus der Briz-M Oberstufe und dem Satelliten an der Spitze, das übliche fünf-phasige Brennmanöver, um das Raumfahrzeug in einen geostationären Transferorbit zu bringen. Neun Stunden und 12 Minuten nach dem Verlassen der Startrampe wurde Amazonas 5 abgesetzt.

Die Mission war die zweite, seit der Träger nach einer fast einjährigen Überarbeitungsphase wieder in den aktiven Dienst zurückkehrte. Die erste Mission nach der Unterbrechung war die Mission von Echostar XXI im Juni gewesen.

Der beim Start 5.900 Kilogramm schwere Amazonas 5 ist der dritte Satellit, den Space Systems Loral (SSL) an Hispasat geliefert hat. Eine vierte Einheit – sie trägt die Bezeichnung Hispasat 30W-6 – soll in wenigen Monaten starten. Die anderen beiden waren Amazonas 3 und Hispasat 30W-5. Amazonas 5 basiert auf der Satellitenplattform 1300 von SSL und verfügt über 34 Ka-Band Spot-Beams und 24 Ku-Band Transponder. Er soll Telekommunikationsdienste für Südamerika zur Verfügung stellen und über dem Äquator auf 61 Grad westlicher Länge stationiert werden.

12. September 2017 –
Sojus MS-06 erreicht die ISS mit drei neuen Crew-Mitgliedern

Von links: Joe Acaba, Alexander Misurkin und Mark Vande Hei.

Der russische Kosmonaut Alexander Misurkin und die beiden US-Astronauten Mark Vande Hei und Joe Acaba erreichten am 12. September gut sechs Stunden nach ihrem Start in Baikonur die Internationale Raumstation. Damit ist der orbitale Außenposten wieder mit seiner gegenwärtigen Mannschafts-Sollstärke von sechs Personen belegt. Nur wenige Tage zuvor waren Peggy Whitson, Jack Fischer und Fjodor Jurtschichin von der ISS wieder zur Erde zurückkehrt. Die Startmission zur ISS begann an der historischen Startrampe 1/5 um 23:17 Uhr mitteleuropäischer Zeit. Knapp neun Minuten später war ein erster Übergangsorbit erreicht, das Raumschiff trennte sich von der dritten Stufe der Trägerrakete und entfaltete Solargeneratoren und Antennen. Die erzielte Umlaufbahn wies ein Perigäum von 197 Kilometern, ein Apogäum von 255 Kilometern und eine Bahnneigung zum Äquator von 51,67 Grad auf. Von hier aus wurde mit einer Reihe von Brennmanövern über die darauf folgenden Stunden die Flugbahn der Sojus auf die der ISS angehoben. Die lag zum Zeitpunkt des Starts von Sojus MS-06 bei einem Perigäum von 401 Kilometern und einem Apogäum von 407 Kilometern. Das Docking erfolgte am Poisk-Modul der Raumstation, sechs Stunden und 13 Minuten nach dem Verlassen der Startrampe.

Misurkin hat zuvor einen Raumflug absolviert, Acaba bereits zwei Missionen, davon noch eine an Bord des Shuttle Discovery bei der Mission STS 119. Für Vande Hei ist die Mission von Sojus MS-06 der erste Raumflug. Die geplante Einsatzdauer der Crew beträgt 177 Tage.

Die Sojus 2.1b „Fregat" -Trägerrakete wird zum Startplatz transportiert.

22. September 2017 – Russland verstärkt Glonass-Konstellation

Eine Trägerrakete des Typs Sojus 2.1b „Fregat" brachte am 22. September einen Navigationssatelliten der Glonass-M Reihe in einen halbsynchronen Erdorbit. Der Start erfolgte um 2:02 Uhr mitteleuropäischer Zeit vom nordrussischen Raumflughafen Plesetzk aus. Bei dem Raumfahrzeug handelt es sich um die Serieneinheit Glonass-M Nr. 52S. Es war dies der erste Glonass-Start seit dem Start von Glonass-M Nr. 53 am 29. Mai letzten Jahres. Nach dem erfolgreichen Absetzen im Orbit bekam das Raumfahrzeug die Bezeichnung Kosmos 2521.

Glonass-Satelliten werden entweder einzeln mit Sojus-Raketen oder in Dreier-Gruppen mit Proton-Trägern gestartet. Glonass-M Nr. 52S ist der 46. Glonass-M Satellit und das 135. Glonass-Raumfahrzeug insgesamt. Die Glonass-M Einheiten wiegen jeweils 1.415 Kilogramm. Sie werden auf kreisförmigen Bahnen in 19.100 Kilometern Höhe auf einer Inklination von 64,8 Grad zum Äquator eingesetzt. Im aktuellen Fall wurde der Satellit von der Fregat-Oberstufe gut dreieinhalb Stunden nach dem Verlassen der Startrampe in einem Orbit von 19.130 x 19.160 Kilometern und einer Bahnneigung von 64,82 Grad abgeliefert, also sehr präzise bei den Solldaten.

Zum Zeitpunkt des Starts verfügte Russland über 23 operationelle Einheiten, die in drei Bahnebenen stationiert werden. 24 Satelliten sind für eine vollständige Konstellation notwendig. Der Slot 14 in der zweiten Bahnebene ist momentan vakant und es sieht danach aus, als würde die neue Einheit dorthin gelenkt. Momentan befindet sich dort ein Satellit, der zwar noch auf seiner Position ist, sich aber nicht mehr in Betrieb befindet. In der Konstellation gibt es auch einige experimentelle Satelliten wie etwa Kosmos 2501 und die ersten beiden Raumfahrzeuge der Glonass K-1 Reihe.

24. September 2017 – Neuer US-Geheimdienstsatellit im Orbit

Die United Launch Alliance (ULA) brachte am 24. September einen klassifizierten Satelliten für das National Reconnaissance Office (NRO) der Vereinigten Staaten in eine Erdumlaufbahn. Als Trägerrakete wurde eine Atlas 5 in der Version 541 eingesetzt, eine der schwersten Varianten dieses Trägers. Es war der fünfte Start einer Atlas 5 in diesem Jahr, und der insgesamt 73. Einsatz dieses Trägers insgesamt. Es war auch der dritte Start in diesem Jahr für das NRO. Die Startmission für NRO-L42 begann um 7:49 Uhr mitteleuropäischer Zeit am Startkomplex 3E der Luftwaffenbasis Vandenberg in Kalifornien. Wie üblich bei Einsätzen für die Geheimdienste wurden auch dieses Mal keinerlei Informationen über Typ und Aufgaben des Satelliten bekannt gegeben. Allerdings kann man aus der Version der eingesetzten Rakete und den Startparametern sowie Informationen, die im Laufe der Zeit „geleaked" wurden, ziemlich sichere Rückschlüsse auf die Nutzlast ziehen.

Die Atlas 5 521 mit NRO-L42 unter der Nutzlastverkleidung

So werden von Vandenberg zum einen Starts in polare, polnahe und retrograde Orbits durchgeführt. Solche Bahnen eignen sich gut für optische Aufklärer oder Radarsatelliten. Zum anderen gibt es noch einen weiteren, recht seltenen Bahntyp, der von Vandenberg aus angesteuert wird, und zwar die so genannte Molnija-Bahn. Tatsächlich flog die Atlas 5 mit NROL-42 eine süd-südöstliche Flugbahn entlang der Küste Kaliforniens und Mexikos ab, die in einer Inklination von 63,4 Grad resultiert. Das korrespondiert mit einem Molnija-Orbit, einer hochelliptischen Umlaufbahn mit – in diesem Fall – einem Scheitelpunkt der Bahnellipse über dem Nordpol und einer Umlaufdauer von fast genau 12 Stunden. Die meiste Zeit verbringt der Satellit dabei über den nördlichen Breiten der Erde. Satelliten auf solchen Bahnen können Kommunikationsdienste und Beobachtungen (z.B. über Raketenstarts) damit in Breitengraden durchführen, die mit geostationären Satelliten nicht oder nur begrenzt möglich sind. Der eingesetzte Träger, die Version 541 der Atlas 5 (mit vier Aerojet AJ-60J Feststoffboostern und einer 5,4 Meter durchmessenden Fairing von fast 21 Metern Länge) lässt darauf schließen, dass die Nutzlast ein erhebliches Gewicht und relativ große Dimensionen aufweist. Damit bleiben nicht sehr viele Satellitenklassen übrig. Molnija-Orbits wurden vom NRO in der Vergangenheit für die elektronischen Aufklärer der Jumpseat und Trumpet-Serie verwendet sowie für die Kommunikationssatelliten der Quasar-Reihe. Quasar-Satelliten werden allerdings bereits seit 10 Jahren nicht mehr auf Molnija-Bahnen gestartet, so dass damit eigentlich nur die Trumpet-Satelliten übrigbleiben, die das SBIR-System der USA bilden (SBIR = Space Based Infrared System), mit dem Starts von Lenkwaffen überwacht werden. Satelliten, die sich auf ähnlichen Bahnen befinden, sind NRO-L35, NRO-L28 und NRO-L22. Erfahrene Satelliten-spotter gehen davon aus, dass es sich bei dem Satelliten somit um eine weitere Einheit der Trumpet-Reihe handelt.

Startlogo der Asiasat 9 - Mission

28. September 2017 –

Russland erhöht Startfrequenz für Proton M

Russland erhöht die Startfrequenz seiner Proton M Trägerrakete wieder deutlich. Nur zweieinhalb Wochen nach dem vorausgegangenen Start war der Träger am 28. September erneut im Einsatz. Dieses Mal mit dem Kommunikationssatelliten AsiaSat 9 der Asia Satellite Telecommunications Company Limited (AsiaSat) an Bord. Das Unternehmen ist der führende Satellitenbetreiber im asiatischen Raum. Die Mission begann um 20:52 Uhr an der Startanlage 200/39 am Kosmodrom in Baikonur. Sie dauerte, im Proton M-üblichen Verfahren mit insgesamt fünf Zündungen der Briz M-Oberstufe, neun Stunden und 13 Minuten, bevor das Raumfahrzeug freigegeben wurde. Das erzielte Perigäum lag bei 4.045 Kilometern, das Apogäum bei 35.786 Kilometern und die Bahnneigung zum Äquator bei 23,4 Grad.

Bei AsiaSat 9 handelt es sich um einen 6.140 Kilogramm schweren Satelliten, der auf der SSL 1300-Plattform von Space Systems Loral aufgebaut ist. Er verfügt über 28 C-Band Transponder, 32 Ku-Band Transponder und eine Ka-Band Nutzlast. Er soll auf einer Position bei 122 Grad östlicher Länge über dem Äquator AsiaSat 4 ersetzen und Telekommunikationsdienstleistungen für den asiatisch-pazifischen Raum zur Verfügung stellen.

29. September 2017 – China nach drei Monaten Pause wieder aktiv

Langer Marsch 2C mit dem Yaogan 30-Trio

Nach zwei Fehlschlägen in Folge im Juli und vier Fehlstarts im Zeitraum eines Jahres hatte sich China eine dreimonatige Startpause verordnet, um die Qualitätsstandards seiner Trägerraketen zu überprüfen. Am 29. September erfolgte nun der erste Start nach dieser Unterbrechung. Dabei brachte eine Trägerrakete des Typs Langer Marsch 2C ein Trio experimenteller militärischer Überwachungssatelliten in den Orbit. Startort war, sehr ungewöhnlich für die verwendete Rakete, das zentralchinesische Raumfahrtzentrum Xichiang.

Der Start erfolgte um 6:21 Uhr mitteleuropäischer Zeit von der Startanlage 3 des Weltraumbahnhofs. Über den Zweck war im Vorfeld nichts bekannt gegeben worden, doch handelt es sich offensichtlich um eine militärische Technologiemission, bei der es um das Aufspüren elektromagnetischer Quellen geht. Hersteller des Raumfahrzeugs ist das Micro-Satellite Research Institute der Chinesischen Akademie der Wissenschaften in Schanghai.

Das Satellitentrio bekam die Bezeichnung Yaogan 30-01 A, B und C. Recht ungewöhnlich, denn einen Satelliten mit der Bezeichnung Yaogan 30 gibt es bereits, er wurde im Mai 2016 gestartet. Kurz nach dem Start wurde aber offiziell bestätigt, dass diese Satelliten zusammengehören und Teil einer Konstellation sind. Die drei neuen Raumfahrzeuge wurden auf einer Umlaufbahn mit einem Perigäum von 590 Kilometern, einem Apogäum von 600 Kilometern und einer Bahnneigung zum Äquator von exakt 35 Grad ausgesetzt. Bald nach dem Start begannen sie auch ihre Umlaufbahnen zu ändern. Die Satelliten A und C hoben ihre Umlaufbahn um sieben Kilometer an, während der Satellit B auf der bisherigen Umlaufbahn verblieb.

Der Start einer Langer Marsch 2C vom Startgelände Xichiang ist ein sehr seltenes Ereignis. Das letzte Mal, dass ein Träger dieses Typs von hier aus startete, war am 18. November 2004.

29. September 2017 – Ariane 5 braucht zwei Versuche

Eine europäische Trägerrakete des Typs Ariane 5 brachte am 29. September zwei Kommunikationssatelliten in eine geostationäre Transferbahn. Die erfolgreiche Mission erfolgte zwei Wochen nach einem Startabbruch in letzter Se-

Startposter der Ariane 5-Mission 239

kunde. Damals hatte das Vulcain-Haupttriebwerk bereits gezündet, als die Bordcomputer eine Anomalie feststellten und den Raketenmotor wieder abstellten. Es war dies der erste Startabbruch dieser Art bei der Ariane 5 seit sechs Jahren. Weder die Rakete noch die Nutzlasten waren dabei in Gefahr. Dieses Mal verlief jedoch alles nach Plan, und die insgesamt 239. Mission eines Trägers der Ariane-Familie konnte erfolgreich absolviert werden. 47 Minuten und 15 Sekunden nach dem Verlassen der Startrampe gab die ECA-Oberstufe BSAT 4a und Intelsat 37e frei. Die erzielte Umlaufbahn wies ein Perigäum von 250 Kilometern, ein Apogäum von 35.706 Kilometern und eine Bahnneigung zum Äquator von 6,0 Grad auf. Das Gesamtgewicht der beiden Raumfahrzeuge an Bord einschließlich der Sylda-Doppelstartvorrichtung und der Adapterelemente betrug 10.838 Kilogramm. Dabei entfielen auf BSAT-4a 3.520 Kilogramm, auf Intelsat 37e 6.438 Kilogramm und auf die Sylda-Doppelstartstruktur und die Nutzlastadapter insgesamt 880 Kilogramm.

BSat 4a wurde von Space Systems Loral für die japanische Broadcasting Satellite System Corporation gebaut. Das Raumfahrzeug basiert auf der SSL 1300 Plattform und ist mit 24 Ku-Band Transpondern ausgerüstet, die unter anderem Fernsehen im neuen ultrahoch auflösenden 4K/8K-Betrieb senden. BSat 4a wird seine endgültige Position auf 110 Grad östlicher Länge finden. Intelsat 37e stellte Boeing Space Systems auf Basis der BSS-702MP Plattform für Intelsat her. Er soll auf 18 Grad östlicher Länge stationiert werden und dort Intelsat 901 ablösen, der im Juni 2001 mit einer Ariane 4 gestartet worden war. Das neue Raumfahrzeug ist mit Transpondern für das C-Band, das Ku-Band und das Ka-Band ausgerüstet und kann 45 Gigabit pro Sekunde abstrahlen.

09. Oktober 2017 – China startet VRSS-2 für Venezuela

VRSS-2 bei den Startvorbereitungen

Am 6. Oktober brachte China einen Erderkundungssatelliten für Venezuela auf eine polare, sonnensynchrone Erdumlaufbahn. Der Start erfolgte von der Startrampe 603 der Anlage 43 im nordchinesischen Weltraumzentrum Jiuquan. Als Träger wurde eine Rakete des Typs Langer Marsch 2D eingesetzt. Sie ist eine zweistufige Variante der Langer Marsch 4.

Das in den Orbit transportierte Raumfahrzeug trägt die Bezeichnung VRSS-2 (Venezuela Remote Sensing Satellite-2) und ist der zweite Satellit seiner Art für Venezuela. Er trägt zusätzlich noch den Namen „Antonio José de Sucre". Der erste Satellit dieser Art, VRSS-1 wurde am 29. September 2012 gestartet. Er trug den Beinamen „Francis Miranda". Der Satellit ist in der Lage, schwarzweiß-Bilder mit einer Auflösung von bis zu einem Meter zu machen, und panchromatische Bilder mit einer Auflösung von bis zu vier Metern. Er basiert auf der CAST 2000-Plattform der China Aerospace Science and Technology Corporation und hat ein Startgewicht von etwa 1.000 Kilogramm. Auftraggeber des Satelliten ist das Ministerium für Wissenschaft, Technologie und Industrie (MPPCTII) in Caracas. Die Umlaufbahn, auf der VRSS-2 abgesetzt wurde, weist ein Perigäum von 629 Kilometern, ein Apogäum von 655 Kilometern und eine Bahnneigung von 98,03 Grad auf.

09. Oktober 2017 – Falcon 9 bringt dritte Gruppe Iridium NEXT in den Orbit

Eine Trägerrakete des Typs Falcon 9 von SpaceX brachte am 9. Oktober die dritte Zehnergruppe an Iridium NEXT-Satelliten erfolgreich in den Orbit. Die Mission begann um 14:37 Uhr mitteleuropäischer Zeit (entsprechend 5:37 Uhr Ortszeit) an der Startanlage SLC-4E der Luftwaffenbasis Vandenberg in Kalifornien. Nicht nur der Start verlief erfolgreich, sondern auch – nun schon zum 15. Mal in ununterbrochener Serie – die Landung der ersten Stufe der Falcon 9 -Trägerrakete. Bei den Raumfahrzeugen handelt sich um die Flugeinheiten 21-30 der Iridium

Startlogo der Iridium-3 Mission

NEXT Konstellation. Der Start war der dritte in einer Serie von acht Starts, die Iridium bei SpaceX gebucht hat. Insgesamt sollen diese 75 Satelliten auf einem niedrigen Erdorbit abgesetzt werden. 66 werden für den Normalbetrieb benötigt, der Rest sind so genannte „in-orbit-spares". Ersatzeinheiten in der Umlaufbahn also. Die 10 Raumfahrzeuge wurden von der zweiten Stufe der Falcon 9 auf einer Umlaufbahn mit einem Perigäum von 612 Kilometern, einem Apogäum von 627 Kilometern und einer Bahnneigung zum Äquator von 86,7 Grad abgesetzt.

Hergestellt wurden insgesamt 81 Satelliten. Sie werden in Modulen bei Thales Alenia Space in Frankreich vorgefertigt und danach bei Orbital ATK in den USA endmontiert. Jedes der Raumfahrzeuge hat eine Startmasse von 860 Kilogramm. Sie kommunizieren über das L-Band mit den Nutzern am Boden und auch untereinander, und mit festen Bodenstationen über das Ka-Band. Der Start war der insgesamt 42. Einsatz einer Falcon 9 und der 14. alleine in diesem Jahr. Bei dieser Mission wurde eine neu gebaute erste Stufe eingesetzt. SpaceX hat bereits zweimal Erststufen verwendet, die bereits eine frühere Mission geflogen haben. Auch die nächste Iridium-Mission soll mit einer gebrauchten, oder wie SpaceX es werbewirksamer ausdrückt, „flugerprobten" Trägerrakete erfolgen.

10. Oktober 2017 – Japans neuester Navigationssatellit in der Umlaufbahn

Die japanische Raumfahrtagentur JAXA brachte am 9. Oktober die 4. Einheit des so genannten „Quasi-Zenith Satellite Systems (QZSS)" in den Orbit. Bei diesen Raumfahrzeugen handelt es sich um Navigationssatelliten, mit denen in Japans städtischen Häuserschluchten und engen Gebirgstälern eine zentimetergenaue Navigation möglich ist. Die Satelliten strahlen zusätzlich zu den Signalen anderer Navigationssatellitensysteme ein Signal direkt aus dem Zenit über Japan aus, das somit genau senkrecht auf die Erde gerichtet ist. Bei den geografischen und städtebaulichen Bedingungen des Landes sind die herkömmlichen Navigationssignale oft abgeschattet, und eine genaue Positionsbestimmung ist nicht immer möglich.

Die H2-A Trägerrakete, es ist die 36. Einheit dieses Typs, verließ die Startrampe des Yoshinobu Startkomplexes am Raumfahrtzentrum Tanegashima um 0:01 Uhr mitteleuropäischer Zeit (entsprechend 7:01 Uhr Ortszeit). Der Träger wurde in der 202-Konfiguration eingesetzt, also der Variante, die mit

Start des Navigationssatelliten QZSS-4

zwei Feststoffboostern zur Startunterstützung ausgerüstet ist. Der Start verlief in allen Phasen perfekt, und das Raumfahrzeug wurde 28 Minuten und 24 Sekunden nach dem Verlassen der Startrampe von der zweiten Stufe der Trägerrakete freigegeben.

Drei der vier QZSS-Satelliten bewegen sich auf hoch inklinierten geostationären Bahnen, eine vierte Einheit (QZSS-3) ist äquatorial und geosynchron stationiert. QZSS-4 bewegt sich auf einer Bahn mit einem Perigäum von 32.600 Kilometern, einem Apogäum von 39.000 Kilometern und einer Bahnneigung zum Äquator von 41 Grad auf einer geografischen Länge von 135 Grad. Damit beschreibt er, vom Boden aus gesehen, eine Bahn in der Form der Ziffer 8. Mit dem neuen Raumfahrzeug ist sichergestellt, dass immer mindestens ein Satellit der Konstellation, aus der Sicht Japans gesehen, weniger als 30 Grad vom Zenit entfernt ist. Die Signale der QZSS-Konstellation sind mit dem US-GPS System kompatibel. Die 4.000 Kilogramm schwere Einheit wurde von Mitsubishi Electric (MELCO) gebaut und basiert auf der DS-2000 Plattform dieses Unternehmens. Wie üblich erhielt auch dieses Raumfahrzeug nach dem erfolgreichen Start die Bezeichnung „Michibiki". Hier handelt es sich also aktuell um „Michibiki 4". Das Wort bedeutet so viel wie: „Wegweisung" oder „Führung".

SPACEX

Startlogo der Echostar 105/SES-11 Mission

12. Oktober 2017 –
SpaceX: Zweiter Start in drei Tagen

Das immense Tempo an Starts bei SpaceX hält weiter an. Nur drei Tage nach einer Mission, bei der 10 Iridium-Kommunikationssatelliten von der Luftwaffenbasis Vandenberg aus in den Orbit gebracht wurden, startete am 12. Oktober schon wieder eine Falcon 9. Dieses Mal von der Startanlage 39A des Kennedy Space Centers in Florida. Dafür wurde eine bereits vorher einmal geflogene Erststufe eingesetzt, das dritte Mal in der Geschichte des Unternehmens (und der Geschichte der Raumfahrt überhaupt), dass so etwas geschieht. Die Nutzlast bei diesem aktuellen Einsatz bestand aus dem Kommunikationssatelliten Echostar 105/SES-11. Der etwas sonderbare Doppelname resultiert aus dem Umstand, dass das Raumfahrzeug von den beiden Satellitenbetreibern Echostar und SES gemeinsam verwendet werden soll. SES 11 ist bereits der zweite SES-Satellit in diesem Jahr, der mit einer „flugerprobten" Trägerrakete startet. Bei der ersten Mission wurde im März SES 8 in den Orbit transportiert. Der Flug begann um 0:53 Uhr mitteleuropäischer Zeit. 36 Minuten später wurde der Satellit auf einer supersynchronen Umlaufbahn ausgesetzt. Die erste Stufe landete gut acht Minuten nach dem Start auf dem unbemannten Bergungsschiff „Of course I still love you", 720 Kilometer vom Startort entfernt im Atlantik. EchoStar 105/SES 11 gelangte auf eine um 27,9 Grad gegen den Erdäquator geneigte Umlaufbahn mit einem Perigäum von 309 Kilometern und einem Apogäum von 40.519 Kilometern. Die 24 Ku-Band-Transponder an Bord des Satelliten werden von Echostar genutzt, die 24 C-band-Transponder sind für SES bestimmt. Das Raumfahrzeug wird auf einer Position von 105 Grad westlicher Länge über dem Äquator stationiert. Gebaut wurde das Raumfahrzeug von Airbus Defence and Space in Toulouse. Es basiert auf der Satellitenplattform Eurostar E3000. Seine Design-Lebensdauer beträgt 15 Jahre. Die Solargeneratoren an Bord sollen der Kommunikationsnutzlast bei Betriebsende noch mindestens zwölf Kilowatt elektrische Leistung bereitstellen.

13. Oktober 2017 – Rokot verstärkt Copernicus-Konstellation mit Sentinel 5P

Eine russische Trägerrakete des Typs Rokot brachte am 13. Oktober den europäischen Umweltbeobachtungssatelliten Sentinel 5P in eine polare, sonnensynchrone Erdumlaufbahn. Der Start erfolgte um 11:27 Uhr an der Startanlage 133/3 des nordrussischen Weltraumbahnhofs Plesetzk. Das Raumfahrzeug ist Bestandteil der Copernicus-Konstellation der EU. Seine Aufgabe wird die Überwachung der Atmosphäre, und hier vor allem das Aufspüren von Spurengasen in der Troposphäre sein. Der Satellit dient als „Lückenfüller", der Aufgaben des vor einigen Jahren überraschend ausgefallenen europäischen Umwelt-Monitoringsatelliten Envisat übernehmen soll. Sentinel 5P ist das bislang sechste Raumfahrzeug des Copernicus-Programms. Gegenwärtig sind zwei Satelliten der Sentinel 1-Reihe im Orbit, zwei Sentinel 2-Einheiten sowie Sentinel 3A, der im Februar letzten Jahres ebenfalls mit einer russischen Rokot gestartet wurde. Das Copernicus-Projekt der Europäischen Union ist ein ambitioniertes Vorhaben zur Überwachung der Umwelt unseres Planeten. Es besteht aus sechs verschiedenen Typen von Raumfahrzeugen (die Sentinel 1, 2, 5 und 6-Serie) beziehungsweise von Instrumentenpaketen, die auf europäischen Wettersatelliten als so genannte „hosted payloads" mitgeführt werden (Sentinel 3 und 4). Durchgeführt wird das Weltraumsegment des Vorhabens von der ESA im Auftrag der EU. Sentinel 5P wurde von Airbus Defence und Space auf Basis der Astrobus-L 250M Plattform gebaut. Seine drei Solargeneratoren stellen der Nutzlast maximal 1,5 Kilowatt an elektrischer Leistung zur Verfügung. Die Einheit wiegt 820 Kilogramm, wovon etwa 80 Kilogramm aus Treibstoff bestehen. Das Vehikel soll mindestens sieben Jahre lang im Einsatz bleiben. An Bord befindet sich nur ein einziges wissenschaftliches Instrument, und das ist „Tropomi", ein hoch leistungsfähiges Multispektral-Spektrometer, das in drei unterschiedlichen Wellenbereichen beobachten kann: Im nahen Ultraviolettspektrum, das auch noch das blaue Ende des sichtbaren Spektrum beinhaltet, im Infrarotbereich und im Kurzwellenband. Sentinel 5P wird auf einer nahezu kreisförmigen sonnensynchronen Umlaufbahn in 825 Kilometern Höhe mit einer Bahnneigung zum Äquator von 98,7 Grad stationiert. Er wird auf dieser Bahn, auf einem aufsteigenden Bahnknoten alle überflogenen Orte exakt um 13:30 Uhr Ortszeit überqueren und jeden Punkt der Erde innerhalb von 16 Tagen erneut erfassen.

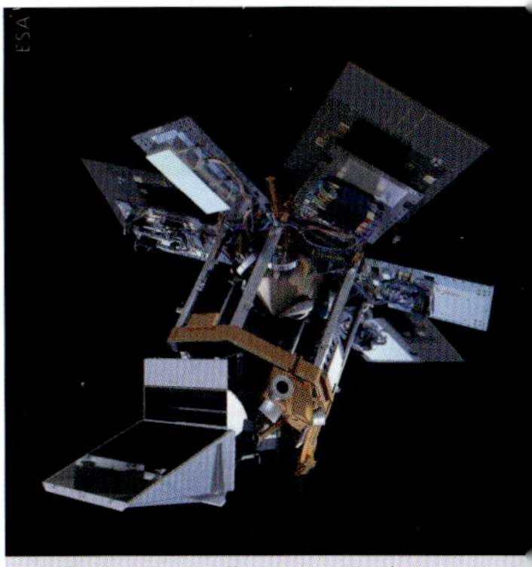

Grafische Darstellung Sentinel 5P

Die Rokot-Trägerrakete unternahm bei dieser Mission einen ihrer letzten Einsätze. Ihre ersten beiden Stufen bestehen aus der UR-100N Interkontinentalrakete (NATO-Bezeichnung SS-19 „Stiletto"), die dritte Stufe ist eine Variante der Briz mit der Bezeichnung „Briz-KM", die auch in einer größeren Version (als „Briz-M") auf der Proton M eingesetzt wird.

Start von Progress MS-07

14. Oktober 2017 – Progress MS-07 versorgt die ISS

Zum dritten Mal in diesem Jahr brachte die russische Raumfahrtagentur Roskosmos ein Nachschubfahrzeug für die Internationale Raumstation in eine Erdumlaufbahn. Das Raumfahrzeug mit der Bezeichnung Progress MS-07 startete am 14. Oktober an Bord einer Sojus 2.1a um 10:57 Uhr mitteleuropäischer Zeit von der Startrampe 31/6 in Baikonur und legte am 16. Oktober, um 13:09 Uhr am Pirs Docking-Port der ISS an. Die Chance, das Dockingmanöver in Rekordgeschwindigkeit durchzuführen, verpasste die russische Raumfahragentur allerdings, weil der Start zum ursprünglich vorgesehenen Zeitpunkt in letzter Sekunde abgebrochen wurde. Damit wurde die Option für ein „superschnelles" Rendezvous-Manöver vertan.

Wäre der Start wie vorgesehen am 12. Oktober erfolgt, dann wäre dieser „superschnelle" Transfer möglich gewesen, der das Raumfahrzeug innerhalb von nur zwei Erdumkreisungen und nach insgesamt drei Stunden und 24 Minuten Flugzeit zum Anlegen an die ISS geführt hätte. So schnelle Rendezvous- und Dockingmanöver hat es seit den Gemini-Tagen Mitte der 60iger Jahre nicht mehr gegeben. Progress MS-07 ist zwar erst die siebte Flugeinheit der MS-Serie dieses Frachtschiffes, insgesamt ist es aber schon die 159. Progress, seit im Jahre 1978 die erste Einheit damals noch zur Raumstation Saljut 6 flog. Für die ISS ist es inzwischen die 70. Progress-Mission. 67 dieser Missionen waren erfolgreich, denn drei der Frachter gingen bei Startunfällen verloren. Das neue Nachschubfahrzeug brachte 700 Kilogramm Treibstoff, 25 Kilogramm Sauerstoff, 23 Kilogramm Luft, 356 Liter Wasser und 1.445 Kilogramm so genannte „trockene Fracht" wie Ersatzteile und Nachschubgüter zur Raumstation.

15. Oktober 2017 – Atlas 5 fliegt für den US-Geheimdienst

Eine Trägerrakete des Typs Atlas 5 der United Launch Alliance brachte am 15. Oktober eine geheime Nutzlast des National Reconnaissance Office (NRO) in den Orbit. Das Raumfahrzeug trägt die Bezeichnung NRO-L52, was nicht mehr besagt, als dass es der 52. Satellit dieser Behörde ist. Aufgabe und Zweck wurden nicht bekanntgegeben.

Die Mission begann um 13:28 Uhr mitteleuropäischer Zeit an der Startanlage 41 der Cape Canaveral Luftwaffenbasis. Die bei ULA übliche Live-Übertragung des Starts ging auf Wunsch des Kunden nur bis zum Abwurf der Nutzlastverkleidung. Danach wurde abgebrochen, damit für die Beobachter keine Rückschlüsse auf die Art der Nutzlast möglich waren. Allerdings kann man aus den Begleitumständen schon wichtige Informationen entnehmen. So ist zum Beispiel klar, dass es sich nicht um einen optischen- oder Radar-Bildaufklärer handeln kann, denn der Start erfolgte von Cape Canaveral aus. Von dort aus kann keine der dafür geeigneten polaren Umlaufbahnen angesteuert werden. Für solche Missionen werden die Startanlagen im kalifornischen Vandenberg eingesetzt.

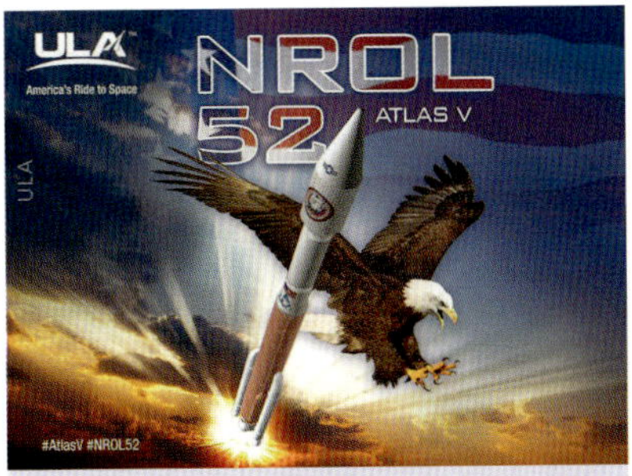

Missionsposter für den Start von NRO-L52

Die Flugbahn deutet auf einen äquatorialen Orbit hin, und somit handelt es sich mit hoher Wahrscheinlichkeit um einen geosynchronen Orbit, den die Atlas ansteuerte. Dies wurde einige Tage nach dem Start durch die Bahnberechnungen unabhängiger Beobachter bestätigt, die ein Perigäum von etwa 1.100 Kilometern, ein Apogäum von 35.800 Kilometern und eine Bahnneigung zum Äquator von 18,7 Grad ermittelten.

Die verwendete Variante, die Atlas 5 421, deutet auf eine mittelschwere Nutzlast hin. Von den drei verfügbaren Fairing-Varianten mit vier Metern Durchmesser wurde bei diesem Einsatz die längste verwendet. Sie trägt die Bezeichnung XEPF (für: Extra Extended Payload Fairing). Alle diese Hinweise lassen den Schluss zu, dass es sich bei der geheimen Nutzlast um einen Satelliten der Quasar-Reihe handelt. Die Quasar-Einheiten sind Datenrelay-Satelliten, mit denen die Informationen anderer NRO-Raumfahrzeug in Echtzeit in die Einsatzzentrale übermittelt werden können. Bodenstationen sind damit unnötig.

30. Oktober 2017 – SpaceX bricht alle Rekorde

Es war der dritte Orbitalstart in drei Wochen, und die 16. Mission in diesem Jahr. Damit hat SpaceX die bisherigen Rekordmarken von ULA und Arianespace für die meisten Starts eines Privatunternehmens in einem Jahr eingestellt, respektive gebrochen. Gleichzeitig hat SpaceX damit in diesem Jahr schon doppelt so viele Missionen durchgeführt, wie in den vergangenen 12 Monaten. Dabei sind dieses

Missionslogo für den Start von Koreasat 5A

Jahr noch mindestens vier weitere Flüge geplant, möglicherweise sogar fünf. Das „aktivste Jahr" des Konkurrenten United Launch Alliance (ULA) war 2009, als das Unternehmen fünf Atlas 5, acht Delta 2 und drei Delta 4 startete. Die größte Anzahl an Starts der Proton-Rakete innerhalb eines Jahres lag bei 14 Missionen und für Arianespace lag die höchste Zahl bei 12 Flügen aufgeteilt auf sechs Ariane 5, drei Vega und drei Sojus. Und noch ein „Fun Fact": Kein Land auf der Erde mit Ausnahme von Russland hat in diesem Jahr mehr Satellitenträgerraketen gestartet, als SpaceX gelandet hat. Aufgabe des Einsatzes vom 30. Oktober war der Start von Koreasat 5 mit dem Ziel des Erreichens eines supersynchronen Transferorbits. Das gelang, und 36 Minuten nach dem Liftoff gab die zweite Stufe der Falcon 9 den Satelliten auf einer Bahn mit einem Perigäum von 285 Kilometern, einem Apogäum von 50.185 Kilometern und einer Bahnneigung zum Äquator von 22,0 Grad frei. Die Mission hatte um 20:34 Uhr mitteleuropäischer Zeit begonnen, in der ersten Sekunde des Startfensters, das insgesamt zwei Stunden und 24 Minuten lang war.

Die Landung der ersten Stufe, des „Core 1042" erfolgte acht Minuten und 35 Sekunden nach dem Liftoff auf dem Bergungsschiff „Just read the instructions", das einige hundert Kilometer von Cape Canaveral entfernt im Atlantik auf deren Rückkehr wartete. Nach der Landung kam es an der Basis der Stufe zu einem kleinen Treibstoffbrand, der aber von der automatischen Löschvorrichtung gleich darauf gelöscht werden konnte. SpaceX bezeichnete die Stufe nach diesem Vorfall in der TV-Übertragung etwas flapsig als „toasty".

Koreasat 5A, der auch den Namen Mugungwha 5A trägt, wurde von Thales Alenia Space auf Basis der Satellitenplattform Spacebus 4000B2 gebaut. Er wiegt etwa 3.700 Kilogramm und trägt 36 Ku-Band Transponder. Er wird Kommunikationsdienste für Korea, Südostasien und den mittleren Osten zur Verfügung stellen. Seine Position wird er auf 113 Grad östlicher Länge finden und soll dort dann mindestens 15 Jahre im Einsatz bleiben.

Koreasat/Mugungwha 5A ergänzt auf seiner Position Koreasat 5, der im Jahre 2006 gestartet wurde, aber seit dem Jahr 2013 an einem technischen Problem leidet. Seither lassen sich die Solargeneratoren nicht mehr der Sonne nachführen, und das reduziert seine Kapazität.

31. Oktober 2017 – Minotaur C bringt 10 Erdbeobachtungssatelliten in den Orbit

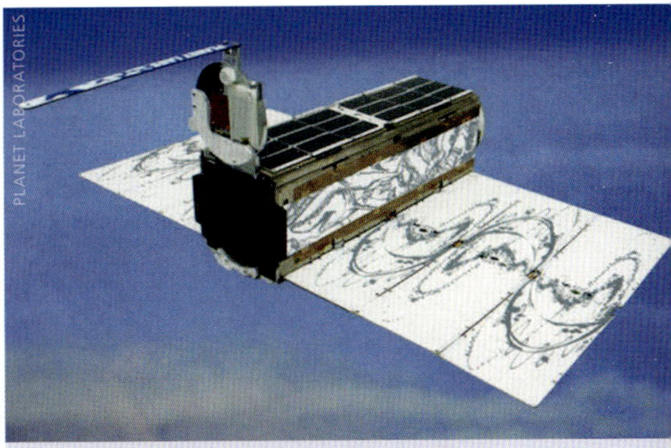

Grafische Darstellung eines DoveSat-Satelliten

Nach sechs Jahren Abwesenheit von der Startrampe brachte am 31. Oktober eine Trägerrakete des Typs Minotaur-C insgesamt zehn Erdbeobachtungssatelliten für das Unternehmen Planet Labs in eine polare Erdumlaufbahn. Die Rakete firmierte einst unter der Bezeichnung Taurus XL, doch betrachtete es der Hersteller Orbital ATK als marketingtechnisch vorteilhafter, die Rakete aufgrund ihrer bisherigen miserablen Erfolgsbilanz umzubenennen. Der Start erfolgte von der Luftwaffenbasis Vandenberg in Kalifornien. Knapp 10 Minuten nach dem Verlassen der Startplattform hatte die vierte Stufe mit den Satelliten die Zielbahn in einer Höhe von gut 500 Kilometern, bei einer Bahnneigung zum Äquator von 97,4 Grad, erreicht. Die Mission der 32 Meter langen vierstufigen Feststoff-Trägerrakete begann exakt zum geplanten Zeitpunkt, um 22:37 Uhr, an der Startanlage 576E. Diese Anlage war zunächst in den Jahren 1962 – 1964 als ICBM Silo für die Atlas F in Betrieb. Von dort fanden in dieser Zeit vier Teststarts statt. Danach ging sie erst wieder für die Starts der Orbital Sciences Taurus in den Jahren 1994 – 2011 in Betrieb. Der letzte Start einer Orbital Taurus XL erfolgte von dort im März 2011. Damals scheiterte die Mission mit dem NASA Satelliten Glory an Bord, weil sich die Nutzlastverkleidung nicht gelöst hatte. Beim vorausgegangenen Start war es schon zum exakt gleichen Fehler gekommen, wobei ein anderer NASA-Satellit, das Orbiting Carbon Observatory (OCO), verloren ging. Doch schon davor hatte es einen Fehlschlag gegeben, der 2001 mit dem Verlust von OrbView-4 endete. Insgesamt war der Träger mit drei Fehlstarts bei insgesamt nur neun Einsätzen alles andere als erfolgreich. Potentielle Kunden, vor allem die NASA, nahmen danach Abstand von diesem Startgerät.

Seither wurden die Fairing und die Avionik an Bord überarbeitet und den entsprechenden Systemen der Minotaur Trägerraketenfamilie angeglichen. 2014 bekam die Rakete den neuen Namen, der sie nun als neues „Familienmitglied" dieser Reihe ausweist. Der neue Name ist auch Verpflichtung, denn die

Minotaurs haben bei bislang 26 Starts eine fehlerlose Bilanz. An Bord der Minotaur-C befanden sich 10 Satelliten für das in San Francisco ansässige Unternehmen Planet Labs. Bei sechsen davon handelt es sich um jeweils 110 Kilogramm schwere und etwa kühlschrankgroße (60 x 60 x 95 Zentimeter) SkySats mit den Seriennummern 8 – 13, die vier restlichen Einheiten sind jeweils fünf Kilogramm schwere DovSats aus der Flock 3M-Serie. Alle zehn Satelliten meldeten sich kurz nach dem Start und sind funktionsfähig.

November

5. November 2017 – China verstärkt Beidou-Konstellation

China brachte am 5. November die beiden ersten Flugeinheiten der Beidou-3M Seriensatelliten in eine halb-geosynchrone Erdumlaufbahn. Die Geräte tragen die Bezeichnungen 3M EO-5 und 3MEO-6. Im Rahmen der gesamten Beidou-Konstellation sind diese beiden Satelliten allerdings schon die Einsatzgeräte Nummer 24 und 25. Der Start erfolgte um 13:45 Uhr mitteleuropäischer Zeit von der Rampe LC3 auf dem zentralchinesischen Weltraumbahnhof Xichang. Nach einer längeren Startunterbrechung kam dabei die Langer Marsch 3B/Y1 wieder zum Einsatz. Sie ist momentan die stärkste chinesische Einsatzrakete, nachdem die Langer Marsch 5 seit einem Fehlstart in diesem Sommer „aus dem Dienst genommen ist". Nach einem Teilversagen im Juli, bei dem der Kommunikationssatellit ChinaSat-9A auf einer zu niedrigen Umlaufbahn abgesetzt worden war, waren allerdings auch die Flüge der Langer Marsch 3B/Y-1 ausgesetzt worden. Eigentlich hätten die beiden Navigationssatelliten bereits im Juli gestartet werden sollen. Die neuen Einheiten der 3M-Serie (es gab übrigens auch eine Vorserienversion mit der Bezeichnung 3MS) basieren auf einer Plattform mit Phased Array-Antennen und Laser-Retroreflektoren. Das Gewicht der Raumfahrzeuge liegt bei jeweils gut 1.000 Kilogramm. Sie wurden von der Y1-Kickstufe direkt in den halbsynchronen Orbit mit einer Bahnhöhe von etwa 21.500 Kilometern und einer Bahnneigung zum Äquator von 55,5 Grad transportiert. In seiner vollständigen Ausbauphase, geplant für 2020, wird das chinesische Navigations-Satellitensystem 35 aktive Flugeinheiten umfassen, 27 Raumfahrzeuge auf halbsynchronen Bahnen, fünf auf normalen geostationären Bahnen und drei Einheiten auf inklinierten geostationären Orbits.

Start der Langer Marsch 3B/Y-1

8. November 2017 – Mohammed VI-A beobachtet die Erde für Marokko

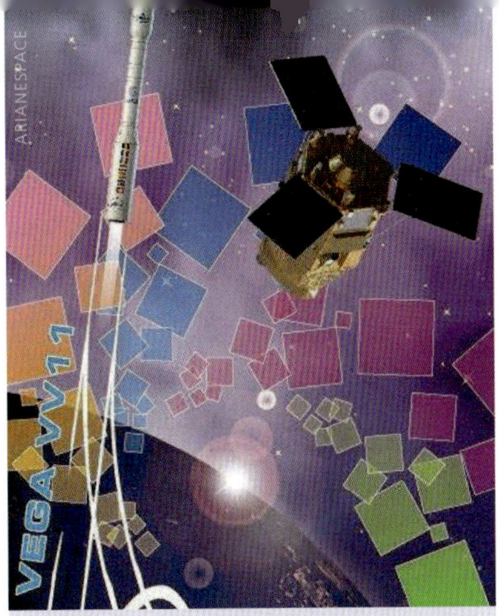

Startposter für Mohammed VI-A

Eine europäische Trägerrakete des Typs Vega brachte am 8. November den marokkanischen Erdbeobachtungssatelliten Mohammed VI-A auf eine sonnensynchrone polare Erdumlaufbahn. Die Startmission begann um 2:42 Uhr mitteleuropäischer Zeit am Weltraumbahnhof Kourou in Französisch Guyana. Es war der 11. Einsatz dieses Trägers überhaupt, die achte Mission, bei der die Vega einen Erdbeobachtungssatelliten in den Orbit brachte, und der zehnte Flug von Kourou aus in diesem Jahr, wenn man die Einsätze der Ariane 5 und der Sojus ST-Trägerraketen mitrechnet.

55 Minuten und 33 Sekunden nach dem Verlassen der Startrampe gab die Avum-Viertstufe den Satelliten frei. Die Orbitparameter weisen ein Perigäum von 620 Kilometern, ein Apogäum von 622 Kilometern und eine Bahnneigung zum Äquator von 98 Grad auf. 107 Minuten nach dem Liftoff führte die Stufe ein De-orbiting-Manöver durch, brachte sich damit wieder selbst aus der Umlaufbahn, und verglühte über dem Südpazifik in der Erdatmosphäre.

Hergestellt wurde der Satellit gemeinsam von Thales Alenia Space und Airbus. Das Raumfahrzeug wies ein Startgewicht von 1.110 Kilogramm auf. Seine Einsatzaufgaben sind Landentwicklung, Küstenüberwachung, Monitoring von Naturkatastrophen und die Ernteüberwachung. Das Raumfahrzeug basiert auf der Astrosat-100 Plattform von Airbus. Auf Basis dieses Bus-Systems wurden auch die beiden Plejades-Aufklärungssatelliten der französischen Streitkräfte und die beiden Falcon Eye-Satelliten für die Vereinigten Arabischen Emirate gebaut. Diese Satelliten haben ein Auflösungsvermögen von etwa 70 Zentimetern pro Bildpunkt. Der Satellit trägt seine Bezeichnung zu Ehren des Königs von Marokko, eben Mohammed dem Sechsten. Die Zusatzbezeichnung „A" weist darauf hin, dass es sich um die erste von insgesamt zwei Flugeinheiten handelt. Der zweite Satellit soll nächstes Jahr starten, ebenfalls mit einer Vega-Rakete. Das gesamte Programm, einschließlich der beiden Satelliten, der zwei Trägerraketen und des Bodensegmentes kostet etwa 500 Millionen Euro.

ORBITAL ATK

Startlogo der CRS-8 Mission

12. November 2017 – Antares bringt Cygnus OA-8 in den Orbit

Eine Trägerrakete des Typs Orbital ATK Antares brachte am 12. November einen Raumtransporter des Typs Cygnus in eine Erdumlaufbahn. Der Start erfolgte mit eintägiger Verzögerung von der Rampe 04A des Mid Atlantic Regional Spaceports in Virginia auf Wallops Island. Tags zuvor musste der Beginn der Mission unmittelbar vor dem Liftoff abgebrochen werden, weil ein nicht identifiziertes Kleinflugzeug in die Startzone eingeflogen war. Der Begriff OA-8 steht für die insgesamt achte Versorgungsmission die Orbital ATK für die NASA durchführt. Das Nachschubraumschiff war auf den Namen „SS Gene Cernan" getauft worden, zu Ehren von Eugene Cernan, dem Kommandanten der Mondexpedition von Apollo 17. Cernan war im Dezember 1972 der bislang letzte Mensch, der den Mond betreten hatte. Er war im Januar im Alter von 82 Jahren verstorben.

Das beim Start insgesamt knapp 6.200 Kilogramm schwere Raumfahrzeug führt Nachschub für die ISS im Gesamtgewicht von 3.338 Kilogramm mit sich. Das beinhaltet 1.240 Kilogramm Versorgungsgüter für die Crew, 851 Kilogramm Hardware für die Raumstation, 132 Kilogramm Hardware für Außenbordmanöver, 34 Kilogramm Computerausrüstung und Laptops und 740 Kilogramm wissenschaftliche Experimente. Außerdem ist außenbords am Raumfahrzeug ein so genannter Nano Racks CubeSat-Deployer angebracht (er wiegt 109 Kilogramm), mit dem nach dem Abschluss der Versorgungsmission, wenn die SS Gene Cernan die Raumstation wieder verlässt, insgesamt 14 CubeSats freigesetzt werden sollen. In der Druckkabine der Cygnus werden zusätzlich zwei weitere CubeSats mitgeführt. Sie werden zu einem späteren Zeitpunkt von der Absetzvorrichtung an Bord der ISS freigegeben. Bei den Kleinsatelliten handelt es sich um Asgardia-1, EcAMSAT, ISARA, OCSD-B und C, Prop-Cube 2, Tech-Edsat 6, CHEFSat 3 und acht Einheiten der Lemur 2 Konstellation von Spire. Die Antares ist eine kombinierte Flüssigkeits- und Feststoffrakete. Die erste Stufe wird mit zwei ukrainischen Triebwerken des Typs RD-181 angetrieben. Ihr Treibstoff ist Kerosin, als Oxidator dient flüssiger Sauerstoff. Die Brenndauer der ersten Stufe beträgt drei Minuten und 35 Sekunden. Danach folgt eine 50 Sekunden lange antriebslose Flugphase. Sechs Sekunden nach Brennschluss der ersten Stufe, in

Nachwuchskräfteförderung
Trainee Promotion

Fachveranstaltungen
Business Events

Projektmanagement
Project Management

DeSK

Standortmarketing
Location Marketing

Betrieb eines Showrooms
Operation of a Showroom

Unternehmen, wissenschaftliche Einrichtungen und Hochschulen aus dem Bereich der Satellitenkommunikation haben sich im Jahr 2008 im Deutschen Zentrum für Satelliten-Kommunikation e.V. (DeSK) zusammengeschlossen.

Ziel des DeSK ist es, die Mitglieder zur Erweiterung der Geschäftsbeziehungen zusammenzuführen sowie zu einem schlagkräftigen Netzwerk zu bündeln und dabei Synergien zu erzeugen. Außerdem werden gemeinsame Aktivitäten zur Fachkräftegewinnung durchgeführt.

Deutsches Zentrum für Satelliten-Kommunikation e.V.
Dilara Betz
Geschäftsführerin
Schillerstraße 34
D – 71522 Backnang
Tel: +49 (0) 7191 1878314

www.desk-sat.com

DeSK

einer Höhe von etwa 100 Kilometern und bei einer Geschwindigkeit von Mach 15 findet die Stufentrennung statt. Weitere 25 Sekunden später wird zunächst die Nutzlastverkleidung, und dann noch einmal vier Sekunden später die Interstage, das Verbindungselement zwischen den beiden Stufen, abgeworfen. Acht Sekunden nach der Trennung von der Interstage zündet die zweite Stufe, ein leistungsstarker Feststofftreibsatz mit der Bezeichnung Castor-30XL. Er hat eine Brenndauer von zwei Minuten und 42 Sekunden.

Die Startsequenz verlief fehlerfrei, und so erreichte die Cygnus sieben Minuten und sechs Sekunden nach dem Verlassen der Startrampe einen ersten Übergangsorbit von 189 x 296 Kilometer. Die Bahnneigung zum Äquator betrug 51,63 Grad. Zwei Minuten und zwei Sekunden nach dem Brennschluss des Castor-Motors gab die zweite Stufe die SS Gene Cernan frei, die danach mit ihrem zweitägigen Anflug zur ISS begann.

14. November 2017 – Neuer Wettersatellit für China im Orbit

Die Trägerrakete vom Typ Langer Marsch 4C wird für den Start vorbereitet.

China startete am 14. November seinen neuesten Wettersatelliten der Fengyun-3 Serie. Die Mission begann am nordchinesischen Weltraumbahnhof Taiyuan, der im Bezirk Kelan in der Provinz Shanxi liegt. Es ist der erste Orbitalstart des Jahres 2017, der von dort aus erfolgt. Als Träger wurde eine Rakete des Typs Langer Marsch 4C eingesetzt. Neben der Hauptnutzlast befand sich mit HEAD-1 auch ein kleiner Marine-Überwachungssatellit einer neuen Baureihe mit an Bord. Die Mission begann um 19:35 Uhr mitteleuropäischer Zeit an der Startanlage LC9. Diese Nummer darf nicht darüber hinwegtäuschen, dass es in diesem kleineren Startzentrum lediglich drei aktive Startrampen gibt, nämlich die Anlagen LC7, LC9 und LC16. Die letztere ist neu und für die Langer Marsch 6-Trägerraketen vorgesehen. Die Fengyun-3 Satelliten repräsentieren die zweite Generation chinesischer Meteorologie-Satelliten auf polaren Umlaufbahnen. Sie werden von der CMA (China Meteorological Administration) und dem NSMC (National Satellite

Meteorological Center) betrieben. Das erste Raumfahrzeug dieser Reihe wurde bereits im Mai 2008 gestartet. Entwickelt wurden die Satelliten von der Shanghai Aerospace Administration. Sie wiegen beim Start etwa 2.450 Kilogramm. Das einzelne Solarpanel ist etwa 10 Meter lang und ermöglicht am Ende der geplanten Lebensdauer noch eine Leistung von maximal 2,5 Kilowatt. Die Instrumente an Bord liefern Multispektralaufnahmen in einem breiten Frequenzband. Außerdem befinden sich Messgeräte an Bord, mit denen die Erdatmosphäre inklusive der Ozonschicht genau vermessen werden kann, und Daten über die Feuchtigkeitswerte in der Luft und am Boden übermittelt werden können.

Der zweite Satellit an Bord, HEAD-1, ist wesentlich kleiner. Er wiegt nur etwa 45 Kilogramm und ist die erste Flugeinheit der so genannten „Skywalker-Konstellation". Trotz seiner geringen Größe ist das Raumfahrzeug hoch leistungsfähig. Er ist mit einem automatischen Identifizierungssystem ausgerüstet, das in der Lage ist, bis zu zwei Millionen Nachrichten von 60.000 Schiffen pro Tag zu dekodieren. Auftraggeber des kleinen Raumfahrzeugs ist HEAD Aerospace. Die Daten werden dem Meeres-, Küsten-, und Fluss-Schiffsverkehr zur Verfügung gestellt, sowie für Häfen, Behörden, Fischerei-Organisationen und das Finanz- und Versicherungswesen. Die Skywalker-Konstellation soll in ihrer Endausbauphase etwa 30 Raumfahrzeuge mit verschiedenen Aufgabenstellungen im Rahmen der maritimen Überwachung beinhalten.

18. November 2017 – Eine Ära nähert sich dem Ende

Langsam aber sicher geht die Ära der Delta 2 zu Ende. Während vor einem Jahrzehnt noch fast jeden Monat eine Rakete dieses Typs startete, sind die Missionen des ehemaligen US-Standardträgers in den letzten Jahren sehr selten geworden. Die Rakete wird seit vielen Jahren nicht mehr produziert. Es werden lediglich nach und nach die „Altbestände" aufgebraucht. Die Delta 2 wurde zum ersten Mal im Februar 1989 eingesetzt. Seither flog sie 153 Missionen von denen 151 erfolgreich verliefen. Der definitiv letzte Flug einer Delta 2 ist derzeit für den September 2018 geplant.

Am 18. November erfolgte nun der vorletzte Start einer Delta 2. Gleichzeitig war es der letzte in der Version 7920, der zweistufigen Variante mit neun Feststoffboostern zur Startunterstützung. Der Träger brachte am 18. November von der Luftwaffenbasis Vandenberg aus den Wettersatelliten JPSS-1 zusammen mit fünf kleinen Technologie- und Erdbeobachtungssatelliten in den Orbit. Der Flug begann um 10:47 Uhr mitteleuropäischer Zeit an der Startan-

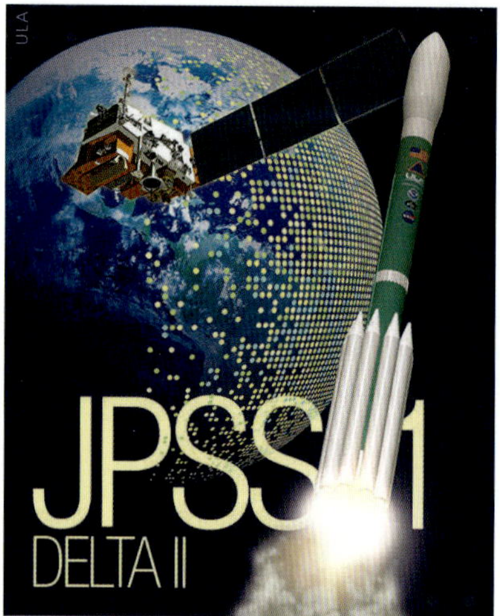

Startposter für die erste Flugeinheit des Joint Polar Satellite System, oder kurz JPSS-1.

lage 2W in der ersten Sekunde eines 62 Sekunden langen Startfensters. 57 Minuten und 30 Sekunden nach dem Verlassen der Startrampe und nach insgesamt zwei Brennmanövern gab die zweite Stufe JPSS-1 frei. Die erzielten Parameter ergaben ein Perigäum von 823 Kilometern, ein Apogäum von 837 Kilometern und eine Bahnneigung zum Äquator von 98,7 Grad. 75 Minuten nach dem Liftoff führte die zweite Stufe ein drittes Brennmanöver durch, um die vorgesehene Bahn für die Kleinsatelliten zu erreichen. Die wurden dann 81 Minuten und 40 Sekunden nach Beginn der Mission freigesetzt.

JPSS-1 wird nach seiner Indienststellung die Bezeichnung NOAA-20 erhalten, was ihn als neuestes Mitglied der Flotte von Wettersatelliten auf polaren sonnensynchronen Umlaufbahnen der National Oceanic and Atmospheric Administration (NOAA) kennzeichnet. JPSS-1 (das Akronym steht für Joint Polar Satellite System) ist dabei die erste Einheit einer neuen Serie niedrig fliegender Erdbeobachtungssatelliten, mit der die bisherigen Einheiten der POES-Konstellation (POES = Polar Operational Environmental Satellite) nach und nach abgelöst werden. Der letzte Satellit der POES-Reihe, NOAA-19, war im Februar 2009 ebenfalls mit einer Delta 2 gestartet worden.

JPSS-1 wog beim Start 2.540 Kilogramm. Er wurde von Ball Aerospace auf Basis der BCP-2000 Plattform gebaut. Er trägt fünf Hauptinstrumente an Bord: CERES (Clouds and the Earth's Radiant Energy System), mit dem das Strahlungsbudget der Erde ermittelt werden soll, die beiden Atmosphärenmess-Sonden CrIS und ATMS, mit denen das Druck-, Temperatur- und Feuchtigkeitsprofil der Erdatmosphäre gemessen werden soll und OPMS (Ozone Mapping and Profiler Suite), der seinerseits aus zwei Hyperspektralkameras besteht, mit denen das Ozon-Niveau in der Troposphäre ermittelt wird. Neben JPSS-1 wurden auch fünf Kleinsatelliten in den Orbit transportiert. Vier davon gehören zum ELaNa-Programm der NASA (ELaNa = Educational Launch of Nanosatellites), das

Gelegenheiten für Schulen und Universitäten bietet, eigene Satelliten zu starten. Die vier ELaNA-Einheiten sind: Eagle-Sat, ein Ein-Unit-Cubesat der Embry-Riddle Aeronautical University, MakerSat-0 der Northwest Nazarene University's, RadFxSat-1 der Vanderbilt University's und MiRaTA (für: Microwave Radiometer Technology Acceleration) des Lincoln Laboratory at the Massachusetts Institute of Technology (MIT). Die drei ersten Satelliten sind jeweils Ein-Unit-Cubesats mit einem Gewicht von jeweils etwa einem Kilogramm, MiRaTA ist ein drei Kilogramm schwerer Drei-Unit-Cubsat. Der fünfte Kleinsatellit ist die „Buccaneer Risk Mitigation Mission" (kurz: Buccaneer RRM). Das ist ein Drei-Unit-Cubesat, der in Partnerschaft zwischen der University of New South Wales und der Science and Technology Group des australischen Verteidigungsministeriums entstand.

21. November 2017 – Erdbeobachtungssatelliten im Dreierpack

Die Langer Marsch 6 wird auf einer Selbstfahr-Lafette zum Start transportiert

China brachte am 21. November drei kommerzielle Fernerkundungssatelliten der Jilin-1 Konstellation in den Orbit. Startort war der Raumflughafen Taiyuan in Nordchina. Als Träger wurde eine Rakete des Typs Langer Marsch 6 eingesetzt. Es war erst der zweite Einsatz dieses Modells. Bei den Satelliten handelte es sich um die Serieneinheiten vier, fünf und sechs der neuen Konstellation, mit den Nummern Jilin 1-04 bis Jilin1- 06. Projektführer für Entwicklung und Bau der Raumfahrzeuge ist die Chang Guang Satellite Technology Ltd. Die Mission begann um 5:50 Uhr mitteleuropäischer Zeit an der Startanlage 16 des Weltraumbahnhofs. Der Zielorbit mit einem Perigäum von 535 Kilometern, einem Apogäum von 545 Kilometern und einer Bahnneigung zum Äquator von 97,54 Grad wurde problemlos erreicht, anschließend gab die dritte Stufe des Trägers alle drei Satelliten frei. Die ersten beiden Jilin-1 Vehikel (die Einheiten Jilin 1-01 und 1-02) wurden am 7. Oktober 2015 mit einer Langer Marsch 2D gestartet. Jilin 1-03 folgte am 9. Januar dieses Jahres mit einer Kuaizhou-1A. Alle drei starteten von Jiuquan aus. Bis Ende 2019 soll die Konstellation 16 Einheiten umfassen. Damit werden Überflüge über Beobachtungsobjekten in drei bis vier-Stunden-Abstand möglich. In den

20iger Jahren soll die Konstellation auf 60 Einheiten ausgeweitet werden, was Beobachtungen im Abstand von nur 30 Minuten ermöglicht. Noch später, aber voraussichtlich erst in den Jahren, sollen dann insgesamt 138 Satelliten ein Ereignis auf dem Boden in 10-Minuten-Abstand in verschiedenen Spektralbändern beobachten können. Dies ist vor allem bei dynamischen Prozessen wie etwa bei Vulkaneruptionen, Dammbrüchen, Großfeuern oder Tsunamis von Bedeutung. Das Auflösungsvermögen der Jilin-Satelliten liegt bei etwa einem Meter pro Bildpunkt. Das Startgewicht pro Satellit beträgt bei den Einheiten 2 – 4 etwa 95 Kilogramm (Jilin 1-01 wog 420 Kilogramm). Damit wurde die Nutzlastkapazität der Langer Marsch 6 nicht annähernd ausgenutzt. Sie beträgt für den Zielorbit der drei Jilin-Satelliten etwa 1.100 Kilogramm.

Die Langer Marsch 2C wird für den Start vorbereitet.

24. November 2017 – Und noch ein chinesischer Dreierpack

Nur drei Tage nach dem Start dreier Erdbeobachtungssatelliten von Taiyuan aus, brachte China am 24. November erneut ein Satellitentrio in den Orbit. Dieses Mal erfolgte der Start vom Raumfahrtzentrum Xichang in Zentralchina aus. Bei der Mission Yaogan 30-02 wurden drei Raumfahrzeuge mit einem nicht näher spezifizierten Einsatzzweck gestartet. Die Yaogan-Serie umfasst militärisch genutzte Forschungs- und Einsatzsatelliten aller Art. Als Träger wurde eine Rakete des Typs Langer Marsch 2C eingesetzt. Die Mission begann um 19:10 Uhr mitteleuropäischer Zeit (entsprechend 2:10 Uhr Ortszeit am 25. November) an der Startanlage LC3 des Raumfahrtzentrums. Aufgrund der Tatsache, dass es sich um ein Satellitenterzett handelt, und aufgrund der Bahndaten, kann man mit einiger Sicherheit davon ausgehen, dass es sich bei der Mission Yaogan 30-02 um eine SIGINT-Mission handelt. Die Raumfahrzeuge wurden in die gleiche Bahn gebracht, wie die drei Satelliten der Yaogan 30-01 Mission, nämlich in einen annähernd kreisförmigen Orbit in 600 Kilometern Höhe. Ein wenig verwirrend ist allerdings bei diesen beiden Gruppen die relativ niedrige Inklination mit einer Bahnneigung zum Äquator von nur 35 Grad. Immerhin genügt das, um die weltweit bevölkerungs- und verkehrsreichsten Zonen zu überfliegen. Die Satelliten wurden vom Kleinsatellitenzentrum der Chinesischen Akademie der Wissenschaften entwickelt und gebaut. Gewicht und Abmessungen sind unbekannt,

Die ganze Welt
der Luft- und Raumfahrt
FLUG REVUE
Deutschland € 5,70 www.flugrevue.de
Luft- und Raumfahrt-Magazin
Luftwaffe
NEUE DROHNEN IM ANFLUG
JOON
Der Billigflieger von Air France
STATIONEN IM ALL
Was kommt nach der ISS?
TIGER MEET
Die besten Sonderanstriche
Antonow An-225
DER KOLOSS
An Bord des größten Jets der Welt
TRÄGER-TRAINING
RAFALE FLIEGT AUF DER „BUSH“
FLUGZEUGBAU VIRTUELL
Alles wird digital
AIRBUS-LIEFERZENTRUM
Hochbetrieb in Hamburg
FLUG REVUE präsentiert die spannendsten Geschichten aus der faszinierenden Welt der Luft- und Raumfahrt.
Auch als E-Paper
Tagesaktuelle Luftfahrtnachrichten:
www.flugrevue.de
JEDEN MONAT NEU
FLUG REVUE
EUROPAS GROSSES LUFT- UND RAUMFAHRTMAGAZIN

doch dürfte es sich dabei aufgrund ihrer Herkunft um kleinere Einheiten handeln welche die Nutzlastkapazität des Trägers, sie liegt bei der eingeschlagenen Bahn bei etwa 2.000 Kilogramm, nicht vollständig nutzen.

Start der Sojus 2.1b Fregat

28. November 2017 – Dümmster Fehlstart des Jahres

In den letzten 15 Jahren ist es Russlands Raumfahrt nicht ein einziges Mal gelungen – trotz rückläufiger Startzahlen – ein ganzes Jahr unfallfrei zu bleiben. 2017 hätte es beinahe geklappt, aber dann führte am 28. November ein grotesker Fehler dazu, dass Russland neben einem teuren Wettersatelliten der Meteor-Reihe noch weitere 18 Kleinsatelliten, darunter die ersten 10 Flugeinheiten der Konstellation von Spire Global, in den Atlantik versenkte. Noch ist nicht vollständig klar, wie die Sache passiert ist, man darf aber schon heute eine – wahrscheinlich ziemlich qualifizierte – Vermutung aussprechen, dass wieder einmal das katastrophale russische Qualitätsmanagement zum zahlreich wiederholten Male einer sündteuren Raumfahrtmission ein nasses Grab beschert hat.

Der Start hatte zunächst normal begonnen. Der Liftoff erfolgte um 8:42 Uhr Moskauer Zeit (6:42 Uhr mitteleuropäischer Zeit) von der Startanlage 1S an Russlands neuem Raumflughafen in Wostotschny. Es war erst die zweite Mission von dort aus, die erste war im April letzten Jahres erfolgt. Als Träger wurde eine Rakete des bewährten Typs Sojus 2.1b zusammen mit einer „Fregat-M"-Oberstufe eingesetzt. Sowohl beim Träger als auch bei der Oberstufe lagen offensichtlich keinerlei technische Probleme vor, und somit hätte die Mission perfekt verlaufen können. Der Flug der ersten drei Stufen konnte direkt verfolgt werden. In dieser Zeit verlief die Mission nominal. Um eine erste Übergangsumlaufbahn zu erreichen, war danach ein Brennmanöver der Fregat von etwa 90 Sekunden Dauer notwendig. Weitere 46 Minuten später sollte das zweite Brennmanöver stattfinden, eine Zündung von knapp unter einer Minute Dauer. Kurz danach sollte zunächst der Meteor-Wettersatellit freigegeben werden, bevor dann ein drittes Brennmanöver erfolgen sollte, um mit dem Absetzen der anderen Satelliten zu beginnen. Insgesamt waren für die Fregat sieben Brennphasen über eine Zeit von mehr als fünf Stunden vorgesehen. Die Fregat mit den Satelliten geriet noch vor ihrer ersten Brennphase – geplant – aus dem Bereich der russischen Empfangsstationen. Alle Brenn- und Absetzmanöver sollte sie danach selbstständig ausführen. Gegen 12:08 Uhr Moskauer Zeit gab die russische Raumfahrtbehörde Roskosmos bekannt, dass es nicht gelungen sei, Kontakt mit der Kombination aufzunehmen, und dass man annehme, dass diese sich nicht in ihrem Zielorbit befinde. Der geplante Orbit sollte eine Bahnhöhe von 1.000 Kilometern und eine Bahnneigung zum Äquator von 99,46 Grad aufweisen. Später am Nachmittag wurde schließlich die Nachricht verbreitet, dass die „Settings" für die Flugsteuerung der Fregat für einen Start vom 5.000 Kilometer entfernten Baikonur ausgelegt gewesen waren. Offensichtlich hatte man vergessen, die Grundeinstellungen der Gyroskope auf den Startplatz Wostotschny abzuändern, wodurch der Bordcomputer mit falschen Daten arbeitete und sich selbst, zusammen mit der Nutzlast, über Island in die Erdatmosphäre zurücksteuerte. Das Verglühen konnte dort beobachtet werden. Es gibt sogar eine Filmaufnahme davon, die vom British Airways Flug BAW94 auf dem Weg von Montreal nach London gemacht wurde. Der Fehlschlag bedeutet nicht nur einen materiellen Schaden von mehreren hundert Millionen Euro, es ist auch ein weiterer schwerer Schlag für die Reputation der russischen Raumfahrtingenieure. Neben dem 2.750 Kilogramm schweren Meteor-M Nr. 2-1 waren die folgenden weiteren Nutzlasten an Bord der Rakete und sind nunmehr verloren:

- Der 70 Kilogramm schwere LEO-2, der erste von zwei Prototypen, welchen das kanadische Telekommunikationsunternehmen Telesat bei UTIAS/SFL bestellt hat. Mit diesem Raumfahrzeug sollte die technische Machbarkeit einer Konstellation mit hohem Datendurchsatz in einer niedrigen Erdumlaufbahn untersucht werden.

- Der 86 Kilogramm schwere Baumanets-2, gebaut von den Studenten der Moskauer Baumann-Universität, ein Erdbeobachtungssatellit.

- Der norwegische AISSat-3, 6,5 Kilogramm schwer, der vom norwegischen Space Centre hätte betrieben werden sollen. Er sollte automatische Schiffsidentifizierungs-Signale aufzeichnen und war als Nachfolger von AISSat-1 und AISSat-2 vorgesehen, die 2010 und 2014 gestartet worden waren.

- Corvus-BC-3-1 und BC-3-2 für die US-Firma Astro Digital. Dabei handelt es sich um zwei sechs-Unit-Cubesats mit einer mittelhoch auflösenden Multispektralkamera. Sie sollten Teil einer zukünftigen 30-Satelliten-Konstellation sein und dafür die Flugeinheiten drei und vier bilden.
- Der D-Star One Satellit der German Orbital System GmbH, ein drei Einheiten großer CubeSat für Amateurfunk-Anwendungen.
- IDEA OSG 1, ein 22 Kilogramm schwerer Satellit der japanischen Firma Astroscale, der Weltraummüll aufspüren sollte.
- Der Small Explorer for Advanced Missions (SEAM), ein 4,7 Kilogramm schwerer, Drei-Unit-Cubesat der in Gemeinschaftsarbeit vom schwedischen Royal Institute of Technology und dem Swedish Space Centre entwickelt und gebaut wurde. Es sollte ein kombinierter Technologie- und Forschungssatellit sein und für letzteren Zweck die Magnetfelder in der Ionosphäre untersuchen.
- Und schließlich noch die ersten zehn Satelliten der Lemur 2-Navigationskonstellation für Spire Global, die jeweils 4,5 Kilogramm wiegen.

Dezember

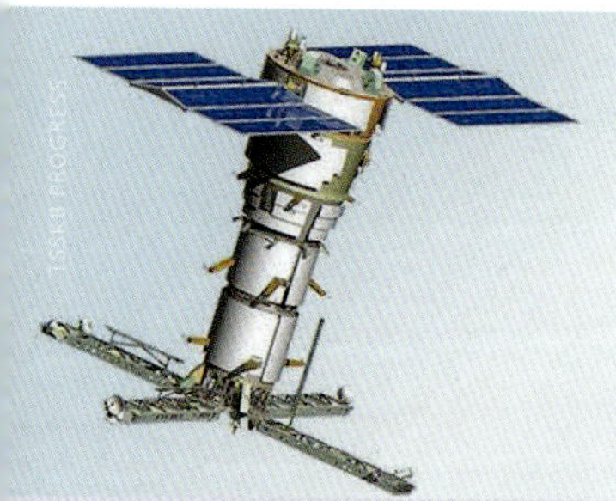
Grafische Darstellung von Kosmos 2524.

2. Dezember 2017 – Russland mit Lotos erfolgreich

Nur vier Tage nach dem Fehlstart einer Sojus 2.1b „Fregat" vom ostrussischen Weltraumbahnhof Wostotschny aus, bei dem insgesamt 18 Satelliten verloren gingen, brachten die russischen Streitkräfte am 2. Dezember erneut eine Trägerrakete dieses Typs an den Start. Dieses Mal jedoch in der dreistufigen Basisversion des Trägers, ohne die „Fregat"-Orbitaleinheit. Die Startmission begann am Weltraumbahnhof in Plesetzk, der meist für militärische Missionen eingesetzt wird, und verlief vollständig erfolgreich. Der Einsatz begann um 11:43 Uhr mitteleuropäischer Zeit an der Startrampe 43/4 des nordrussischen Startzentrums. Knapp neun Minuten später setzte die dritte Stufe des Trägers den Satelliten auf einer Bahn mit einem Perigäum von 239 Kilometern und einem Apogäum von 900 Kilometern, bei einer Bahnneigung zum Äquator von 67,14

Grad ab. Nach dem erfolgreichen Start erhielt das Raumfahrzeug die militärische Bezeichnung „Kosmos 2524". Die Nutzlast an Bord des Trägers bestand aus einem ELINT-Satelliten (ELINT=Electronic Signal Intelligence) der Lotos-S-Reihe. Die Lotos-Satelliten sind die Nachfolger der Tselina-Raumfahrzeuge, die von der Sowjetunion und Russland in den Jahren 1967-2007 gestartet wurden. Der neue Funkaufklärer ist die dritte Einheit der neuen Reihe. Ein Prototyp wurde im November 2009 gestartet, eine erste Serieneinheit im Dezember 2014. Die Satelliten werden von TsSKB Progress gebaut. Sie basieren auf der bewährten Yantar-Plattform und wiegen beim Start etwa 6.500 Kilogramm.

Erste Stufe der Langer Marsch 2D bei der Montage

3. Dezember 2017 – China schickt LKW-1 in den Weltraum

Nein, nicht den ersten Lastkraftwagen, sondern einen weiteren Satelliten der Yaogan-Reihe, sandte China am 3. Dezember in den Orbit. In dieser sehr allgemeinen Klassifikation trägt das Raumfahrzeug den Namen Yaogan-31. Daneben trägt es aber auch die Bezeichnung „Land Surveying Satellite-1", woraus sich dann, über den Umweg der pinyin-Umschreibung der chinesischen Schriftsprache, aus dem Begriff Lùdì kānchá wèixīng 01 die offiziell benutzte Abkürzung LKW-1 ableitet. Der Satellit wurde von einer Trägerrakete des Typs Langer Marsch 2D auf einer sonnensynchronen Erdumlaufbahn abgesetzt. Der Start von LKW-1 erfolgte am 3. Dezember, um 5:11 Uhr mitteleuropäischer Zeit vom nordchinesischen Weltraumbahnhof Jiuquan aus. Wenige Minuten später war der Zielorbit mit einem Perigäum von 490 Kilometern, einem Apogäum von 500 Kilometern und einer Bahnneigung zum Äquator von 97,46 Grad erreicht. Im Grund sagen alle drei Bezeichnungen recht wenig aus. Genauso wie die zusätzliche Erläuterung der chinesischen Medien, dass der Satellit „für wissenschaftliche Experimente, Landvermessung, Erntevoraussagen und Desaster-Monitoring" eingesetzt wird. Diese stereotype Beschreibung wird bei einem großen Teil der Yaogan-Satelliten im stets genau gleichen Wortlaut verwendet. Aussagekräftiger ist da wahrscheinlich die Analyse erfahrener Beobachter, die Yaogan-31 für einen elektro-optischen Aufklärer der Jianbing-6 Serie oder einer Nachfolgereihe dieses Typs halten. Zu dieser Satellitenfamilie gehören wahrscheinlich auch Yaogon 2, 4, 7, 11, 24 und Yaogan 30. Alle sind von Jiuquan aus auf Bahnen mit ähnlichen Parametern gestartet.

Alcomsat-1 bei Tests der Antennenanlage.

10. Dezember 2017 – China startet Algeriens ersten Telekommunikationssatelliten

Die hohe Startfrequenz im chinesischen Raumfahrtprogramm hält an. Am 10. Dezember brachte eine Trägerrakete des Typs Langer Marsch 3B/G2 Algeriens ersten Telekommunikationssatelliten in eine geostationäre Transferbahn. Startort war der Weltraumbahnhof Xichang in Zentralchina. Der Satellit trägt die Bezeichnung Alcomsat-1. Die Mission begann um 17:41 Uhr mitteleuropäischer Zeit von der Startrampe 2 des Startzentrums. 26 Minuten später wurde der Satellit auf einem leicht supersynchronen Transferorbit mit einem Perigäum von 183 Kilometern, einem Apogäum von 41.800 Kilometern und einer Bahnneigung von 26,4 Grad zum Äquator freigegeben.

Alcomsat-1 wies ein Startgewicht von 5.225 Kilogramm auf. Die Solargeneratoren stellen zum Ende der Lebensdauer noch eine Leistung von 10,5 Kilowatt zur Verfügung. Die Design-Lebensdauer des Satelliten beträgt 15 Jahre. Die endgültige Orbitposition wird sich 24,8 Grad westlicher Länge über dem Äquator befinden. Alcomsat-1 wurde im Auftrag der ASAL (Agence Spatiale Algérienne) von der Chinese Academy of Space Technology (CAST) entwickelt und gebaut. Er basiert auf der DFH-4 Plattform und trägt 33 Transponder. 19 davon senden im Ku-Band, 12 im Ka-Band und zwei im L-Band. Damit können simultan etwa 200 TV-Programme auf Empfänger mit 45-Zentimeter-Empfangsschüsseln abgestrahlt werden. Der Gesamtauftrag für Start und Produktion des Satelliten war an die China Great Wall Industries Corporation gegangen (CGWIC). Es war ein „All-inclusive-deal" wie ihn China zuvor schon für Bolivien, Nigeria und Laos durchgeführt hat. Diese „deals" beinhalten ein Komplettpaket mit der Lieferung des Satelliten, der Trägerrakete, der Bodenstationen, die komplette Startdurchführung und die Ausbildung des Personals, das nach der Indienststellungsphase den Satelliten überwachen und steuern soll. Aber auch reine Satellitenlieferungen ohne weiteren Service für Länder mit eigener Überwachungsinfrastruktur und ausgebildetem Personal finden in zunehmendem Maße statt, wie Lieferungen für Indonesien, Thailand und Weißrussland in den letzten Jahren gezeigt haben.

Startposter der Mission VA240

12. Dezember 2017 –
Nicole, Zofia, Alexandre und Irina verstärken Galileo

Am 12. Dezember brachte die Arianespace mit einer Trägerrakete des Typs Ariane 5 ES die nächsten vier Raumfahrzeuge der europäischen Satellitennavigationskonstellation Galileo in eine halbsynchrone Erdumlaufbahn. Technisch gesehen handelt es sich dabei um die Einheiten FOC 15-18 (FOC = Full Operational Capability). Aber nachdem jeder Satellit den Namen eines Kindes trägt, das Landessieger im Galileo-Zeichenwettbewerb der Europäischen Kommission war, heißen die vier Flugeinheiten auch Nicole, Zofia, Alexandre und Irina. Die Startmission begann um 19:36 Uhr mitteleuropäischer Zeit und dauerte für die Ariane 5 ungewöhnlich lange, nämlich drei Stunden und 55 Minuten, wobei die beiden Brennmanöver der Aestus-Oberstufe durch eine ballistische Phase von drei Stunden und acht Minuten Dauer voneinander getrennt waren. Das gesamte Nutzlastgewicht betrug, inklusive einiger Adapterelemente, 3.282 Kilogramm. Der Start war die elfte und letzte Mission des Jahres 2017 vom europäischen Startzentrum Kourou aus. Von den vorausgehenden Flügen wurden fünf mit der Ariane 5 durchgeführt, drei mit der Vega-Rakete und zwei mit der Sojus. Der Einsatz war auch die zweite Mission, bei der eine Ariane 5 für den Transport von Galileo-Satelliten verwendet wurde, und die 240. insgesamt einer Ariane-Rakete, seit die erste Version dieser Baureihe, die Ariane 1, im Dezember 1979 ihren Erstflug hatte. Für die Galileo-Transporte der Ariane 5 wird die sonst nur noch selten verwendete Version Ariane 5 ES eingesetzt. Tatsächlich wird sie nur noch ein einziges weiteres Mal fliegen, nämlich bei einem weiteren Galileo-Flug im nächsten Jahr. Die Konstellation soll ihre volle Stärke von 24 Einsatzeinheiten plus insgesamt sechs Reservesatelliten im Jahre 2021 erreichen. Anders als die Missionsbezeichnung (Galileo FOC 15-18) glauben macht, handelt es sich tatsächlich bereits um die Einheiten 19-22, denn auch die vier Vorserieneinheiten, die in der „offiziellen" Zählung nicht mit erfasst sind, gehören derzeit zur aktiven Konstellation. Die Einsatzsatelliten werden von der OHB System AG in Bremen gebaut und wiegen im Schnitt 715 Kilogramm pro Einheit. Sie werden auf kreisförmigen Umlaufbahnen in einer Höhe von 23.200 Kilometern abgesetzt und bringen sich dann mit ihren Bordtriebwerken selbst auf die 300 Kilometer höher gelegene Einsatzbahn.

Sojus MS 05 Landung

14. Dezember 2017 – Sojus MS-05 kehrt zur Erde zurück

Nach einem vergleichsweise kurzen Aufenthalt an Bord der Internationalen Raumstation kehrte am 14. Dezember die Crew des Raumschiffes Sojus MS-05 wieder sicher zur Erde zurück. Die Landung in der Steppe von Kasachstan erfolgte um 9:38 Uhr mitteleuropäischer Zeit. An Bord der Rückkehrkabine des Raumschiffs befanden sich neben dem russischen Kosmonauten Sergei Rjasanski auch der ESA-Astronaut Paolo Nespoli und der NASA-Astronaut Randy Bresnik. Die drei waren am 28. Juli zur ISS aufgebrochen und hatten insgesamt 138 Tage 7 Stunden und 20 Minuten im Orbit verbracht. Die Landung beendete damit auch gleichzeitig den 134. Flug einer bemannten Sojus-Raumkapsel und den 60., der mit einer Sojus FG-Trägerrakete begann. Sergei Rjasanski und Paolo Nespoli, für die es beide der dritte Raumflug war, nahmen bei dieser Mission für die Expeditionen 52 und 53 die Rolle eines Flugingenieurs ein, Randy Bresnik, auf seiner zweiten Mission, war der Kommandant der ISS in der Phase der Expedition 53. Kurz vor dem Abflug der Sojus MS-05 Crew übergab er das Kommando der ISS an den Kosmonauten Alexander Misurkin, der zusammen mit den beiden NASA-Astronauten Mark Vande Hei und Joe Acaba für einige Tage zu dritt auf der ISS ist, bevor dann die Crew von Sojus MS-07 zu ihnen stoßen wird und damit die Expeditionscrew 54 vervollständigt.

14. Dezember 2017 –
Flugerprobte Falcon 9 startet flugerprobten Dragon

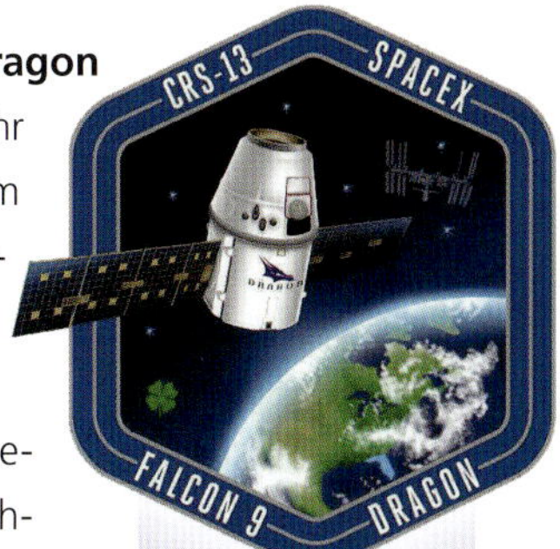

Startlogo der CRS-13 Mission

SPACEX

Das hat es seit den Zeiten des Shuttles nicht mehr gegeben: Eine „flugerprobte" Falcon 9 brachte am 14. Dezember eine Nutzlast in den Orbit, die ihrerseits bereits einen Weltraumeinsatz hinter sich gebracht hatte. Der Begriff „flugerprobt" stammt von SpaceX und bezeichnet Erststufen der Falcon 9, die bereits eine Mission absolviert haben. Bei der ISS-Nachschubmission CRS-13 brachte dieselbe Falcon 9-Erststufe, die im Juni bereits für den Flug CRS-11 eingesetzt war, nun eine Raumkapsel in den Orbit, die bereits im April 2015 eine Nachschubmission (CRS-6) durchgeführt hatte, und damals 37 Tage im Orbit verbracht hatte. Lediglich der „Trunk", die zylindrische Verlängerung der Kapsel und der Hitzeschild sind neu. Die Mission begann um 16:36 Uhr mitteleuropäischer Zeit. Zwei Minuten und 25 Sekunden nach dem Liftoff erfolgte die Stufentrennung, acht Sekunden danach die Zündung der zweiten Stufe, mit welcher der Dragon in eine Erdumlaufbahn gebracht wurde. Die erste Stufe führte in den folgenden Minuten insgesamt drei weitere Brennmanöver durch, mit denen sie sich wieder zurück nach Cape Canaveral steuerte. Die Landung in der so genannten „Landing Zone 1" erfolgte sieben Minuten und 46 Sekunden nach dem Liftoff. Der Brennschluss der zweiten Stufe erfolgte ziemlich genau neun Minuten nach dem Verlassen der Startrampe, und eine weitere Minute später wurde der Dragon freigegeben. Der Dragon bringt 2.205 Kilogramm an Nachschubgütern, Ausrüstung und Experimenten zur Internationalen Raumstation. 1.560 Kilogramm befinden sich im druckbelüfteten Inneren der Kapsel, 645 Kilogramm werden in Form zweier Experimente im Trunk mitgeführt. Eines davon ist der so genannte „Space Debris Sensor" (SDS). Mit ihm soll untersucht werden, welchen Partikeleinschlägen, herab bis zu einer Größe von nur 50 Mikron, die ISS ausgesetzt ist. Das andere Experiment, mit der Bezeichnung „Total Solar Irradiance" oder kurz

TSI misst den Energieeintrag den die Sonne liefert, unter Berücksichtigung der speziellen Wellenlängen, über der diese Energien transportiert werden. Mit einer Zeitspanne von 46 Tagen seit dem letzten Start (Koreasat 5A am 30. Oktober) war dies der längste Zeitabstand zwischen zwei SpaceX-Missionen in diesem Jahr. Es hat heuer auch schon drei SpaceX-Starts in nur einer einzigen Woche gegeben. Die Mission wurde vom völlig neu aufgebauten und – gegenüber dem vorherigen Status – erheblich verbesserten Startkomplex 40 durchgeführt. Es war die erste Mission von dieser Anlage, seit dort im September 2016 bei Tests drei Tage vor dem Start eine Falcon 9 explodierte und die Anlage fast vollständig zerstörte. Dies nahm SpaceX zum Anlass, umfangreiche Verbesserungen beim Neubau zu implementieren. Alle Missionen von der US-Ostküste begannen seither an der Anlage 39A, dem historischen Komplex, von dem aus die meisten der Apollo-Mondflüge starteten, aber auch die meisten Shuttle-Missionen ihren Anfang nahmen.

ROSKOSMOS

Startemblem der Mission Sojus MS-07

17. Dezember 2017 – Sojus bringt neue Crew zur ISS

Eine Trägerrakete des Typs Sojus FG brachte am 17. Dezember das bemannte russische Raumschiff Sojus MS-07 auf den Weg zur Internationalen Raumstation. Der Start erfolgte um 8:21 Uhr mitteleuropäischer Zeit von der Startrampe 1/5 des Kosmodroms in Baikonur, der historischen Startrampe, von der aus schon Juri Gagarin im Jahre 1961 seine Reise ins All antrat. Acht Minuten und 45 Sekunden später war der Orbit erreicht. Die Antennen und Solargeneratoren des Raumschiffs entfalteten sich, und der zweitägige Anflug zur ISS begann. An Bord des Raumfahrzeugs befanden sich der Sojus-Kommandant Anton Schkaplerow, für den es der dritte Raumflug ist. Er hat dabei insgesamt schon 365 Tage im Orbit verbracht. Für die beiden anderen Besatzungsmitglieder, Norishige Kanai von der japanischen Raumfahrtagentur JAXA und Scott Tingle von der NASA ist es jeweils der erste Einsatz. Die drei werden an Bord der ISS von Alexander Misurkin, Mark Vande Hei und Joe Acaba erwartet und bilden dann zusammen die Expedition 54. Erst vor wenigen Tagen war die Crew von Sojus MS-05 mit Sergei Rjasanski, Randy Bresnik und Paolo Nespoli zur Erde zurückgekehrt. Schkaplerow wird die ersten drei Monate seines Aufenthaltes als Flugingenieur der Expedition 54 verbringen, bevor er dann im zweiten Teil seiner Tour als Kommandant der Expedition 55 fungieren wird.

23. Dezember 2017 –
H2A bringt Shikisai und Tsubame in den Orbit

Künstlerische Darstellung des SLATS-Satelliten

Bei der letzten japanischen Raumfahrtmission des Jahres brachte die Japan Aerospace Exploration Agency (JAXA) am 23. Dezember mit einer Trägerrakete des Typs H2A zwei Nutzlasten auf unterschiedliche Umlaufbahnen. Dabei handelt es sich um die Global Change Observation Mission (GCOM-C), mit welcher Umweltbeobachtungen durchgeführt werden und um den Super Low Altitude Test Satellite (kurz: SLATS), einen Technologieträger, der ein Ionentriebwerk einsetzt, um stabil auf einer extrem niedrigen Erdumlaufbahn verbleiben zu können.

Die Mission stellt ein Jubiläum dar, denn es war der 50. Flug eines Trägers der H2-Serie. Noch nie gab es in Japan außerdem sieben Orbitalstarts im Verlauf eines Jahres. Die beiden Raumfahrzeuge bekamen, wie in der japanischen Raumfahrt üblich, nach dem erfolgreichen Start Eigennamen. GCOM-C wurde auf den Namen "Shikisai" getauft und SLATS auf den Namen "Tsubame". Die Mission begann exakt in der ersten Minute eines 22minütigen Startfensters, um 2:26 Uhr mitteleuropäischer Zeit (entsprechend 10:26 Uhr Ortszeit), am Yoshinobu-Startkomplex des Raumfahrtzentrums Tanegashima. Für die Mission wurde die Version 202 des H2A-Trägers eingesetzt. Das bedeutet, dass die Rakete mit zwei Feststoffboostern zur Startunterstützung ausgerüstet war.

Der 2.093 Kilogramm schwere GCOM-C wird den Wasserzyklus auf der Erde genau unter die Lupe nehmen. Das beinhaltet jegliche Form von Wasser, angefangen von Wasserdampf in der Atmosphäre, Wasser in Wolken, Schnee und Eis und den Zustand der Ozeane. Dieser Satellit wurde in einen nahezu kreisförmigen, sonnensynchronen Orbit in einer Höhe von 790 Kilometern und bei einer Bahnneigung zum Äquator von 98,7 Grad abgesetzt. Für das zweite Raumfahrzeug, den 400 Kilogramm schweren SLATS, steuerte die zweite Stufe 58 Minuten nach dem Absetzen von GCOM einen niedrigeren Orbit mit einem Perigäum von 450 Kilometern und einem Apogäum von 643 Kilometern an. Der Arbeitsorbit des Satelliten wird aber noch einmal deutlich darunter liegen, und ein Perigäum von 180 Kilometern und ein Apogäum von 268 Kilometern aufweisen. In dieser niedrigen Höhe kann das Raumfahrzeug ohne Ausgleich der Luftreibungsverluste nicht länger als etwa eine Woche verbleiben. Dem schnellen Absturz wird ein Ionentriebwerk entgegenwirken, das den Satelliten dauerhaft auf dieser niedrigen Bahn hält.

Startlogo der Iridium-4 Mission

23. Dezember 2017 – SpaceX beschließt Raumfahrtjahr mit Himmelsschauspiel

Nur 61 Sekunden, nachdem auf der japanischen Insel Tanegashima eine H2A-Trägerrakete mit zwei Satelliten an Bord zu einem Orbitalflug aufgebrochen war, begann auf dem militärischen Startgelände Vandenberg in Kalifornien die letzte Orbitalmission für SpaceX im Jahre 2017. An Bord der Falcon 9 befanden sich die Serieneinheiten 31-40 der neuen Iridium NEXT-Konstellation. Die Einheiten 1-30 hatte SpaceX bei drei vorausgegangenen Starts in diesem Jahr in die Erdumlaufbahn gebracht. Erstmals wurde von Vandenberg aus eine bereits einmal verwendete Falcon 9-Erststufe erneut geflogen. Insgesamt war es der 46. Einsatz einer Falcon 9-Rakete und die 18. Orbitalmission von SpaceX. Es war auch der 29. Orbitalflug für die USA. Die größte Zahl innerhalb eines solchen Zeitraums seit dem Jahr 1999.

Die Mission begann um 2:27 Uhr mitteleuropäischer Zeit an der Startanlage SLC 4E des Westküsten-Startgeländes. Zum Einsatz kam dabei dieselbe Falcon 9-Erststufe, mit der bereits im Juni die Satelliten 11-20 der Iridium NEXT-Konstellation in den Orbit transportiert worden waren. Diese Stufe, Core 1036, war damals auf dem Westküsten-Bergungsschiff von SpaceX, der „Just Read the Instructions" gelandet und nach Los Angeles zur Überholung zurückgebracht worden. Der aktuelle Start war der fünfte, bei dem eine bereits einmal zuvor geflogene Falcon 9-Erststufe erneut verwendet wurde. Der Start bot dem Großraum Los Angeles, den besonderen Beleuchtungsverhältnissen und guten meteorologischen Voraussetzungen beim Start geschuldet, ein optisches Spektakel der besonderen Art. Millionen von Menschen konnten beim Aufstieg der Rakete die so genannte „Kerolox-Qualle" sehen, Abgas- und Eispartikel aus den Triebwerken der Rakete, die von der tiefstehenden Sonne beleuchtet wurden und für etwa 20 Minuten sichtbar blieben. Um eine weltweite Abdeckung mit seinen Mobilfunkdiensten zu ermöglichen, stationiert Iridium insgesamt 66 operationelle Satelliten auf sechs verschiedenen Bahnebenen. Weitere Exemplare werden als Ersatzeinheiten in den Orbit gebracht. SpaceX hat einen Vertrag mit Iridium über den Start von insgesamt 75 Satelliten, die an Bord von acht Falcon 9-Trägerraketen gestartet werden.

Die Iridium NEXT Fluggeräte wurden in einer Partnerschaft zwischen Thales Alenia Space und Orbital ATK gebaut. Die ersten zehn Satelliten wurden im Januar gestartet, weitere Einheiten im Juni und Oktober. Die Raumfahrzeuge basieren auf der ELiTeBus-1000 Plattform von Alenia Space. Sie weisen ein Startgewicht von jeweils 860 Kilogramm auf und tragen eine Kommunikationsnutzlast, die im L-Band und im Ka-Band arbeitet.

Core 1036 ist eine Stufe der „Block 3-Serie" der Falcon 9. SpaceX verwendet die Erststufen dieser (und der Block 4-Serie) Baureihe nur zweimal. Somit war der aktuelle Flug für die Zentralstufe auch schon der letzte Einsatz. SpaceX verzichtete daher auf eine Bergung und flog die Rakete teilweise in einer „expendable"-Version. „Teilweise" bedeutet in diesem Fall, dass die Stufe keine Landevorrichtungen erhielt. Allerdings verwendete SpaceX die Rakete dennoch für eine Reihe von Experimenten, so dass ein Teil der Rückkehreinrichtungen, wie etwa die Grid Fins, verblieb und auch eingesetzt wurde und auch ein Standard-Rückkehrprofil aktiv abgeflogen wurde. Außerdem wurden erneut Versuche mit der Rückführung der Fairing unternommen. Wie erfolgreich diese Tests waren, ist bislang nicht bekannt. Der Zeitraum von 61 Sekunden zwischen den Starts der japanischen H2A und der Falcon 9 ist der kürzeste in der Geschichte der Raumfahrt zwischen zwei Orbitalmissionen. Dieser Rekord stand bisher bei 82 Sekunden und datiert zurück auf den 18. August 1960, als eine Thor DM-21 Ablestar von Cape Canaveral aus den experimentellen Nachrichtensatelliten Courier 1A startete und eine Thor DM-18A Agena-Rakete von Vandenberg aus den Spionagesatelliten Discoverer 14. Die Mission von Courier 1A scheiterte seinerzeit aber schon 150 Sekunden nach dem Verlassen der Startrampe, als die Rakete noch im Erststufenflug explodierte.

Der kürzeste Zeitabstand zwischen zwei erfolgreichen Missionen stand bislang bei fünfeinhalb Minuten. Am 16. September 1977 startete zunächst in Baikonur eine Tsiklon 2 Rakete mit Kosmos 952 und 330 Sekunden später eine Sojus-U von Plesetzk mit Kosmos 953. Bei beiden Satelliten handelte es sich um militärische Spionagesatelliten.

Langer Marsch 2C startet mit Yaogon-30-03

23. Dezember 2017 – LKW-2 folgt auf LKW-1

Nur drei Wochen nach dem Start des ersten „Lùdì kānchá wèixīng" (oder kurz: LKW) folgte am 23. Dezember die zweite Einheit dieser Reihe. Wie schon sein Vorgänger wurde auch dieser Satellit von einer Trägerrakete des Typs Langer Marsch 2D auf einer sonnensynchronen Erdumlaufbahn abgesetzt, und wie schon LKW-1 startete auch dieses Raumfahrzeug vom nordchinesischen Weltraumbahnhof Jiuquan aus und benutzte dabei die Startrampe 603 am Startkomplex 43 der Anlage.

Die Mission begann um 5:14 Uhr mitteleuropäischer Zeit, fast exakt zum selben Zeitpunkt des Tages, an dem auch LKW-1 startete. Bahnhöhe und die Inklination, in welche der Satellit abgesetzt wurde, glichen sich ebenfalls fast exakt. Auch die Meldung der staatlichen Nachrichtenagentur, mit welcher der Start gemeldet wurde, war beinahe wortwörtlich derselbe wie vor drei Wochen. Auch dieses Mal wurde verlautbart, dass der Satellit „für wissenschaftliche Experimente, Landvermessung, Erntevoraussagen und Desaster-Monitoring" eingesetzt wird.

Tatsächlich handelt es sich auch bei LKW-2 mit einiger Sicherheit um einen elektro-optischen Aufklärungssatelliten. LKW-1 und LKW-2 werden auf derselben Bahn wahrscheinlich in einem Abstand von 180 Grad eingesetzt werden. Das ermöglicht das zweimalige Überfliegen eines Zielpunktes innerhalb von weniger als einer Stunde.

Die Mission war Chinas 17. Orbitalflug dieses Jahres. Die Startrate lag in den letzten Wochen sehr hoch, weil ein erheblicher „Backlog" an Flügen aufzuholen ist, nachdem es im Sommer im Zusammenhang mit einem Fehlstart und einem Teilversager einer Rakete zu einer dreimonatigen Unterbrechung aller Starts gekommen war. China wird diesen „Backlog" aber nicht vollständig aufholen können, weswegen im nächsten Jahr – eine unfallfreie Zeit vorausgesetzt – mit einer Rekordzahl an Starts gerechnet werden kann.

25. Dezember 2017 – China baut Yaogan 30-Konstellation weiter aus

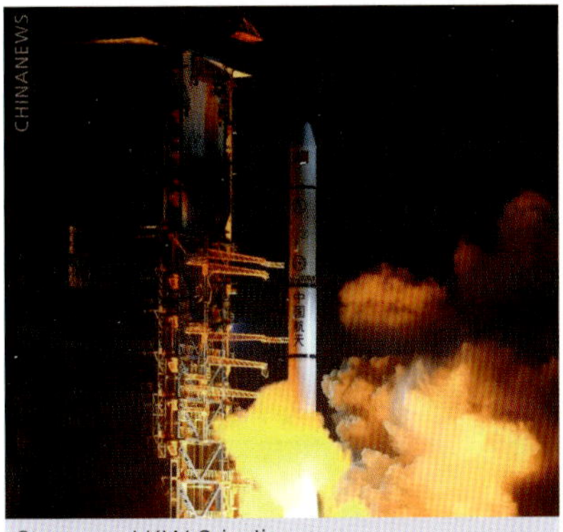

Start von LKW-2 in Jiuquan

Am 25. Dezember brachte China erneut drei Satelliten der rätselhaften Yaogan-30 Konstellation in eine Erdumlaufbahn. Startort war der zentralchinesische Weltraumbahnhof Xichang. Als Träger wurde eine Rakete des Typs Langer Marsch 2C eingesetzt. Es war dies der dritte Start eines Yaogan 30-Trios in diesem Jahr. Die Mission begann um 20:44 Uhr mitteleuropäischer Zeit vom Startkomplex 3 des Raumfahrtzentrums. Die chinesische Presse beschrieb die Aufgabe der drei Satelliten mit der „Durchführung elektromagnetischer Versuche und anderer Experimente", ein wissenschaftlich verbrämter Euphemismus für das Abhören von Funksignalen. Kundige Beobachter nehmen an, dass die Raumfahrzeuge zu einem Marine-Aufklärungssystem ähnlich dem US-System NOSS (Naval Ocean Surveillance System) gehören, das ebenfalls aus Zweier- oder Dreiergruppen von Satelliten besteht. Die Yaogan-30-03 Raumfahrzeuge wurden wenige Minuten nach dem Liftoff in einer Bahn mit einem Apogäum von 605 Kilometern, einem Perigäum von 590 Kilometern und einer Bahnneigung zum Äquator von lediglich 35,0 Grad abgesetzt. Wie ihre Vorgänger-Triplets Yaogan 30-01 und Yaogan 30-02 decken auch sie also lediglich äquatornahe Regionen ab.

Solche Duos oder Trios sind in der militärischen Raumfahrt durchaus häufig anzutreffen. Die Satelliten einer Gruppe fliegen dabei in der Regel in Abständen von einigen Dutzend Kilometern und können somit Funkquellen mittels Triangulation exakt lokalisieren. Allerdings kann man an dieser Theorie durchaus auch zweifeln, denn sowohl die Bahnhöhe als auch die niedrige Inklination passen nicht so recht zu einer derartige Konstellation. Außerdem haben bei beiden vorherigen Yaogan 30-Missionen die einzelnen Satelliten zu driften begonnen und streben offensichtlich koplanare Bahnen mit Abständen von jeweils 120 Grad an. Das deutet eher auf eine Konstellation mit sehr breiter Abdeckung und häufiger Wiederholfrequenz hin, bei der ein Wiederholungsbesuch über einem bestimmten Ziel (unter Berücksichtigung von akzeptablen Beobachtungswinkeln) bei weniger als 30 Minuten liegt.

26. Dezember 2017 – Angosat-1 sorgt für Schreck zum Jahresende

Die letzte Mission des Jahres, der Start des angolanischen Nachrichtensatelliten Angosat-1 am 26. Dezember, jagte der russischen Raumfahrtindustrie noch einmal einen gehörigen Schrecken ein, und erneut wird wohl eine Überprüfung der Qualitätssicherungs-Prozesse in Russland die Folge sein. Nach einem erfolgreichen Start mit einer Trägerrakete des Typs Zenit 3F, dem ersten Einsatz einer solchen Rakete seit über zwei Jahren, verlor das Kontrollzentrum kurz nach dem Absetzen des Satelliten den Kontakt mit dem Raumfahrzeug. Zwei Tage später gelang es, die Funkverbindung wieder herzustellen.

Die Mission begann um 20:00 Uhr mitteleuropäischer Zeit an der Rampe 1 des Startkomplexes 45 in Baikonur. Sie ist eine von ursprünglich zwei Startrampen an diesem Komplex. Der zweite Launch Pad wurde 1990 bei der Explosion einer Zenit-Rakete, wenige Sekunden nach dem Liftoff, vollständig zerstört und danach nie wieder aufgebaut.

Die zweistufige Zenit erreichte mit ihrer insgesamt 13.500 Kilogramm schweren Nutzlast acht Minuten und 47 Sekunden nach dem Verlassen der Startrampe den Orbit. Diese Nutzlast bestand aus der Fregat-SB Transferstufe und dem Satelliten. 45 Sekunden nach dem Einschuss in die Parkbahn um die Erde zündete die Fregat für eine erste Brenndauer von sieben Minuten und 55 Sekunden. Drei Stunden 23 Minuten und 55 Sekunden nach dem Liftoff begann eine zweite Brennphase, die dieses Mal elf Minuten und acht Sekunden dauerte. Danach war ein Transferorbit für die geostationäre Umlaufbahn erreicht. Es dauerte nun mehr als fünf Stunden, bis die Fregat mit dem Satelliten den Scheitelpunkt der Bahnparabel in 36.000 Kilometern Höhe erreicht hatte. Dann folgte ein drittes Brennmanöver mit einer Dauer von acht Minuten und 41 Sekunden. Angosat-1 wurde zwei weitere Minuten später, genau sechs Stunden, 54 Minuten und 43 Sekunden nach dem Verlassen der Startrampe, in einer Umlaufbahn mit einem Perigäum von 35.963 Kilometern, einem Apogäum von 36.116 Kilometern und einer Bahnneigung zum Äquator von 0,06 Grad auf einer östlichen Länge von 50,1 Grad ausgesetzt. Diese Bahn liegt einige hundert Kilometer über dem geostationären Gürtel und erlaubt es dem Satelliten, in den nächsten Tagen auf seinen endgültigen Stationierungspunkt hinzudriften, der bei 14 Grad östlicher Länge liegt.

Nach dem Absetzen bestand für einige Minuten Telemetrieverbindung mit dem Satelliten. 42 Minuten nach der Trennung von der Fregat, kurz vor dem Entfalten der ersten beiden Solarpanel-Flügel wurde der Kontakt jedoch unterbrochen. Danach gab es für zwei volle Tage keine Funkverbindung mehr mit dem Raumfahrzeug. Doch dann meldete sich der Satellit wieder. Erste Hinweise deuten darauf hin, dass in der Aktivierungsphase der ersten Solargeneratorelemente, Antennen und Sensoren die Batterieleistung so niedrig wurde, dass sich der Satellit in den Safe-Mode begab und erst dann wieder meldete, als die Batterien vollgeladen waren. Dies deutet entweder darauf hin, dass er bereits mit teilweise entladenen Batterien gestartet war (denn im Nominalfall müssten sie für etwa 16 Stunden nach der Trennung von der Oberstufe die volle Betriebsspannung aufrechterhalten können) oder aber dass ein Softwarefehler im Betrieb des elektrischen Systems vorlag.

Angosat-1 bei den Startvorbereitungen

Die Geschichte dieses Starts ist in mehrfacher Hinsicht bewegt, und der Cliffhanger an dessen Ende passt in das Gesamtbild. Angosat-1 sollte ursprünglich vom Sea Launch-Konsortium von der Meeresplattform Odyssey aus starten. Nach dem Bankrott des Konsortiums, dem einst neben Boeing auch der ukrainische Hersteller der Rakete, Juschnoje, und das russische Raumfahrtunternehmen Energia angehörten, war jedoch die Zukunft der Zenit-Rakete ungewiss. Dies umso mehr, als sich Russland mit der Ukraine seit einem Jahr de facto im Krieg befindet.

Zwei Raketen waren aber vor zweieinhalb Jahren, noch vor dem Ausbruch des Konfliktes, von der Ukraine nach Kasachstan geliefert worden. Sie sollten die beiden Satelliten Lybid und Spektr-RG starten. 2016 wurde Spektr auf eine Proton/Blok-DM03 transferiert (der Start soll im ersten Halbjahr 2018 stattfinden), wodurch eine der beiden Raketen frei wurde. Diese wurde nun für Angosat-1 verwendet.

Insgesamt schienen sich die Aussichten für die Zenit zu verbessern, denn im vergangenen Jahr kam es zu einer Übereinkunft zwischen Juschnoje, Energia und der russischen Fluggesellschaft S7, weitere Starts mit diesem Träger durchzuführen. S7 gab Pläne bekannt, zwölf Zenit-Raketen zu kaufen. Allerdings blieb es bislang bei der einzelnen Einheit für die Durchführung des Angosat-Starts. Die Startdurchführung in Baikonur wurde weitgehend mit russischem Personal abgewickelt. Ganz ohne die Spezialisten von Juschnoje ging es aber nicht. Dazu brauchte es eine Ausnahme-Genehmigung von der ukrainischen Regierung in Kiew. Die erfolgte im August 2017. Der Start war noch einmal in Gefahr, als es Ende November bei einer Mission von Wostotschny aus durch einen Programmierfehler zu einem Fehlstart kam, bei der eine Fregat-Oberstufe beteiligt war. Dies stellte auch die Funktionsfähigkeit der weitgehend baugleichen orbitalen Antriebsstufe der Zenith in Frage. Die Bedenken konnten aber innerhalb weniger Tage ausgeräumt werden. Der Fehlstart in Wostotschny war durch einen ziemlich bizarren Fehler bei der Kalibrierung der Flugsteuerungseinheit verursacht worden. Dieses Gerät war in seiner Funktion ausschließlich für Starts von Baikonur und Plesetzk ausgerichtet gewesen. Dass für einen Start von Wostotschny aus eine andere Kalibrierungsmethode erforderlich war, hatte man schlichtweg übersehen.

Gebaut wurde Angosat-1 von der russischen Firma Energia, die Kommunikationsnutzlast des Satelliten stammt von Airbus Defence und Space in Toulouse. Das Raumfahrzeug ist relativ klein, es wog beim Start nur 1.647 Kilogramm. Allerdings wurde es von der Fregat-Oberstufe des Trägers direkt im geostationären Orbit abgesetzt, und sparte sich damit ein eigenes Antriebssystem und die Treibstofftanks. Hätte er den Transfer in den geostationären Orbit selber bewerkstelligen müssen, wäre das Gewicht des Satelliten etwa in der Gegend von 4.300 Kilogramm gelegen. Angosat-1 trägt 16 C-Band-Transponder und sechs Ku-Band Transponder und soll vom angolanischen Ministerium für Telekommunikation und Information betrieben werden, das auch der Auftraggeber für das Raumfahrzeug war. Das „Hauptkontrollzentrum" wird in Angola liegen (in der Stadt Funda), sicherheitshalber richtete aber Energia eine Back-up-Kontrollstelle in Moskau ein. Die Lebenszeit von Angosat-1 ist auf mindestens 15 Jahre ausgelegt. Das so genannte „Station-keeping", also alle Positionsmanöver im geostationären Orbit, sollen acht Hall-Effekt Ionentriebwerke des Typs SPT-70 (Hersteller: Fakel) bewerkstelligen.

08. Januar 2018 – Start erfolgreich – Nutzlast wahrscheinlich verloren

Startlogo für die geheimnisvolle Zuma-Nutzlast

SpaceX begann das Raumfahrtjahr 2018 mit dem erfolgreichen Start der geheimnisvollen „Zuma"-Nutzlast. Dieser Satellit, bei dem außer dem Hersteller (Northrop Grumman) alles andere unbekannt ist, sollte bereits am 15. November gestartet werden. Wegen eines Problems mit der Nutzlastverkleidung der Rakete hatte sich der Beginn dieser Mission aber verzögert. Der Start musste außerdem von der Startanlage 39A zum Komplex 40 verlegt werden, weil in der Zwischenzeit an der ursprünglich vorgesehenen Anlage bereits der Checkout des Falcon Heavy Prototypen begonnen hatte. All das führte zu einem Gesamtverzug von sieben Wochen. Die Startmission wurde nun am 8. Januar um 2:00 Uhr morgens mitteleuropäischer Zeit durchgeführt. Der Flug schien zunächst problemlos zu verlaufen, obwohl nach der Trennung von erster und zweiter Stufe, zwei Minuten und 16 Sekunden nach dem Verlassen der Startrampe, auf Wunsch des unbekannten Auftraggebers keine weiteren Informationen über den Fortgang der Mission verbreitet wurden. Zu beobachten war lediglich, dass die Trennung der Nutzlastverkleidung drei Minuten und drei Sekunden nach dem Liftoff planmäßig erfolgte. Danach gab es keine weiteren Nachrichten über den Status der Mission, was bei klassifizierten Flügen Standard ist.

Die erneut erfolgreiche Rückführung der ersten Stufe in die Landing Zone 1, etwa fünf Kilometer von der Startanlage entfernt, wurde dagegen in voller Länge übertragen. Sieben Minuten und 59 Sekunden nach dem Liftoff stand die Stufe wieder auf festem Boden. Mit dieser Stufenrückführung sind SpaceX nun 17 Landungen in Folge gelungen, 21 erfolgreiche Landungen sind es insgesamt. Die „Zuma"-Mission war der 47. Start einer Falcon 9 Rakete.

Für den Einsatz wurde „Core 1043" verwendet, eine „Block 4-Ausführung" der Falcon 9-Erststufe. Das bedeutet, dass diese Stufe nur ein weiteres Mal wiederverwendet werden kann. Erst die Version Block 5 ist für bis zu 10 Wiederverwendungen vor einer Grundüberholung ausgelegt. Selten zuvor war so wenig über die transportierte Nutzlast bekannt. Aus den vorliegenden Daten lassen sich keine zuverlässigen Schlüsse über den Zweck der Mission ziehen. Weder eine Privatfirma noch eine Regierungsorganisation haben Eigentum an dem Satelliten für sich reklamiert. Fest steht nur, dass das National Reconnaissance Office erklärt hat, dass ihr „Zuma" NICHT gehört.

Die Flugbahn ging in nordöstlicher Richtung, etwa auf eine Inklination von 50 Grad. Zuma muss relativ leicht gewesen sein, andernfalls wäre ein Rückflug der ersten Stufe nach Cape Canaveral nicht möglich gewesen. Die Höhe der Umlaufbahn sollte wahrscheinlich irgendwo zwischen 300 und 1.000 Kilometern liegen. Der Start von „Zuma" erschien überhaupt erst vier Wochen vor dem ursprünglich geplanten Liftoff-Termin auf dem Startmanifest von SpaceX. Das ist extrem ungewöhnlich, denn normalerweise sind alle geplanten Starts mehr als ein Jahr im Voraus bekannt. 18 Stunden nach dem Start sickerten erste Gerüchte durch, dass die Mission möglicherweise gescheitert sei. Als häufigster Grund wurde angegeben, dass sich der Satellit nicht von der zweiten Stufe der Trägerrakete getrennt hätte. Die automatische Flugsteuerung der zweiten Stufe, darauf programmiert, sich mit einem weiteren Brennmanöver wieder aus der Umlaufbahn heraus in die Erdatmosphäre zurück zu befördern, wo sie verglühen sollte, nahm dabei offensichtlich den nicht abgetrennten Satelliten mit sich. Die strikte Geheimhaltung um die Nutzlast lässt aber eine Verifikation dieser Nachricht nicht zu.

Sollte dieses Szenario zutreffen, dann läge die alleinige Schuld für den Vorfall ausschließlich beim Hersteller des Satelliten, Northrop Grumman. Bei dieser Mission hatte nämlich nicht – wie sonst üblich – SpaceX den Adapter zur Nutzlast zur Verfügung gestellt, sondern es kam dafür eine Komponente des Satellitenherstellers zum Einsatz. Auch die Integration von Adapter und Nutzlast erfolgte nicht bei SpaceX, sondern bei Grumman. In diesem Szenario gilt die Einsatzmission von Zuma zwar als gescheitert, der Start selbst aber als vollständig erfolgreich.

09. Januar 2018 – China bringt zwei Erdbeobachtungssatelliten in den Orbit

China brachte am 9. Januar das zweite Paar von Erdbeobachtungssatelliten der Gaojing-1 Reihe (Superview-1) in einen polaren, sonnensynchronen Erdorbit. Der Start erfolgte vom nordchinesischen Startzentrum in Taiyuan. Als Träger wurde eine Rakete des Typs Langer Marsch 2D eingesetzt. Die Mission begann um 4:17 Uhr mitteleuropäischer Zeit an der Startanlage 9 des Raumfahrtzentrums. Wenige Minuten später erreichte die zweite Stufe mit ihren beiden Nutzlasten einen Orbit mit einem Perigäum von 515 Kilometern, einem

Apogäum von 535 Kilometern und einer Bahnneigung zum Äquator von 97,58 Grad. Die Gaojing/Superview-Satelliten bilden eine zivile Konstellation von Erdbeobachtungssatelliten und werden von der Beijing Space View Tech Co Ltd betrieben. Die vier Satelliten umkreisen die Erde auf derselben Bahnebene in einer Höhe von 500 Kilometern. Sie sind in der Lage, Bilder mit einem Auflösungsvermögen von 0,5 Metern (Schwarzweiß) oder 2,0 Metern (panchromatisch) pro Bildpunkt zu produzieren. Bis gegen 2022 sollen 16 Satelliten des Gaojing 1-Typs im Einsatz sein, dazu vier X-Band Radarsatelliten und eine größere Anzahl von Video- und Hyperspektralsatelliten. Die Gaojing-1 Raumfahrzeuge basieren auf der CAST-3000B Plattform der China Space Satellite Corporation, dem kommerziellen Zweig der Chinese Academy of Space Technology (CAST), die ihrerseits zur China Aerospace and Science Corporation (CASC) gehört. Jedes der Raumfahrzeuge hat ein Startgewicht von 560 Kilogramm und ist für eine Lebensdauer von mindestens acht Jahren ausgelegt.

Diese Langer Marsch 2D brachte zwei weitere Superview-Satelliten in den Orbit

12. Januar 2017 – China verstärkt Beidou-Konstellation weiter

China brachte in den frühen Morgenstunden des 12. Januar die beiden nächsten Flugeinheiten des Beidou-Navigationssatellitensystems in eine halb-geosynchrone Erdumlaufbahn. Als Träger wurde eine Rakete des Typs Langer Marsch 3B/YZ-1 eingesetzt. Bei den Fluggeräten handelt es sich um die Einheiten 3 MEO-7 und 3 MEO-8, die chinesischen Medien bezeichnen sie allerdings mit den Nummern M7 und M8. Betrachtet man die Beidou-Konstellation als Ganzes, dann sind diese beiden Raumfahrzeuge bereits die Einsatzgeräte Nummer 26 und 27. Sie gehören zur MEO (Medium Earth Orbit) Komponente der Phase 3 des Systems. Der Start des dreistufigen Trägers erfolgte um 0:18 Uhr mitteleuropäischer Zeit von der Rampe LC2 auf dem zentral-chinesischen Welt-

Die Trägerrakete wird für den Start vorbereitet.

raumbahnhof Xichang. Der Einschuss in die Zielbahn erfolgte direkt mit Hilfe der Y1 (für Yuanzheng 1, das bedeutet "Expedition") Orbitalstufe des Trägers. Jedes der beiden Raumfahrzeuge weist ein Startgewicht von 1.014 Kilogramm auf. Sie werden auf einer Bahn mit einer Inklination von 55 Grad in einer Flughöhe von 21.400 Kilometern stationiert.

Die etwas verwirrende Bezeichnung der neuen Einheiten gegenüber dem im November gestarteten Satellitenpaar (das auch als 3M EO 1 und 2 bezeichnet worden war) mag daher rühren, dass sie von verschiedenen Herstellern (CASC und CAST) geliefert werden. Phase 1 des Beidou-Systems hatte experimentellen Charakter. In der Phase 2 stellte Beidou bereits einen regionalen (chinesischen) Service zur Verfügung. Phase 3 hat nun zur Aufgabe, ein vollständiges, weltumspannendes Netz zu implementieren. Es wird gegen Ende 2019 insgesamt 27 Satelliten auf mittelhohen Bahnen umfassen, fünf Einheiten auf fixen geostationären Bahnen und drei Einheiten auf inklinierten geostationären Bahnen.

Das Team von Leo-Vantage 1 aus Kanada vor ihrem Satelliten

12. Januar 2018 – PLSV meldet sich zum Einsatz zurück

Indien begann das Raumfahrtjahr 2018 am 12. Januar mit einer erfolgreichen Mission seiner PSLV-Trägerrakete, was die Manager der indischen Raumfahrtagentur ISRO erheblich beruhigte. Im August 2017, beim vorausgegangenen Flug, war es zu einem Fehlstart gekommen. Damals gelang es nicht, die Nutzlastverkleidung abzutrennen. Zwar erreichte die vierte Stufe mit der unter der Fairing eingeschlossenen Nutzlast die Umlaufbahn, das Raumfahrzeug blieb aber innerhalb der Verkleidung gefangen und konnte nicht abgesetzt werden. Davor hatte die Rakete 36 erfolgreiche Starts in ununterbrochener Reihenfolge absolviert. Insgesamt hatte der Träger davor bei 42 Missionen zweimal versagt. Der erste Fehlstart ereignete sich beim Erstflug im September 1993.

Dieses Mal ging jedoch alles nach Plan, und die Hauptnutzlast, der indische Umweltbeobachtungssatellit Cartosat 2F, erreichte ebenso sicher den vorgesehenen Erdorbit wie die insgesamt 31 Sekundärnutzlasten aus Kanada, Finnland, Frankreich, Korea, den USA und Indien. Bei ihnen handelt es sich um die Erdbeobachtungssatelliten Mikrosat-TD aus Indien, Carbonite 2 aus England, ICEYE X1 aus Finnland, CICERO 7, Corvus-BC und vier Einheiten der Lemur 2-Serie aus den USA, die Technologiesatelliten LEO Vantage 1 aus Kanada, INS 1C aus Indien, MicroMAS 2a, Arkyd 6, 4 x Flock-3P, Demosat 2, 4 x SpaceBEE aus den USA, CANIVAL-X 1 und 2, CNUSail-1, KAUSAT-5 und SIGMA STEP Cube Lab aus Südkorea sowie die Astronomie-Satelliten PicSat aus Frankreich und Tyvak 61C aus den USA und den Amateurfunksatelliten Fox 1D.

Die Mission hatte um 4:58 Uhr mitteleuropäischer Zeit an der Startrampe 1 des Satish Dhawan Raumfahrtzentrums auf der ostindischen Insel Shriharikota ihren Anfang genommen. Die Rakete flog dabei in der PSLV XL-Version, derselben Variante wie beim missglückten Einsatz im August. Bei dieser Version wird der Start mit sechs Feststoff-Zusatztreibsätzen verstärkt. Vier davon zünden am Boden, zwei weitere nach 25 Flugsekunden. 16 Minuten und 40 Sekunden nach dem Verlassen der Startrampe war der Absetzorbit, eine sonnensynchrone, polare Erdumlaufbahn in etwa 620 Kilometern Höhe, für Cartosat 2F und den größten Teil der Kleinsatelliten erreicht.

Als erstes Raumfahrzeug wurde, 42 Sekunden nach dem Brennschluss der vierten Stufe des Trägers, der 710 Kilogramm schwere Cartosat 2F abgesetzt. Der größte Teil der Sekundärnutzlasten folgte dann in Abständen von jeweils etwa 10 Sekunden. 58 Minuten und 18 Sekunden nach dem Liftoff führte die vierte Stufe ein zweites Brennmanöver durch, um das Perigäum der Flugbahn abzusenken. Noch einmal 46 Minuten und 36 Sekunden darauf folgte eine dritte Zündung, um auch das Apogäum zu reduzieren. 37 Sekunden danach wurde der letzte Satellit (Mikrosat TD) abgesetzt. Das Gesamtgewicht aller Kleinsatelliten betrug 613 Kilogramm.

12. Januar 2018 – United Launch Alliance startet Geheimdienstsatelliten

ULA

Startlogo der Mission NRO-L47

Beim dritten Start am 12. Januar brachte eine Trägerrakete des Typs Delta 4 einen Spionagesatelliten des National Reconnaissance Office (NRO) in eine retrograde Erdumlaufbahn. Der Start erfolgte von der Luftwaffenbasis Vandenberg in Kalifornien aus. Der Einsatzzweck des Satelliten ist geheim, und das Raumfahrzeug erhielt auch keine offizielle Bezeichnung, von der Zählnummer des NRO einmal abgesehen. Diese „Zählnummer" lautet: NRO-L47 (National Reconnaissance Office Launch No. 47). Als Träger wurde eine Rakete des Typs Delta 4 Medium eingesetzt. Die Mission war der insgesamt 36. Einsatz einer Delta 4.

Der Start erfolgte, nach einer Reihe von technischen und meteorologischen Verschiebungen, um 23:10 Uhr mitteleuropäischer Zeit und verlief offensichtlich problemlos, obwohl auch dieses Mal, wie wenige Tage zuvor beim Start von „Zuma", die TV-Übertragung auf Betreiben des Auftraggebers wenige Minuten nach dem Liftoff endete. Allerdings war es in diesem Fall für professionelle Beobachter möglich, aus der eingesetzten Trägervariante, dem Startort, den so genannten NOTAMs (Notice to Airmen) und dem eingeschlagenen Bahnwinkel Rückschlüsse auf die Beschaffenheit der Nutzlast zu ziehen.

In diesem Fall flog die Rakete in einen retrograden Orbit, wurde also gegen die Rotationsrichtung der Erde gestartet. Diese spezielle Art von Erdumlaufbahn wird in den USA ausschließlich von einem einzigen Satellitentyp benutzt, und das sind die Radaraufklärer der Topaz-Serie. Retrograde Orbits sind aus Sicherheitsgründen nur von Vandenberg aus zu erreichen. Auch die Art der eingesetzten Rakete deutet auf einen Topaz-Satelliten hin, denn die verwendete Variante der Delta 4 (Delta 4 Medium + 5,2 – also mit einer Fünf-Meter-Nutzlastverkleidung und zwei Feststoffboostern zur Startunterstützung) wurde in der Vergangenheit ausschließlich für diesen Satellitentyp eingesetzt. Die Existenz der Topaz-Raumfahrzeuge wurde im Jahre 2013 durch Edward Snowden aufgedeckt. Die im Missions-Abzeichen dargestellten symbolischen Lilien – es sind fünf Stück – deuten ebenfalls auf eine fünfte Einheit der Topaz-Reihe hin. Der Schwung des Schwertes im Missionsemblem belegt den retrograden Orbit. Topaz ist das Nachfolgeprogramm der Onyx-Reihe, für die zwischen 1998 und 2005 fünf Radarsatelliten stationiert wurden. Drei davon wurden auf eine Bahn mit einer Inklination von 57 Grad transportiert, die beiden anderen auf 68 Grad. Die bislang gestarteten vier Topaz-Satelliten befinden sich allesamt auf einer Bahn mit einer Inklination von 123 Grad, dem retrograden Analogon zur 57 Grad-Inklination. In der Rektaszension sind diese vier Satelliten jeweils um 90 Grad voneinander getrennt. Beim aktuellen Start wurde allerdings eine Bahn von 108,6 Grad eingeschlagen, was einer prograden Inklination von 71,4 Grad entspricht. Das neue Raumfahrzeug kann damit höhere nördliche Breiten erreichen als die vier bisherigen Topaz-Satelliten.

13. Januar 2017 – LKW-3 folgt auf LKW-2

Innerhalb von nur sechs Wochen hat China am 13. Januar den dritten Satelliten der LKW-Reihe (für: „Lùdì kānchá wèixīng") gestartet. Und innerhalb von nur vier Tagen ist das bereits der dritte Orbitalstart Chinas. Wie schon seine beiden Vorgänger wurde auch dieses Raumfahrzeug von einer Trägerrakete des Typs Langer Marsch 2D auf einer sonnensynchronen Erdumlaufbahn abgesetzt, und wie schon LKW-1 und 2 startete er auch dieses Mal vom nordchinesischen Weltraumbahnhof Jiuquan aus und benutzte dabei die Startrampe 603 am Startkomplex 43 der Anlage. Die Mission von LKW-3 begann um 6:10 Uhr mitteleuropäischer Zeit. Die Bahnhöhe weist ein Perigäum von 490 Kilometer und ein Apogäum von 503 Kilometer auf. Die Inklination beträgt 97,34 Grad. LKW-1 war am 2. Dezember gestartet worden, LKW-2 am 23. Dezember. Erneut wurde auch dieses Mal offiziell bekannt gegeben, dass der Satellit „für wissenschaftliche Experimente, Landvermessung, Erntevoraussagen und Desaster-Monitoring" eingesetzt wird. Tatsächlich dürfte es sich bei der LKW-Serie mit einiger Sicherheit um elektro-optische Aufklärungssatelliten handeln. LKW-1 und LKW-2 werden auf derselben Bahn wahrscheinlich in einem Abstand von 180 Grad eingesetzt werden. Das ermöglicht das zweimalige Überfliegen eines Zielpunktes innerhalb von weniger als einer Stunde. Beide Satelliten bewegen sich auf einer so genannten „Morgenbahn", mit einer Ortszeit am absteigenden Bahnknoten von 10:30 Uhr.

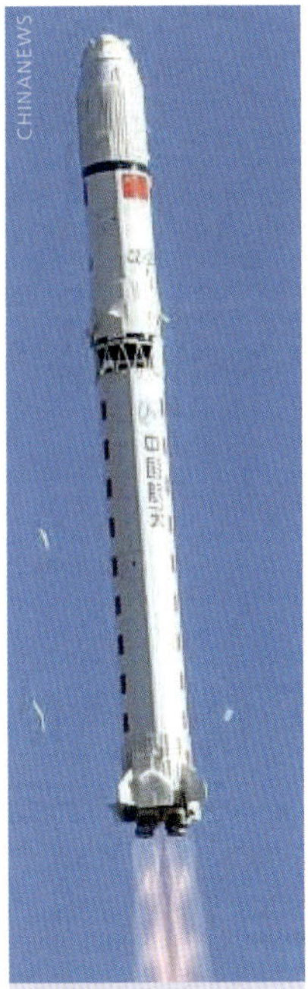

Start von LKW-3 mit einer Langer Marsch 2D

LKW-3 wurde nun auf eine sonnensynchrone Bahn annähernd gleicher Bahnhöhe (490 x 503 Kilometer) und Inklination (97,34 Grad) wie seine beiden Vorgänger gesendet, aber mit einer lokalen Ortszeit beim Überflug von 13:30 Uhr. Es wird nun erwartet, dass der noch zu startende LKW-4 dem Beispiel von LKW 1 und 2 folgt, und auf dieser Nachmittagsbahn mit einer Phasenverschiebung von 180 Grad versetzt gestartet wird. Damit könnten die beiden Gruppen die gleichen Ziele unter unterschiedlichen Beleuchtungsverhältnissen fotografieren.

Startlogo der Asnaro 2-Mission

17. Januar 2018 – ASNARO-2 fliegt auf Epsilon

Das japanische Unternehmen Japan Space Systems (kurz: JSS) startete am 17. Januar den Radarsatelliten ASNARO-2 in eine sonnensynchrone Erdumlaufbahn. Er ist der zweite einer Serie experimenteller Erdbeobachtungssatelliten, die von JSS betrieben werden. Als Träger wurde eine Rakete des Typs Epsilon eingesetzt, die bei diesem Einsatz ihren dritten Flug erlebte. Der Start erfolgte am Uchinora Space Center, dem kleineren der beiden „Weltraumbahnhöfe" Japans. Das Akronym ASNARO steht für „New System Architecture for Observation". Die Mission folgt auf ASNARO-1, einem elektro-optischen Erdbeobachtungssatelliten, der im November 2014 mit einer Dnepr-Rakete in Russland gestartet worden war. Die Epsilon wird normalerweise in einer dreistufigen Version betrieben. Alle drei Stufen arbeiten mit Festtreibstoff. Für diese spezielle Mission wurde aber eine zusätzliche vierte flüssigkeitsbetriebene Stufe mit der Bezeichnung CLPS (für „Compact Liquid Propulsion System") eingesetzt. Das CLPS verwendet Hydrazin als Treibstoff. Für die aktuelle Mission führte es zwei Brennmanöver durch, eines mit einer Dauer von fünf Minuten und 16 Sekunden, ein zweites gut 23 Minuten später zur Anhebung des Perigäums der Flugbahn für sieben Minuten und sieben Sekunden. Danach war eine annähernd kreisförmige Umlaufbahn in einer Höhe von 513 Kilometern und einer Inklination von 97,4 Grad erreicht.

ASNARO-2 wurde von NEC konstruiert und gebaut. Er basiert auf der NEXTAR NX-300L Plattform, und ist – ohne die Solargeneratoren – bei einem Durchmesser von 1,5 Metern 3,9 Meter hoch. Sein Startgewicht beträgt 570 Kilogramm. Die beiden Solargeneratoren liefern zum Lebensende des Satelliten 1,3 Kilowatt an elektrischer Leistung. Hauptinstrument von ASNARO-2 ist das XSAR, ein „Synthetic Aperture Radar", also ein abbildendes Radar, das in drei unterschiedlichen Modi im X-Band Bereich arbeitet. Im so genannten „Spotlight"-Modus ist es in der Lage, Oberflächendetails auf der Erde mit einer Größe von unter einem Meter pro Bildpunkt auszumachen.

18. Januar 2018 – Chinas vierter Orbitalstart in 10 Tagen

Die außerordentlich hohe Startfrequenz chinesischer Raumfahrzeuge hält weiter an. Beim bereits vierten Orbitalstart innerhalb von nur zehn Tagen brachte eine Trägerrakete des Typs Langer Marsch 11 insgesamt sechs Satelliten in eine polare, sonnensynchrone Erdumlaufbahn. Die Mission begann um 5:12 Uhr mitteleuropäischer Zeit am nordchinesischen Raumfahrtzentrum Jiuquan. An Bord befanden sich die Serieneinheiten Nummer sieben und acht der Jilin- Erdbeobachtungssatelliten-Konstellation, die von der Chang Guang Satellite Technology Co. Ltd. entwickelt und gebaut wurden.

CHINANEWS
Nutzlastintegration vor dem Start

Vier weitere Einheiten sollen im März mit einem Kuaizhou-1A Träger gestartet werden, ebenfalls einer relativ kleinen Feststoffrakete. Die Raumfahrzeuge der Jilin-Serie wiegen pro Einheit nur etwa 95 Kilogramm. Die anderen vier Satelliten an Bord der Langer Marsch 11 waren Xiaoxang-2, ein acht Kilogramm schwerer 6Unit-Cubesat, Quantutong-1, ebenfalls ein 6Unit-Cubesat, KIPP 1, ein 3Unit-Cubesat von etwa fünf Kilogramm Gewicht und Zhou Enlai, ein zwei Kilogramm schwerer 2Unit-Cubesat.

Die Langer Marsch 11 ist ein leichter, vierstufiger, ausschließlich mit festen Treibstoffen betriebener Träger, der aus der Interkontinentalrakete DF-31 abgeleitet wurde. Wie bei dieser erfolgt auch der Start der Langer Marsch 11 aus einem Silo, der für die zivilen Starts aber oberirdisch aufgestellt wird. Die Rakete kam zum dritten Mal zum Einsatz. Der Start am 18. Januar war die insgesamt 100. Orbitalmission, die am Raumflughafen Jiuquan ihren Anfang nahm.

Startposter der SBIRS GEO-4 Mission

20. Januar 2018 – Atlas bringt Frühwarnsatelliten in den Orbit

Die United Launch Alliance (ULA) brachte am 20. Januar mit einer Trägerrakete des Typs Atlas 5 einen Frühwarn-Satelliten des „Space-Based Infrared Systems" (kurz: SBIRS) der US-Luftwaffe in eine geostationäre Transferbahn. Der Start erfolgte vom Space Launch Complex 41 der Luftwaffenbasis Cape Canaveral. Es war der zweite Start einer Rakete der ULA im Zeitraum einer Woche. Die Mission war die insgesamt 125. Mission unter der Leitung der ULA und der 75. Einsatz einer Atlas 5 seit dem Jahre 2002. Alle Missionen verliefen erfolgreich. Der Flug am 20. Januar begann um 1:48 Uhr mitteleuropäischer Zeit (19:48 Uhr US-Westküstenzeit). Der Satellit wurde 42 Minuten und 32 Sekunden nach dem Liftoff von der Centaur-Oberstufe abgesetzt. Die Bahn wies zu diesem Zeitpunkt ein Perigäum von 185 Kilometern, ein Apogäum von 35.850 Kilometern und eine Bahnneigung zum Äquator von 16,88 Grad auf. 32 Minuten später führte die Centaur ein Deorbit-Manöver durch und begann sich kurz darauf zu passivieren. Neun Stunden und 24 Minuten nach dem Liftoff verglühte die Stufe über dem Südpazifik.

Bei dem Raumfahrzeug handelt es sich um SBIRS-GEO 4, den vierten Satelliten des Systems, der in einem geostationären Orbit eingesetzt werden soll. Die drei vorausgegangenen Einheiten des geostationären Segments wurden im Mai 2011, im März 2013 und im Januar 2017 gestartet. Die Trägerrakete flog in der relativ selten eingesetzten Version 411, mit einer vier Meter durchmessenden Nutzlastverkleidung, der kleinsten verfügbaren für die Atlas, und einem einzelnen Feststoffbooster zur Startunterstützung, was der Rakete einen eigenartig unsymmetrischen Eindruck verleiht. In dieser Version ist die Rakete theoretisch in der Lage, eine Nutzlast von 12.150 Kilogramm auf einen niedrigen Erdorbit zu bringen, oder 5.950 Kilogramm in einen geostationären Transferorbit. Es ist das erste Mal, dass diese Variante der Atlas 5 im SBIRS-GEO Programm eingesetzt wird. Bei den drei vorausgegangenen Einsätzen wurde die Basisversion der Atlas 5 ohne zusätzliche Booster verwendet. Mit dem zusätzlichen Antriebsaggregat verbleibt so viel Treibstoff in der Centaur-Oberstufe, dass sie zum einen Inklination abbauen kann, und damit die Treibstoffreserven des Satelliten für das Transfermanöver in den geosynchronen Orbit schont, und sich – anders als bei den drei vorhergehenden Missionen – sofort nach dem Absetzen des Satelliten wieder auf eine Eintrittsbahn in die Erdatmosphäre zurückbringen kann.

Das SBIRS-Programm ist das Nachfolgevorhaben des Defense Support Programms. Es wird in seiner endgültigen Ausbaustufe aus sechs Satelliten im geostationären Orbit und zwei in einem hochelliptischen, so genannten Molnija-Orbit bestehen. Diese beiden Satelliten, sie werden als SBIRS-HEO 1 und HEO-2 bezeichnet, sind bereits seit neun und elf Jahren im Einsatz. De facto handelt es sich dabei aber um Air Force-Nutzlasten, die sich auf zwei Trumpet-Satelliten des National Reconnaissance Office befinden. Die SBIRS-GEO Satelliten werden von Lockheed und Northrop Grumman (Nutzlast) gebaut. Sie basieren auf der Plattform 2100 von Lockheed, weisen ein Startgewicht von etwa 4.500 Kilogramm auf und sind für eine Lebensdauer von mindestens 12 Jahren ausgelegt. Das SBIRS-Programm ist berüchtigt für die dramatischen Kostensteigerungen, die es im Laufe seines Lebens erfuhr. Ursprünglich sollte das gesamte System mit allen Bodenelementen zusammen vier Milliarden Dollar kosten, inzwischen sind es mehr als 17 Milliarden. Alleine die letzten beiden Satelliten, GEO-5 und 6 kosteten jeweils mehr als eine Milliarde Dollar pro Stück.

21. Januar 2017 – Rocket Lab Electron beim zweiten Einsatz erfolgreich

Der zweite Teststart war erfolgreich. Nach dem „Beinahe-Erfolg“ vom 25. Mai letzten Jahres verlief dieses Mal der Start einer Rocket Lab Electron über alle Phasen perfekt. Die Mission begann um 2:43 Uhr mitteleuropäischer Zeit vom Rocket Lab-Startgelände auf der Māhia Halbinsel an der Ostküste der neuseeländischen Nordinsel. Die Vorbereitungen für diesen zweiten Start waren nicht problemlos gewesen. Eine erste Startkampagne im Dezember hatte nach mehreren Versuchen erfolglos beendet werden müssen, und auch während der zweiten Kampagne war es immer wieder aus unterschiedlichen Gründen zu Verzögerungen gekommen. Rocket Labs Electron ist eine Klein-Trägerrakete, mit der das schnell wachsende Segment der Nano- und Mikrosatelliten bedient werden soll. Andere Wettbewerber in diesem Segment sind der Launcher One von Virgin Orbit, der ebenfalls in diesem Jahr seinen Erstflug durchführen soll, und die noch

Rocket Lab Electron

namenlose Rakete von Vector-Space. Bislang waren Cubsats und andere Kleinsatelliten auf Mitfluggelegenheiten bei größeren Nutzlasten angewiesen, hatten dort stets den Status von "Kunden zweiter Klasse" und mussten sich häufig auf Bahnen absetzen lassen, die für ihren Forschungs- oder Einsatzzweck nur bedingt geeignet waren. Das soll sich nun mit Raketen wie der Electron ändern. Mit einem Startpreis von unter fünf Millionen Dollar kostet sie nur ein Sechstel bisher eingesetzter Träger für kleine Nutzlasten wie die Orbital Sciences Pegasus. Sie verbindet modernste Fertigungstechnologie mit technologischen Neuheiten, die zum ersten Mal in der Raumfahrt eingesetzt werden. Die Elektron verwendet beispielsweise als einzige Trägerrakete weltweit für ihre Triebwerke batteriebetriebene Turbopumpen. Die Raketenmotoren entstehen weitgehend im 3D-Druckverfahren und es braucht nur 24 Stunden, um ein einzelnes Triebwerk zu produzieren. Die Entwicklung der Rakete wurde vollständig privat finanziert und dürfte weniger als 100 Millionen Dollar gekostet haben.

Entsprechend ihrem Einsatzzweck ist die Rocket Lab Electron sehr klein. Wobei „klein" für einen Orbitalträger immer relativ ist. Sie wiegt 12,55 Tonnen, ist 17 Meter hoch und hat einen Durchmesser von nur 1,2 Metern. Damit ist sie die zweitkleinste jemals als Satellitenträger eingesetzte Rakete (den bisherigen Rekord hielt die US-Rakete Vanguard in den späten fünfziger Jahren mit 10,1 Tonnen). Die Triebwerke des Vehikels sind eine Eigenentwicklung von Rocket Lab. Sie tragen die Bezeichnung "Rutherford" (nach dem neuseeländischen Physiker Ernest Rutherford). Neun Stück davon treiben die erste Stufe an und produzieren dabei einen Startschub von 157 Kilonewton. Ein einzelnes Rutherford-Triebwerk treibt die zweite Stufe an. Als Treibstoff verwendet die Rakete Kerosin, als Oxidator flüssigen Sauerstoff. Sie ist in der Lage etwa 250

Kilogramm Nutzlast in einen niedrigen Erdorbit zu bringen oder etwa 150 Kilogramm auf eine 500 Kilometer hohe, sonnensynchrone Umlaufbahn. Bei der aktuellen Mission wurde ein Perigäum von 288 Kilometern, ein Apogäum von 533 Kilometern und eine Bahnneigung zum Äquator von 82,93 Grad erreicht. In der Rakete befanden sich drei Kleinsatelliten, die von einer zuvor nicht angekündigten Kick-Stufe abgesetzt wurden: zwei Lemur-Raumfahrzeuge von Spire Global und ein einzelner Dove-Satellit mit der Bezeichnung „Dove-Pioneer" der Planet Labs. Man kann davon ausgehen, dass diese drei „Pfadfinder" kostenlos transportiert wurden. Zukünftig werden beide Unternehmen aber zu den regulär zahlenden Stammkunden der Electron zählen. Zusätzlich zu Dove und Lemur befand sich noch der Rocket Lab-Eigenbausatellit „Humanity Star" mit an Bord.

25. Januar 2018 – Viertes Yaogan 30-Terzett im Orbit

Eine Langer Marsch 2C startet mit drei Yaogan-30 Satelliten

Die extrem hohe chinesische Startkadenz hält weiter an. Beim bereits fünften Start innerhalb von nur gut zwei Wochen brachte am 25. Januar eine Trägerrakete des Typs Langer Marsch 2C die vierte Gruppe von Yaogan 30-Satelliten in eine niedrige Erdumlaufbahn. Wie bei den vorausgegangenen Missionen dieser Art erfolgte auch dieses Mal der Start von der Startanlage 3 des zentralchinesischen Weltraumbahnhofs Xichang aus. Den steilen Aufstieg Chinas zur Raumfahrt-Supermacht mag man daran erkennen, dass das Land noch im Jahr 2005 während des kompletten Jahres lediglich fünf Starts durchführte.

Die Satelliten der Chuangxin-5 Konstellation, wie sie auch genannt wird, wurden in sehr kurzen Zeitabständen in den Orbit transportiert. Die erste Dreiergruppe startete am 29. September 2017, die zweite am 24. November und die dritte am 25. Dezember. Noch immer ist nicht ganz klar, welchen Einsatzzweck die nun insgesamt 12 Raumfahrzeuge erfüllen. Klar ist nur, dass die Umlaufbahnen aller Satelliten exakt aufeinander abgestimmt sind, und dass sie die Erde in einem Band zwischen 35 Grad nördlicher Breite und 35 Grad südlicher Breite beobachten. Was immer sie an Funkaufklärung oder optischer Überwachung vornehmen, die Ausgestaltung der Kleinkonstellation ermöglicht eine hohe Überflugfrequenz. Die chinesische Nachrichtenagentur Xinhua hielt sich mit Informationen über die Satelliten bedeckt. Nach ihrer Aussage werden sie „elektromagnetische und umweltrelevante Untersuchungen sowie andere Experimente" anstellen. Die Mission begann um 6:39 Uhr mitteleuropäischer Zeit. Wenige Minuten später war die geplante Umlaufbahn in gut 600 Kilometern Höhe bei einer Inklination von 35,0 Grad erreicht. Die staatlichen chinesischen Medien bezeichneten den Start als erfolgreich, ohne weiter auf den Zweck der Mission einzugehen. Mit an Bord befand sich noch ein Kleinsatellit mit der Bezeichnung Wēinà-1A (Mikro-Nano-1A).

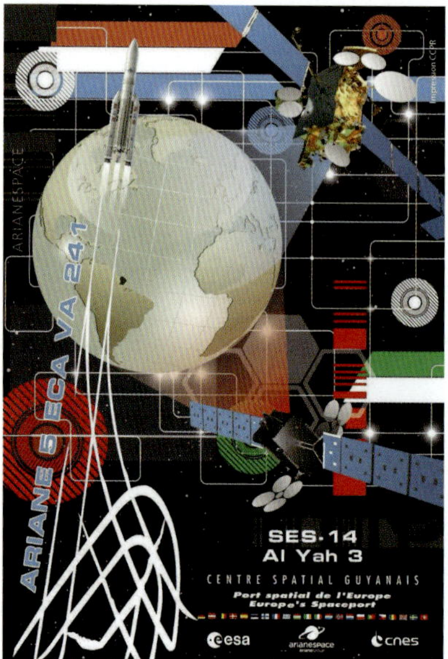

Startposter der Ariane-Mission 241

25. Januar 2018 – Ariane 5-Drama in Kourou

Die Startübertragungen der Arianespace gehören normalerweise mit zum Langweiligsten, was die Space Launch Industrie zu bieten hat. Kaum flugrelevante Informationen, dafür zahlreiche glatt gebügelte Managerstatements und Werbefilmchen der Satellitenhersteller, unterlegt mit peitschender Industriemusik. Dazu Bildkonserven längst vergangener Starts, wie die seit vielen Jahren ewig gleiche Sequenz von der Trennung der Feststoffbooster. Moderne Features der Konkurrenz, wie zum Beispiel Livebilder von Onboard-Kameras, die Kunden und Zuschauern den Fortgang der Mission direkt miterleben lassen, findet man bei Arianespace nicht. Die einzigen Indikatoren über den Fortgang der Mission bietet der Kommentar des Sprechers und eine Infozeile unten am Bildschirm, die ein paar Daten aus dem Telemetriestrom übernimmt: Eine Flugbahnkurve mit Soll- und Istwerten, eine Missionsuhr, eine Höhenangabe, eine Distanz- und eine Geschwindigkeitsangabe. Dass aber auch der Missionskommentator offensichtlich von den richtigen Informationen abgeschnitten ist, und sich auch niemand bemüßigt sieht, ihn mit aktuellen Daten zu versorgen, zeigte sich bei der Ariane 5 ECA Mission VA241 am 25. Januar. Der Liftoff zur Arianespace-Mission VA241 erfolgte ganz zu Beginn des Startfensters um 23:20 Uhr mitteleuropäischer Zeit.

Eine der beiden Nutzlasten bei diesem Einsatz war der Kommunikationssatellit Al Yah-3, 3.795 Kilogramm schwer und gebaut von Orbital Sciences. Dieses Raumfahrzeug ist mit einem herkömmlichen chemischen Antriebssystem ausgerüstet, setzt aber für das spätere „stationkeeping" Hall-Triebwerke ein. Die andere Nutzlast war SES-14, ein ausschließlich mit elektrischen Triebwerken ausgestatteter Satellit mit einer Masse von 4.423 Kilogramm, gebaut von Airbus Defence and Space in Toulouse. Dieses Raumfahrzeug nimmt auch eine größere wissenschaftliche Nutzlast aus dem Explorer-Programm der NASA auf, nämlich das 50 Millionen Dollar teure und 37 Kilogramm schwere GOLD (Global-Scale Observations of the Limb and Disk) Experimentenpaket, mit dem Interaktionen der Sonne mit der Erdatmosphäre gemessen werden sollen.

Das „Drama" begann kurz nach der Trennung von erster und zweiter Stufe, als wenige Sekunden nach der Zündung des HM7B-Triebwerks der ECA-Oberstufe, gut neun Minuten nach dem Liftoff, die Telemetrieverbindung abriss. Zu erkennen war das am Verschwinden aller bislang eingeblendeten Telemetrieparameter und den etwas ratlosen und nach einigen Minuten zunehmend verwirrten Gesichtern der Personen im Kontrollraum. Lediglich der Kommentator gab unverdrossen erfolgreich absolvierte Missionsmeilensteine bekannt, was in einigen Internetforen die Vermutung aufkommen ließ, er bekäme seine Informationen aus gesicherter, aber eben anderer Quelle, als den angezeigten Telemetriedaten.

Wer zunächst vermutete, die Anomalie läge vielleicht bei der Telemetrie-Empfangsstation Galliot, nahe Kourou, sah sich getäuscht, als der Übergang des Empfangs nach Ascension erfolgte und immer noch keine Daten hereinkamen. Das Promo-Video für Al Yah-3 lief gerade, als die Telemetrieübergabe nach Natal erfolgte. Aber auch von da kamen keine Daten. Dennoch verkündete der Missionskommentator weiterhin einen nominalen Flugverlauf und gab erfolgreiche Aufnahmen der Datenverbindungen mit den jeweiligen Stationen bekannt. Ein weiteres Promo-Video, diesmal für SES 17 und danach eines für die so genannte „hosted-payload" der NASA mit der Bezeichnung „GOLD" wurde gegen Ende der angetriebenen Phase eingeblendet und vermittelte dem Zuschauer den Eindruck eines weiterhin völlig normalen Flugverlaufs. Der Sprecher verkündete die Übermittlung der Telemetrie der Station Libreville, die nach Natal hätte übernehmen müssen. Tatsächlich war die Telemetrie-Leitung so tot wie zuvor. Schließlich gab es noch ein Promo-Video von Airbus Defence und Space. 22

Stunden lange Startfenster öffnete. Tags zuvor war die Mission noch wegen eines fehlerhaften Sensors um 24 Stunden verschoben worden. Zwei Minuten und 38 Sekunden nach dem Verlassen der Startrampe trennten sich erste und zweite Stufe. Danach folgte eine Brenndauer von fünf Minuten und 54 Sekunden. 63 Sekunden nach der Zündung der zweiten Stufe wurde die Nutzlastverkleidung abgeworfen. Nach dem ersten Brennschluss der zweiten Stufe folgte eine Driftphase von gut 18 Minuten. Danach zündete die zweite Stufe erneut für einen Zeitraum von 68 Sekunden. 32 Minuten und 20 Sekunden nach dem Verlassen der Startrampe gab die zweite Stufe der Falcon 9 den 4.230 Kilogramm schweren Satelliten auf seiner geplanten Bahn frei.

GovSat 1 ist ein Satellit für Luxemburgische und europäische Institutionen und die NATO und ist speziell für letztere Institution mit moderner Verschlüsselungstechnologie ausgerüstet. Er trägt insgesamt 68 X-Band und Ka-Band Transponder. Gebaut wurde das Raumfahrzeug von Orbital ATK auf Basis der GEOSTar-3 Plattform. Das ist derselbe Satellitenbus, auf dem auch der vor wenigen Tagen von einer Ariane 5 gestartete Al Yah-3 basiert. GovSat 1 soll auf 21,5 Grad östlicher Länge stationiert werden. Auftraggeber für GovSat-1 ist die LuxGovSat, ein Joint Venture zwischen dem Satellitenbetreiber SES und der Regierung von Luxemburg. Die Mission war der 48. Flug einer Falcon 9, der sechste Einsatz einer bereits einmal geflogenen Erststufe und bereits der dritte Einsatz einer „Gebrauchtstufe" für SES. Der eingesetzte Booster trug die Produktionsnummer 1032. Der hatte zuvor im Mai letzten Jahres den US-Geheimdienstsatelliten NRO-L76 abgesetzt und war danach wieder nach Cape Canaveral zur „Landing Zone 1" zurückgekehrt. Anders als frühere bereits einmal verwendete Booster reinigte SpaceX die Rakete in diesem Fall nicht, und so trat sie ihre zweite Reise mit den Schmauchspuren des ersten Fluges an. Dies tat dem Missionserfolg allerdings keinen Abbruch.

Februar

01. Februar 2018 – Sojus Fregat rehabilitiert sich

Das hat es seit Beginn des Raumfahrtzeitalters nicht gegeben, und bestätigt den stetigen Abwärtstrend in der russischen Raumfahrt. Erst der 14. Start eines neuen Raumfahrtjahres erfolgt in Russland, und erst als sechstes Land bringt die einstige Nummer 1 (bezüglich der Anzahl von Orbital- und Raumsondenstarts) im Jahr 2018 den ersten Satelliten in den Orbit. Immerhin waren es aber dann gleich 11 Stück, die an diesem 1. Februar mit einer Trägerrakete des Typs Sojus 2.1a/Fregat M von Wostotschny aus ihre Reise in die Umlaufbahn antraten. Zwei russische Erdbeobachtungssatelliten der Kanopus V-Serie, vier Technologiesatelliten der TU Berlin mit der Bezeichnung S-Net, vier Cubesats von Spire Global mit der Bezeichnung Lemur-2 und ein weiterer deutscher Kleinsatellit, D-Star ONE v.1.1 von German Orbital Systems, ebenfalls ein Cubesat. Die Mission war erst der dritte Einsatz vom neuen russischen Weltraumbahnhof Wostotschny aus, dessen Inbetriebnahme und Ausbau nur sehr schleppend voran geht. Beim vorausgegangenen Flug, im November 2017, hatte eine Sojus Fregat einen Wettersatelliten der Meteor-Reihe wieder in die Erdatmosphäre zurückgesteuert. Wie sich schnell herausstellte, hatte ein törichter Fehler in der Justierung des Flugführungssystems der Oberstufe für den Absturz gesorgt. Das Gerät war für einen Start vom 5.000 Kilometer entfernten Baikonur aus eingestellt gewesen. Dem Fehlstart waren neben dem russischen Wettersatelliten noch 18 weitere internationale Nutzlasten zum Opfer gefallen.

Start der Sojus 2.1a Fregat

Doch dieses Mal klappte alles wie am Schnürchen. Der Flug begann um 3:07 Uhr mitteleuropäischer Zeit (entsprechend 11:07 Uhr Ortszeit) bei Außentemperaturen von -20 Grad Celsius. 55 Minuten nach dem Liftoff hatte die Orbitaleinheit, bestehend aus der Fregat M und den Satelliten, eine Kreisbahn in 500 Kilometern Höhe bei einer Inklination von 97,44 Grad erreicht. 59 und 65 Minuten nach dem Liftoff wurden beide russische Kanopus-Erdbeobachtungssatelliten ausgesetzt. 96 und 139 Minuten nach dem Verlassen der Startrampe führte die Fregat zwei Bahnanpassungsmanöver durch und steuerte dabei einen leicht elliptischen Orbit mit einem Perigäum von 564 Kilometern, einem Apogäum von 567 Kilometern und einer Inklination von 97,7 Grad an. Zwei Stunden und 25 Minuten nach dem Verlassen der Startrampe wurden dann die vier S-Net Satelliten abgesetzt, vier Minuten darauf die vier Lemur-2 Einheiten und schließlich Star One v.1.1. Die vier S-NET Mikrosatelliten der TU Berlin wiegen jeweils etwa acht Kilogramm. Bei ihnen handelt es sich um Technologiedemonstratoren, mit denen Inter-Satellitenlinks und Bodenkommunikation über das S-Band erprobt werden sollen. Sie sind würfelförmig mit einer Kantenlänge von jeweils 24 Zentimetern. Der drei Cube-Sat-Basiseinheiten große D-Star ONE v.1.1 Phoenix ist die Ersatzeinheit für eine Einheit, die beim Fehlstart vom 28. November verloren ging. Er wurde in nur wenigen Wochen aus den Ersatzteilen dieses ersten Exemplars zusammengebaut. Auch er ist ein Versuchsträger für Kommunikationstechnologie. Roskosmos und Roshydromets werden die beiden Kanopus-Satelliten betreiben. Hergestellt wurden die beiden Fluggeräte von NPP VNIIEM, die elektronische Ausstattung stammt von SSTL in England. Jede dieser beiden Einheiten wog beim Start 473 Kilogramm. Die Rakete trug auch noch mehrere Massensimulatoren für Nutzlasten, die eigentlich hätten mitfliegen sollen, aber kurzfristig wieder zurückgezogen wurden.

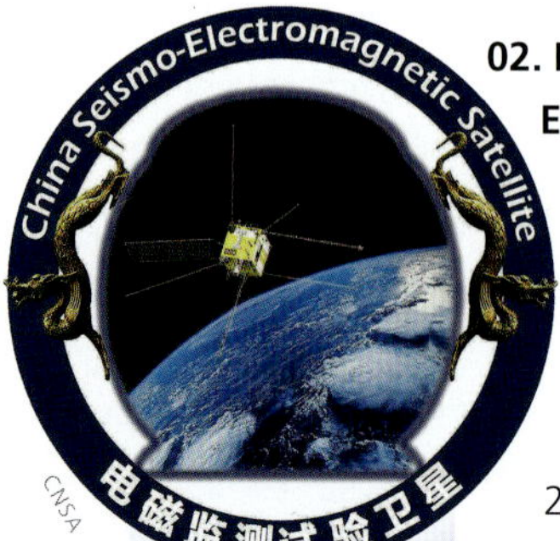

Missionslogo des China Seismo-Electromagnetic Satellite

02. Februar 2018 – China versucht Erdbebenvorhersage aus dem Weltraum

China startete am 2. Februar einen Satelliten zur Erhebung von Daten für mögliche Erdbebenvorhersagen. Als Träger für die Mission, die vom nordchinesischen Raumfahrtzentrum Jiuquan aus ihren Anfang nahm, wurde eine Rakete des Typs Langer Marsch 2D eingesetzt. Sie ist die zweistufige Version der Langer Marsch 4. Zusammen mit der Hauptnutzlast wurden noch sechs weitere kleine Raumfahrzeuge in den Orbit transportiert. Sie stammen aus China, Italien, Argentinien und Dänemark. Der Einsatz begann um 8:41 Uhr mitteleuropäischer Zeit an der Startrampe 94 am Komplex 43 des nordchinesischen Raumfahrtzentrums. Für die Trägerrakete ist es eine „Return-to-flight" Mission, nachdem dieser Raketentyp im Dezember 2016 eine nur teilweise erfolgreiche Mission absolvierte. Die Umlaufbahn, in der die Satelliten abgesetzt wurden, war ein sonnensynchroner Orbit mit einer Bahnhöhe von ziemlich genau 500 Kilometern und einer Inklination von 97,34 Grad. Die Hauptnutzlast an Bord des Trägers war der „China Seismo-Electromagnetic Satellite" (CSES), der auch als „Zhangheng-1" bezeichnet wird. Es handelt sich dabei um einen 730 Kilogramm schweren Forschungssatelliten, der mit insgesamt neun Instrumenten in der Ionosphäre nach Anzeichen für bevorstehende Erdbeben suchen soll. Der Forschungsgegenstand ist allerdings nach heutiger Erkenntnis irgendwo zwischen spekulativ und esoterisch angesiedelt. In neuerer Zeit häufen sich aber die Hinweise, dass es messbare elektromagnetische Anomalien vor einem größeren Erdbeben geben könnte. Dafür stichhaltige Daten zu erbringen, ist die Aufgabe von „Zhangheng-1".

An Bord befinden sich Sensoren, die im Vorfeld eines Erdbebens Veränderungen im Magnetfeld der Erde, in der Partikelzusammensetzung der Ionosphäre und Veränderungen im elektrischen Feld der Erde und in der Plasmasphäre feststellen sollen. An diesem Satelliten zeigte sich auch Italien sehr interessiert (das ja ebenfalls unter häufigen Erdbeben leidet). Daher hat die italienische Raumfahrtagentur ein eigenes Instrument beigesteuert, nämlich einen Detektor für hochenergetische Partikel. Benannt ist der Satellit nach einem Gelehrten der Han Dynastie (die gleichzeitig mit dem römischen Reich existierte) mit Namen Zhang Heng. Der erfand im Jahre 132 das Seismometer. „Zhangheng-1" basiert auf der CAST2000 Plattform und wurde von der Chinesischen Raumfahragentur CNSA entwickelt. Die anderen Satelliten an Bord sind zwei Einheiten der Aleph-1 Erdbeobachtungssatelliten-Konstellation, die vom argentinischen Unternehmen Satellogic betrieben wird. Die beiden je 37 Kilogramm schweren Mini-Raumfahrzeuge tragen die Namen „Ada" und „Maryam", und bilden die vierte und fünfte Einheit der Konstellation. 25 sollen es am Ende werden. Die restlichen vier Fluggeräte sind die beiden sechs Standardeinheiten großen und jeweils sechs Kilogramm schweren Technologiesatelliten GOMX 4A und 4B des dänischen Verteidigungsministeriums (in Zusammenarbeit mit der ESA) sowie die chinesischen 3-Unit-Cubesats FangMaNiu 1 und Shaonian Xing, die für Amateurfunker bzw. für Schulzwecke zur Verfügung stehen sollen.

03. Februar 2018 –
Kleinste Orbitalträgerrakete der Welt erfolgreich gestartet

Selten wurde ein Raumfahrtrekord so deutlich überboten – oder sollte man in diesem Fall eher sagen „unterboten" – wie bei diesem Start am 3. Februar. Japanischen Ingenieuren gelang es an diesem Tag, die mit deutlichem Abstand kleinste Satellitenträgerrakete der Welt erfolgreich zu starten. Die Mission begann am Uchinura-Raumfahrtzentrum auf der Insel Kyushu, und dort an dem Teil des Geländes, an dem normalerweise die Starts von Höhenforschungsraketen der Typen S-310, S-520 und SS-520 durchgeführt werden. Tatsächlich war der eingesetzte Träger eine modifizierte Höhenforschungsrakete der Baureihe SS-520 mit der Bezeichnung SS-520-5. Bei der Nutzlast handelte es sich um den nur drei

SS-520-5 auf der Startlafette

Kilogramm schweren Tricom-1R Satelliten. Der erste Versuch, eine Rakete dieses Typs zu starten, war im letzten Jahr noch gescheitert. Dieses Mal verlief aber alles nach Plan. Die Mission der SS-520-5 begann um 6:03 Uhr mitteleuropäischer Zeit (14:03 Uhr Ortszeit) mit dem Abschuss von der nach Osten ausgerichteten Startlafette. Das Wort „Abschuss" ist hier die richtige Wahl, denn die Rakete verließ das Startgerüst mit enormen Beschleunigungswerten und erreichte bereits weniger als viereinhalb Minuten später den Orbit. Die angetriebene Flugphase war sogar nur 82 Sekunden lang, der Rest entfiel auf Freiflugzeiten zwischen den Stufentrennungen. Im Vergleich dazu dauern die angetriebenen Flugphasen bei herkömmlichen Raketen für das Erreichen einer niedrigen Erdumlaufbahn etwa neun Minuten. Aus Gewichtsgründen hatte man nur in die ersten beiden Stufen Telemetrie-Vorrichtungen eingebaut, und so kam die Bestätigung über den erfolgreichen Start erst 90 Minuten nach dem Liftoff, als sich der Satellit nach der ersten Erdumkreisung bei der Bodenstation meldete.

Das SS-520 Projekt wurde von der japanischen Raumfahrtbehörde JAXA, dem japanischen Wirtschaftsministerium und einer Spende der Firma Canon realisiert. Als Basis wurde die zweistufige Höhenforschungsrakete S-520 verwendet, die für suborbitale Flüge bis in 800 Kilometer Höhe eingesetzt wird und für diesen Zweck bislang 30mal verwendet wurde. Das Geld ging im Wesentlichen in die Entwicklung einer dritten Stufe.

Die SS-520-5 hat ein Startgewicht von 2.600 Kilogramm, ist 9,54 Meter lang und hat einen maximalen Durchmesser von 52 Zentimetern. Den bisherigen Rekord für das weltweit kleinste Satellitenstartgerät hielt übrigens auch Japan. Dieser Rekord liegt schon 48 Jahre zurück. Im Jahr 1970 startete Japan seinen ersten eigenen Satelliten mit einer Rakete des Typs Lambda-4S. Die war 16,7 Meter lang und wog 9,4 Tonnen. Das Schub-zu-Gewichtsverhältnis der ersten Stufe beträgt 7:1, und in den knapp 32 Sekunden Brennzeit der ersten Stufe erreichte die Rakete eine Geschwindigkeit von 2,0 Kilometer pro Sekunde und eine Flughöhe von 26 Kilometer. Danach folgte eine antriebslose Freiflugphase, bis die Rakete das Apogäum der Flugbahn in 190 Kilometern Höhe erreichte. Während dieser Freiflugzeit, 67 Sekunden nach dem Abschuss, und in einer Höhe von über 80 Kilometern, wurde die Nutzlastverkleidung abgeworfen. Eine weitere Sekunde später wurde auch das Gehäuse der ausgebrannten ersten Stufe abgetrennt. Danach orientierte sich die verbliebene Einheit aus zweiter und dritter Stufe mit dem Satelliten in einem 27 Sekunden dauernden Manöver neu, warf danach den Stufenzwischenring ab, baute einen Drehimpuls für eine Drallstabilisierung auf und übermittelte danach die Daten der Manöver an die Bodenstation. Dort wurde berechnet, ob die Rakete in der Lage wäre, aufgrund der vorliegenden Parameter einen Orbit zu erreichen. Dies wurde bestätigt, und sieben Sekunden danach erhielt die Rakete den Befehl, die zweite Stufe zu feuern.

Die Brenndauer der zweiten Stufe betrug etwa 24 Sekunden, und das Manöver beschleunigte die Rakete auf eine Geschwindigkeit von 3,6 Kilometer pro Sekunde in einer Höhe von 190 Kilometern. Danach folgte eine Freiflugphase von gut 30 Sekunden Dauer, bevor die Stufe abgeworfen wurde und die dritte Stufe ihre Arbeit aufnahm. Ihre Brenndauer betrug 25,6 Sekunden, und das genügte, um sich selbst und den Satelliten auf eine Geschwindigkeit von 8,1 Kilometer pro Sekunde zu beschleunigen. Der geplante Zielorbit sollte ein Perigäum von 180 Kilometern, ein Apogäum von 1.500 Kilometern und eine Bahnneigung zum Äquator von 31,0 Grad aufweisen. Die tatsächlichen Werte lagen bei einem Perigäum von 187 Kilometern, einem Apogäum von 2.017 Kilometern und einer Bahnneigung von 30,9 Grad. Dieser Orbit dürfte für etwa drei Monate stabil sein, bevor der Satellit wieder zur Erde zurückstürzt und verglüht.

Bei dem Raumfahrzeug handelt es sich um einen 3-Unit-Cubesat der Universität Tokio, der 11,6 Zentimeter breit, 11,6 Zentimeter tief und 34,6 Zentimeter lang ist und gut drei Kilogramm wiegt. Ob es bei diesem einzelnen Versuchsflug bleibt, oder ob die JAXA tatsächlich einen Einsatzträger aus der dreistufigen Version der S-520 Höhenforschungsrakete machen will, ist noch nicht geklärt. Um das wirtschaftlich gestalten zu können, müsste der Preis pro Flugeinheit bei unter 500.000 Dollar liegen. Es dürfte eher unwahrscheinlich sein, diesen Wert zu erreichen. Die Nachfrage nach „Nano- und Mikro-Startgeräten" wäre allerdings da. Doch selbst in der Klasse der Kleinträger muss man Unterschiede machen, denn für die Starts einzelner Cubesats sind auch nach heutigen Begriffen schon extrem kleine Raketen wie der Launcher One von Virgin Orbital oder die Elektron von Rocket Lab zu groß. Hier gäbe es tatsächlich eine Marktlücke für Träger wie die SS-520-5.

Die Falcon Heavy startet zu ihrem erfolgreichen Erstflug

06. Februar 2018 – Erstflug der Falcon 9 Heavy ein spektakulärer Erfolg

Nur wenige Tage nach dem erfolgreichen Start der kleinsten Trägerrakete der Welt gab auch die derzeit größte Trägerrakete der Welt ihr erfolgreiches Debut, nämlich die Falcon 9 „Heavy" von SpaceX. So interessant wie die Rakete selbst war auch ihre Nutzlast und deren Ziel im Weltraum. Bei der Fracht handelte es sich um Elon Musks roten Tesla Roadster. In diesem Roadster saß eine in einen SpaceX-Raumanzug gekleidete Puppe, namens „Starman". Neben dem Auto mit „Starman" und Ballastgewichten gibt es noch zwei weitere erwähnenswerte Nutzlasten, nämlich eine Erinnerungsplakette mit den Unterschriften von mehr als 6.000 SpaceX-Mitarbeitern und ein „Datenkristall" mit Isaac Asimovs Foundation Trilogie. Der Start erfolgte von der historischen Startanlage 39A aus. Von diesem Launch Pad begannen fast alle Mondflüge des Apollo-Programms und die meisten Shuttle-Missionen. Die erste Falcon 9 Heavy trat ihre Reise ins All um 21:45 Uhr mitteleuropäischer Zeit (15:45 Uhr Florida-Ortszeit) an. Der Start war zuvor um mehr als zwei Stunden verschoben worden, weil starke Höhenwinde den

Einsatz der Rakete zunächst zu gefährden drohten. Die Mission diente gleichzeitig auch als Qualifizierungsflug für spätere Nutzlasten des Verteidigungsministeriums, und dafür mussten eine Reihe von Leistungsnachweisen erbracht werden. Unter anderem die Fähigkeit, die Oberstufe in einem Zeitraum von sechs Stunden mehrmals wiederzünden, und einen Nachweis für die Strahlungsresistenz der Bordelektronik. Diesem Ziel passte sich das Flugprofil bei diesem Jungfernflug an, ohne dabei allerdings die medienwirksamen Ziele von SpaceX und Elon Musk aus den Augen zu lassen.

Der gesamte Start verlief perfekt. Die beiden großen Booster, nichts anderes als zwei Falcon 9-Erststufen, trennten sich wie vorgesehen zwei Minuten und 30 Sekunden nach dem Verlassen der Startrampe von der Zentralstufe der Rakete und traten dann den Rückflug nach Cape Canaveral an. 35 Sekunden später trennte sich auch die Zentralstufe von der Zweitstufe und der Nutzlast. Danach steuerte die zweite Stufe einen ersten Übergangsorbit an, der nach acht Minuten und 30 Sekunden erreicht war. Daraufhin erfolgte eine Freiflugphase, bis 28 Minuten nach dem Verlassen der Startrampe das MVac-Triebwerk erneut zündete und die Kombination aus Stufe und Tesla-Roadster auf eine elliptische Umlaufbahn mit einem Perigäum von 180 Kilometern und einem Apogäum von knapp unter 7.000 Kilometern brachte. In dieser Flugphase hielt sich die Stufe mehrere Stunden in der Kernzone des unteren Van Allen Gürtels auf. Sechs Stunden nach dem Start erfolgte die dritte Zündung, mit der die Nutzlast (und die Stufe selbst) in eine heliozentrische Bahn beschleunigt wurde, die bis in die Mitte des Asteroidengürtels führt, noch weit über die Marsbahn hinaus.

Besonders spektakulär war die Landung der beiden Booster, die ihren Rückflug nach Cape Canaveral in einem perfekten Weltraumballet antraten, und am Ende mit einem zeitlichen Abstand von nur etwa zwei Sekunden und in einem räumlichen Abstand von nur etwa 280 Metern nebeneinander in der Landing Zone 1 aufsetzten. Die Bergung der Zentralstufe misslang allerdings, wobei auch hier der Landeanflug bis auf die letzte Phase perfekt verlief. In der Schlussphase des Landeabstiegs sollten aber neben dem Zentraltriebwerk auch zwei der Außentriebwerke gezündet werden. Das misslang, weil – wie Elon Musk in der Pressekonferenz nach dem Flug schilderte – die Zünderflüssigkeit (Triethylaluminum/Triethylboran, kurz TEA/TEB) verbraucht war. Die Stufe konnte damit ihren Fall nicht genügend verzögern und stürzte mit einer Geschwindigkeit von etwa 500 Kilometern pro Stunde etwa 100 Meter neben dem Bergungsschiff ins Wasser.

Eine Langer Marsch 3B startet mit Beidou-3MEO3 und 3MEO4

12. Februar 2018 – China startet neues Beidou 3M-Duo

Am 12. Februar brachte China die insgesamt 28. und 29. Flugeinheit der Beidou-Navigationssatellitenkonstellation in den Orbit. Die beiden Raumfahrzeuge tragen die Bezeichnung Beidou-3MEO3 und Beidou-3MEO4. Sie gehören zur MEO (Medium Earth Orbit) Komponente der Phase 3 des Beidou-Systems. Als Träger wurde eine Rakete des Typs Langer Marsch 3B/Y1 eingesetzt. Es war der siebte Orbitalstart des Jahres für China, der zweite für den Aufbau des Beidou-Systems innerhalb eines Monats, der dritte Beidou-Start im letzten Vierteljahr und der vierte Einsatz bei der Satelliten der 3M-Serie gestartet werden.

Die Mission begann um 6:03 Uhr mitteleuropäischer Zeit am zentralchinesischen Raumfahrtzentrum Xichang. Vier Stunden später hatte die dritte Stufe den Zielorbit erreicht und gab die beiden Satelliten frei. Zu diesem Zeitpunkt befanden sich die Einheiten auf einer mittelhohen Erdumlaufbahn in 21.500 Kilometern Höhe bei einer Bahnneigung zum Äquator von 55,0 Grad. Die Einheiten der Experimentalphase (Beidou Phase 1) sind heute nicht mehr im Dienst. Die Raumfahrzeuge aus der Phase 2 der Konstellation sind dagegen bis auf einen allesamt noch im Einsatz. Sie werden nach und nach aus dem aktiven Dienst ausscheiden, wenn die Phase 3-Konstellation komplettiert wird.

13. Februar 2018 – Progress MS-08 versorgt die ISS

Am 13. Februar trat das erste Versorgungsraumschiff des Jahres 2018 für die Internationale Raumstation von Baikonur aus seine Reise zum Außenposten an. Der Start hätte eigentlich bereits am 11. Februar erfolgen sollen, aber nur wenige Sekunden vor der Zündung der Triebwerke der Sojus 2.1a-Trägerrakete ergab sich ein technisches Problem, und die Mission musste verschoben werden. Damit trat genau die gleiche Situation ein, die bereits den Start von Progress MS-07 im vergangenen Oktober um zwei Tage verzögerte. Auch dieses Mal klappte es im zweiten Anlauf. Das unbemannte Fahrzeug trägt die Bezeichnung Progress MS-08. In der Terminologie der Internationalen Raumstation ist auch die Bezeichnung

ISS-69P gebräuchlich, da es sich um die 69. Mission eines Progress-Raumschiffs zur Versorgung der Station seit dem August des Jahres 2000 handelt. Diesen ersten Versorgungsflug hatte seinerzeit Progress M1-3 durchgeführt. Der Flug war im Übrigen einer der selteneren Sojus-Starts von der Startanlage 31/6 aus. Bei Temperaturen von minus 12 Grad zündeten die Triebwerke genau um 9:13:33 Uhr mitteleuropäischer Zeit. An sich war ein schneller Transfer geplant gewesen, bei dem das Andocken nur dreieinhalb Stunden und zwei Erdorbits nach dem Start erfolgt wäre. Ein solches Manöver erfordert aber eine extrem präzise Abstimmung der Flugbahnen von Raumschiff und ISS. Dies konnte für den zweiten Startversuch nicht durchgeführt werden, und so flog Progress MS-08 nun auf einer zweitägigen Standardbahn zur ISS, bei der sie 34 Erdumkreisungen absolvieren musste. Das Anlegemanöver am Zwesda-Modul der ISS geschah am 15. Februar um 11:38 Uhr mitteleuropäischer Zeit. Das Gesamtgewicht der Fracht für die ISS beträgt exakt 2.496 Kilogramm. Darunter befinden sich 640 Kilogramm Treibstoff, 420 Liter Wasser, 46 Kilogramm Sauerstoff und 1.390 Kilogramm so genannte „trockene Fracht" wie Nahrungsmittel, persönliche Gegenstände für die Crew, Hygiene-Artikel, Reparaturausrüstungen, Experimente und ähnliches.

Start vom winterlichen Baikonur

22. Februar 2018 – Falcon 9 bringt PAZ und Starlink-Satelliten in den Orbit

Bei SpaceX ist fast jeder Einsatzflug gleichzeitig auch eine Testmission. Das war an diesem 22. Februar nicht anders. Erstmals wurde die „Fairing 2.0." eingesetzt, eine überarbeitete Nutzlastverkleidung, mit der auch gleich ein Bergungsversuch durchgeführt wurde. Bei der Mission wurden auch die beiden ersten Testeinheiten von Elon Musks zukünftiger Internet-Constellation in den Orbit gebracht. Die erste Stufe der Rakete, Core No. 1038 erlebte ihren zweiten und zugleich letzten Einsatz. Bei dieser Stufe handelt es sich um den letzten Block-3 Booster. Mit ihm war im August 2017 der taiwanesische Erdbeobachtungssatellit Formosat-5 gestartet worden. Die Block 3 und Block 4-Versionen der Falcon 9-Erststufe werden jeweils nur einmal wiederverwendet. Die Hauptnutzlast bei dieser Mission war der spanische Erdbeobachtungssatellit PAZ, der relativ kurzfristig von einer

Jahren als Antwort auf die zunehmenden militärischen Aktivitäten Nordkoreas. Gebaut werden sie von Mitsubishi Electric. Die optischen IGS-Satelliten werden auf sonnensynchronen Umlaufbahnen in einer Flughöhe von knapp unter 500 Kilometern bei einer Bahnneigung zum Äquator von 97,2 Grad eingesetzt.

Noch schwebt die Rückkehrkapsel von Sojus MS-06 über den Wolken

28. Februar 2018 – Sojus MS-06 zur Erde zurückgekehrt

Nach 168 Tagen im Weltraum kehrt am 28. Februar die Crew von Sojus MS-06 wieder wohlbehalten zur Erde zurück. Alexander Misurkin, Joe Acaba und Mark Vande Hei landeten um 3:31 Uhr mitteleuropäischer Zeit in der schneebedeckten Steppe von Kasachstan. Für Misurkin und Acaba war es jeweils der zweite Raumflug gewesen. Ihre kumulierte Zeit im Orbit beträgt nach dieser Mission 334, respektive 306 Tage. Mark Vande Hei war zum ersten Mal im Weltraum. Mit dem Ablegen von der Station begann – wie es traditionell festgelegt ist – die „Regentschaft" der nächsten Crew. Das ist in diesem Fall die Expedition 55 mit Anton Shkaplerow von Roskosmos, Scott Tingle von der NASA und Norishige Kanai von der japanischen Raumfahrtagentur JAXA. Diese drei werden die nächsten dreieinhalb Wochen alleine in der ISS verbringen, bis dann am 23. März Oleg Aremjew von Roskosmos und Rick Arnold und Drew Feustel von der NASA als zweiter Teil der Expedition 55 zu ihnen stoßen werden.

Die Landung in Kasachstan – dort war es 8:31 Uhr Ortszeit – verlief problemlos. Die Außentemperatur betrug -2 Grad Celsius, was für diese Gegend und den Termin Ende Februar recht milde Temperaturen sind. Die Windgeschwindigkeit am Boden betrug knapp 30 Kilometer pro Stunde. Die Kapsel verblieb bei der Landung dennoch in aufrechter Position (häufig kippt sie bei Windgeschwindigkeiten wie diesen). Die Wolkendecke lag sehr tief, mit einer Untergrenze von nur etwa 200 Metern, und die Sichtweite betrug knapp fünf Kilometer.

01. März 2018 – GOES-S beobachtet das Wetter für die USA

Startposter der GOES-S Mission

Eine Atlas 5 der United Launch Alliance (ULA) brachte am 1. März 2018 einen Wettersatelliten für die US „National Oceanic and Atmospheric Administration" (NOAA) auf eine geostationäre Transferbahn. Das Raumfahrzeug mit der Bezeichnung GOES-S ist der zweite von insgesamt vier Satelliten der fünften Generation geostationärer Umweltbeobachtungssatelliten des Geostationary Operational Environmental Satellit Programm, kurz auch GOES genannt. Die Konstellation muss zu jeder Zeit mindestens über zwei aktive Einheiten über der westlichen Hemisphäre verfügen.

Die Mission begann um 23:02 Uhr mitteleuropäischer Zeit mit dem Start vom Komplex 41 (SLC-41) der Cape Canaveral Luftwaffenbasis, genau zu Beginn der ersten Minute des Startfensters. Als Träger wurde eine leistungsstarke Version der Atlas 5 eingesetzt – die Variante 541 – die mit vier Feststoffboostern zur Startunterstützung ausgerüstet ist, und über eine Nutzlastverkleidung von fünf Metern Durchmesser verfügt. Die Rakete führte ein komplexes Startprofil durch, das insgesamt drei Brennmanöver der zweiten Stufe im Zeitraum von dreieinhalb Stunden beinhaltete. Am Ende war eine Umlaufbahn mit einem Perigäum von 8.215 Kilometern, einem Apogäum von 35.290 Kilometern und einer Inklination zum Äquator von 9,52 Grad erreicht. Den restlichen Aufstieg in den geostationären Orbit bewerkstelligt GOES-S jetzt mit dem bordeigenen LEROS Apogäumstriebwerk, das einen Schub von 460 Newton erzeugt.

Die operationellen GOES-Satelliten sind auf 75 Grad westlicher Länge (GOES-West) und 137 Grad westlicher Länge (GOES-EAST) stationiert. Die neue Einheit wird die WEST-Position einnehmen, und dort GOES-15 ersetzen, der auf dieser Position seit acht Jahren Dienst tut. GOES-15 wird danach als Reservesatellit für die WEST-Position verwendet. Es gibt noch eine weitere Reserve-Einheit, nämlich GOES-14, der speziell für den Reservestatus konfiguriert und für eine besonders lange Lebensdauer ausgelegt ist. Er steht auf 105 Grad westlicher Länge, also genau zwischen den beiden aktiven Einheiten. GOES-S wird nach der erfolgreichen Indienststellung die Bezeichnung GOES-17 erhalten.

GOES-S/GOES-17 wurde von Lockheed Martin auf der Basis der A2100-Plattform gebaut. Er weist eine Startmasse von 5.192 Kilogramm auf und ist für eine Lebensdauer von mindestens 15 Jahre ausgelegt, wovon etwa 5 Jahre als „on-orbit-storage" gesehen werden. Die GOES-Satelliten der fünften Generation kontrollieren nicht nur das irdische Wetter, sondern auch das „Weltraumwetter" und beobachten in diesem Zusammenhang die Sonne und ihre Tätigkeit hinsichtlich potentieller koronaler Massenauswürfe, die Störungen in der elektrischen Infrastruktur auf der Erde verursachen können.

Startlogo der Hispasat 30W-6 Mission

06. März 2018 – 50. SpaceX-Falcon 9 absolviert erfolgreichen Einsatz

Eine Trägerrakete des Typs Falcon 9 brachte in den frühen Morgenstunden des 6. März den spanischen Kommunikationssatelliten Hispasat 30W-6 in einen subsynchronen geostationären Transferorbit. Es war der 50. Einsatz eines Trägers dieses Typs. Eine Landung der ersten Stufe war bei dieser Mission nicht vorgesehen, denn das Nutzlastgewicht überstieg die Marke, bei der eine erfolgreiche Landung zu erwarten gewesen wäre. Trotzdem hatte SpaceX zunächst geplant, zumindest einen experimentellen Landeversuch zu unternehmen, und die kleine Bergungsflotte bereits hinaus in den Atlantik geschickt. Schlechtes Wetter und sehr hoher Seegang in der geplanten Landezone bewog SpaceX aber, die Schiffe wieder zurückzurufen und auf die mögliche Bergung zu verzichten. Der experimentelle Landeversuch (der letztendlich im Ozean endete) wurde trotzdem unternommen. Die Landung im Atlantik wurde aus Elon Musks Gulfstream 650 aus beobachtet.

Die Mission begann um 6:33 Uhr mitteleuropäischer Zeit (entsprechend 0:33 Uhr US-Ostküstenzeit) an der Startrampe 40 der Luftwaffenbasis Cape Canaveral, in der ersten Minute des insgesamt zweistündigen Startfensters. Nach zwei Brennmanövern der zweiten Stufe erreichte die Orbitaleinheit, bestehend aus Satellit und zweiter Stufe, ein Perigäum von 185 Kilometern, ein Apogäum von 22.260 Kilometern und eine Bahnneigung zum Äquator von

26,92 Grad. Das Apogäum liegt 15.000 Kilometern unter den sonstigen Standardwerten, und der Satellit wird etwa 320 Meter pro Sekunde an Geschwindigkeit zusätzlich aufwenden müssen, um eine normale geostationäre Transferbahn mit einem Apogäum im geostationären Gürtel zu erreichen. Da alle vorher genannten Parameter bezüglich Brennzeiten genau getroffen wurden, und der Träger noch eine erhebliche Reserve zurückbehalten hatte, mit denen der Landeversuch durchgeführt wurde, ist davon auszugehen, dass der subsynchrone Transferorbit mit dem Auftraggeber so vereinbart war.

Zusammen mit der neuen Einheit betreibt Hispasat derzeit sieben geostationäre Kommunikationssatelliten. Die Auslastung des Unternehmens ist so gut, dass Hispasat derzeit auf drei weiteren Satelliten konkurrierender Unternehmen (Intelsat 34, Star One C4 und Star One D1) zusätzliche Kapazitäten anmieten muss. Hispasat 30W-6 wurde von Space Systems Loral gebaut. Er basiert auf der Plattform SSL 1300, weist eine Startmasse von 6.092 Kilogramm auf und ist mit 40 Ku-Band-Transpondern, sechs Ka-Band-Transpondern und zehn C-Band Transpondern ausgerüstet. Die neue Einheit wird Hispasat 30W-4 auf der Position auf 30 Grad westlicher Länge über dem Atlantik ersetzen. Dort wird er dann zusammen mit Hispasat 30W-5 Dienst tun und Europa, den Mittelmeerraum und Südamerika mit Telekommunikationsdiensten versorgen.

09. März 2018 – Arianespace ergänzt O3b-Konstellation

Mit dem erfolgreichen Start einer Trägerrakete des Typs Sojus ST-B „Fregat" vom europäischen Weltraumbahnhof in Kourou erreichten am 9. März vier weitere Kommunikationssatelliten der O3b-Konstellation die Umlaufbahn. 12 Satelliten dieses Netzwerks befinden sich bereits im Orbit. Der Start trug in der Nomenklatur der Arianespace die Bezeichnung VS 18, was für „Vol Sojus Nr. 18" steht. Es ist also die 18. Mission mit einer Sojus-Trägerrakete, die im Auftrag des europäischen Startdienstleisters von Kourou aus durchgeführt wurde. Die erste Sojus-Mission von Kourou erfolgte im Oktober 2011.

Bei der Sojus ST handelt es sich um eine für den Startplatz Kourou angepasste Spezialversion der Sojus 2. Sie verfügt, anders als die in Russland und Baikonur eingesetzten Versionen, über ein so genanntes „Flight Termination System", mit dem die Rakete bei Flugbahnabweichungen zerstört werden kann, über ein verändertes Telemetriesystem, eine modernisierte elektronische Ausstattung des Flugkontrollsystems, sowie einige Anpassungen, welche die Tropentauglichkeit der Rakete unterstützen.

Poster der Arianespace Mission VS-18

Die Startmission dauerte zwei Stunden und 22 Minuten. Danach war der Zielorbit erreicht, und die Fregat-Oberstufe setzte die letzten beiden Flugeinheiten ab. Die ersten beiden Satelliten waren schon zwei Stunden und eine Minute nach dem Verlassen der Startrampe freigegeben worden. Die Umlaufbahn, in der die Satelliten abgesetzt wurden, ist für Kommunikationssatelliten einzigartig. Es handelt sich dabei um eine Kreisbahn in 7.830 Kilometern Höhe, die fast genau über dem Äquator verläuft. Nach der Freigabe der Raumfahrzeuge unternahm die Fregat zwei weitere Brennmanöver, um sich von der Bahn der Satelliten abzusetzen. Vier Stunden und 57 Minuten nach dem Liftoff war für Arianespace die Mission beendet.

Alle O3b-Satelliten wurden bislang, jeweils in Clustern zu vier Einheiten, mit Sojus-Raketen von Kourou aus gestartet. Die erste Mission fand dabei im Juli 2013 statt, zwei weitere Flüge folgten im Juli und Dezember 2014. Im kommenden Jahr sollen vier weitere Einheiten gestartet werden, und die Gesamtstärke des Systems damit auf 20 Einheiten bringen.

Die jeweils etwa 700 Kilogramm schweren O3b-Satelliten gehören dem luxemburgischen Satellitenoperator SES. Gebaut wurden sie von Thales Alenia Space in Cannes. Sie senden über steuerbare Antennen im Ka-Band und stellen ein breites Spektrum von Internet-Dienstleistungen hauptsächlich für infrastrukturell weniger entwickelte äquatornahe Regionen zur Verfügung. Dafür steht auch der Name „O3b", was the „Other 3 Billion" bezeichnet. Die drei Milliarden Menschen in äquatornahen Regionen, die bislang nicht mit schnellem Internet versorgt sind. Die Einsatzdauer der Satelliten wurde auf mindestens 10 Jahre veranschlagt.

17. März 2018 – Zum Schluss folgt LKW-4 auf LKW-3

Die Langer Marsch 2D-Trägerrakete wird für den Start vorbereitet.

Am 17. März startete China den vierten Satelliten der LKW-Reihe (für: „Lùdì kānchá wèixīng"). Der Start erfolgte um 8:10 Uhr mitteleuropäischer Zeit (entsprechend 15:10 Uhr zentralchinesischer Zeit) von der Rampe 94 des Startkomplexes 43 auf dem nordchinesischen Raumfahrtzentrum Jiuquan. LKW-1 war am 2. Dezember gestartet worden, LKW-2 am 23. Dezember, und LKW-3 am 13. Januar. Wie immer wurde auch dieses Mal offiziell bekannt gegeben, dass der Satellit „für wissenschaftliche Experimente, Landvermessung, Erntevoraussagen und Desaster-Monitoring" verwendet wird. Mit einiger Sicherheit handelt es sich bei den Raumfahrzeugen der LKW-Serie allerdings um elektro-optische Aufklärungssatelliten. Alle wurden mit Trägern des Typs Langer Marsch 2D gestartet. Diese Rakete ist die zweistufige Version der Langer Marsch 4A. LKW-1 und LKW-2 werden auf derselben Bahn in einem Abstand von 180 Grad eingesetzt. Das ermöglicht das zweimalige Überfliegen eines Zielpunktes innerhalb von weniger als einer Stunde. Beide Satelliten bewegen sich auf einer so genannten „Morgenbahn", mit einer Ortszeit am absteigenden Bahnknoten von 10:30 Uhr. LKW-3 wurde nun auf eine sonnensynchrone Bahn annähernd gleicher Bahnhöhe (490 x 503 Kilometer) und Inklination (97,34 Grad) wie seine beiden Vorgänger gesendet, aber mit einer lokalen Ortszeit beim Überflug von 13:30 Uhr. Wie zuvor erwartet, folgte nun LKW-4 auf eine koplanare Bahn, um 180 Grad zu der von LKW-3 versetzt. Das Paar bildet somit die „Beobachtungsrotte" für den Nachmittagsüberflug der Ziele, die LKW-1 und LKW-2 unter den Beleuchtungsverhältnissen des Vormittags beobachten..

21. März 2018 – Sojus MS-08 – erste bemannte Mission in 2018

Logo der Sojus MS-08 Mission

Eine Trägerrakete des Typs Sojus FG brachte am 21. März das Raumschiff Sojus MS-08 in eine Erdumlaufbahn. Es ist dies der erste bemannte Raumflug des laufenden Jahres. An Bord des Vehikels befinden sich die beiden amerikanischen Astronauten Andrew Feustel und Rick-Arnold, sowie der russische Sojus-Kommandant Oleg Artemjew. Das Raumschiff wird in den kommenden beiden Tagen auf einer Standard-Flugbahn die Internationale Raumstation ansteuern. Die Mission begann um 18:44 Uhr mitteleuropäischer Zeit, entsprechend 23:44 Uhr lokaler Ortszeit in Baikonur. Anders als bei einer Reihe früherer bemannter Starts fliegt die Sojus dieses Mal eine 50stündige Anflugbahn ab. Häufiger ist in den letzten Jahren der beschleunigte Transfer, der nur etwa sechs Stunden dauert. Die bahnmechanischen Voraussetzungen für eine solche Flugbahn waren aber nur für den ursprünglich geplanten Startzeitpunkt am 15. März gegeben. Aus verschiedenen Gründen musste der Start aber – bereits im Januar – auf den 21. März verlegt werden. Die Mission von Sojus MS-08 begann an der Startrampe 1 in Baikonur, von der aus schon Juri Gagarin am 12. April 1961 zu seinem historischen Orbitalflug aufgebrochen war. Nach acht Minuten und 45 Sekunden war der erste Übergangsorbit erreicht, und die Sojus entfaltete die Solargeneratoren und die Antennen und begann den zweitägigen Anflug zur ISS. Für Artemjew und Arnold ist es jeweils der zweite Raumflug, Andrew Feustel fliegt bereits zum dritten Mal zur ISS. Seine ersten beiden Raumflüge (STS-125 und STS-134) erfolgten noch mit dem Space Shuttle (Atlantis und Endeavour). Auch Arnolds erster Raumflug war eine Shuttle-Mission (STS-119 mit der Raumfähre Discovery). Sojus MS-08 ist der 137. Flug einer bemannten Sojus und der 63. Einsatz einer Sojus-FG Rakete.

Andrew Feustel wird im April das Kommando über die ISS übernehmen, und es im Herbst an den deutschen Astronauten Alexander Gerst weitergeben. Derzeit ist der Russe Anton Schkaplerow Kommandant der Raumstation. Er befindet sich zusammen mit Norishige Kanai und Scott Tingle alleine an Bord der Station nachdem Alexander Missurkin, Mark Vande Hei und Joseph Acaba die ISS am 27. Februar verlassen hatten.

Die GSLV-Mk II Trägerrakete wird im Montagegebäude für den Start vorbereitet.

29. März 2018 –
GSLV liefert GSAT-6A in den Orbit

Am 29. März brachte eine Trägerrakete des Typs GSLV Mark II den indischen Militär-Kommunikationssatelliten GSAT-6A auf eine geostationäre Transferbahn. Die Mission begann um 16:56 Uhr Ortszeit, entsprechend 12:26 Uhr mitteleuropäischer Zeit an der Startrampe 2 des auf der ostindischen Insel Shriharikota gelegenen Raumfahrtzentrums Sathis Dhawan. Die Trägerrakete ist eine leicht verbesserte Version der bisher eingesetzten Variante des Trägers. Der Schub des Zweitstufentriebwerks ist nun deutlich erhöht und das Brennschlussverhalten der dritten Stufe wurde optimiert. Mit der GSLV hatte die ISRO in der Vergangenheit einige Probleme. Von den bisher durchgeführten 12 Starts endeten drei als komplette Fehlschläge und zwei nur als Teilerfolge. Einschließlich der Mission vom 29. März waren aber die letzten fünf Missionen in Folge erfolgreich. Eine weiter verbesserte Version der GSLV soll im Herbst ihren Dienst aufnehmen. Beim aktuellen Einsatz wurde das Raumfahrzeug auf einer Bahn mit einem Perigäum von 149 Kilometern, einem Apogäum von 26.500 Kilometern und einer Bahnneigung zum Äquator von 20,7 Grad abgesetzt.

GSAT-6A wurde von der indischen Raumfahrtagentur ISRO auf Basis der Satellitenplattform I-2K gebaut. Das Raumfahrzeug verfügt über eine Startmasse von 2.140 Kilogramm, ist 1,5 x 1,7 x 2,4 Meter groß, und seine beiden Solargeneratoren liefern eine elektrische Leistung von 3,1 Kilowatt am Ende der Lebenszeit. GSAT-6A ergänzt GSAT-6, der im August 2015 ebenfalls mit einer GSLV gestartet worden war. Er ist für die Bedienung kleiner, mobiler Sende- und Empfangseinheiten ausgerüstet. Zu diesem Zweck ist der Satellit mit 10 S-Band-Transpondern, einem C-Band Transponder und einer entfaltbaren, sechs Meter durchmessenden Sendeantenne ausgerüstet. Die beiden Satelliten werden in sehr geringem Abstand voneinander auf 83 Grad östlicher Länge über dem Äquator Dienst tun. Ihre Design-Lebensdauer beträgt jeweils mindestens 10 Jahre.

29. März 2018 – Sojus 2.1v mit Geheimsatelliten unterwegs

Die Sojus 2.1v-Trägerrakete wird am Startplatz aufgerichtet.

Eine russische Trägerrakete des Typs Sojus 2.1v brachte am Abend des 29. März eine nicht näher spezifizierte militärische Nutzlast in die Umlaufbahn. Der Start erfolgte vom nordrussischen Weltraumbahnhof Plesetzk. Es war der insgesamt vierte Einsatz einer Rakete dieses Typs. Das Raumfahrzeug erhielt nach dem erfolgreichen Start die Bezeichnung „Kosmos 2525", die allerdings nichts über den Einsatzzweck aussagt und lediglich eine allgemeine militärische Zählnummer darstellt.

Die Sojus 2.1v ist eine „abgespeckte" Version der Sojus-Trägerrakete, und die kleinste Variante dieser Träger-Familie. Sie verfügt nicht über die Sojus-typischen Booster, sondern nur über ihre Zentralstufe. Die wird dabei aber nicht vom RD-108A – Standardtriebwerk der Sojus angetrieben, sondern von einem NK-33 Raketenmotor der noch aus dem gescheiterten N-1 Mondprogramm der Sowjetunion stammt. Die zweite Stufe der Sojus 2.1v ist die dritte Stufe der Sojus 2.1b und wird von einem RD-0124 Triebwerk angetrieben. Die Rakete wird manchmal auch als „Wolga" bezeichnet, nach ihrer meistens eingesetzten dritten Stufe. Die scheint dieses Mal, wahrscheinlich wegen der sehr leichten Nutzlast, nicht benötigt worden zu sein.

Die Mission begann um 18:38 Uhr mitteleuropäischer Zeit (entsprechen 20:38 Uhr Moskauer Zeit). Über die Nutzlast wurde bislang wenig bekannt, außer dass sie auf einer Plattform des Moskauer Herstellers VNIIEM basiert und als "Eksperimentalny Maly Kosmichesky Apparat (EMKA)" – oder "kleines experimentelles Raumfahrzeug" bezeichnet wird. Das Raumfahrzeug dürfte kaum mehr als etwa 200 Kilogramm wiegen. Etwa zwei Stunden nach dem Start lagen die Bahndaten vor. Es handelt sich um eine fast exakte Kreisbahn in 320 Kilometern Höhe mit einer Inklination von 96,64 Grad. Bahnwinkel und Höhe weisen darauf hin, dass die Bahn annähernd sonnensynchron ist. Womit sich die Vermutung erhärtet, dass es sich bei Kosmos 2525 um einen optischen Aufklärungssatelliten handelt. Um bei diesem Bahnwinkel allerdings eine exakt sonnensynchrone Umlaufbahn zu erreichen, müsste die Bahn auf etwa 290 Kilometer Flughöhe abgesenkt werden.

Eine Langer Marsch 3B hebt zum dritten Beidou-Start des Jahres ab.

29. März 2018 – Drittes Beidou 3M-Duo des Jahres unterwegs

Am 29. März brachte China die insgesamt 30. und 31. Flugeinheit der Beidou-Navigationssatellitenkonstellation in den Orbit. Die Starts dieser Satelliten erfolgen derzeit in enger Taktung. Praktisch jeden Monat wird ein neues Paar in die Umlaufbahn geschickt. Die erste Beidou-Mission des Jahres 2018 fand am 11. Januar statt, das zweite Paar startete am 12. Februar. Insgesamt will China bis zum Ende des Jahres nicht weniger als 18 neue Raumfahrzeuge in die Beidou-Konstellation einfügen. Die beiden neuen Satelliten tragen die Bezeichnungen Beidou 3 MEO-9 und MEO-10. Die Nummerierung gibt nicht die Zählnummer des Satelliten wieder, sondern bezieht sich auf die Fertigungsnummer des jeweiligen Herstellers. Beim aktuellen Start handelt es sich also um die Flugeinheiten 9 und 10 der chinesischen Akademie der Wissenschaften, die einer der beiden Produzenten von Beidou-Satelliten ist. Insgesamt sind damit 13 Fluggeräte der Beidou 3-Reihe im Orbit. Sie gesellen sich zu den 15 Einheiten der Beidou-2 Serie, die weiterhin im Dienst sind. Neben vier oder fünf weiteren Doppelstarts ist in diesem Jahr auch noch der Start eines Beidou-3 Satelliten in einen inklinierten geostationären Orbit geplant. Im Jahr 2020 sollen dann alle Slots der Konstellation besetzt sein. Danach werden nur noch Reserve- und Ersatzeinheiten gestartet. Die aktive Konstellation wird aus 35 Flugeinheiten bestehen, von denen insgesamt acht auf geostationären Umlaufbahnen platziert werden und 27 auf mittelhohen Umlaufbahnen um die Erde kreisen.

Die aktuelle Mission begann um 1:56 Uhr Ortszeit am 30. März (entsprechend 19:56 Uhr mitteleuropäischer Zeit am 29. März) am zentralchinesischen Raumfahrtzentrum Xichang. Als Träger wurde, wie immer bei den Doppelmissionen, eine Rakete des Typs Langer Marsch 3B mit einer Y1-Oberstufe eingesetzt. Vier Stunden nach dem Liftoff hatte die dritte Stufe den Zielorbit erreicht und gab die beiden Satelliten frei. Zu diesem Zeitpunkt befanden sich die Einheiten auf einer mittelhohen Erdumlaufbahn mit einem Perigäum von 21.535 Kilometern, einem Apogäum von 22.190 Kilometern und einer Bahnneigung zum Äquator von 55,0 Grad.

30. März 2018 – Iridium NEXT Konstellation dank SpaceX mit 50 Satelliten bestückt

Startlogo der Iridium-5 Mission

SpaceX führte am 30. März erfolgreich den fünften Start für die Errichtung der Iridium NEXT Konstellation durch. Wie bei den vier vorausgegangenen Missionen befanden sich auch dieses Mal zehn der Kommunikationssatelliten an Bord der Falcon 9-Trägerrakete. Und auch dieses Mal wurde der Start von der Luftwaffenbasis Vandenberg aus durchgeführt. Insgesamt wird SpaceX acht Flüge für Iridium Communications und ihre Iridium NEXT Konstellation durchführen. Der Start begann um 7:14 Uhr US-Westküstenzeit, entsprechend 16:14 Uhr mitteleuropäischer Zeit am Space Launch Complex

4E (SLC 4E), einer Anlage, die SpaceX von der US-Luftwaffe geleast hat. Insgesamt war es bereits der neunte Start einer Falcon 9 von diesem Startplatz aus. Der erzielte Orbit wies ein Perigäum von 607 Kilometern, ein Apogäum von 627 Kilometern und eine Bahnneigung zum Äquator von 86,68 Grad auf. Die erste Stufe der Falcon 9, die bei dieser Mission verwendet wurde (Core 1041), wurde bereits im Oktober letzten Jahres für den Start der Iridium-3 Mission eingesetzt. Da es sich dabei um eine so genannten Block-4 Version der Falcon 9 handelt, wurde die Rakete dieses Mal im „expendable"-Modus verwendet, also nicht wieder geborgen. SpaceX setzt alle Versionen unterhalb der Block 5-Variante nur zweimal ein. Es wurde allerdings eine experimentelle Landung ohne Bergung durchgeführt, um Daten für extremere Wiedereintrittsprofile zu gewinnen. Ab der „Block-5" Version der Rakete soll die Erststufe der Falcon 9 bis zu zehnmal wiederverwendet werden.

Insgesamt ist SpaceX beauftragt, bei acht Falcon 9-Flügen 75 Satelliten für Iridium in den Orbit zu bringen. Für den vollen Betrieb der Konstellation sind insgesamt 66 Satelliten notwendig, die in sechs Bahnebenen zu jeweils elf Satelliten verteilt sind. Neun Satelliten dienen als „In-orbit-spares", als im Weltraum geparkte Reserveeinheiten. Sechs Satelliten dienen als Reserveeinheiten auf dem Boden. Die Einsatzhöhe dieser Satelliten befindet sich in einer Höhe von 780 Kilometern mit einer Bahnneigung zum Äquator von 86,4 Grad. Die Raumfahrzeuge der aktuellen Mission wurden auf der Bahnebene 1 abgesetzt. Bei sieben Missionen werden immer 10 der jeweils etwa 860 Kilogramm schweren Raumfahrzeuge abgesetzt, bei der achten Mission werden es lediglich fünf sein. Bei diesem letzten Flug werden neben den fünf Iridium-Satelliten auch zwei Forschungssatelliten mit an Bord sein, welche die so genannte „Grace Follow-on" Mission bilden.

Iridium hat insgesamt 81 Satelliten bei Thales Alenia in Cannes bestellt. Dieses Unternehmen fungiert als Hauptauftragnehmer. Die Endmontage der Einheiten findet aber bei Orbital ATK in Gilbert im US-Bundesstaat Arizona statt. Die Satelliten entstanden auf der Basis der ELiTeBus-1000 Plattform von Thales Alenia. Die Bezeichnung steht für „Extended Lifetime Bus". Sie sind für eine sehr lange Lebensdauer von 20 Jahren oder mehr ausgelegt. Jeder der Satelliten trägt L-Band Transponder für die mobile Kommunikation und Ka-Band Transponder für den Sendeverkehr der Satelliten untereinander und von den Satelliten zu Bodenstationen. SpaceX führte bei dieser Mission erneut einen Versuch durch, eine der beiden Nutzlastverkleidungshälften zu bergen. Was erneut knapp misslang, da sich der gigantische Parafoil, mit der die Verkleidung abgebremst und zum Bergungsschiff gesteuert werden soll, nicht richtig entfaltete. Trotz des daraus resultierenden relativ harten Aufschlages auf dem Wasser konnte das Bergungsschiff „Mr. Stevens" die Halbschale dennoch weitgehend unbeschädigt aus dem Pazifik fischen.

31. März 2018 –
Drei Gaofen starten von Taiyuan

Der massive Ausbau der chinesischen Erdbeobachtungskapazitäten aus dem Weltraum geht weiter. Am 31. März startete China drei weitere Satelliten der Gaofen-1 Reihe. Startort war der Weltraumbahnhof von Taiyuan, im Norden Chinas. Es war der zehnte Orbitalflug Chinas in diesem Jahr. Als Träger wurde eine Rakete des Typs Langer Marsch 4C eingesetzt. Diese Trägerrakete ist nahezu identisch mit der Langer Marsch 4B. Der einzige Unterschied besteht in einer längeren Nutzlastverkleidung. Die Mission begann um 5:22 Uhr mitteleuropäischer Zeit (11:22 Uhr Pekinger Zeit) an der Anlage LC9 des Startkomplexes. Nach etwa 45 Minuten war die Zielbahn erreicht und die dritte Stufe setzte die Satelliten ab. Die Bahn wies ein Perigäum von 639 Kilometern, ein Apogäum von 643 Kilometern und eine Bahnneigung zum Äquator von 98,03 Grad auf. Die Gaofen-Satelliten sind Teil des China High-definition Earth Observation System (CHEOS) Programms. Die Planung der Konstellation begann im Jahre 2010 und soll am Ende mindestens 14 Satelliten umfassen, mit denen die optische Beobachtung der Erde in verschiedenen Spektralbereichen in mittelhoher Auflösung möglich ist. Die beiden Kameras an Bord verfügen im Schwarzweiß-Modus über ein Auflösungsvermögen von zwei Metern pro Bildpunkt, im panchromatischen Betrieb beträgt das Auflösungsvermögen acht Meter pro Bildpunkt.

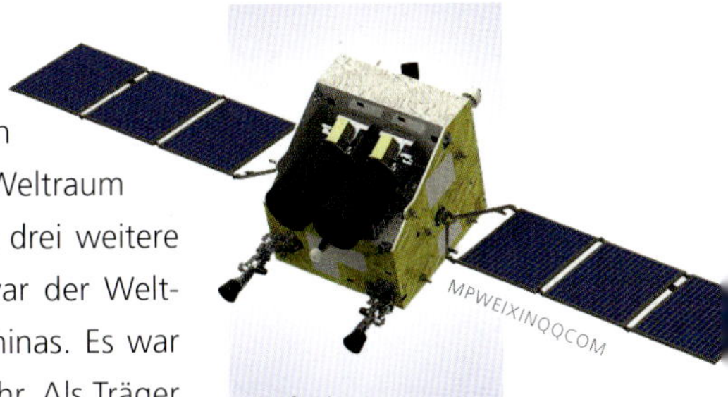

Grafische Darstellung eines Gaofen-1 Satelliten

Jeder der Satelliten wog beim Start 805 Kilogramm. Sie wurden von China Spacesat Co. Ltd. gebaut, dem kommerziellen Ableger der staatlichen CAST. Die Lebensdauer der Satelliten wird mit sechs Jahren veranschlagt. Ihre Bezeichnung lautet GF-1 02, GF-1 03 und GF-1 04. GF-1 01, der Prototyp der Reihe, war bereits im Jahre 2013 gestartet worden. Sie werden in derselben Bahnebene in einem Abstand von 120 Grad platziert.

Startlogo der CRS-14 Mission

02. April 2018 –

SpaceX Dragon CRS-14 versorgt Raumstation

Eine „flugerprobte" SpaceX Trägerrakete des Typs Falcon 9 brachte am 2. April das 14. Dragon-Versorgungsraumschiff für die Internationale Raumstation in den Orbit. Die erste Stufe der Falcon hatte zuvor die CRS-12 Mission im August letzten Jahres gestartet. Auch die Dragon-Kapsel hatte zuvor schon einen Einsatz erlebt, und zwar im Jahre 2016 bei der Mission CRS-8. Das Raumschiff ist mit gut zweieinhalb Tonnen Fracht beladen, darunter Ausrüstung für über 50 wissenschaftliche Studien, die an Bord der Station durchgeführt werden sollen. Der Einsatz war die siebte SpaceX-Mission dieses Jahres. Vier dieser Flüge fanden mit „gebrauchter" Erststufe statt. Die zweite Stufe der Falcon 9 ist in jedem Fall eine neue Einheit. Die 65 Meter hohe Rakete verließ den Startkomplex 40 in Cape Canaveral um 22:30 Uhr mitteleuropäischer Zeit, entsprechend 16:30 Uhr Ortszeit. Zwei Minuten und 40 Sekunden nach dem Liftoff erfolgte die Stufentrennung. Die erste Stufe führte dieses Mal keine Landung durch. Stattdessen optierte SpaceX dafür, mit dieser Stufe Landeverfahren unter extremen Bedingungen zu testen. Bei der Erststufe handelt es sich um ein Fluggerät der Block 3-Baureihe, die ohnehin nur für eine einzelne Wiederverwendung (also zwei Flüge insgesamt) vorgesehen ist.

Fast auf den Tag genau vor einem Jahr hatte SpaceX zum ersten Mal eine Mission mit einer bereits einmal verwendeten Erststufe durchgeführt. Inzwischen haben sich sieben der letzten zehn Flüge auf eine gebrauchte Erststufe verlassen. Die letzten fünf Missionen sind dabei aber allesamt ohne die erneute Bergung der gebrauchten Stufen erfolgt, denn die Block-3 und Block-4 Varianten der Falcon 9 werden jeweils nur zweimal eingesetzt. SpaceX baute mit diesen letzten Missionen somit den Lagerbestand an geflogenen Erststufen ab. Damit wird Platz für die Block-5 Version geschaffen, die mindestens 10mal eingesetzt werden soll. Die Dragon CRS-14 transportiert insgesamt 2.647 Kilogramm Fracht zur Internationalen Raumstation. Darunter sind 1.070 Kilogramm wissenschaftlicher Hardware und Experimente (inklusive zweier Kleinsatelliten, die von der ISS aus abgesetzt werden sollen), 344 Kilogramm Versorgungsgüter für die Crew, 148 Kilogramm Ausrüstung für das US-Segment der Station und 11 Kilogramm für die russischen Module. Außerdem 99 Kilogramm Ausrüstungsgegenstände für die Durchführung von Außenbordmanövern und 49 Kilogramm Computerausrüstung. 926 Kilogramm Fracht sind extern im so genannten „Trunk" untergebracht.

05. April 2018 – Ariane 5 wieder in gewohnter Form

Nach dem „Ausrutscher" beim Start am 25. Januar, als wegen der Eingabe unrichtiger Parameter in das Flugführungssystem der Träger seine Nutzlast auf einer falschen Bahn ablieferte, verlief die Mission am 5. April wieder wie gewohnt perfekt und erfolgreich. Bei dem Einsatz brachte die Ariane 5 ECA die beiden Kommunikationssatelliten DSN-1/Superbird-8 für SKY Perfect JSAT und Hylas 4 der Avanti Communications Group präzise in die vorgesehene geostationäre Transferbahn. Der Start am europäischen Weltraumbahnhof Kourou in Französisch Guyana begann in der ersten Sekunde des 50 Minuten langen Startfensters, um 23:34 Uhr mitteleuropäischer Zeit. 33 Minuten nach dem Verlassen der Startrampe hatte die ECA-Oberstufe mit den beiden Satelliten den Zielorbit erreicht. Das Perigäum der Bahn lag bei 252 Kilometern, das Apogäum bei 35.710 Kilometern und die Bahnneigung zum Äquator lag bei 3,0 Grad. Alle Parameter wiesen praktisch keine Abweichungen zu den Planwerten auf. Hylas 4, mit einem Startgewicht von 4.050 Kilogramm, nahm beim Start die untere Position im Inneren des Sylda-Doppelstartadapters ein, obenauf war der 5.348 Kilogramm schwere DSN-1/Superbird-8.

Startposter der Ariane Mission VA 242

DSN-1/Superbird 8 ist bereits der 19. Satellit den SKY Perfect von Arianespace in den Weltraum transportieren lässt. Gebaut wurde das Raumfahrzeug von der japanischen Firma MELCO (Mitshubishi Electric Corporation) auf Basis der DS2000 Plattform. Er wird Kommunikationsdienste für den japanischen Markt zur Verfügung stellen und auf 162 Grad östlicher Länge über dem Äquator stationiert werden. Dort wird er Superbird-B2 ersetzen, der auf dieser Position seit dem Jahre 2000 Dienst tut. Dieser Satellit wurde seinerzeit übrigens auch von Arianespace gestartet. Hylas 4 ist trotz der Zählnummer, die eigentlich anderes andeutet, erst der dritte Satellit von Avanti Communications. Alle drei wurden bislang von Arianespace gestartet. Er ist mit Ka-Band Transpondern ausgerüstet und wird Breitband-Dienste für Haushalte, Schulen, Institutionen und Netzwerkunternehmen zur Verfügung stellen. Sein Einsatzgebiet ist Europa, Nord- und Zentralafrika, die Karibik, das östliche Südamerika und der Mittlere Osten, die er von einer Position von 33,5 Grad westlicher Länge über dem Äquator versorgen soll. Gebaut wurde das Raumfahrzeug von Orbital ATK und es ist der 28. Satellit dieses Unternehmens, den Arianespace startet.

Eine Langer Marsch 4C startet mit drei Yaogan-30 Satelliten

10. April 2018 – Chinesischer Überraschungsstart

Am 10. April brachte China die Yaogan Weixing-31-01 Mission auf den Weg, die aus einer Gruppe von drei zusammen gehörenden militärischen Aufklärungssatelliten besteht. Mit an Bord war auch ein vierter, davon unabhängigen Flugkörper, mit der Bezeichnung Weina-1b. Dieser Start stand nicht in den internationalen Startlisten. Er ist ein Beleg dafür, dass die extrem hohe Startfrequenz Chinas in diesem Jahr weiter anhält. Der Einsatz begann um 6:25 Uhr mitteleuropäischer Zeit an der Startrampe 94 der Anlage 43 des nordchinesischen Weltraumbahnhofs Jiuquan. Als Träger wurde eine Rakete des Typs Langer Marsch 4C verwendet.

Bei den drei Yaogan 31-01 Satelliten handelt es sich – glaubt man den chinesischen Medien – um Raumfahrzeuge für physikalische Untersuchungen und Technologie-Tests". Es ist jedoch sicher, dass diese Bezeichnung dazu dient, den wahren Bestimmungszweck der Raumfahrzeuge zu verschleiern. Die Ähnlichkeiten dieser Mission mit denen von Yaogan 9, 16, 17, 20 und 31 – mit ihren jeweils drei im Verbund fliegenden Raumfahrzeugen – deutet auf eine NOSS-Mission hin (NOSS für: Naval Ocean Surveillance System). Die Aufgabe von NOSS-Raumfahrzeugen ist es, militärische Schiffe aufzufinden und ihren Kurs zu verfolgen. Die Positionspeilung geschieht dabei über Triangulation, weswegen in der Regel drei (bei neueren US-Systemen auch nur zwei) Satelliten benötigt werden, die sich in genau definierten Abständen zueinander bewegen. Es gab im Vorfeld der Mission keine der sonst übliche NOTAMs (Notices to Airmen), die auf den Einschlagpunkt möglicher Stufungseffekte hinweist, ein deutlicher Beleg für den geheimen militärischen Charakter des Fluges. Auch die erzielte Umlaufbahn deutet darauf hin, dass es sich bei Yaogan-30-01 um eine NOSS-Mission handelt: Eine fast exakte Kreisbahn in einer Höhe von 1.100 Kilometern mit einer Bahnneigung zum Äquator von 63,40 Grad. Damit sind die neuen Satelliten koplanar mit den Satelliten des Yaogan-17 Trios. Insgesamt besetzt China damit drei Orbitalebenen mit jeweils sechs Satelliten. Bei Weina-1B dürfte es sich dagegen um einen Mikrosatelliten handeln, mit dem tatsächlich neue Technologien im Weltraum erprobt werden.

12. April 2018 –
IRNSS-1I ersetzt IRNSS-1A

Indien brachte am 12. April einen neuen Satelliten der IRNSS-Konstellation (Indian Regional Navigation Satelliten System) mit der Bezeichnung IRNSS-1I in den Orbit. Es ist das insgesamt neunte Raumfahrzeug für diese Konstellation und soll einen defekten älteren Satelliten ersetzen. Als Träger wurde eine Rakete des Typs PSLV-XL eingesetzt, der stärksten Variante der PSLV-Serie. Der Start erfolgte von der Startrampe 1 des Satish Dhawan Raumfahrtzentrums auf der ostindischen Insel Shriharikota. Startzeit war 0:34 Uhr mitteleuropäischer Zeit (entsprechend 4:04 Uhr ostindischer Ortszeit). Der eigentlich für die Ersatzmission vorgesehene Satellit wurde allerdings bereits vor siebeneinhalb Monaten gestartet. Seinerzeit löste sich aber die Nutzlastverkleidung nicht von der Rakete, das Raumfahrzeugzeug blieb in der Hülle gefangen und konnte nicht abgesetzt werden. Glücklicherweise ging die Indische Raumfahrtagentur von vorneherein von Verlusten aus, und hatte zwei Reserveeinheiten gebaut, so dass nun schnell Ersatz geschaffen werden konnte.

Eine nicht ganz alltägliche Sicht der PSLV-Trägerrakete

Das IRNSS-System ist eine lokale Navigationslösung für Indien, mit Satelliten, die sich im geostationären Orbit über dem Land befinden. Es besteht aus sieben aktiven Satelliten, von denen sich drei auf fixen geostationären Positionen befinden und weiteren vier Einheiten, die auf um 28 Grad zum Äquator geneigten geostationären Bahnen unterwegs sind. Die Raumfahrzeuge auf den inklinierten Orbits sind dabei paarweise unterwegs, während die Vehikel auf den fixen Positionen jeweils über einen eigenen Slot verfügen.

Der beim Start 1.425 Kilogramm schwere IRNSS-1I soll auf einer inklinierten Bahn stationiert werden, auf der er den Äquator jeweils bei 55 Grad westlicher Länge kreuzt. Auf dieser Position befinden sich die beiden derzeit ältesten Satelliten der Konstellation, nämlich IRNSS-1A und 1B. IRNSS-1I basiert auf der I-7K Plattform der ISRO. IRNSS-1I wird den im Jahre 2013 gestartete IRNSS-1A ersetzen, bei dem alle drei Atomuhren an Bord inzwischen ausgefallen sind. Die beiden Solargeneratoren des Satelliten erbringen zum Ende ihrer Lebenszeit eine Leistung von 1.670 Watt.

Die bei diesem Start eingesetzte PSLV ist die 41. Einheit dieses Trägers. Es handelt sich dabei um eine vierstufige Rakete, die in der XL-Version beim Start zusätzlich von sechs Feststoff-Boostern unterstützt wird. Zwei davon zünden erst in der Luft, 25 Sekunden nach dem Verlassen der Startrampe, die vier anderen Booster zünden am Boden. Die Trennung des Satelliten von der vierten Stufe erfolgte 19 Minuten und 20 Sekunden nach dem Liftoff. Der Satellit wurde danach auf einem subsynchronen Transferorbit mit einem Perigäum von 271 Kilometern, einem Apogäum von 20.950 Kilometern und einer Bahnneigung zum Äquator von 19,2 Grad abgesetzt. Den restlichen Geschwindigkeitsimpuls für die Zielbahn, etwa 1,89 Kilometer pro Sekunde, erreicht der Satellit mit seinem Bordantrieb in mehreren Brennperioden die über einige Tage verteilt sind.

14. April 2018 – United Launch Alliance mit Atlas zum 77. Mal erfolgreich

Eine Trägerrakete der United Launch Alliance vom Typ Atlas 5 brachte am 15. April die AFSPC-11 (für: Air Force SPace Command 11) Mission der US-Luftwaffe auf den Weg. Dabei wurden zwei Nutzlasten direkt in einen geostationären Orbit transportiert, nämlich der Kommunikationssatellit CBAS (für: Continous Broadcast Augmenting SATCOM) und der Technologiedemonstrator EAGLE (für: ESPA-Augmented Geostationary Laboratory Experiment, wobei ESPA wiederum einen Nutzlastadapter des EELV-Programms bezeichnet). Der Start erfolgte um 1:13 Uhr mitteleuropäischer Zeit, entsprechend 19:13 Uhr ostamerikanischer Ortszeit.

Eine Ansicht des „Business-ends" der Atlas 5 551-Trägerrakete

Die Mission war dieses Mal besonders lang und komplex, weil die Atlas direkt eine geostationäre Umlaufbahn ansteuerte. Erst fünfeinhalb Stunden nach dem Verlassen der Startrampe konnte die Centaur-Oberstufe das AFPSC-11 Nutzlastpaket freigeben. CBAS hatte beim Start die obere Position eingenommen, und war einige Minuten früher abgetrennt worden. Für den Direkteinschuss in den geostationären Orbit waren drei Brennmanöver der Centaur- notwendig. Nach dem Ausbrennen der ersten Stufe, vier Minuten und 33 Sekunden nach Beginn der Mission, zündete nach eine vier Sekunden langen Freiflugphase das einzelne RL-10 Triebwerk der zweiten Stufe für eine erste Brennperiode von sechs Minuten und 12 Sekunden. Danach folgte eine Freiflugphase von sechs Minuten und 12 Sekunden, bevor eine zweite Brennperiode von fünf Minuten und 49 Sekunden Dauer begann. Danach war die Stufe mit der Nutzlast in einem geostationären Transferorbit angelangt. In den folgenden fünf Stunden und sechs Minuten stieg diese Orbitaleinheit auf den Scheitelpunkt der Bahnellipse. Dort führte die Centaur das dritte Brennmanöver durch, das zwei Minuten und 36 Sekunden dauerte, und setzte wenig später AFSPC-11 ab.

Für die Mission wurde die Atlas 5 in der schwersten verfügbaren Konfiguration – der Variante 551 – eingesetzt. Dieser Typ ist in der Lage, eine Nutzlast von etwa vier Tonnen direkt in den geostationären Orbit zu transportieren. Sie ist mit einer Nutzlastverkleidung von fünf Metern Durchmesser ausgerüstet, und wird beim Start mit fünf Feststoff-Boostern unterstützt. Es war der 77. Start einer Atlas 5 und die achte, bei dem die Version 551 zum Einsatz kam. Alle Starts der Atlas 5 brachten ihre Nutzlasten in den Orbit. Allerdings kann eine dieser Missionen – sie fand bereits vor zehn Jahren statt – nur als Teilerfolg gewertet werden, denn damals wurden zwei Satelliten auf einer etwas zu niedrigen Umlaufbahn abgesetzt, konnten sich aber von da aus mit Bordmitteln auf den endgültigen Arbeitsorbit begeben. Über die Satelliten der AFSPC-11 Mission ist relativ wenig bekannt. Man weiß nur, dass das militärische Satellitenkommunikations-Direktorat der US-Luftwaffe das CBAS-Programm leitet. Das ist dieselbe Organisation, die auch für die Wideband Global Satcoms (WGS) und das Advanced Extremely High Frequency (AEHF) Kommunikationsprogramm der US-Streitkräfte zuständig ist. In diesem Sinne wird der neue Satellit mit einiger Sicherheit ebenfalls in das militärische Kommunikationsnetzwerk eingegliedert werden. Verbunden waren die beiden Nutzlasten durch das ESPA-System. Dieser Mechanismus erlaubt ein direktes Zusammenkoppeln zweier Satelliten, ohne einen zusätzlichen Nutzlastadapter in Anspruch zu nehmen, wie etwa das europäische Sylda-System. EAGLE ist ein Trägersystem für verschiedene Nutzlasten. Er basiert auf der ESPAStar-Plattform von Orbital ATK, das diesen Nutzlasten das Antriebssystem und die Stromversorgung zur Verfügung stellt. ESPAStar alleine wiegt zwischen 430 und 470 Kilogramm. Dazu kommen zusätzlich etwa 310 Kilogramm Treibstoff (Hydrazin). Der entfaltbare Solargenerator versorgt das System und seine Nutzlasten mit einer elektrischen Leistung von bis zu 1,2 Kilowatt. An der Außenseite des Adapterrings befinden sich Fixierpunkte, an denen bis zu sechs Nutzlasten von jeweils bis zu 180 Kilogramm Gewicht befestigt werden können. Im aktuellen Fall waren es allerdings nur fünf Einheiten. Vier davon bleiben dauerhaft an der ESPAStar-Plattform befestigt. Diese vier Experimentenpakete sind das „AFRL-1201 Resilient Spacecraft Bus Development Experiment", oder kurz ARMOR, das „Compact Environmental Anomaly Sensor III Risk Reduction Experiment", oder kurz CEASE-III-RR, das „Hypertemporal Imaging Space Experiment", oder kurz HTI-SpX und das „Inverse Synthetic Aperture LADAR" oder kur ISAL. Die fünfte Nutzlast ist ein autonomer Subsatellit mit einer Masse von 93 Kilogramm mit der Bezeichnung Mycroft. Er wird später in der Mission von EAGLE freigesetzt.

Blagovest 12L wird für den Start vorbereitet.

19. April 2018 – Proton-M kehrt mit Blagovest 12L in den aktiven Dienst zurück

Nach einer Einsatzpause von sechs Monaten führte die russische Proton-M am 19. April wieder einen Einsatz durch. Dabei wurde der militärische Kommunikationssatellit Blagovest 12L direkt in eine geostationäre Umlaufbahn transportiert. Der Start erfolgte vom in Kasachstan gelegenen russischen Weltraumbahnhof Baikonur. Die Proton-M typische Aufstiegsbahn erfordert eine Abfolge komplexer Bahnmanöver mit insgesamt vier Brennperioden der Oberstufe und einer Dauer von mehr als neun Stunden. In der russischen Militär-Nomenklatur wird das Raumfahrzeug als Kosmos 2526 geführt.

Die Mission begann um 0:12 Uhr mitteleuropäischer Zeit, entsprechend 4:12 Uhr kasachischer Ortszeit an der Startanlage 81/24 des Kosmodroms. In Baikonur gibt es derzeit zwei Startanlagen für die Proton. Der aktuelle Start war der 417. Einsatz einer Proton seit dem Erstflug im Jahre 1965. Es war die 104. Mission für eine Proton mit einer Briz-M Oberstufe. Der Träger wird seit langem von Qualitätsmängeln in der Fertigung geplagt, die immer wieder zu Fehlstarts führen. Deshalb wurde die Rakete in den letzten Jahren zweimal für längere Zeit aus dem aktiven Dienst genommen, um die Prozesse beim Hersteller zu überprüfen. Blagovest 12L ist das zweite einer neuen Reihe militärischer russischer Kommunikationssatelliten. Die erste Einheit der Reihe trägt die Bezeichnung Blagovest 11L (auch: Kosmos 2520) und war bereits im August letzten Jahres gestartet worden. Gebaut werden die Satelliten von Reschetnew auf der Basis der Ekspress-2000 Plattform. Die Raumfahrzeuge sind mit Transpondern ausgerüstet, die im Ka-Band und im Q-Band senden. Obwohl sie in erster Linie militärische Einheiten sind, sollen Teile ihrer Kapazität dennoch auch privaten Nutzern zur Verfügung stehen. Derzeit sind noch mindestens zwei weitere Einheiten dieser Reihe geplant. Alle vier Satelliten sollen danach paarweise auf 45 Grad, resp. 128 Grad östlicher Länge über dem Äquator stationiert werden.

19. April 2018 – SpaceX mit TESS: Perfekter Start – Perfekte Landung

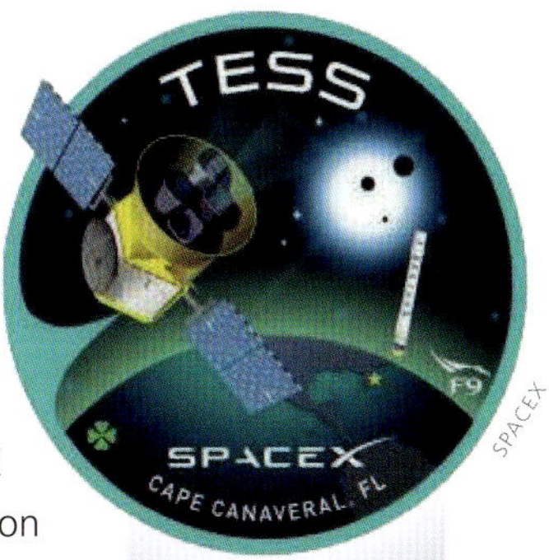

Startlogo der TESS-Mission

Nur 39 Minuten, nachdem auf der anderen Seite der Erde eine Proton M-Trägerrakete mit einer militärischen Kommunikationsnutzlast startete, begann in Cape Canaveral die Mission des Planetensuchers TESS (für: Transiting Exoplanet Survey Satellite) mit einem perfekten Start auf einer SpaceX Falcon 9-Trägerrakete. Die Nutzlast bei dieser Mission war der nur 362 Kilogramm schwere Weltraumobservatorium TESS, mit dessen geringem Gewicht die mächtige Falcon 9 an sich etwas unterfordert gewesen wäre. Das Raumfahrzeug wurde aber auf einen ungewöhnlichen Mond-Resonanzorbit mit hohem Geschwindigkeitsbedarf gebracht. Es wird zwei Monate dauern, und einen Vorbeilfug am Mond erfordern, bis TESS seine endgültige Bahn erreicht haben wird. Damit diese komplexe Bahn angesteuert werden kann, war das Startfenster für diese Mission nur 30 Sekunden lang. Der „Arbeitsorbit" von TESS wird ein Perigäum von 108.400 Kilometern, und ein Apogäum von 376.300 Kilometern aufweisen und 40 Grad gegenüber der Bahnebene des Mondes geneigt sein. Auf dieser Bahn wird das Raumfahrzeug bei jeder Umkreisung, die der Mond um die Erde macht, zweimal unseren Planeten umkreisen, benötigt also für jede Erdumkreisung 13,7 Tage. Diese ungewöhnliche Bahn wurde deshalb ausgewählt, weil die Projektwissenschaftler möglichst ungestörte Beobachtungsbedingungen erreichen wollten. Eine Bahn, von wo aus die vier großen Kameras des Vehikels einen bestimmten Punkt im Himmel jeweils 27 Tage lang ohne Unterbrechungen beobachten, und dabei minimale Helligkeitsschwankungen von Sternen feststellen können.

Als Träger für diese Mission wurde die letzte Falcon 9 Block 4-Trägerrakete eingesetzt. Nach ihr werden nur noch die Block 5-Modelle verwendet. Ungewöhnlich war, dass SpaceX schon vor dem Start bekanntgab, dass sie die erste Stufe dieser Rakete bei einer weiteren NASA-Mission im Sommer erneut einsetzen werde. Dies zeigt die Sicherheit, die das Unternehmen bei der Rückführung der Erststufen inzwischen gewonnen hat. Wie schon 23mal zuvor klappte auch dieses Mal die Landung des Boosters auf dem Bergungsschiff von SpaceX im Atlantik einwandfrei. Für die zweite Stufe waren zwei Brennmanöver erforderlich, um TESS eine Geschwindigkeit von 37.500 Kilometern pro Stunde mitzugeben. 49 Minuten nach dem Liftoff gab die zweite Stufe den Satelliten frei, der sich kurz danach bei der Bodenstation meldete. Die nominelle Missionsdauer für TESS ist auf zwei Jahre festgesetzt. So weit in die Zukunft ist das Missionsteam finanziert. Wahrscheinlich wird das Raumfahrzeug aber wesentlich länger aktiv bleiben. Technisch sind bis zu 20 Jahre möglich. TESS wird etwa 200.000 Sterne unter die Lupe nehmen die weniger als 300 Lichtjahre von unserem Sonnensystem entfernt sind. Die Wissenschaftler gehen davon aus, dass dabei zwischen 5.000 und 10.000 Exoplaneten entdeckt werden.

25. April 2018 – Rokot bringt Sentinel 3b in den Orbit

Bei ihrem voraussichtlich viertletzten Einsatz als Raumfahrtträger, und ihrem definitiv letzten für das Eurockot-Konsortium, brachte am 25. April eine modifizierte russische Interkontinentalrakete des Typs Rokot den europäischen Erdbeobachtungssatelliten Sentinel 3b in eine polare Erdumlaufbahn. Das Raumfahrzeug ist Teil des europäischen Copernicus-Programms, bei dem sich im Auftrag der europäischen Kommission die ESA und Eumetsat bei Aufbau und Betrieb der Konstellation die Aufgaben teilen. Die Rokot-Trägerrakete ist von der sowjetischen UR-100N Interkontinentalrakete abgeleitet, die in den neunziger Jahren in der Folge der START-1 Vereinbarungen zwischen Russland und den USA aus dem Dienst genommen wurde. Die ersten beiden Stufen bilden dabei die Original-UR-100N, bei der dritten Stufe handelt es sich um eine Briz-KM Einheit, wie sie in einer Variante mit zusätzlichen Abwurftanks auch als Oberstufe für die Proton verwendet wird. Die Kombination aus diesen beiden Einheiten wird als Rokot Briz-KM bezeichnet. Der Start begann um 19:57 Uhr mitteleuropäischer Zeit vom russischen Weltraumbahnhof Plesetzk aus (entsprechend 20:57 Uhr Moskauer Zeit). Es dauerte danach gut 80 Minuten, um Sentinel-3b in seinen vorgesehenen Orbit zu transportieren. Die ersten beiden Stufen waren nach fünf Minuten und 19 Sekunden ausgebrannt und wurden abgeworfen. Knapp zwei Sekunden später begann das S5.92-Triebwerk der Briz KM-Oberstufe mit seinem ersten Brennmanöver. Sie benötigte etwas über neun Minuten, um die Orbitaleinheit, bestehend aus der Briz KM und dem Satelliten, auf einer elliptischen Übergangsbahn abzuliefern. Etwas über eine Stunde später erfolgte ein zweites Brennmanöver, dieses Mal nur etwa 30 Sekunden lang, mit dem der Orbit zirkularisiert wurde.

Der Wächter, Sinnbild der Sentinel-Konstellation

Sentinel 3b wird die Ozeane und die Vegetation der Erde beobachten. Mit diesem Start ist die erste Ausbaustufe dieser europäischen Umwelt-Beobachtungskonstellation komplett. Das Raumfahrzeug wird zusammen mit Sentinel 3a eingesetzt, der – ebenfalls mit einer Rokot – im Februar 2016 gestartet wurde. Die beiden Einheiten werden auf einem sonnensynchronen Orbit in einer Höhe von 815 Kilometern mit einer Inklination von 98,5 Grad stationiert, allerdings 140 Grad voneinander getrennt. Die Instrumentenausstattung von Sentinel 3a und 3b ist identisch. Insgesamt wird die Konstellation sechs verschiedene Typen von Satelliten und so genannten „Hosted Payloads" umfassen. Sie arbeiten in der Regel paarweise zusammen, um die Überflughäufigkeit über einem bestimmten Ziel zu erhöhen. In den Jahren 2014 und 2016 wurden zwei Radarsatelliten gestartet, in den Jahren 2015 und 2017 zwei optische Beobachter für Multispektralaufnahmen. Bei Sentinel 4 und 5 handelt es sich um die erwähnten „hosted payloads", die auf den geostationären Meteosat 3rd Generation Satelliten mitfliegen werden, bzw. auf MetOP Second Generation Satelliten auf polaren Umlaufbahnen. Ihre Aufgabe wird die Erforschung von Spurengasen in der Erdatmosphäre sein.

Sentinel 3b wurde von Thales Alenia auf der Basis der Prima Satellitenplattform gebaut. Dieser Bus wurde bereits für die Sentinel-1 Satelliten verwendet, für die italienische COSMO-SkyMed Konstellation und für den kanadischen Radarsat-2. Das Raumfahrzeug hat eine Masse von 1.150 Kilogramm und ist für eine Einsatzlebensdauer von mindestens sieben Jahren ausgelegt. Der Treibstoff an Bord reicht allerdings für mehr als 12 Jahren, wenn Bordsysteme und Instrumente so lange durchhalten.

Diese fünf Kleinsatelliten wurden von der Langer Marsch 11 in den Orbit transportiert.

26. April 2018 – Langer Marsch 11 transportiert fünf Kleinsatelliten

Am 26. April startete China die insgesamt vierte Trägerrakete des Typs Langer Marsch 11 mit einer Ladung Kleinsatelliten an Bord in den Orbit. Der Start erfolgte – der militärischen Herkunft der Rakete geschuldet – von einer mobilen Startplattform auf dem Raumfahrtgelände Jiuquan aus. Unter der Nutzlastverkleidung des Trägers befanden sich der Videosatellit OVS-2 und vier Erdbeobachtungssatelliten der OHS-2 Serie (OHS-2A – 2D). Die Mission begann um 6:42 Uhr mitteleuropäischer Zeit. Die fünf Kleinraumfahrzeuge wurden auf einer sonnensynchronen Bahn mit einem Perigäum von 495 Kilometern, einem Apogäum von 512 Kilometern, und einer Bahnneigung zum Äquator von 97,40 Grad abgesetzt. Sie bilden die Video-Komponente eines orbitalen Beobachtungssystems, das von der Zhuhai Orbita Control Engineering Ltd. errichtet und betrieben wird. Zwei Prototypen der OVS-Serie, mit der Bezeichnung OVS-1a und OVS-1b, wurden bereits im Juni letzten Jahres gestartet. Das operationelle Orbita-System wird aus Video-Satelliten (der OVS-2 Serie), Hyperspektralsatelliten (mit der Bezeichnung OHS-2) und kleinen individuellen Satelliten (OPS-2) bestehen. Die Video-Satelliten haben ein räumliches Auflösungsvermögen von 90 Zentimetern pro Bildpunkt, die Hyperspektralsatelliten ein solches von zehn Metern.

Die Video-Satelliten sind in der Lage, Filme mit zwei verschiedenen Bildgeschwindigkeiten (20 oder 25 Bilder pro Sekunde) zu machen. Sie werden eingesetzt, um Phänomene auf der Erde, die sich schnell entwickeln aufzunehmen. Diese Satelliten wiegen jeweils etwa 90 Kilogramm. Die OHS-2 Satelliten sind etwas leichter und kleiner. Die Langer Marsch 11 ist ein vierstufiger Feststoffträger, der von der China Academy of Launch Vehicle Technology (CALT) entwickelt wurde. Die Rakete ist 21 Meter lang, hat ein Stargewicht von 58 Tonnen und kann eine Masse von 380 Kilogramm auf einen sonnensynchronen Orbit oder etwa 700 Kilogramm auf eine 200-Kilometer Standard-Bahn bringen. Der Träger ist aus dem militärischen strategischen Lenkwaffenprogramm Chinas abgeleitet.

Mai

03. Mai 2018 – China startet APStar 6C

Eine Langer Marsch 6C startet mit Apstar 6C

China brachte am 3. Mai vom Weltraumzentrum Xichang aus den Kommunikationssatelliten APStar 6C in eine geosynchrone Transferbahn. Als Träger wurde eine Rakete des Typs Langer Marsch 3B/G2 eingesetzt. Der Start erfolgte um 18:02 Uhr mitteleuropäischer Zeit vom Startkomplex 2 des Weltraumbahnhofs. Es war die 13. Orbitalmission Chinas in diesem Jahr. Die Projektleitung für APStar 6C lag bei den China Great Wall Industries, gebaut wurde er von CAST (China Academy of Space Technology), die Startdurchführung lag bei der CALT (China Academy of Launch Vehicle Technology). Das Raumfahrzeug basiert auf der DFH-4 Plattform und ist mit 45 Transpondern ausgerüstet, die im C-Band, im Ku- und im Ka-Band arbeiten. Die „End-of-Life" Leistung des Raumfahrzeugs beträgt 10,5 Kilowatt, von denen acht Kilowatt für die Nutzlast zur Verfügung stehen. APStar-6C soll den im Jahre 2005 gestarteten APStar 6 ersetzen und dann den pazifisch-asiatischen Raum mit Kommunikationsdienstleistungen versorgen. Der Kunde des Satelliten ist die APT Satellite Holding.

Knapp 30 Minuten nach dem Verlassen der Startrampe war der geplante geostationäre Transferorbit erreicht. Das Perigäum der Bahn lag bei 187 Kilometern, das Apogäum bi 40.654 Kilometern und die Bahnneigung zum Äquator bei 27,22 Grad. Die eingesetzte Trägerrakete ist eines der leistungsfähigsten Systeme, über das China derzeit verfügt. Die Langer Marsch 3B/G2 ist in der Lage, eine Nutzlast von 11.200 Kilogramm in eine niedrige Erdumlaufbahn zu transportieren oder aber 5.100 Kilogramm in einen geostationären Transferorbit.

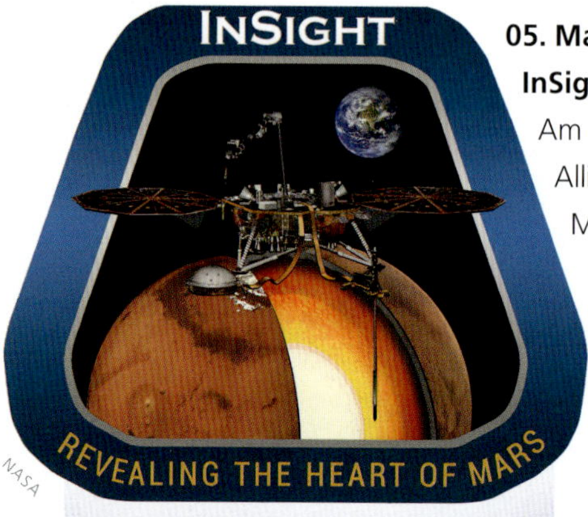

NASA
Logo der InSight-Mission

05. Mai 2018 – InSight auf dem Weg zum Mars

Am 5. Mai startete die United Launch Alliance im Auftrag der NASA die Mars-Landesonde InSight zum Roten Planeten. Das Akronym steht für „Interior Exploration using Seismic Investigations, Geodesy and Heat Transport". Das Raumfahrzeug begann seine sechsmonatige Reise am US-Luftwaffenstützpunkt Vandenberg. Es ist das erste Mal in der Raumfahrtgeschichte, dass von diesem Ort aus eine interplanetare Mission beginnt. Einmal startete von hier aus allerdings zuvor schon eine Mondsonde (Clementine, 1994). Neben InSight befanden sich, ebenfalls eine Erstleistung in der Raumfahrtgeschichte, auch zwei interplanetare Cubesats mit an Bord des Trägers. Diesen beiden Mini-Raumfahrzeuge tragen die Bezeichnungen MarCO-A und MarCO-B. Das Akronym steht für „Mars Cube One). Mit ihnen will man den Betrieb von Kleinstraumfahrzeugen im interplanetaren Raum erproben. Ihre Hauptaufgabe wird es aber sein, die Telemetriedaten von der Landung von InSight direkt zur Erde zu übertragen. Die beiden MarCO's werden danach am Mars in einem Abstand von etwa 3.500 Kilometern vorbeifliegen. MarCO-A und B sind sechs-Unit-Cubesats und wiegen jeweils nur 13,5 Kilogramm. Die

Trägerrakete mit der Raumsonde und ihren beiden kleinen Begleitern an Bord verließ den Startkomplex 3E um 04:05 Uhr lokaler Ortszeit, entsprechend 13:05 Uhr mitteleuropäischer Zeit. Obwohl Vandenberg für heliozentrische Missionen nicht so gut geeignet ist wie Cape Canaveral, wurde die Mission dennoch von hier aus durchgeführt. Die verwendete Trägerrakete, die Atlas 5, verfügt jedoch selbst in ihrer schwächsten Version, der Variante 401, über genügend Reserven, um diesen Nachteil auszugleichen.

Gut vier Minuten nach dem Liftoff fand die Stufentrennung und die Zündung der zweiten Antriebseinheit statt. Ein erster Brennschluss der zweiten Stufe erfolgte nach 13 Minuten und 15 Sekunden. Danach befand sich die Orbitaleinheit, bestehend aus zweiter Stufe und Nutzlast, auf eine Park-Umlaufbahn in 185 Kilometern Höhe. Knapp 79 Minuten nach dem Verlassen der Startrampe zündete die Centaur-Oberstufe erneut. Dieses Mal für fünf Minuten und 23 Sekunden. Danach hatte die Kombination Erdfluchtgeschwindigkeit erreicht. Acht weitere Minuten später trennten sich InSight und die beiden MarCO-Miniraumsonden von der zweiten Stufe. 94 Minuten und 41 Sekunden nach dem Verlassen der Startrampe war die Mission für die Trägerrakete beendet und die eigenständige Mission der drei interplanetaren Raumfahrzeuge begann.

InSight ist die 12. Mission des Discovery-Programms der NASA. Gebaut wurde die 694 Kilogramm schwere Raumsonde von Lockheed Martin. Sie basiert auf dem Design der Mars-Sonde Phoenix, die am 25. Mai 2008 auf dem Roten Planeten landete und dort eine sehr erfolgreiche Mission durchführte.

Das Raumfahrzeug soll in einer äquatornahen Region mit der Bezeichnung Elysium Planitia landen. Dort soll sie Experimente durchführen, die Aufschlüsse über den inneren Aufbau des Mars, seinen Thermalhaushalt und seine seismische Aktivität geben. Für diesen Zweck sind eine ganze Reihe von Experimenten an Bord, die zu einem großen Teil von Raumfahrtinstitutionen außerhalb der NASA beigesteuert wurden. Das hochempfindliche Seismometer mit der Bezeichnung SEIS (für: Seismic Experiment for Interior Structure) beispielsweise stammt von einem europäischen Konsortium unter der Leitung der französischen Raumfahrtbehörde CNES. Eine Wärmefluss-Messanlage mit Bohrvorrichtung (sie trägt die Bezeichnung HP-3, für Heat Flow and Physical Properties Probe), mit der man bis in fünf Meter Tiefe vorstoßen will, stammt von der deutschen nationalen Raumfahrtbehörde DLR. Eine Laser-Retro-Reflektorvorrichtung kommt von der italienischen Raumfahrtagentur ASI. Zwei der Instrumente (SEIS und HP-3) werden mittels eines 2,4 Meter langen Robot-Arms außerhalb des Landers direkt auf der Marsoberfläche platziert. Auf der sechsmonatigen Reise zum Mars soll die Raumsonde bis zu sechs Kurskorrekturmanöver durchführen. Das erste davon bereits 10 Tage nach dem Start. Mit diesem ersten Manöver wird InSight überhaupt erst auf eine Bahn mit Kollisionskurs zum Mars gebracht, denn die Trägerrakete zielte – absichtlich – am Mars vorbei. Dies geschieht, um zu verhindern, dass entweder die Oberstufe (die sich ja auf gleichem Kurs befindet) oder die beiden MarCo-Satelliten, auf den Mars stürzen. Man will damit das theoretisch mögliche Eindringen irdischer Mikroben in die Mars-Ökosphäre verhindern. Die Raumsonde InSight selbst wurde vor dem Start sterilisiert.

Die Landung wird am 26. November erfolgen. Sieben Minuten vor dem Eintritt in die Mars-Atmosphäre wird die Transferstufe abgesprengt. Drei Minuten und 43 Sekunden nach dem Eintritt in die Atmosphäre, in einer Höhe von etwa 12 Kilometern, wird InSight seinen Fallschirm auswerfen. Weitere 15 Sekunden danach wird der Hitzeschild abgesprengt, und noch einmal zehn Sekunden danach werden die Landebeine ausgefahren. Danach steigt der Lander am Fallschirm für eine Minute zur Marsoberfläche ab. Dann, etwa eine Minute vor dem Aufsetzen, wird das Landeradar die Oberfläche erfassen. 43 Sekunden vor der geplanten Landung wirft InSight den oberen Schild mit dem Fallschirm ab, und beginnt dann den raketengestützten Endanflug zur Oberfläche.

Die Landung wird um 22:00 Uhr mitteleuropäischer Zeit erfolgen. Danach würde es für etwa eine Stunde keine Informationen über den Zustand der Landesonde geben, denn der Mars Reconnaissance Orbiter, der die Telemetrie der Sonde auffängt, befindet sich zu diesem Zeitpunkt hinter dem Mars und kann nicht direkt zur Erde übermitteln. Eine Direktübermittlung der Telemetrie wird aber mit den beiden Mars Cube One Satelliten versucht, denn die befinden sich zu diesem Zeitpunkt in direkter Sichtlinie sowohl zu InSight als auch zur Erde.

Start der Langer Marsch 4C mit Gaofen 5

08. Mai 2018 – Gaofen 5 beobachtet die Atmosphäre für China

China brachte am 8. Mai einen Umweltbeobachtungssatelliten in eine sonnensynchrone Erdumlaufbahn. Das Raumfahrzeug mit der Bezeichnung Gaofen 5 soll vor allem die Atmosphäre der Erde genau unter die Lupe nehmen. Der Start erfolgte von der Startanlage 9 des nordchinesischen Raumfahrtzentrums Taiyuan aus. Als Träger wurde eine Rakete des Typs Langer Marsch 4C verwendet.

Die Mission begann um 20:28 Uhr mitteleuropäischer Zeit. Etwa 90 Minuten nach dem Verlassen der Startrampe hatte die Trägerrakete den Satelliten in einer Umlaufbahn mit einem Perigäum von 677 Kilometern, einem Apogäum von 691 Kilometern und einer Bahnneigung zum Äquator von 98,12 Grad abgeliefert. Der Einsatz von Gaofen 5 ist Teil einer groß angelegten Initiative mit der Bezeichnung CHEOS (China High Resolution Earth Observation System). Sie wird, neben einer ganzen Reihe anderer technischer Hilfsmittel wie Flugzeuge und Stratosphärenballone, auch insgesamt 14 Satelliten einsetzen um die Erde zu beobachten. Gaofen 5 basiert auf der SAST-5000B Plattform der Shanghai Academy of Spaceflight Technology (SAST). Er trägt insgesamt sechs Instrumente, mit denen unter anderem der Gehalt an Treibhausgasen in der Atmosphäre und deren chemische Zusammensetzung und der Aerosolgehalt in der Luft gemessen werden kann. Sie untersuchen außerdem die Prozesse der Wolkenbildung, bestimmen die in der Atmosphäre vorhandene Biomasse und vermessen das Profil der Ozonschicht.

11. Mai 2018 – Bangabandhu-1 startet mit erster SpaceX Falcon 9 Block 5

Startlogo der Bangabandhu-Mission

Die Evolution der Falcon 9-Trägerrakete von SpaceX hat ihre letzte Stufe erreicht. Mit dem Start der ersten Block 5-Version beginnt eine neue Phase in der Wiederverwendbarkeit von Raumtransportsystemen. Die Falcon 9 Block 5 wird in den kommenden Jahren der SpaceX-Standardträger sein, und soll in den frühen zwanziger Jahren dann nach und nach vom BFR-Startsystem abgelöst werden. Beim Jungfernflug der Block 5 wurde Bangladeshs erster Kommunikationssatellit, Bangabandhu-1, auf eine geostationäre Transferbahn transportiert. Die Mission begann um 22:14 Uhr an der Startanlage 39A des Kennedy Space Center, einer Rampe, von der aus schon Apollo 11 seine Reise zum Mond antrat und von wo aus auch die überwiegende Zahl der Shuttle-Starts durchgeführt wurden. Die Brenndauer der neun Merlin 1D-Triebwerke der ersten Stufe betrug zwei Minuten und 33 Sekunden. Sie gab bei der Stufentrennung dem Satelliten eine Geschwindigkeit von 8.100 Kilometern pro Stunde mit, die höchste Trenngeschwindigkeit dieser Antriebseinheiten, die SpaceX bisher erzielte. Drei Sekunden danach zündete das einzelne Merlin 1Dvac Triebwerk der Oberstufe für eine erste Brennperiode. Die Basisstufe setzte ihre ballistische Flugbahn hinaus in den Atlantik weiter fort, und führte sechs Minuten und 15 Sekunden nach dem Liftoff das so genannten „reentry burn"-Manöver durch, bei dem drei der neun Triebwerke für etwa 30 Sekunden erneut gezündet wurden, und dabei ihre Geschwindigkeit um mehrere tausend Kilometer pro Stunde reduzierte. Acht Minuten und 10 Sekunden nach dem Verlassen der Startrampe landete die erste Stufe auf dem Bergungsschiff „Of course I still love you". Neun Sekunden später erreichte die zweite Stufe mit dem Satelliten einen niedrigen Parkorbit um die Erde. Dort verblieb die Orbitaleinheit für 19 Minuten und 19 Sekunden, bevor sie erneut für eine Brennperiode von 59 Sekunden zündete. 33 Minuten und 38 Sekunden nach dem Verlassen der Startrampe gab die zweite Stufe den Satelliten schließlich frei. Die erzielten Orbitparameter wiesen ein Perigäum von 309 Kilometern, ein Apogäum von 35.550 Kilometern und eine Bahnneigung zum Äquator von 19,31 Grad auf. Bei einem Interview vor dem Start teilte Elon Musk mit, dass SpaceX etwa 40-50 Falcon 9 Block 5 bauen will, die für etwa 300 Starts eingesetzt werden sollen. Danach, so nimmt er an, beginnt die aktive Ära des mindestens 100mal – und dieses Mal vollständig wiederverwendbaren – BFR Systems. Die Basisstufe der Falcon 9 Block 5 soll ohne besondere Service-Maßnahmen etwa 10mal wiederverwendbar sein, mit größeren Überholungen sogar deutlich öfters. Bangabandhu-1 wurde von Thales Alenia Space in Cannes gebaut. Er basiert auf der Spacebus 4000B2-Plattform, ist beim Start etwa 3.500 Kilogramm schwer und trägt 14 C-Band- und 28 Ku-Band Transponder. Er soll auf 119,1 Grad östlicher Länge über dem Äquator positioniert werden und neben Bangladesh auch den ganzen südostasiatischen Raum mit Kommunikationsdienstleistungen versorgen.

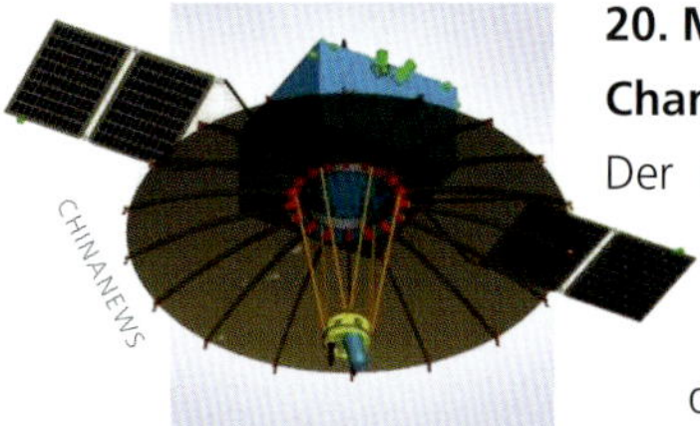

Grafische Darstellung der Raumsonde Quequiao

20. Mai 2018 – Queqiao unterstützt Chang'e-4 auf der Mondrückseite

Der nächste bedeutende Forschungsflug zum Mond wirft seine Schatten voraus. Im Vorfeld dieser spannenden Mission startete China am 20. Mai die Relaysonde Queqiao zum Lagrange-Punkt 2 des Erde-Mondbereiches, etwa 450.000 Kilometer von der Erde entfernt. Der Einsatz begann um 23:25 Uhr mitteleu-

ropäischer Zeit an der Startrampe 3 des zentralchinesischen Weltraumbahnhofs Xichang. Der Name des Raumfahrzeugs bedeutet "Elsternbrücke" und stammt aus einer chinesischen Sage, der zufolge zwei Liebende (der Hirte Altair und die Weberin Wega) einmal im Jahr – am siebten Tag des siebten Mondmonats – vereint sind, wenn ein Schwarm Elstern eine Brücke über die Milchstraße bilden.

Queqiao wird die Raumsonde Chang'e 4 unterstützen, die voraussichtlich im Dezember zum Mond aufbricht, und dabei einen Lander und einen Rover im Krater Kármán im südpolaren Aitken-Becken der Mondrückseite absetzen soll. Das Raumfahrzeug basiert auf der CAST100-Kleinsatellitenplattform, entwickelt und gebaut wurde es von der China Academy of Space Technology. Die Startmasse beträgt 425 Kilogramm. Der Datentransfer zur Erde erfolgt über eine S-Band-Antenne. Die Kommunikation von Queqiao mit der Lander/Rover-Kombination wird über das X-Band erfolgen. Da bei einer Landung auf der Mondrückseite kein direkter Kontakt mit einer Landesonde bestehen kann, wird für diese Mission ein Relay-Satellit benötigt, der sich im L2 (Mond-Erde) Halo-Punkt befindet. Die geplante Lebensdauer von Queqiao ist lang genug, um auch zukünftige chinesische Mondmissionen zu unterstützen, wie etwa die im kommenden Jahr geplante Probenrückführ-Mission Chang'e 5. Neben der Datenrelay-Ausrüstung befinden sich auch noch Experimente aus China und Europa an Bord der Sonde. Mit auf den Weg zum Mond gingen auch zwei Mikro-Raumsonden. Sie tragen die Bezeichnung Longjiang 1 und 2 (auch: DSLWP-A1/A2) und weisen eine Masse von jeweils 45 Kilogramm auf. Diese beiden Raumfahrzeuge sollen in einen elliptischen Mondorbit mit einem Periselenum von 200 Kilometern und einem Aposelenum von 9.000 Kilometern einschwenken. Sie sind für Niedrigfrequenz-Radioastronomie und für Amateurfunk-Experimente bestimmt und wurden vom Harbin Institute of Technology gebaut.

21. Mai 2018 – Cygnus OA-9 versorgt Raumstation

Eine Trägerrakete des Typs Orbital ATK Antares 230 brachte am 21. Mai den insgesamt zehnten Raumfrachter der Cygnus-Reihe in eine Erdumlaufbahn. Der Start erfolgte vom Mid-Atlantic Regional Spaceport Virginia auf Wallops Island. Das Raumfahrzeug trägt neben der NASA-Bezeichnung OA-9 den Namen SS J.R.Thompson, nach einem Manager von Orbital ATK, der im letzten November verstorben ist. Die Rakete verließ den Startkomplex MARS 0A um 10:44 Uhr mitteleuropäischer Zeit, entsprechend 04:44 Uhr US-Ostküstenzeit. Die Antares flog in der Konfiguration 230, mit einem russischen RD-181 Triebwerk mit

ORBITAL ATK

Startlogo der Cygnus OV-9 Mission

zwei Brennkammern in der ersten Stufe und einem Castor 30XL-Feststoffmotor als zweite Stufe. Der erste Cygnus-Raumfrachter startete im September 2013 zu einem Testflug, bei dem das System erprobt wurde. Danach führte Orbital ATK insgesamt acht Missionen für die NASA durch, von denen sieben erfolgreich verliefen. Die Cygnus von Orbital ATK ist derzeit neben der Dragon von SpaceX das einzige Raumfahrzeug, das von US-Territorium aus die ISS versorgen kann. Bei der aktuellen Mission fliegt die Cygnus in der so genannten „Enhanced Cygnus" – Version, mit längerem Frachtmodul, neu konstruierten Solargeneratoren und größeren Treibstofftanks.

Die SS J.R.Thompson bringt eine Startmasse von 6.173 Kilogramm auf die Waage. Insgesamt 3.500 Kilogramm davon sind Fracht für die Raumstation. Über eine Tonne davon bestehen aus neuen Experimenten, etwa 800 Kilogramm sind Versorgungsgüter für die Astronauten. Den Rest bilden Ausrüstungsgegenstände für das US-Segment und den russischen Teil der ISS, darunter Teile für Außenbordmanöver und etwa 100 Kilogramm an EDV-Equipment. Außerdem sind 15 Cubesats mit einem Gesamtgewicht von 82 Kilogramm an Bord. Neun davon werden im Inneren der Cygnus mitgeführt und zu einem späteren Zeitpunkt von der ISS aus gestartet. Sechs sind außen am Transporter mitgeführt, und werden von diesem nach dem Abkoppeln gestartet, wenn die Cygnus eine zweiwöchige autonome Mission beginnt. Von den neun Satelliten, die von der Raumstation aus gestartet werden, werden sieben im Rahmen des ELaNa-Programms der NASA unter der Bezeichnung ELaNa 23 fliegen. Es sind dies:

- ★ CubeRRT, (für: CubeSat Radiometer Radio Frequency Interface Technology) der Ohio State Universität in Columbus, Ohio. Ein sechs Einheiten großer und 11,4 Kilogramm schwerer kombinierter Technologie- und Umweltforschungssatellit.
- ★ HaloSat der Universität von Iowa. Gebaut in Zusammenarbeit mit Blue Canyon Technologies. Ein sechs-Einheiten Astronomie-Cubesat von sechs Kilogramm Gewicht.

- Der 1,4 Kilogramm schwere EQUISat der Brown University ist ein Ein-Unit-Cubesat, der für nur 5.000 Dollar gebaut wurde. Er ist ein Technologie-demonstrator, der mit hoch leistungsfähigen LED's ausgerüstet ist, deren Licht von der Erde aus sichtbar sein sollte.
- MemSat (für Memristor Satellite), ist ein Ein-Unit-Cubesat der Universität Rowan für die Erprobung von Memristor-Technologie im Weltraum.
- Der Radiation Satellite g (RadSat-g), ein vier Kilogramm schwerer Cubesat der Montana State University erprobt strahlungsresistente Computersysteme.
- RainCube der NASA ist ein 12 Kilogramm schwerer sechs-Einheiten-Cubesat des Jet Propulsion Laboratory, ein Technologiesatellit für künftige preiswerte Umweltbeobachtungen.
- Der elf Kilogramm schwere Temporal Experiment for Storms and Tropical Systems – Demonstrator (TEMPEST-D) ist ein weiterer sechs-Unit-Cubesat mit sechs Kilogramm Gewicht. Er wurde von der Colorado State University zusammen mit dem NASA's Jet Propulsion Laboratory und Blue Canyon Technologies entwickelt und gebaut. Das Raumfahrzeug ist ein Technologie-Demonstrator für Atmosphären-Beobachtung.
- Zwei weitere CubeSats werden unter einem Vertrag mit NanoRacks gestartet, und zwar sind das. EnduroSat One, der von der Bulgarian Federation of Radio Amateurs (BFRA in Partnerschaft mit dem international Space Challenges Program entwickelt und gebaut wurde. EnduroSat One ist ein Ein-Unit CubeSat für Radio-Amateure.
- der andere Satellit ist Radix, ein experimenteller Kommunikationssatellit der Firma Analytical Space. Es ist ein sechs-Unit-CubeSat mit einem Gewicht von knapp 10 Kilogramm.
- Bei den sechs Satelliten, die direct vom Cygnus freigegeben werden handelt es sich um vier Einheiten der Lemur-2 Konstellation, nämlich Lemur 2 78-81. Sie werden von Spire gebaut und dienen der Meteorologie und der Verfolgung des Schiffsverkehrs auf den Ozeanen. Diese Satelliten wiegen jeweils vier Kilogramm.
- Die beiden restlichen Satelliten sind die jeweils vier Kilogramm schweren AeroCube 12A und 12 B der Aerospace Corporation. Bei ihnen handelt es sich um zwei Technologiedemonstratoren für Raumfahrttechnologie.

SPACEX

Startlogo der Iridium 6-Mission

22. Mai 2018 – Falcon 9 bringt GRACE-FO und Iridium NEXT in den Orbit

Am 22. Mai führte SpaceX seine 10. Startmission des Jahres durch. An Bord der Trägerrakete des Typs Falcon 9 befanden sich insgesamt sieben Satelliten, die auf zwei unterschiedlichen Umlaufbahnen abgesetzt wurden. Zwei der Raumfahrzeuge bilden die GRACE Follow-On Mission und werden gemeinsam von der NASA und dem German Research Center for Geosciences (GFZ) durchgeführt. Die fünf anderen Satelliten sind die Flugeinheiten 51-55 der Iridium NEXT Mobilfunk-Konstellation. Die Mission begann um 21:47 Uhr mitteleuropäischer Zeit (12:48 Uhr Ortszeit) an der Startanlage 4E der Luftwaffenbasis Vandenberg in Kalifornien. Als erste Stufe des Trägers wurde „Core 1043" eingesetzt, die Falcon 9-Erststufe, mir der im Januar dieses Jahres der Zuma-Satellit von Northrop Grumman in die Umlaufbahn gebracht wurde. Nach der Mission kehrte „Core 1043" zur Landing Zone 1 in Cape Canaveral (der ehemaligen Startanlage 13) zurück. „Core 1043" ist bereits die zwölfte Falcon 9-Erststufe, die einen zweiten Flug unternimmt.

Bei dieser Mission war nicht vorgesehen, die erste Stufe zu bergen. Die Erststufen der Falcon 9-Varianten Block 4 und davor sind nur für eine einmalige Wiederverwendung vorgesehen. Versucht wurde allerdings erneut die Bergung der Nutzlastverkleidung, was jedoch abermals – und dieses Mal nur sehr knapp – misslang. Die Startmission war relativ komplex und umfasste drei Brennmanöver der zweiten Stufe und ein Schubprofil, das noch nie zuvor geflogen wurde. Dadurch dauerte die erste Antriebsphase der zweiten Stufe etwa eine Minute länger als sonst, mit einem Brennschluss in einem leicht elliptischen Orbit mit einem Perigäum von 483 Kilometern, einem Apogäum von 505 Kilometern und einer Inklination von 89 Grad. 80 Sekunden nach Beendigung der ersten Antriebsphase wurden die beiden GRACE-Satelliten ausgesetzt. 45 Minuten und 22 Sekunden später führte die Stufe eine zweite Zündung durch. Diese dauerte nur acht Sekunden. Danach hatte die Orbitaleinheit, bestehend aus zweiter Stufe und Satellit, eine Umlaufbahn mit einem Perigäum von 493 Kilometern, einem Apogäum von 720 Kilometern und eine Bahnneigung zum Äquator von 86,71 Grad erreicht. Acht Minuten und 45 Sekunden nach dem zweiten Brennschluss wurde der erste der fünf Iridium-Satelliten abgesetzt. Die weiteren vier Einheiten folgten in Abständen von jeweils 80 Sekunden. Wenig später führte die zweite Stufe ein drittes Brennmanöver durch, mit der sie sich selbst wieder aus dem Orbit beförderte. Die „Gravity Recovery and Climate Experiment Follow-On" (GRACE-Follow on) Mission besteht aus zwei identischen Raumfahrzeugen, die in einem extrem genau eingehaltenen Abstand von 220 Kilometern Entfernung zueinander fliegen werden. Die Raumfahrzeuge können kleinste Schwankungen des Erdgravitationsfeldes dadurch bestimmen, dass sie die Veränderung des Abstandes zueinander, bewirkt durch Störungen des Gravitationsfeldes, messen. Die beiden Einheiten wurden von Airbus Defence and Space in Friedrichshafen gebaut. Sie basieren auf derselben Plattform (Flexbus), die auch schon für die ursprünglichen GRACE-Satelliten verwendet wurde, die im Jahre 2002 starteten. Jeder der beiden Satelliten ist trapezförmig, an der schmalsten Stelle 70 Zentimeter breit, an der weitesten 1,9 Meter, 3,1 Meter lang und 78 Zentimeter hoch. Jeder der beiden Satelliten wiegt 600 Kilogramm.

Juni

02. Juni 2018 – China bringt Gaofen-6 in den Orbit

China brachte am 2. Juni vom Raumfahrtzentrum Jiuquan aus den Umwelt-Monitoringsatelliten Gaofen-6 und den sechs Basis-Einheiten großen Cubesat Luojia-1, ebenfalls ein Erdbeobachtungssatellit, in eine polare Erdumlaufbahn in einer Höhe von 645 Kilometern. Als Träger wurde eine Rakete des Typs Langer Marsch 2D eingesetzt. Der Start erfolgte um 6:13 Uhr mitteleuropäischer Zeit von der Startrampe 94 des Weltraumbahnhofs. Es war bereits die 16. Orbitalmission Chinas in diesem Jahr.

Eine Langer Marsch 2D startet mit Gaofen 6

Der Satellit ähnelt dem am 26. April 2013 gestarteten ersten Gaofen-Satelliten, der über eine Schwarz-Weiß-Kamera mit einem Auflösungsvermögen von zwei Metern verfügt, über eine Multispektralkamera mit acht Metern Bildauflösung und eine mittelauflösende Kamera mit 16 Metern Auflösungsvermögen. Die chinesischen Medien gaben aber bekannt, dass das Kamerasystem verbessert wurde, und nun pro Bild eine größere Fläche bei gleicher Auflösung aufnehmen kann. Seine Hauptaufgabe wird im Landwirtschafts- und Katastrophen-Monitoring liegen. Gaofen-6 wog beim

Start 1.064 Kilogramm. Das Raumfahrzeug wurde von der China Aerospace Science and Technology Corporation (CAST) auf Basis der CAST-2000 Plattform gebaut und ist Bestandteil des CHEOS-Programms der chinesischen Regierung, bei dem, beginnend im Jahre 2010 bis 2020 mindestens 14 Erdbeobachtungssatelliten für die verschiedensten Aufgaben im Orbit stationiert werden sollen. Der bislang letzte Gaofen-Satellit, der auf Atmosphärenforschung spezialisierte Gaofen 5, war erst am 8. Mai dieses Jahres gestartet worden. Mit an Bord war beim aktuellen Start auch der nur 10 Kilogramm schwere Kleinsatellit Luojia-1, den die Universität Juhan entwickelt und gebaut hat. Er ist der Prototyp für eine Konstellation, die am Ende aus 60-80 Kleinraumfahrzeugen bestehen soll, die Bilder mit einem Auflösungsvermögen von etwa 100 Metern von der Erde machen können.

Sojus MS-07 Landung

03. Juni 2018 – Sojus MS-07 kehrt sicher zur Erde zurück

Nach 168 Tagen im Orbit kehrten drei Mitglieder der ISS-Expedetion 55/56 am 3. Juni wieder sicher zur Erde zurück. Die Landekapsel des Raumschiffs Sojus MS-07 mit Anton Schkaplerow (Roskosmos), Scott Tingle (NASA) und Norishige Kanai (JAXA) ging um 14:39 Uhr mitteleuropäischer Zeit in der kasachischen Steppe nieder. Gestartet waren die drei Raumfahrer am 17. Dezember 2017 in Baikonur. Die Mission war für Tingle und Kanai der jeweils erste Weltraum-Einsatz gewesen. Für Schkaplerow war es dagegen schon der dritte Raumflug. Er hat nach diesem Flug insgesamt 532 Tage im Orbit verbracht.

Die Crew der Expedition 56, bestehend aus Commander Drew Feustel und Rick Arnold von der NASA, sowie dem russischen Flugingenieur Oleg Artemjew, wird jetzt die Station für einige wenige Tage allein betreiben und sich auf die Ankunft der Besatzung von Sojus MS 09 vorbereiten, die am 6. Juni in Baikonur starten wird. Diese Crew besteht aus dem russischen Kosmonauten Sergei Prokopjew, dem deutschen ESA-Astronauten Alexander Gerst und der NASA-Astronautin Serena Auñón-Chancellor. Der Einsatz dieser Mannschaft soll nach gegenwärtiger Planung bis zum 13. Dezember 2018 dauern.

04. Juni 2018 – SpaceX startet SES-12 auf einer Hybrid-Falcon

Startlogo der SES-12 Mission

SpaceX brachte am 4. Juni den Kommunikationssatelliten SES-12 erfolgreich von Cape Canaveral aus auf eine geostationäre Transferbahn. Der Start erfolgte mit einer „flugerprobten" Block 4 Falcon 9 (core 1040), wobei das „flugerprobt" nur für die Erststufe galt. Die hatte bereits am 7. September vergangenen Jahres einen Einsatz absolviert. Als Oberstufe wurde eine Block 5-Zweitstufe verwendet, was somit der zweite Einsatz für dieses neue Modell ist. Damit flog die Rakete quasi in einer Hybrid-Version aus Block 4 und Block 5 Varianten der Falcon 9. Der Träger verließ die Startanlage 40 in Cape Canaveral um 0:45 Uhr US-Ostküstenzeit, entsprechend 6:45 Uhr mitteleuropäischer Zeit. Die Mission war „expendable" geplant, eine Bergung der ersten Stufe somit nicht vorgesehen. Diese erste Stufe hatte im letzten Jahr geholfen, das geheimnisvolle OTV 5 der US Air Force in eine Erdumlaufbahn zu befördern. Der Flugverlauf war über alle Phasen nominal, und die Trennung des Satelliten von der zweiten Stufe erfolgte 32 Minuten nach dem Verlassen der Startanlage. Dann war eine supersynchrone Umlaufbahn mit einem Perigäum von 350 Kilometern und einem Apogäum von 58.000 Kilometern erreicht.

Bei dem 5.400 Kilogramm schweren SES 12 handelt es sich um einen voll-elektrisch angetriebenen Satelliten, den größten seiner Klasse weltweit. Er ist mit 68 Ku-Band Transpondern und acht Ka-Band Transpondern ausgestattet. Hergestellt wurde das Raumfahrzeug von Airbus Defence and Space in Toulouse auf Basis der E3000e-Plattform, einer Variante der Eurostar 3000 Produktlinie, die sowohl für die Orbit-Anhebung als auch für das Stationkeeping ausschließlich elektrische Triebwerke einsetzt. Diese elektrischen Triebwerke stammen vom russischen Hersteller Fakel. Das Orbit-Raising, also das Manöver, das notwendig ist, um die endgültige geostationäre Umlaufbahn zu erreichen, wird etwa sechs Monate dauern. Die vorteilhafte Transferbahn und das fortschrittliche Antriebssystem an Bord des Satelliten werden eine Betriebszeit des Raumfahrzeugs von bis zu 22 Jahre ermöglichen. SES-12 wird auf seiner Position mit SES-8 arbeiten, der im Dezember 2013 gestartet worden war. Dieser Satellit war die erste kommerzielle Nutzlast, die an Bord einer Falcon 9 flog. Insgesamt war der Flug bereits der sechste Satellitentransport von SpaceX für den luxemburgischen Satellitenbetreiber SES. SES-12 wird auf der Position 95 Grad Ost den fünfzehneinhalb Jahre alten NSS-6 ersetzen und den mittleren Osten und den pazifisch-asiatischen Raum mit Telekommunikationsdienstleistungen versorgen. NSS-6 gehörte der niederländischen Firma New Skies Satellites (NSS) und war seinerzeit mit der vorletzten Ariane 4 gestartet worden. Im Jahre 2005 hatte SES NSS gekauft.

Diese Langer Marsch 3A bringt den Wettersatelliten Fengyun-2H in den Orbit

05. Juni 2018 – Der letzte Spinner für die Wettervorhersage

China startete am 5. Juni 2016 den Wettersatelliten Fengyun-2H auf eine geostationäre Transferbahn. Die Mission begann an der Startanlage 3 des Weltraumbahnhofs Xichang in Zentralchina. Von dort aus wurden auch die sieben Vorgänger von Fengyun-2H gestartet. Als Träger wurde, wie bei allen Einheiten zuvor mit Ausnahme von Fengyun 2A und 2B eine Rakete des Typs Langer Marsch 3A eingesetzt. Der Start erfolgte um 13:10 Uhr mitteleuropäischer Zeit. Die Wettersatelliten der Fengyun-2 Serie sind trommelförmig und drallstabilisiert und drehen sich mit 100 Umdrehungen pro Minute. Im Raumfahrt-Sprachgebrauch bezeichnet man solche Satelliten als „spinner" (Dreher). Sie ähneln vom Aussehen her den Satelliten der Meteosat 1st und 2nd Generation, von denen die letzte Einheit im Juli 2015 gestartet worden ist. Die Gattung der „spinner" gehört einer aussterbenden Spezies an. Wahrscheinlich ist Fengyun-2H der letzte große Satellit, der nach diesem Prinzip seine Raumlage regelt.

Die Satelliten der Fengyun 2-Reihe wiegen jeweils etwa 1.380 Kilogramm, haben einen Bus-Durchmesser von 2,1 Meter und sind im Betrieb 4,5 Meter hoch. Sie wurden von Shanghai Academy of Space Flight Technology (SAST) und der China Academy of Space Technology (CAST) entwickelt und gebaut. Die Einheiten 2A-2G wurden in den Jahren 1997 – 2014 gestartet. Auftraggeber der Raumfahrzeuge ist das „National Satellite Meteorological Centre". Die Daten des Satelliten sind auch für internationale „user" frei zugänglich.

06. Juni 2016 – Alexander Gerst beginnt seine zweite Mission

Missionslogo der ISS Expedition 56/57

Am 6. Juni startete der deutsche ESA-Astronaut Alexander Gerst von Baikonur aus zu seinem zweiten Orbitalflug. Mit ihm an Bord des Raumschiffes Sojus MS-09 sind die NASA-Astronautin Serena Auñón-Chancellor und der russische Sojus-Kommandant Sergei Prokopjew. Für die beiden letzteren ist es die erste Mission ins All. Sie stoßen jetzt zur Crew der Expedition 56, bestehend aus Commander Drew Feustel und Rick Arnold von der NASA, sowie dem russischen Flugingenieur Oleg Artemjew. Diese drei befinden sich bereits seit dem 21. März im Orbit.

Die Mission der Sojus FG-Trägerrakete begann um 13:13 Uhr mitteleuropäischer Zeit an der Startanlage 1, von der aus schon Juri Gagarin zu seiner historischen Mission aufgebrochen war. Acht Minuten und 44 Sekunden später war ein erster Übergangsorbit erreicht. Die Sojus fliegt dieses Mal ein Standard-Rendezvous-Manöver und wird daher bis zum Anlegen an der ISS insgesamt 34mal die Erde umkreisen und zwei Tage benötigen. Ein sechs-Stunden und vier-Orbit Rendezvous wurde aufgegeben, weil man dafür die ISS innerhalb weniger Tage erneut hätte umpositionieren müssen. Das war schon für die Landung von Sojus MS-07 geschehen, um eine Nachtlandung im Zielgebiet zu vermeiden. Das Anlegemanöver soll am 8. Juni um 15:07 Uhr erfolgen. Zum ersten Mal bei einer bemannten russischen Mission wurde bei diesem Start eine so genannte „Rocket-Cam" eingesetzt, eine nach unten gerichtete Außenbordkamera am Raumschiff, die den Zuschauer den Start in einer ganz neuen Perspektive erleben lässt. Die Landung der Sojus MS-09 Crew ist derzeit für den 13. Dezember 2018 vorgesehen.

12. Juni 2018 – H2A bringt Radar-Aufklärer in den Orbit

Am 12. Juni brachte eine japanische Trägerrakete des Typs H2A den Radar-Aufklärungssatelliten IGS Radar 6 in eine sonnensynchrone Erdumlaufbahn. Der Start erfolgte vom Raumfahrzentrum Tanegashima aus. Die Einheit wird zukünftig, wie alle IGS-Satelliten, vom japanischen „Cabinet Intelligence Centre" betrieben. Die Mission begann um 13:20 Uhr Ortszeit, entsprechend 6:20 Uhr mitteleuropäischer Zeit, von der Startrampe 1 des Yoshinobu Startkomplexes am Weltraumbahnhof Tanegashima. Für den Start wurde die insgesamt 39. H2A eingesetzt, wie meist in der Version 202, was bedeutet, dass sie mit zwei Boostern zur Startunterstützung ausgerüstet war. Die zweite Stufe des Trägers setzte den Satelliten etwa 45 Minuten nach dem Verlassen der Startrampe auf einer Kreisbahn in 500 Kilometern Höhe, bei einer Bahnneigung zum Äquator von 97,4 Grad ab. IGS 6 wurde von Mitsubishi Electric hergestellt. Es ist insgesamt der 16. Satellit der IGS-Reihe, die sowohl aus optischen Aufklärern als auch aus Radarsatelliten bestehen. Das bislang letzte dieser Raumfahrzeuge, ein optischer Aufklärer, war erst vor drei Monaten gestartet worden. Trotz der für diese Einheit vergebenen Nummer 6 ist es tatsächlich schon der achte Radarsatellit der IGS-Reihe. Ein Satellit ging im Jahr 2003 bei einem Startunfall verloren, eine weitere Einheit, gestartet im Jahre 2015, dient als „in-orbit-spare" und bekam keine Nummer. Die Radarsatelliten verfügen über ein Auflösungsvermögen von weniger als einem Meter pro Bildpunkt. Das IGS-Programm richtet sich vor allem gegen das Raketenprogramm des nordkoreanischen Nachbarn. Testflüge dieser Raketen führten in der Vergangenheit wiederholt über japanisches Territorium. Seit 2003 startet Japan daher in relativ regelmäßigen Abständen militärische Überwachungssatelliten, um die Aktivitäten Nordkoreas genau unter die Lupe zu nehmen.

Start der H2A 202 Trägerrakete

17. Juni 2018 – Russland verstärkt Glonass-Konstellation

Russland brachte am 17. Juni kurz vor Mitternacht mitteleuropäischer Zeit einen neuen Navigationssatelliten der Glonass-M Reihe in eine halbsynchrone Erdumlaufbahn. Startort war der nordrussische Weltraumbahnhof Plesetzk. Als Trägerrakete wurde eine Sojus 2.1b mit einer „Fregat"-Oberstufe verwendet. Glonass ist das russische Analogon zum amerikanischen GPS-System. Seine Anfänge gehen auch fast genauso weit zurück wie die des US-Gegenstücks. Erste Satelliten starteten bereits 1982. Die Mission begann um 23:46 Uhr mitteleuropäischer Zeit,

Die Sojus 2.1b-Trägerrakete wird für den Start aufgerichtet.

entsprechend 1:56 Uhr Moskauer Zeit am 18. Juni von der Startrampe 4 der Startanlage 43 in Plesetzk. Die Raumfahrzeuge des Glonass-Systems tragen die Bezeichnung Uragan, respektive Uragan-M in der neuesten Ausführung dieser Satelliten. Das aktuelle Raumfahrzeug trägt die Herstellerbezeichnung Uragan 756. In der Glonass-Konstellation wird eine andere Systematik benutzt, dort wird das neue Raumfahrzeug als Glonass-56 bezeichnet. Er ersetzt Uragan 734 im Slot 5 der Bahnebene 1. Um die Verwirrung komplett zu machenm, gibt auch das russische Militär dem Raumfahrzeug eine eigene Bezeichnung. Dort läuft es unter dem Namen Kosmos 2527.

Der Satellit wurde einige Stunden nach dem Start in einer Umlaufbahn mit einem Perigäum von 19.150 Kilometern, einem Apogäum von 19.500 Kilometern und einer Bahnneigung zum Äquator von 64,8 Grad abgesetzt. Das Glonass-System benötigt 24 voll funktionsfähige Satelliten auf drei Bahnebenen für eine weltweite Abdeckung, und mindestens 18 Einheiten, um zumindest Russland vollständig mit Navigationsdiensten zu versorgen. Die Uragan-M Satelliten können entweder in Gruppen zu drei Einheiten mit einer Proton M gestartet werden, oder als einzelne Satelliten mit einer Sojus 2.1b Fregat. Sie werden bei ISS Reshetnev gebaut, sind für eine Betriebslebensdauer von mindestens sieben Jahren ausgelegt und wiegen beim Start 1.415 Kilogramm.

27. Juni 2018 – Überraschungsnutzlasten ersetzen Militär-Aufklärer

China brachte am 27. Juni vom zentralchinesischen Weltraumbahnhof Xichang zwei Technologiesatelliten mit den Bezeichnungen XJSW-A und XJSW-B in den Orbit. Als Träger wurde eine Rakete des Typs Langer Marsch 2C verwendet. Die Nachricht kommt ein wenig überraschend, denn eigentlich war für diesen Termin und diesen Ort der Start eines Trios von Aufklärungssatelliten der Yaogan 30-Reihe vorgesehen. Der Einsatz begann um 5:30 Uhr mitteleuropä-

Start der Langer Marsch 2C.

ischer Zeit, entsprechend 11:30 Uhr Ortszeit, an der Anlage 3 des Startkomplexes. Zwei Stunden nach dem Liftoff gab die staatliche Nachrichtenagentur Xinhua den Erfolg der Startmission bekannt. Auffallend war, dass die Satelliten offensichtlich ungewöhnlich voluminös waren, denn sie passten nicht unter die Standard-Fairing der Langer Marsch 2C, so dass eine vergrößerte Nutzlastverkleidung eingesetzt wurde. Das Perigäum liegt bei 460 Kilometern, das Apogäum bei 485 Kilometern. Die Bahnneigung zum Äquator liegt bei ungewöhnlich niedrigen 35 Grad. Über den Einsatzzweck der Raumfahrzeuge hielt sich die Nachrichtenagentur bedeckt. Die Meldung gab lediglich allgemeine Hinweise zu „Inter-Satelliten-Netzwerken und Technologieversuchen zur Erdbeobachtung". Wahrscheinlich handelt es sich um Testnutzlasten für die geplante Hongyan-Konstellation von CAST, mit einer größeren Anzahl von Kommunikations- oder Internetsatelliten im niedrigen Erdorbit, ähnlich wie Iridium und Globalstar oder One Web und Starlink.

29. Juni 2018 – CRS-15 startet mit letzter Block 4 Falcon 9

Wieder wurde bei SpaceX ein Stück Produktionsgeschichte abgeschlossen, und der nächste Technologie-Schritt steht bevor. Am 29. Juni startete vom Launch Pad 40 der Luftwaffenbasis Cape Canaveral die letzte Falcon 9 mit einer Basisstufe der Block 4-Baureihe. Die Oberstufe entsprach dabei bereits dem von nun an gültigen Block 5-Standard. Die Nutzlast bestand in einer Dragon-Kapsel für die Versorgung der Internationalen Raumstation. Dieses Raumfahrzeug trug die Bezeichnung CRS-15 (für: Commercial Resupply Service).

Startlogo der CRS-15 Mission

Die Mission begann um 11:42 Uhr mitteleuropäischer Zeit, entsprechend 5:42 Uhr US-Ostküstenzeit. Damit war vor Ort eben die Morgendämmerung hereingebrochen, was für spektakuläre optische Effekte beim Aufstieg der Rakete sorgte. Insgesamt war es die 57. Mission einer Falcon 9-Rakete, die elfte Falcon 9-Mission in diesem Jahr und der 12. Trägerraketen-Einsatz für SpaceX insgesamt in 2018. Die erste Stufe wurde nicht wieder geborgen. Sie hat mit dieser Mission einen zweiten Einsatz absolviert, und für mehr als zwei Flüge sind die Block 4-Einheiten nicht zugelassen. Die bei diesem Flug eingesetzte erste Stufe erlebte das bislang kürzeste Zeitintervall zwischen zwei Flügen. Sie war zuvor am 18. April bei einer anderen NASA-Mission gestartet worden und stand nun nach nur 72 Tagen erneut auf der Rampe. Der vorherige Rekord lag bei viereinhalb Monaten. Für alle künftigen Flüge soll jetzt die Block 5-Version der Falcon 9 eingesetzt werden. Mit dieser Variante sind bis zu 10 Wiederverwendungen ohne zwischenzeitliche Überholung möglich, und auch ein Abstand zwischen zwei Starts von nur 24 Stunden.

Es war dies auch der zweite Einsatz einer Dragon-Kapsel für die Versorgung der ISS in diesem Jahr. Das Raumfahrzeug trägt eine Nutzlast von 2.700 Kilogramm. Die wird teilweise im Druck beaufschlagten Inneren der Kapsel transportiert, oder im so genannten „Trunk", dem offenen Gerätegehäuse, in dem Nutzlasten dem freien Weltraum ausgesetzt sind. Zu diesen Nutzlasten gehört beispielsweise LEE (Latching End Effector), praktisch eine „Hand" für den kanadischen Roboterarm. Der Roboterarm verfügt über zwei dieser Einheiten. Eine davon ist vor einer Weile ausgefallen und muss nun ersetzt werden.

Trotz der Missionsnummer 15 ist es bereits der 17. Flug einer Dragon zur ISS. Zwei Testflüge, ganz am Anfang des Programms, werden in der NASA-Nomenklatur nicht mitgezählt. Es ist das vierte Mal, dass eine bereits einmal eingesetzte Kapsel wiederverwendet wird. Die aktuell eingesetzte Kapsel flog bereits bei der Mission CRS-9 im Jahre 2016. Damals war die Kapsel nach 36 Tagen an der ISS wieder zur Erde zurückgekehrt. Im Inneren der Druckkabine des Dragon wurden auch insgesamt sechs Kleinsatelliten zur ISS transportiert. Sie werden von dort in einigen Wochen in den freien Weltraum entlassen. Drei der Satelliten gehören zur so genannten Biarri-Squad, einem multinationalen Projekt zum Studium potentieller militärischer Anwendungen für Konstellationen mit kleinen Raumfahrzeugen. Es handelt sich dabei um drei jeweils drei Standardeinheiten große Cubesat-Plattformen, die von Boeing gebaut wurden und von den Partner-Ländern England, Australien und Kanada mit Instrumenten bestückt wurden.

Die anderen drei Cubesats an Bord der Dragon sind Teil der von Japan geführten Bird-2 Konstellation. Jeder der Bird-Satelliten ist eine einzelne Cubesat-Einheit. Gebaut werden die Mikrosatelliten vom japanischen Kyushu Institute of Technology, in Partnerschaften mit Universitäten und Organisationen rund um die Welt. In diesem Fall waren es die Universitäten in Bhutan, den Philippinen und Malaysia. Bhutan-1 (auch als Bird BTN bezeichnet) wird dabei der erste Satellit des Königreichs Bhutan werden.

09. Juli 2018 –

Zwei Erdbeobachtungssatelliten für Pakistan…

Die Flaggen Pakistans und Chinas

China brachte am 9. Juli vom Weltraumzentrum Jiuquan aus zwei Erdbeobachtungssatelliten für Pakistan in den Orbit. Der eine war der „Pakistan Remote Sensing Satellite 1" (oder kurz: PRSS-1), bei dem anderen Raumfahrzeug handelt es sich um PakTES-1A (für: Pakistan Technology Evaluation Satellite 1A). Die beiden Raumfahrzeuge wurden auf einer polaren, sonnensynchronen Erdumlaufbahn abgesetzt. Es war dies der erste von zwei chinesischen Orbitalstarts an diesem Tag. Die Mission begann um 5:56 Uhr mitteleuropäischer Zeit an der Rampe 94 des Startkomplexes 43, entsprechend 11:56 Uhr Ortszeit. Als Träger wurde eine Rakete des Typs Langer Marsch 2C/SMA eingesetzt, einer von zwei dreistufigen Spezialvarianten der an sich zweistufigen Langer Marsch 2C, die auf Starts in niedrige Erdumlaufbahnen spezialisiert ist. Es dürfte eine der letzten Missionen für diese SMA-Variante gewesen sein, denn zukünftig soll die modernere YZ-1B Oberstufe eingesetzt werden. Der erzielte Absetzorbit wies ein Perigäum von 590 Kilometern, ein Apogäum von 620 Kilometern und eine Bahnneigung zum Äquator von 98,05 Grad auf.

PRSS-1 wurde von der China Academy of Space Technology (CAST) gebaut, und basiert auf der CAST-2000 Plattform. Das Raumfahrzeug verfügt über eine Startmasse von 1.200 Kilogramm und soll für eine Vielzahl von Erdbeobachtungsaufgaben eingesetzt werden. Angefangen von der Ernteprognose für die Landwirtschaft, über die Stadtentwicklung bis hin zur Straßenbauplanung. Die geplante operationelle Lebensdauer des Satelliten beträgt sieben Jahre. Betrieben wird PRSS-1 von der „Pakistan Space and Upper Atmosphere Research Commission (kurz: SUPARCO). Die Optik des Raumfahrzeugs hat ein Auflösungsvermögen von einem Meter im Schwarzweiß-Modus und von vier Metern im panchromatischen Betrieb. PRSS-1 ist zwar Chinas erster Erdbeobachtungssatellit für Pakistan aber bereits der 17. Satellit, den CAST für einen ausländischen Betreiber gebaut hat. PakTES-1A wurde von der SUPARCO entwickelt und gebaut. Die Nutzlast stammt von der südafrikanischen Space Advisory Company. Dieses Raumfahrzeug wiegt 285 Kilogramm und wird ebenfalls für Erdbeobachtungszwecke eingesetzt.

Der siebte Beidou-Start des Jahres 2018

09. Juli 2018 – ...und ein Navigationssatellit für China

Bei der zweiten Mission innerhalb von weniger als 24 Stunden brachte China am 9. Juli einen Beidou-Navigationssatelliten auf eine geostationäre Transferbahn. Als Trägerrakete wurde die dreistufige Langer Marsch 3A eingesetzt. Startort war der zentralchinesische Weltraumbahnhof Xichang. Es war dies der 32. Beidou-Satellit seit dem Jahre 2000, die bereits siebte Beidou-Einheit in diesem Jahr und es war bereits die 20. chinesische Mission in diesem Jahr. Der Start erfolgte um 22:58 Uhr mitteleuropäischer Zeit, entsprechend 4:58 Uhr Pekinger Zeit am 10. Juli. Die Trägerrakete lieferte das Raumfahrzeug auf einer elliptischen Erdumlaufbahn mit einem Perigäum von knapp 200 Kilometern und einem Apogäum von 35.780 Kilometern ab. Die Bahnneigung zum Erdäquator betrug 55,1 Grad. In den nächsten Wochen wird der Beidou-Satellit seinen Bordantrieb einsetzen, um eine kreisförmige Umlaufbahn über dem Äquator anzusteuern.

Die neue Einheit trägt die Bezeichnung Beidou 2 IGSO 7, ist eine Baueinheit der zweiten Generation und wird ein älteres Modell ersetzen. China startet gelegentlich allerdings auch bereits Navigationssatelliten der dritten Generation. Nach Fertigstellung der Konstellation im Jahre 2020 wird das System insgesamt 35 Satelliten umfassen. 27 davon werden sich dann auf mittelhohen Erdorbits in etwa 21.000 Kilometern Erdabstand befinden, fünf in kreisförmigen geostationären Orbits und drei in inklinierten geostationären Orbits. Auch beim aktuellen Start handelt es sich um ein Raumfahrzeug das für einen inklinierten Orbit bestimmt ist.

Blick aus dem Flammenschacht nach oben

9. Juli 2018 – Superschnelles Vier-Stunden-Rendezvous

Am 9. Juli 2018 führte der russische Raumfrachter Progress MS-09 das schnellste Rendezvous mit der ISS in der Geschichte der Internationalen Raumstation durch. Zwischen dem Start in Baikonur und dem Anlegen am Pirs-Modul vergingen weniger als vier

Stunden und es wurden nur zweieinhalb Erdumkreisungen benötigt. Es war bereits der dritte Anlauf für die Durchführung eines superschnellen Rendezvous und diesmal klappte es. Eigentlich sollten auch Progress MS-07 und MS-08 einen derart schnellen Transfer durchführen. Bei beiden Missionen musste der Start aber jeweils wenige Sekunden vor dem Liftoff abgebrochen werden. Beim jeweils zweiten Startversuch waren dann die perfekten Ausgangsbedingungen nicht mehr gegeben, und die Transporter mussten danach das zweitägige Standard-Rendezvousverfahren mit 36 Erdorbits anwenden. Bedingungen für ein superschnelles Rendezvous ergeben sich nicht zufällig, sondern müssen viele Wochen im Voraus sorgfältig geplant werden.

Das Raumfahrzeug startete um 23:51 Uhr mitteleuropäischer Zeit an der Rampe 31/6 des in Kasachstan gelegenen russischen Raumfahrtbahnhofs, und legte um 3:31 Uhr am 10. Juli an der ISS an. Die angetriebene Phase des Starts dauerte acht Minuten und 45 Sekunden. Danach war ein erster Übergangsorbit erreicht. Als Träger wurde eine Rakete des Typs Sojus 2.1a eingesetzt. Schon 84 Minuten nach dem Verlassen der Startrampe begann die automatische Rendezvous-Sequenz. Zwei Stunden und 43 Minuten nach dem Liftoff fasste das „Kurs" Rendezvous-System der Progress die Station aus einer Entfernung von 45 Kilometern auf. Nach drei Stunden und 34 Minuten hatte die Progress die Position für den finalen Anflug erreicht. Noch einmal 13 Minuten später erfolgte das Anlegemanöver. Die Progress liefert 2.567 Kilogramm an unterschiedlichen Versorgungsgütern zur ISS, darunter 530 Kilogramm Treibstoff, 52 Kilogramm Sauerstoff, 420 Liter Wasser und 1.565 Kilogramm so genannte „trockene" Fracht, was den gesamten Rest umschreibt, von Kleidung und Essen für die Crews bis hin zu Experimenten, Medizinartikeln, Computer-Hardware und einem neuen Orlan-Raumanzug.

22. Juli 2018 – Weltrekord für Falcon 9

Am 22. Juli führte SpaceX erneut eine Orbitalmission durch. Es war die 13. in diesem Jahr, und insgesamt der 58. Flug einer Falcon 9. Die Nutzlast bestand aus dem über sieben Tonnen schweren Telstar 19V, den Space Systems Loral für Telesat Canada gebaut hatte. Es war der zweite Einsatz einer Falcon 9 Block 5. Sowohl der Start der Rakete, als auch die Landung der ersten Stufe gelangen perfekt. Wegen

Startlogo der CRS-15 Mission

der großen Masse des Satelliten und dem Umstand, dass SpaceX Treibstoffreserven für den Rückflug der Erststufe zurückhalten musste, wurde dieser Satellit in Absprache mit dem Kunden auf einer subsynchronen Transferbahn abgeliefert.

Die Falcon 9 Block 5 ist die abschließende Iteration der Falcon 9-Serie. Mit dieser Modifikation wird der Design nun endgültig eingefroren und in dieser Version erfüllt er auch die Bedingungen der NASA für ein bemanntes Raumtransportsystem. Die Block 5-Version ist auch dafür ausgelegt, zwischen den Grundüberholungen jeweils bis zu 10 Einsätze fliegen zu können. Die bisherigen Versionen Block 3 und Block 4 konnten nur zweimal eingesetzt werden. Die Mission der „Core-Nummer" 1047 begann um 1:50 Uhr US-Ostküstenzeit (entsprechend 7:50 Uhr Mitteleuropäischer Zeit) an der Startanlage 40 der Cape Canaveral Luftwaffenbasis. Der Start der Rakete verlief perfekt, ebenso die Stufentrennung und die Absolvierung einer ballistischen Kurve an deren Ende die ebenfalls perfekte Landung auf dem SpaceX-Bergungsschiff „Of Course I still love you" stand. Die zweite Stufe der Falcon 9 lieferte Telstar 19V auf einer Umlaufbahn mit einem Perigäum von 243 Kilometern, einem Apogäum von 17.860 Kilometern und einer Bahnneigung zum Äquator von 27 Grad ab.

Telstar 19V wurde auf Basis der Satellitenplattform SSL-1300 von Space Systems Loral gebaut. Das Raumfahrzeug wog beim Start 7.070 Kilogramm und ist damit der schwerste Kommunikationssatellit, der jemals erfolgreich gestartet wurde. Allerding darf nicht unerwähnt bleiben, dass mehr als eine Tonne dieser Masse für zusätzlichen Treibstoff mit an Bord genommen wurde, um aus dem subsynchronen Transferorbit heraus den Standard-Transferorbit zu erreichen. Telstar 19V wird seine Arbeitsposition auf 63 Grad westlicher Länge einnehmen und dort zusammen mit dem 2009 gestarteten Telstar 14R Dienst tun.

25. Juli 2018 – Letzter Einsatz für Ariane 5 ES mit vier Galileos

Die Ariane 5 ES, die Variante der europäischen Großträgerrakete mit einem wiederzündbaren Oberstufentriebwerk, war in den vergangenen Jahren nur noch gelegentlich im Einsatz gewesen. Bei ihrem nun unwiderruflich letzten Flug, am 25. Juli, brachte eine Rakete dieses Typs vom europäischen Weltraumbahnhof in Kourou aus vier neue Einheiten der Galileo-Navigationssatellitenserie in den Orbit. Insgesamt die Flugeinheiten 23-26 (wenn man die Testsatelliten zu Beginn des Programms dazuzählt). Die einzige verbliebene Version, die nun bis zur Außerdienststellung der Ariane 5 betrieben wird, ist die Variante Ariane 5 ECA. Die Rakete, die an diesem Tag eingesetzt wurde, war die 100., die jemals

Startposter für die Ariane-Mission VA244

gebaut wurde und die insgesamt 99. die auch tatsächlich gestartet wurde. Der Flug VA244 ist der dritte Einsatz einer Ariane 5 für die Stationierung des Galileo-Systems. Bei jedem der Einsätze wurden jeweils vier Satelliten transportiert. Dazu kamen noch insgesamt sieben Einsätze der Sojus, mit denen 14 weitere Satelliten zwischen Oktober 2011 und Mai 2016 gestartet wurden. Der nächste Galileo-Start wird bereits mit der Ariane 6 erfolgen, dann wahrscheinlich mit der zweiten Flugeinheit der neuen Rakete etwa Anfang des Jahres 2021. Die Startmission begann um 13:25 Uhr mitteleuropäischer Zeit am Startkomplex ELA 3 und dauerte fast vier Stunden. Um die endgültige Umlaufbahn zu erreichen waren zwei Brennmanöver des Aestus-Oberstufentriebwerks notwendig. Dann wurden die vier Satelliten paarweise im Abstand von 20 Minuten freigegeben. Die Absetzbahn befand sich dabei in 22.900 Kilometern Höhe, etwa 300 Kilometer unterhalb der Einsatzbahn der Galileo-Konstellation. Die Satelliten wiegen ohne Adapter jeweils 718 Kilogramm. Sie wurden von der OHB System AG in Bremen gebaut. Das Gesamtgewicht der Nutzlast, inklusive des Mehrfach-Startadapters betrug 3.287 Kilogramm.

Damit ist an sich der Aufbau der Galileo-Grundkonstellation mit 24 Flugeinheiten zwar abgeschlossen, allerdings befinden sich inzwischen einige nur mehr bedingt einsatzfähige Satelliten im System. Zwei davon wurden von ihrer Sojus-Trägerrakete im falschen Orbit abgeliefert, einer hat Probleme mit der Stromversorgung und bei einem sind mehrere der Atomuhren an Bord ausgefallen.

25. Juli 2018 – SpaceX bringt weiteren IridiumNEXT-Zehnerpack in den Orbit

Nur drei Tage nach dem vorausgegangenen Start in Cape Canaveral war SpaceX erneut im Einsatz. Dieses Mal von der Westküste der USA aus, von wo eine Falcon 9 Block 5 Trägerrakete eine Ladung IridiumNEXT Satelliten in den Orbit brachte. Es war die siebte von acht geplanten Missionen für Iridium. Alle verliefen erfolgreich. Bei dieser Mission waren wieder 10 der jeweils etwa 860 Kilogramm schweren IridiumNEXT Satelliten an Bord. Bei der vorausgegangenen Mission für diese Konstellation waren nur fünf Stück an Bord gewesen, weil es sich dabei um eine „geteilte" Mission gehandelt hatte. Die andere Hälfte der Nutzlastkapazität hatte die nationale deutsche Raumfahrtbehörde DLR für den Start der beiden Atmosphärenforschungssatelliten GRACE-FO gebucht. Die aktuellen Iridium-Einheiten werden in der Bahnebene 5 der Konstellation stationiert. Insgesamt werden für einen weltweiten, unlimitierten Einsatz des Systems 66 Satelliten benötigt. Dafür werden 75 Satelliten in den Orbit gebracht. Die neun überzähligen Geräte dienen als Einsatzreserve, so dass es am Ende in jeder der um 30 Grad getrennten sechs Bahnebenen mindestens eine Reserveeinheit gibt. Sechs weitere Reservesatelliten werden auf der Erde „gelagert". Die Startmission begann am Komplex 4E der Luftwaffenbasis Vandenberg am 25. Juli um 13:39 Uhr mitteleuropäischer Zeit, nur 14 Minuten nachdem in Kourou die Ariane 5 ES mit den vier Galileo-Navigationssatelliten die Startrampe verlassen hatte. Anders als dort, wo die Mission bei strahlendem Sonnenschein ihren Anfang nahm, herrschte in Vandenberg noch Dunkelheit und obendrein dichter Nebel. 43 Minuten nach dem Abheben hatte die zweite Stufe mit den Satelliten, nach zwei Brennmanövern die Absetzposition erreicht. Das Perigäum betrug 600 Kilometer, das Apogäum 625 Kilometer und die Bahnneigung zum Äquator 96,97 Grad. Fünf Minuten und eine Sekunde später begann die Stufe mit dem Freisetzen der Satelliten. Danach wurde alle 110 Sekunden eine weitere Einheit vom Dispenser gelöst. Dann zündete die zweite Stufe erneut, und brachte sich selbst über dem Südpazifik zum Absturz.

Startlogo der Iridium VII-Mission

Wie zukünftig stets mit den Block 5-Boostern unternahm SpaceX auch dieses Mal einen Bergungsversuch der Erststufe und der Nutzlastverkleidung, kündigte aber bereits im Vorfeld einen möglichen Misserfolg bei diesen Aktionen an, nachdem im Landegebiet extrem schlechte Wetterbedingungen herrschten. Vor allem eine Scherwindzone über dem Bergungsschiff machte den Startverantwortlichen Sorgen. Dennoch gelang die Landung der Erststufe, und sieben Minuten und 17 Sekunden nach dem Verlassen der Startrampe stand die ersten Stufe der Falcon 9 auf dem Deck des Bergungsschiffes „Just read the instructions". Die Bergung der Nutzlastverkleidungen war wegen der ungünstigen Windverhältnisse allerdings nicht möglich.

Start von Beidou-3M5 und 3M6

29. Juli 2019 – China bringt zwei neue Navigationssatelliten in den Orbit

Das Wettrennen um Platz 1 in der Startliste des Jahres 2018 hält an, und am 28. Juli ging erneut China in Führung. Beim 21. chinesischen Start in diesem Jahr brachte eine Trägerrakete des Typs Langer Marsch 3B zwei neue Navigationssatelliten des Beidou-Systems in eine mittelhohe Erdumlaufbahn. Startort war der Komplex 3 des zentralchinesischen Weltraumbahnhofs Xichang. Die Trägerrakete flog, wie schon bei den vorausgegangenen Beidou-Starts in der Konfiguration mit der Yuanzheng-1 Oberstufe. Das YF-50D Triebwerk dieser Stufe kann in einem Zeitraum von 6,5 Stunden zweimal gezündet werden. Die Mission begann um 3:40 Uhr mitteleuropäischer Zeit, und es dauerte über vier Stunden, bis die beiden Satelliten abgesetzt waren. Die Raumfahrzeuge tragen die Bezeichnung Beidou-3M5 und 3M6, was sie zum einen als Mitglieder der dritten Generation chinesischer Navigationssatelliten kennzeichnet und zum anderen als Mitglieder der Reihe von Satelliten, die für den mittelhohen Orbit bestimmt sind. In der fortlaufenden Nummerierung des Systems tragen sie die Bezeichnungen Beidou 33 und 34. Sie wiegen beim Start jeweils 1.014 Kilogramm und werden auf einem kreisförmigen Orbit in etwa 21.400 Kilometern Höhe bei einer Bahnneigung von 55,5 Grad abgesetzt. Der Start erfolgte nur 20 Tage, nachdem der letzte Beidou-Satellit ebenfalls von Xichang aus in den Orbit gebracht worden war. Damals handelte es sich um eine Einheit der zweiten Generation, die für einen inklinierten geostationären Orbit bestimmt war.

31. Juli 2019 – Gaofen-11 startet von Taiyuan

China brachte in den frühen Morgenstunden des 31. Juli vom nordchinesischen Weltraumbahnhof Taiyuan aus den zivilen Erdbeobachtungssatelliten Gaofen 11 erfolgreich in einen Übergangsorbit für eine sonnensynchrone Erdumlaufbahn. Als Träger für das Raumfahrzeug wurde eine Rakete des Typs Langer Marsch 4B eingesetzt. Die Rakete verließ die Startrampe um 5:00 Uhr mitteleuropäischer Zeit, entsprechend 11:00 Uhr zentralchinesischer Zeit. Aus den relativ ungewöhnlichen Bahndaten (Perigäum: 245 Kilometer, Apogäum 695 Kilometer, bei einer Bahnneigung zum Äquator von 97,4 Grad) und einer Abwurf-Zone für die erste Stufe, die relativ nahe am Startgelände liegt, kann man davon ausgehen, dass die Nutzlast an der maximalen Gewichtsgrenze der Rakete für einen polaren Orbit liegt. Die notwendige Bahnanpassung wird der Satellit dann vermutlich mit Bordmitteln bewältigen.

Gaofen-11 wartet auf den Start

Gaofen-11 ist ein optischer Bildaufklärer und gehört zum zivilen Erdbeobachtungsprogramm Chinas, das als CHEOS bezeichnet wird (China High-Resolution Earth Observation Systems) und als eines der großen nationalen Projekte mit technologisch-wissenschaftlicher Aufgabenstellung gilt. In diesem Programmrahmen sollen insgesamt 14 Satelliten gestartet werden. Gebaut wurde das Raumfahrzeug von der China Academy of Space Technology. Weitere Details gab die chinesische Presse bislang nicht bekannt.

August

07. August 2018 – Falcon 9 bringt Merah Putih in den Orbit

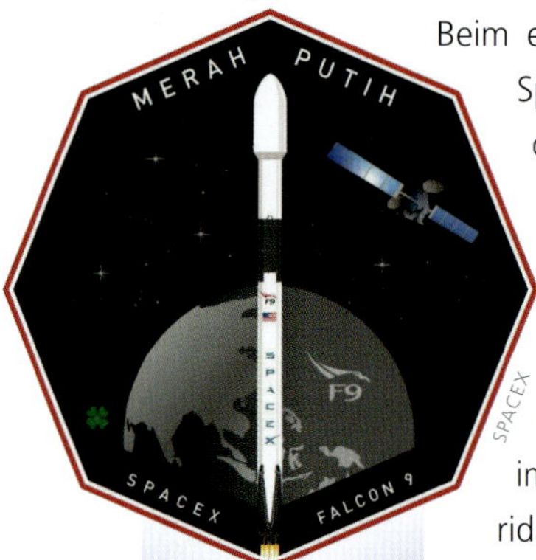

Merah Putih Startlogo

Beim ersten „Reflight" einer Falcon 9 Block 5 brachte SpaceX in den frühen Morgenstunden des 7. August den indonesischen Kommunikationssatelliten Merah Putih in eine subsynchrone Transferbahn. Die Mission begann an der Startanlage 40 der Luftwaffenbasis Cape Canaveral in Florida. Sowohl der Start des Satelliten, als auch die Landung der ersten Stufe des Trägers auf einem Bergungsschiff im Atlantik, mehr als 650 Kilometer vor der Küste Floridas, verliefen problemlos. Es war die 15. Mission von SpaceX in diesem Jahr. Die Startmission begann um 7:18 Uhr mitteleuropäischer Zeit, entsprechend 1:18 Uhr US-

Ostküstenzeit, zu Beginn eines zweistündigen Startfensters. Bei diesem Einsatz wurde zum dritten Mal eine Falcon 9 Block 5 eingesetzt, und es war das erste Mal, dass eine Rakete dieser Baureihe einen zweiten Einsatz erlebt. Die Basisstufe trägt die „Core-Nummer" 1046. Alle Raketen ab der Core-Nummer 1045 sind ausschließlich Block 5-Vehikel. Der erzielte Orbit war leicht subsynchron. Es ergab sich ein Perigäum von 193 Kilometern, ein Apogäum von 29.500 Kilometern und eine Bahnneigung zum Äquator von 27,04 Grad. Es darf angenommen werden, dass dieser etwas ungewöhnliche Orbit dem hohen Gewicht des Satelliten geschuldet ist und in Absprache mit dem Kunden erfolgte, um genügend Reserven für eine sichere Landung der Erststufe vorzuhalten. Core Nummer 1046 war im Mai für den Start des Kommunikationssatelliten Bangabandhu verwendet worden, und landete dann auf dem SpaceX-Bergungsschiff „Of course I still love you" im Atlantik. Das wiederholte die Stufe nun bei diesem Start. Die Mission war der 60. Flug einer Falcon 9, wobei der Erstflug der Falcon 9 Heavy im Februar hier nicht mitgezählt ist. Diese Zahl enthält auch nicht die Rakete, die im September 2016 mit dem Kommunikationssatelliten Amos 6 drei Tage vor dem Start bei einem Betankungstest explodiert war. Insgesamt verliefen von den sechzig SpaceX-Missionen 58 vollständig erfolgreich. Merah Putih basiert auf der SSL-1300 Plattform von Space Systems/Loral. Der Satellit wog beim Start 5.800 Kilogramm und ist mit 60 C-Band Transpondern ausgerüstet, die Telekommunikationsdienstleistungen für Indonesien (dafür sind 36 Transponder vorgesehen) und Indien (24 Transponder) zur Verfügung stellen sollen. Merah Putih wird seine Arbeitsposition auf 108 Grad östlicher Länge finden. Dort war zuletzt der 18 Jahre alte Telkom 1 stationiert, der vor einem Jahr ausgefallen ist.

12. August 2018 – Parker Solar Probe erfolgreich gestartet

Eine Mission, die seit fast 30 Jahren von der NASA geplant wurde, hat am 12. August 2018 endlich den Erdboden verlassen. An diesem Tag trat die „Parker Solar Probe" ihre Reise in die unmittelbare Nachbarschaft der Sonne an. Den Start absolvierte das Raumfahrzeug an Bord einer Delta 4 „Heavy" der United Launch Alliance. Benannt wurde die Raumsonde nach dem amerikanischen Astrophysiker Dr. Eugene Parker, dem Entdecker des Sonnenwindes und seiner Wechselwirkung mit dem Magnetfeld der Erde. Von Parker stammt auch der Begriff „Sonnenwind", den er 1959 als erster benutzte. Die Mission der vom Johns Hopkins Laboratory der NASA gebauten Sonde begann um 9:31

Die Parker Solar Probe wird für den Start vorbereitet.

Uhr mitteleuropäischer Zeit (3:31 Uhr US-Ostküstenzeit) an der Startanlage 37 der Luftwaffenbasis Cape Canaveral in Florida. Die drei Common Booster Cores (CBC) der ersten Stufe arbeiteten für drei Minuten und 56 Sekunden gemeinsam. Dann wurden die beiden äußeren CBC's abgetrennt. Fünf Minuten und 36 Sekunden nach dem Liftoff war auch der Treibstoff der zentralen Antriebseinheit aufgebraucht und die Centaur-Oberstufe übernahm von da an den weiteren Antrieb. Zehn Minuten und 37 Sekunden nach dem Verlassen der Startrampe war ein annähernd kreisförmiger Übergangsorbit in 175 Kilometern Höhe erreicht. Danach folgte eine zwölf Minuten lange Driftphase, bis die Orbitaleinheit, bestehend aus zweiter Stufe, dritter Stufe und der Raumsonde, das Einschussfenster für die Transferbahn erreichte. Dann zündete die Centaur erneut, dieses Mal für gut 14 Minuten.

Nach dem Brennschluss der 2. Stufe war eine Geschwindigkeit von 11,95 Kilometer pro Sekunde relativ zur Erde erreicht. Danach wurde auch sie abgetrennt, und der Thiokol STAR 48BV-Feststoffmotor übernahm die weitere Beschleunigung. Nach 84 Sekunden war auch hier der Treibstoff verbraucht und der Motor wurde abgeworfen. Zu diesem Zeitpunkt waren etwa 15 Kilometer pro Sekunde relativ zur Erde erreicht. Allerdings war es, anders als bei Raumsonden, die zu den äußeren Planeten gesendet werden, ein „Kick"

ANZEIGE
Mit der NASA zur Sonne!
IMAGES: NASA/JPL
Parker Solar Probe
Raumfahrer.net
Mitlesen - Mitreden - Mitmachen

entgegen der Bewegungsrichtung der Erde um die Sonne, um möglichst tief in den Gravitationstrichter unseres Heimatgestirns eintauchen zu können. Aber selbst das reicht nicht aus, um die gewünschte Bahn zu erreichen, so dass im Verlauf der Mission sieben nahe Vorbeiflüge an der Venus durchgeführt werden müssen, um zusätzlich Orbitalgeschwindigkeit abzubauen. Der erste dieser Vorbeiflüge erfolgt schon in wenigen Wochen, nämlich am 2. Oktober. Kurz darauf, am 5. November 2018, erreicht die Parker Solar Probe bereits das erste Mal das Perihel. Um die enormen Anforderungen an die Ziel-Trajektorie zu erfüllen brauchte es die Kraft der zweitgrößten Trägerrakete der Welt, in Verbindung mit der weltweit leistungsfähigsten Oberstufe, einem zusätzlichen Feststoff-Raketenmotor und einem sehr niedrigen Gewicht des Raumfahrzeuges selbst. Die Parker Solar Probe wiegt lediglich 685 Kilogramm (bei einer Rakete, die in der Lage ist, 28 Tonnen Nutzlast in eine niedrige Erdumlaufbahn zu bringen). Es ist damit mit Abstand die leichteste Nutzlast, die jemals mit einer Delta 4 „Heavy" ins All befördert wurde. Allerdings muss man bei der aktuellen Mission auch das Gewicht der dritten Stufe dazu rechnen, die mit auf Fluchtgeschwindigkeit beschleunigt wurde. Zusammen mit der Sonde selbst wiegt sie 2.700 Kilogramm.

Die Mission war schon seit den frühen 90iger Jahren in Vorbereitung. Das Originalkonzept, der Solar Orbiter, wurde 2003 von der Regierung Bush wieder storniert. Sechs Jahre später nahm die NASA das Thema erneut auf, zunächst noch unter der Bezeichnung „Solar Probe Plus". Am 31. Mai letzten Jahres wurde das Raumfahrzeug dann umbenannt in „Parker Solar Probe". Damit einher ging ein radikaler Wechsel in der Politik der Namensgebung für wissenschaftliche Raumfahrzeuge. Bis dahin durften sie stets nur „posthum" nach berühmten Forschern benannt werden. Der sehr erfreuliche Nebeneffekt: Der trotz seiner 91 Jahre noch sehr muntere und agile Eugene Parker stand den Medien für zahlreiche Interviews zur Verfügung und konnte den Start „seiner" Sonde miterleben. Die Parker Solar Probe soll während ihrer siebenjährigen Mission der Sonne bis auf sechs Millionen Kilometer nahe kommen, das sind nur 0,04 Astronomische Einheiten. Sie wird dabei einer 520mal höheren Sonneneinstrahlung ausgesetzt sein, als wenn sie sich auf Höhe der Erdumlaufbahn befinden würde. An ihrem Thermalschild wird sie sich dabei bis auf fast 1.400 Grad Celsius aufheizen, während die Temperaturen hinter diesem Schutzschild nicht mehr als moderate 30 Grad betragen wird.

Für die Solargeneratoren, mit denen das Raumfahrzeug seinen Strom gewinnt, musste ein neues, revolutionäres aktives Kühlungssystem entwickelt werden. Es arbeitet mit Wasser und verhindert, dass die Temperatur der Solarzellen-Ausleger in Sonnennähe auf mehr als 150 Grad Celsius steigt. Der schwierigste Teil der Reise für dieses auf extrem hohe Temperaturen ausgelegte Kühlsystem werden der Start und die erste Flugphase sein, denn dann können Teile der Sonde bis zu minus 140 Grad kalt werden. Aus diesem Grund wurde vor dem Start der Kühlmitteltank vorgeheizt.

22. August 2018 – Aeolus beobachtet Windströmungen

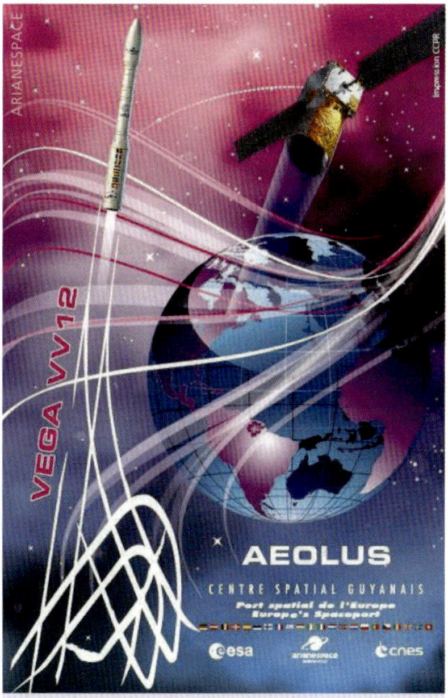

Startposter der Aeolus-Mission

Arianespace brachte am 22. August den Klimaforschungssatelliten Aeolus der ESA in eine polare, sonnensynchrone Erdumlaufbahn. Der Start erfolgte vom europäischen Weltraumbahnhof Kourou in Französisch Guyana, dem „Centre Spatial Guyanais". Als Trägerrakete wurde eine Vega eingesetzt, Europas Startsystem für leichte Nutzlasten. Es war der 12. Einsatz für diesen Träger. Die Mission begann um 23:20 Uhr an der „Zone de Lancement Vega", dem ehemaligen Launch Pad-1 in Kourou, von wo aus in den Jahren 1979 bis 1986 Raketen der Typen Ariane 1, 2 und 3 starteten. Die Vega ist ein vierstufiger Träger, mit drei Feststoffstufen und einer mit Hydrazin betriebenen Viertstufe mit der Bezeichnung Avum, die für die Orbitanpassung verwendet wird. Die Avum-Stufe führte nach der Trennung von der dritten Stufe der Rakete insgesamt drei Brennmanöver durch. Das erste dauerte acht Minuten und 34 Sekunden. Danach folgte eine Driftphase von 36 Minuten und 29 Sekunden Dauer, bis das Apogäum der Bahnellipse erreicht war. Danach führte die Avum-Stufe eine erneute Zündung durch, dieses Mal nur 20 Sekunden lang, um die Bahn zu zirkularisieren. 88 Sekunden nach dem zweiten Brennschluss wurde Aeolus abgesetzt. Noch einmal 50 Minuten später zündete die Avum erneut, dieses Mal für ein längeres Brennmanöver entgegen der Flugrichtung. Dies führte dazu, dass die Stufe eine halbe Erdumkreisung später in die Erdatmosphäre eintrat und wie geplant verglühte.

Die Mission Aeolus ist Bestandteil des „Earth Explorer Programme" der europäischen Weltraumbehörde ESA. Aeolus, benannt nach dem griechischen Gott des Windes, wird mit seinem Hauptinstrument, einem Laser Doppler-Lidar mit der Bezeichnung ALADIN (für: Atmospheric LAser Doppler INstrument) Windprofile in der Erdatmosphäre für den Höhenbereich unterhalb von 20 Kilometern erstellen. Das ist ein Bereich, der von der Troposphäre bis in die untere Stratosphäre reicht. Aeolus wird auf einer sonnensynchronen Bahn mit einer Höhe von 320 Kilometern und einer Bahnneigung zum Äquator von 96,7 Grad eingesetzt werden. Das Raumfahrzeug wurde von Airbus Defence und Space gebaut. Sein Design basiert auf der Plattform, die ursprünglich für Mars Express entwickelt worden ist, der seit 14 Jahren den Roten Planeten umkreist und immer noch voll funktionsfähig ist. Aeolus hat eine Startmasse von 1.357 Kilogramm und die Primärmission ist auf drei Jahre veranschlagt. Wobei man allerdings hofft, dass der Satellit deutlich länger betrieben werden kann.

Aeolus läuft bei der ESA auch unter der Bezeichnung „Earth Explorer 4", und wäre somit die vierte Mission, die der Erforschung des Erdklimas gewidmet ist. Die vorausgegangenen Missionen waren GOCE (Global Ocean Circulation Explorer), SMOS (Soil Moisture and Ocean Salinity) und CryoSat. Es kam aber bei der Entwicklung des Lidar-Systems für Aeolus zu erheblichen technischen Problemen, die den Start um nicht weniger als 10 Jahre verzögerten. Aus diesem Grund ist Aeolus jetzt tatsächlich die fünfte Mission der Serie, denn die eigentliche Mission Nummer fünf im Programm, die drei-Satelliten der Swarm-Konstellation, wurden schon im Jahre 2013 gestartet.

China startet erneut zwei Navigationssatelliten

25. August 2018 – Jahresrekord schon im August überboten

China brachte in den frühen Morgenstunden des 25. August zwei Navigationssatelliten der Beidou-Konstellation in eine mittelhohe Erdumlaufbahn. Die Mission war der 23. Orbital- oder Sondenstart dieses Jahres für China. Damit hat das Land bereits jetzt mehr

Missionen erfolgreich auf den Weg gebracht, als jemals zuvor in einem einzelnen Jahr. Dabei ist es erstaunlich, dass es im August nur einen einzelnen chinesischen Orbitalstart gab. In den vergangenen Monaten dieses Jahres oszillierte die Zahl stets zwischen zwei und fünf.

Der Start von Beidou 3M11 und 3M12 erfolgte vom Startkomplex 3 des zentralchinesischen Weltraumzentrums Xichang. Es waren dies die Navigationssatelliten Nummer 10 und 11 die China in diesem Jahr bereits gestartet hat. Als Träger wurde eine Rakete des Typs Langer Marsch 3B/Y1 eingesetzt. Diese Rakete weist ein Startgewicht von 460 Tonnen auf und ist in der Lage, Nutzlasten mit einem Gewicht von bis zu 5.500 Kilogramm in eine geostationäre Transferbahn zu befördern.

Die Startmission begann um 1:52 Uhr mitteleuropäischer Zeit (entsprechend 7:52 Uhr Ortszeit) und dauerte bis zum Absetzen der beiden Einheiten etwa vier Stunden. Die Raumfahrzeuge, es sind die Nummern 35 und 36 die für das Beidou-System bislang insgesamt gestartet wurden, und die für das mittelhohe Bahnsegment der Konstellation bestimmt sind. Ihr Orbit bewegt sich auf einer halbsynchronen Erdumlaufbahn in etwa 21.500 Kilometern Erdabstand bei einer Bahnneigung zum Äquator von 55,5 Grad. Nach offizieller chinesischer Lesart handelt es sich bei den beiden neuen Einheiten allerdings erst um den 30. und 31. Satelliten der Beidou-Konstellation. Dabei werden die ersten vier Beidou 1 – Versuchssatelliten zu Beginn des Programms nicht berücksichtigt. Sie wurden zwischen 2000 und 2007 mit Raketen des Typs Langer Marsch 3A gestartet.

Zwei chinesische Institutionen, nämlich CAST/CASC und SECM (Shanghai Engineering Center for Microsatellites) wurden für Entwicklung und Bau der Beidou 3 Satelliten ausgewählt. Die beiden aktuellen Einheiten stammen von SECM. Sie haben eine Masse von je 1.060 Kilogramm. Die Solargeneratoren stellen eine elektrische Leistung von 1.700 Watt zur Verfügung, und die Einheiten sind für eine Lebensdauer von mindestens 10 Jahren ausgelegt.

Bis zum Ende des Jahres wird noch der Start von drei weiteren Beidou-Paaren erwartet. M13 und M14 im September, M15 und M16 im Oktober und M17 und M18 im November. Dann werden auch insgesamt zwischen 35 und 40 chinesische Missionen stattgefunden haben. Damit könnte China, von der Anzahl der Starts her gesehen, erstmals weltweit die Nummer 1 in der Raumfahrt werden.

ULA

Einer der Delta Heavy Common Core Booster für die Parker Solar Probe Mission wird zum Montagegebäude gefahren.

RAUMFAHRT-STATISTIK

RAUMFAHRT-STATISTIK

DAS RAUMFAHRTJAHR 2017 – FAKTEN, FAKTEN, FAKTEN

Im Raumfahrtjahr 2017 wurden 90 Starts von Erdsatelliten durchgeführt. Kein einziges Raumfahrzeug steuerte dabei einen heliozentrischen Orbit oder eine Bahn zum Erdmond an. Das gab es in den vergangenen 20 Jahren nur zwei Mal. 84 Missionen verliefen vollständig erfolgreich, eine Mission kann als Teilerfolg gewertet werden, denn die Nutzlast erreichte am Ende mit Bordmitteln doch noch die vorgesehene Bahn. Fünf Missionen scheiterten. Dies ist zwar im Vergleich mit den Vorjahren ein relativ schlechter Wert, ist aber in zwei Fällen den missglückten Erstflügen neuer Trägerraketen zuzurechnen, die statistisch gesehen mit etwa 50prozentiger Wahrscheinlichkeit scheitern.

Die USA führten die internationale Startliste mit 29 Starts an, vor Russland mit 21 Starts und China mit 19. Auf Platz vier folgt Europa mit neun Missionen vor Japan mit sieben Orbitalflügen und Indien mit fünf Starts. Auch das ist nur eine kurzfristige Momentaufnahme, denn mittel- und langfristig werden China und die USA die führenden Raumfahrtmächte werden, respektive bleiben, während Russland zukünftig immer weiter zurückfallen wird.

Bei den Missionen des Jahres 2017 sollten insgesamt 450 Satelliten in den Orbit gebracht werden. Das ist mehr als eine Verdoppelung des Vorjahreswertes und zeigt vor allem das sprunghafte Anwachsen der Zahlen bei den so genannten Cubesats. 22 schafften das aber wegen der erwähnten Fehlstarts nicht, ein weiterer (Chinasat 9A) wurde auf einer zu niedrigen Bahn abgeliefert. Das konnte er mit den Bordtriebwerken ausgleichen, was allerdings wegen des hohen Treibstoffverbrauchs zu Lasten der Einsatzlebensdauer gehen wird. Noch eine interessante Zahl zu den Cubesats: 22 Prozent nahmen nach dem Absetzen nie Kontakt zu ihren Erbauern auf, und stellten von ihrer ersten Minute an nichts anderes als Weltraum-Müll dar. Hier muss hinsichtlich der Qualität noch einiges unternommen werden.

Der erste Orbitalstart des Jahres 2017 erfolgte am 5. Januar, als eine chinesische Trägerrakete des Typs Langer Marsch 3B/E den experimentellen Kommunikationssatelliten TJS-2 auf eine geostationäre Transferbahn brachte. Den letzten Start des Jahres, am 26. Dezember, führte Russland durch. An diesem Tag brachte eine Rakete des Typs Zenit-3F den angolanischen Kommunikationssatelliten Angosat 1 direkt in den geosynchronen Orbit. Nach einem erfolgreichen Start, dem ersten Einsatz einer solchen Rakete seit über zwei Jahren, verlor das Kontrollzentrum kurz nach dem Absetzen des Satelliten den Kontakt mit dem Raumfahrzeug. Zwei Tage später gelang es, die Funkverbindung wiederherzustellen. In der Folge gab es aber immer wieder Probleme mit der Stromversorgung des Raumfahrzeugs und im April 2018 ging der Kontakt mit Angosat 1 endgültig verloren. Von den 85 geglückten Starts (die nur teilweise erfolgreiche Mission von Apstar 9A ist hier mitgerechnet) gingen 48 in eine niedrige Erdumlaufbahn, drei in einen mittelhohen Orbit, 31 auf geostationäre Transferbahnen oder direkt in den geostationären Orbit und drei in einen hohen Erdorbit. Es fanden vier bemannte Missionen statt, bei denen insgesamt 11 Menschen in die Erdumlaufbahn gelangten. Dabei waren ausschließlich Männer an Bord. Alle vier Missionen wurden mit Raumfahrzeugen des Typs Sojus MS durchgeführt. Ganz ohne weibliche Komponente verlief das Jahr 2017 auf der ISS aber dennoch nicht, denn für zwei Drittel des Jahres befand sich die bereits im November 2016 an Bord gekommene Peggy Whitson in der Station. Whitson absolvierte dabei zwei Expeditions-Törns und verbrachte bei diesem, ihrem dritten, Orbitalflug nicht weniger als 289 Tage im Weltraum. Das ist Rekord bei den Frauen. Mit ihrer Gesamtaufenthaltsdauer von 665 Tagen im Weltraum hält sie zudem den Gesamtrekord für nichtrussische Raumfahrer. Insgesamt fanden bei den bemannten Aktivitäten der Internationalen Raumstation im Jahr 2016 zehn Außenbordmanöver statt, eine der höchsten Zahlen der letzten Jahrzehnte. Daran waren sieben Astronauten und zwei Kosmonauten beteiligt. Die höchste Zahl an EVAs im Jahre 2017 führte Robert Kimbrough durch, der vier Ausstiege zu verzeichnen hatte. Je drei Außenbordmanöver absolvierten Peggy Whitson und Randy Bresnik. Zwei der Astronauten (Thomas Pesquet von der ESA und Mark Vande Hei von der NASA) führten dabei je zwei EVA's durch. Jack Fischer, George Acaba, Fjodor Jurtschichin und Tim Peake, Juli Malentschenko und Sergei Rjasanski waren jeweils einmal außerhalb der Raumstation.

Zum ersten Mal seit vielen Jahren war 2017 nicht mehr die Sojus die am häufigsten eingesetzte Trägerrakete, sondern die Falcon 9 von SpaceX. Während die Sojus in acht Varianten insgesamt 15mal eingesetzt wurde, flog die Falcon 9 von SpaceX – in zwei Versionen – insgesamt 18mal. Platz drei nahmen die

Atlas 5 mit sechs Einsätzen in drei Varianten ein, gleichauf mit der Ariane 5 mit ebenfalls sechs Flügen in zwei Versionen und der japanischen H2A, die gleichfalls sechs Flüge in zwei Varianten verzeichnete. Der am meisten frequentierte Startplatz der Welt war auch in diesem Jahr erneut Cape Canaveral mit insgesamt 19 Missionen, genauso vielen wie im Vorjahr. Baikonur landete mit insgesamt 13 Starts auf Platz 2 vor Kourou, von wo aus – genau wie 2016 – 11 Missionen ihren Anfang nahmen. Nummer vier war der zweite US-Startplatz Vandenberg mit neun Missionen vor den beiden chinesischen Weltraumbahnhöfen Xichang und Jiuquan mit jeweils sieben Starts. Es gab auch 2017 wieder eine Reihe von Erstflügen neuer Träger. Der Jungfernflug der SS-520-5, der kleinsten orbitalen Trägerrakete, die je gebaut wurde, scheiterte am 14. Januar, weil die Verbindung zur funkgesteuerten Rakete verloren ging. Auch der Erstflug der Elektron des neuseeländischen Unternehmens Rocket Lab scheiterte wegen eines Verbindungsproblems mit dem Träger, der auf eine fehlerhafte Software auf dem Boden zurückzuführen war, worauf die Rakete sicherheitshalber gesprengt wurde. Der Erstflug der indischen GSLV Mark III war dagegen ein voller Erfolg.

Es kam im Laufe des Jahres 2017 zu einer ungewöhnlichen Häufung von Fehlstarts. Wobei zwei, im Absatz zuvor beschrieben, den insgesamt drei Erstflügen neuer Trägerraketen in diesem Jahr geschuldet waren. Die restlichen 3,5 Misserfolge teilen sich wie folgt auf: mAm 18. Juni lieferte eine chinesische Trägerrakete des Typs Langer Marsch 3B den Satelliten Chinasat 9A auf einer zu niedrigen Erdumlaufbahn ab. Der Satellit konnte sich mit Bordmitteln auf seine Arbeitsposition begeben, weswegen diese Mission zumindest als Teilerfolg gewertet werden kann. Allerdings ging die Minderleistung des Trägers zu Lasten der Lebensdauer des Raumfahrzeugs. Am 2. Juli erlebte eine chinesische Trägerrakete des Typs Langer Marsch 5 bei ihrem zweiten Einsatz einen Triebwerksausfall in der Zentralstufe, der zum Absturz des Trägers führte. Somit war die Nutzlast, der experimentelle Kommunikationssatellit Shijian 18, ebenfalls ein Totalverlust. Und am 31. August löste sich beim Start einer indischen PSLV-XL Trägerrakete mit dem Navigationssatelliten IRNSS-1H die Nutzlastverkleidung nicht. Der Träger erreichte trotzdem die Umlaufbahn, aber der Satellit, obwohl er sich von der vierten Stufe lösen konnte, blieb innerhalb der Nutzlastverkleidung gefangen. mUnd schließlich steuerte am 28. November eine Sojus 2.1b „Fregat" aufgrund falscher Settings der Lageregelungskreisel (es waren die Startparameter von Baikonur eingegeben, statt die von Wostotschny) mit perfekt funktionierender Hardware wieder in die Erdatmosphäre zurück. Neben der Hauptnutzlast, dem Wettersatelliten „Meteor-M 2-1" gingen dabei insgesamt 18 Kleinsatelliten verloren. Besondere Aufmerksamkeit erhielten in diesem Jahr die Raketen und Raumfahrzeuge von SpaceX. Bei den insgesamt 18 Starts einer Falcon 9 wurde in 15 Fällen die Rückführung der ersten Stufe versucht. Alle Versuche gelangen. 14mal landeten die Erststufen entweder auf den Bergungsschiffen im Atlantik oder im Pazifik, oder in der „Landing Zone 1" auf dem Gelände der Luftwaffenbasis Cape Canaveral in Florida. Bei einem Landeversuch ging die erste Stufe gezielt im Pazifik auf dem Wasser nieder. In diesem Fall ging es lediglich um den Erhalt von Flugversuchswerten bei Landungen unter Extrembedingungen. Eine Bergung war nicht vorgesehen, da die Stufe dem Block 4-Standard entsprach, und somit ohnehin nur einmal wiederverwendet werden konnte. Bei drei Flügen war aufgrund des hohen Nutzlastgewichts eine Bergung weder geplant, noch wurde ein Landeversuch durchgeführt. Insgesamt wurden fünf Starts mit „gebrauchten" Stufen durchgeführt. Im Jahre 2017 wurde auch erstmals eine bereits einmal verwendete Dragon-Raumkapsel ein zweites Mal eingesetzt. Nach vielen Jahren an Vorbereitungszeit nimmt der Testbetrieb bei den bisherigen beiden zukünftigen bemannten suborbitalen Transportsystemen „SpaceShipTwo" und „New Shepard" langsam Fahrt auf. So fanden vier Gleitflüge mit dem SpaceShipTwo „Unity" statt, bei dem die Testpiloten David McKay, Rick Sturckow, Mike Masucci und Mark Stucky mit eingebunden waren. Beim „New Shepard" von Blue Origin, dem anderen zukünftig bemannten suborbitalen Raumfahrtsystem, fand mit der dritten Flugeinheit ein unbemannter Testflug statt, der auf 99 Kilometer Höhe ging.

Das oftmals so bezeichnete „goldene Zeitalter der Planetenerkundung" läuft auf vollen Touren. Das spektakulärste Ereignis in der interplanetaren Raumfahrt und der Abschluss einer Ära war am 15. September das Ende der Mission der Raumsonde Cassini. Ihr Lageregelungs- und Manövriertreibstoff ging zur Neige, und so entschied Mission Control das Raumfahrzeug in die Atmosphäre des Saturn zu lenken. Zuvor gab es noch eine Reihe spektakulärer Passagen innerhalb des Ringsystems und dicht über der Wolkendecke des Planeten. Die Raumsonde Juno führte insgesamt sieben nahe Vorbeiflüge am größten Planeten unseres Sonnensystems, dem Jupiter, durch. Das große Interesse am Planeten Mars zeigt der Umstand, dass dort 2017 nicht weniger als neun aktive Raumfahrzeuge im Einsatz waren, zwei davon aus Europa und eines aus Indien.

In der Umlaufbahn um den Roten Planeten waren das der Trace Gas Orbiter und Mars Express, beide aus Europa, Mars Odyssey, Mars Reconnaissance Orbiter und Maven aus den USA und Mangalaayan aus Indien. Auf der Oberfläche waren die beiden US-Rover Opportunity und Curiosity aktiv.

Asteroiden und Kleinplaneten nehmen die Raumsonde Hayabusa 2 (der Apollo-Asteroid 162173 Ryugu) aus Japan, sowie OsirisRex (101955 Bennu) und Dawn (Kleinplaneten Vesta und Ceres) entweder bereits unter die Lupe, oder sind auf dem Weg zu ihren Zielobjekten. Am und auf dem Mond waren 2017 die Orbitsonde Lunar Reconnaissance Orbiter und die chinesische Landesonde Chang'e 3 aktiv. In der Umlaufbahn um die Venus forschte die chinesische Raumsonde Akatsuki und die weiteste Reise unternimmt weiterhin die US-Raumsonde New Horizons, die nach ihrem Besuch bei Pluto und seinen fünf Monden im Jahre 2015 nun unterwegs ist zum Kuiper-Gürtel Objekt 2014 MU69, das den informellen Namen „Ultima Thule" trägt.

DAS JAHR 2017: ÜBERBLICK UND VERGLEICH

Im Jahr 2017 wurden von sieben Nationen (Europa wird hier als „Nation" geführt) insgesamt 90 Weltraumstarts durchgeführt. Zum Vergleich die Zahlen der letzten 28 Jahre, zurück bis 1990:

	1990	1991	1992	1993	1994	1995	1996	1997	1998	1999	2000	2001	2002	2003
Nationen	6	5	5	5	5	5	5	5	5	5	5	5	7	7
Starts	114	93	95	79	89	74	73	86	77	73	81	58	62	61

	2004	2005	2006	2007	2008	2009	2010	2011	2012	2013	2014	2015	2016	2017
Nationen	6	6	6	7	7	9	8	7	9	7	7	7	8	7
Starts	55	55	64	68	68	78	74	84	76	81	92	87	86	90

Alle 90 Missionen des Jahres 2017 waren Erdorbit-Starts. Zum Vergleich die Zahlen der Vorjahre:

	2003	2004	2005	2006	2007	2008	2009	2010	2011	2012	2013	2014	2015	2016	2017
orbital	58	53	52	62	64	67	75	72	80	76	75	91	85	84	90
heliozentr.	3	2	3	2	4	1	3	2	4	0	5	1	2	2	0

Bei den heliozentrischen Flügen werden auch Missionen auf lunare Transferbahnen und in Mondorbits mitgezählt, obwohl es sich von einem himmelsmechanischen Standpunkt her genau genommen um Flüge im Erdorbit handelt. Die Fehlerquote des Jahres 2017 war außerordentlich hoch. 84 Flüge waren von Seiten des Trägers hinsichtlich des Transportes ihrer Hauptnutzlast vollständig erfolgreich, fünf Flüge scheiterten vollständig, einer teilweise, und zwar...

- am 14. Januar die Mission der experimentellen Kleinst-Trägerrakete SS-520 mit dem Cubesat TRICOM-1. 20 Sekunden nach dem Verlassen der Startrampe brach die Telemetrieverbindung ab. Die zweite Stufe, die mittels Funksteuerung hätte gezündet werden sollten, nahm daher ihren Betrieb nicht auf. Die Erfolgsaussichten für ein Gelingen der Mission waren von vorneherein als sehr gering eingeschätzt worden.

- am 25. Mai der Erstflug der Rocket Lab Electron, bei der die Rakete insgesamt weitgehend funktionierte, aber ein irrtümlich ausgelöster Befehl in der zweiten Hälfte des Aufstiegs die Selbstzerstörung der Rakete auslöste.

- am 18. Juni, als eine chinesische Trägerrakete des Typs Langer Marsch 3B den Satelliten Chinasat 9A auf einer zu niedrigen Erdumlaufbahn ablieferte. Der Satellit konnte sich mit Bordmitteln auf seine Arbeitsposition begeben, allerdings ging das zu Lasten der Lebensdauer des Raumfahrzeugs.

- am 2. Juli, als eine chinesische Trägerrakete des Typs Langer Marsch 5 bei ihrem zweiten Einsatz einen Triebwerksausfall in der Zentralstufe erlebte, die von den Oberstufen nicht mehr ausgeglichen werden konnte.

- am 31. August, als sich beim Start einer indischen PSLV-XL Trägerrakete mit dem Navigationssatelliten IRNSS-1H die Nutzlastverkleidung nicht löste.

- am 28. November, als sich aufgrund falscher Settings der Lageregelungskreisel (es waren die Startparameter von Baikonur eingegeben, statt die von Wostotschny) die Stufe mit perfekt funktionierender Hardware wieder in die Erdatmosphäre zurück steuerte.

Hier die Erfolgsbilanz bei den Starts mit den Vergleichswerten der Vorjahre:

	2004	2005	2006	2007	2008	2009	2010	2011	2012	2013	2014	2015	2016	2017
Fehlstarts	3	3	4	3	3	3	4	6	2,5	3	3	4,5	3,5	5,5
Missionen.	55	55	64	68	68	78	74	84	76	81	92	87	86	90
Fehlerquote (%)	5,5	5,5	4,7	4,4	4,4	3,8	5,4	7,1	3,3	3,7	3,3	5,2	4,1	6,1

Die Aufteilung auf die einzelnen Startplätze ist dabei – im Vergleich mit den Zahlen der vergangenen Jahre, wie folgt:

Startort	**2007**	**2008**	**2009**	**2010**	**2011**	**2012**	**2013**	**2014**	**2015**	**2016**	**2017**
Cape Canaveral	13	7	16	11	10	10	10	16	17	19	19
Baikonur	20	18	24	24	25	21	23	21	18	11	13
Kourou	6	6	7	6	7	10	7	11	12	11	11
Vandenberg	4	4	6	3	6	2	5	4	2	3	9
Xichang	6	4	2	8	9	9	3	2	9	7	7
Jiuquan	2	3	2	4	6	5	7	8	5	9	7
Tanegashima	2	1	3	2	3	2	2	4	4	3	6
Plesetzk	5	6	8	6	7	3	7	9	7	5	5
Satish Dhawan	3	3	2	3	3	2	3	4	5	7	5
Taiyuan	2	4	2	3	4	5	5	6	5	4	2
Wenchan	0	0	0	0	0	0	0	0	0	2	2
Uchinura / Kagoshima	0	0	0	0	0	0	1	0	0	1	1
Mahia RLLC	0	0	0	0	0	0	0	0	0	0	1
Wallops Island	1	0	1	0	1	0	4	3	0	1	1
Wostotschny	0	0	0	0	0	0	0	0	0	1	1
Palmachin	1	0	0	1	0	0	0	1	0	1	0
Sohae	0	0	1	0	1	1	0	0	1	1	0
Odyssey Plattform	1	5	1	0	1	3	1	1	0	0	0
Barking Sands	0	0	0	0	0	0	0	0	1	0	0
Naro	0	0	1	1	0	0	1	0	0	0	0
Yasny	1	1	0	1	1	0	2	2	1	0	0
Semnan	0	1	1	0	1	1	0	0	0	0	0
Omelek/Kwajalein	1	4	1	0	0	1	0	0	0	0	0
Kodiak Island	0	0	0	1	1	0	0	0	0	0	0
Kapustin Jar	0	1	0	0	0	0	0	0	0	0	0
Gesamt	**68**	**68**	**78**	**74**	**84**	**76**	**81**	**92**	**87**	**86**	**87**

DIE NATIONEN IM EINZELNEN

USA

Die USA führten 2016 29 Missionen durch und brachten dabei sechs verschiedene Trägertypen zum Einsatz: Die Antares 230, die Delta 2 und Delta 4, die Atlas 5, die Falcon 9, die Minotaur in zwei Versionen.

Träger	Starts	Erfolgreich	Fehlschlag
Antares 230	1	1	0
Atlas 5 401	4	4	0
Atlas 5 421	1	1	0
Atlas 5 541	1	1	0
Delta 2 7920	1	1	0
Delta 4 M+ (5,4)	1	1	0
Falcon 9 Block 3 und 4	18	18	0
Minotaur IV	1	1	0
Minotaur-C	1	1	0

Zum Vergleich die Endzahlen US-amerikanischer Starts in den Vorjahren:

	2003	2004	2005	2006	2007	2008	2009	2010	2011	2012	2013	2014	2015	2016	2017
Starts	26	19	16	22	19	15	24	15	18	13	19	23	20	23	29

Volksrepublik China

Insgesamt führte die Volksrepublik China im Jahr 2017 18 Missionen durch. Eingesetzt wurden dabei Trägerraketen der Typen Langer Marsch 2C und 2D, Langer Marsch 3A, Langer Marsch 3B in verschiedenen Versionen, Kaituozhe-2, Kuaizhou-1A, Langer Marsch 4B und 4C und die Langer Marsch 5.

Träger	Starts	Erfolgreich	(Teil-)Fehlschlag
Kaituozhe-2	1	1	0
Kuaizhou-1A	1	1	0
Langer Marsch 2C	3	3	0
Langer Marsch 2D	3	3	0
Langer Marsch 3B/G2	4	3	1
Langer Marsch 3B/YZ-1	1	1	0
Langer Marsch 4B	1	1	1
Langer Marsch 4C	1	1	0
Langer Marsch 5/YZ-2	1	0	1
Langer Marsch 6	1	1	0

Zum Vergleich die Endzahlen chinesischer Starts in den Vorjahren:

	2003	2004	2005	2006	2007	2008	2009	2010	2011	2012	2013	2014	2015	2016
Starts	7	8	5	6	10	11	6	15	19	19	15	15	19	22

Russland

Russland führte 2017 21 Missionen durch und brachte dabei vier verschiedene Trägertypen zum Einsatz. Die Rokot Briz-KM, die Sojus in den Versionen Sojus U, Sojus FG und Sojus 2.1a und 2.1b jeweils in der Version mit der Fregat-M-Oberstufe und in den tropentauglichen Versionen ST-A und ST-B, die von Kourou aus eingesetzt wird, die Proton M mit der Briz M Oberstufe und die Zenit 3F, die aus der Ukraine stammt.

Träger	Starts	Erfolg	Fehlschlag
Proton M Briz M	4	4	0
Rokot Briz KM	1	1	0
Sojus U	1	1	0
Sojus FG	4	4	0
Sojus 2.1 a	2	2	0
Sojus 2.1a "Fregat"	1	1	0
Sojus 2.1v "Wolga"	1	1	0
Sojus 2.1b	1	1	0
Sojus 2.1b "Fregat"	3	2	1
Sojus ST-A/ST-B "Fregat"	2	2	0
Zenit 3F	1	1	0

Zum Vergleich die Endzahlen russischer Starts in den Vorjahren:

	2003	2004	2005	2006	2007	2008	2009	2010	2011	2012	2013	2014	2015	2016	2017
Starts	21	23	26	24	27	31	33	31	35	29	35	37	29	19	21

Europa

Europa führte 2017 neun Orbitalmissionen durch. Eingesetzt wurden dabei die Vega und die Ariane 5-Varianten Ariane 5 ECA und Ariane 5 ES.

Träger	Starts	Erfolg	Fehlschlag
Ariane 5 ECA	5	5	0
Ariane 5 ES	1	1	0
Vega	3	3	0

Zum Vergleich die jährlichen Startfrequenzen der vergangenen Jahre

	2003	2004	2005	2006	2007	2008	2009	2010	2011	2012	2013	2014	2015	2016	2017
Starts	3	3	5	5	6	6	7	6	5	8	4	7	9	9	9

Japan

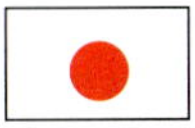

Im Jahr 2017 fanden sieben Missionen statt. Zum Einsatz kamen dabei die H-2A in den Versionen 202 und 204 und die SS-520

Träger	Starts	Erfolg	Fehlschlag
H-2A 202	4	4	0
H-2A 204	2	2	0
SS-520	1	0	1

Zum Vergleich die Endzahlen der Vorjahre:

	2003	2004	2005	2006	2007	2008	2009	2010	2011	2012	2013	2014	2015	2016	2017
Starts	0	0	2	6	2	2	2	1	3	2	3	4	4	4	7

Indien

Indien startete 2017 fünfmal in den Weltraum. Dabei wurden Trägerraketen der Typen PSLV in den Versionen G und XL, sowie die GSLV Mark II und die GSLV Mark III eingesetzt.

Träger	Starts	Erfolg	Fehlschlag
GSLV Mk. III	1	1	0
GSLV Mk. II	1	1	0
PSLV XL	3	2	1

In den Vorjahren war die indische Startbilanz wie folgt:

	2003	2004	2005	2006	2007	2008	2009	2010	2011	2012	2013	2014	2015	2016	2017
Starts	2	1	1	1	3	3	2	3	3	2	3	4	5	7	5

Neuseeland

Neuseeland ist ein neues Mitglied in der Familie der Nationen, die über eigene Orbitalraketen verfügen. Die Zuordnung ist allerdings nicht ganz eindeutig, denn die Firma Rocket Lab, die den Träger „Elektron" baut und startet, betreibt zwar ihr Business in Neuseeland, ist aber aus marketingtechnischen Gründen in den USA registriert. Für die Zuordnung zu Neuseeland wird hier der Ort der Leistungserfüllung gewertet, die Nationalität des Firmengründers und die bei weitem überwiegende Anzahl an Mitarbeitern.

Träger	Starts	Erfolg	Fehlschlag
Electron	1	0	1

In den Vorjahren hatten keine neuseeländischen Starts stattgefunden.

EXPLOREDESIGN
Entwicklung der Weltraumstarts 2003–2017
Anzahl der Starts nach Missiontyp 2017
30
zivile Telekommunikation
24
Militärische Missionen inkl. Telekom. & Erdbeob.
11
Zivile Erdbeobachtung und Meteorologie
10
Unbemannte Missionen zu ISS und Tiangong
7
Navigation
2
Forschung und Technologie
4
Bemannte Missionen
2
Testflüge neuer Trägerraketen
0
Raumsonden
Anzahl der Starts nach Nationen von 2003 bis 2017
90
80
70
60
30
20
10
0
Gesamt
Russland & Ukraine
Russland
USA
China
Europa
Indien
Sonstige
Japan
90
29
21
18
9
7
5
1
2003
2017
Daten: Archiv Reichl – Bild: NASA

DETAILLIERTE STATISTIK DER WELTRAUMSTARTS JANUAR BIS DEZEMBER 2017

STARTS IM JAHR 2017 NACH MISSIONSTYP

Bemannte Missionen

DATUM	START-PLATZ	TRÄGER	LAUNCH PROVIDER	NUTZLAST	MASSE IN KG	ORBIT TYP	MISSION	AUFTRAGNEHMER / NUTZLAST	KUNDE
20. Apr	Baikonur	Sojus FG	Roskosmos	Sojus MS-04	7 250	LEO	Besatzungs-transfer ISS	RKK Energija	Roskosmos
27. Jul	Baikonur	Sojus FG	Roskosmos	Sojus MS-05	7 250	LEO	Besatzungs-transfer ISS	RKK Energija	Roskosmos
12. Sep	Baikonur	Sojus FG	Roskosmos	Sojus MS-06	7 250	LEO	Besatzungs-transfer ISS	RKK Energija	Roskosmos
17. Dez	Baikonur	Sojus FG	Roskosmos	Sojus MS-07	7 250	LEO	Besatzungs-transfer ISS	RKK Energija	Roskosmos

Suborbitale Flüge bemannter und bemannbarer Systeme in 2017

DATUM	FLUGGERÄT	BEZEICHNUNG	PILOT/COPILOT	FLUGHÖHE (M)	BEMERKUNG
24. Feb	VSS Unity	07/GF 03	Rick Sturckow/David McKay	16.800	3. Gleitflug
01. Mai	VSS Unity	08/GF 04	Mark Stucky/Mike Masucci	16.800	4. Gleitflug; 1. Feather-Flug
01. Jun	VSS Unity	09/GF 05	Mark Stucky/Mike Masucci	16.800	5. Gleitflug; Cold-Flow Versuch
03. Aug	VSS Unity	10/GF 06	David McKay/Rick Sturckow	16.800	6. Gleitflug; 2. Feather-Flug, Maximales Startgewicht
12. Dez	New Shepard	07/GF 03	-	99.000	1. Testflug NS 3, Testflug Nr. 7 gesamt

Unbemannte Versorgungsflüge zu Raumstationen

DATUM	START-PLATZ	TRÄGER	LAUNCH PROVIDER	NUTZLAST	MASSE IN KG	ORBIT TYP	MISSION	AUFTRAGNEHMER / NUTZLAST	KUNDE
20. Feb	Cape Canaveral	Falcon 9 FT	SpaceX	Dragon CRS-10	10.600	LEO	Cargo, ISS	SpaceX	NASA
22. Feb	Baikonur	Sojus U	Roskosmos	Progress MS-05	7 285	LEO	Cargo, ISS Versorgung	RKK Energija	Roskosmos
18. Apr	Cape Canaveral	Atlas 5 401	ULA	OA-7 „John Glenn"	6.200	LEO	Cargo, ISS	Orbital ATK	NASA
20. Apr	Wenchan	Langer Marsch 7	CNSA	Tianzhou-1	12.910	LEO	Cargo, Tiangong-2 Versorgung	CNSA	CNSA
03. Jun	Cape Canaveral	Falcon 9 FT	SpaceX	Dragon CRS-11	10.600	LEO	Cargo, ISS	SpaceX	NASA
14. Jun	Baikonur	Sojus 2.1a	Roskosmos	Progress MS-06	7 277	LEO	Cargo, ISS Versorgung	RKK Energija	Roskosmos
14. Aug	Cape Canaveral	Falcon 9 FT	SpaceX	Dragon CRS-12	10.600	LEO	Cargo, ISS	SpaceX	NASA
14. Okt	Baikonur	Sojus 2.1a	Roskosmos	Progress MS-07	7 428	LEO	Cargo, ISS Versorgung	RKK Energija	Roskosmos
12. Nov	Cape Canaveral	Antares 230	Orbital ATK	OA-8 "Eugene Cernan"	6.200	LEO	Cargo, ISS	Orbital ATK	NASA
14. Dez	Cape Canaveral	Falcon 9 FT	SpaceX	Dragon CRS-12	10.600	LEO	Cargo, ISS	SpaceX	NASA

Zivile Kommunikations- und Relaissatelliten

DATUM	START-PLATZ	TRÄGER	LAUNCH PROVIDER	NUTZLAST	MASSE IN KG	ORBIT TYP	MISSION	AUFTRAGNEHMER / NUTZLAST	KUNDE
14. Jan	Vandenberg	Falcon 9 FT	SpaceX	Iridium NEXT 1-10	10 x 860	LEO	Kommunikation	TAS-I/Orbital ATK	Iridium Communic.
28. Jan	Kourou	Sojus ST-B Fregat	Arianespace	Hispasat 36W1	3.220	GTO	Kommunikation	OHB	Hispasat
14. Feb	Kourou	Ariane 5 ECA	Arianespace	SKY Brasil 1	6.000	GTO	Kommunikation	Airbus DS	AT&T/DIRECTV
				Telcom 3S	3.550	GTO	Kommunikation	Alcatel Alenia	Telcom Indonesia
16. Mrz	Cape Canaveral	Falcon 9 FT	SpaceX	Echostar 23	5.500	GTO	Kommunikation	SSL	Echostar
31. Mrz	Cape Canaveral	Falcon 9 FT	SpaceX	SES 10	5.282	GTO	Kommunikation	Airbus Defence & Space	SES
12. Apr	Xichang	Langer Marsch 3B/G2	CNSA	Shijian-13	4.600	GTO	Kommunikation	CASC	China Satcom
04. Mai	Kourou	Ariane 5 ECA	Arianespace	SGDC	5.735	GTO	Kommunikation	Thales Alenia Space	VTE S.A.
				KOREASAT-7	3.680	GTO	Kommunikation	Thales Alenia Space	KT SAT Corp.
05. Mai	Satish Dhawan	GSLV Mk. II	ISRO	GSAT-9	2.230	GTO	Kommunikation	ISRO	ISRO
18. Mai	Kourou	Sojus ST-A Fregat M	Arianespace	SES-15	2.300	GTO	Kommunikation	Boeing	SES
02. Jun	Kourou	Ariane 5 ECA	Arianespace	ViaSat-2	6.650	GTO	Kommunikation	Boeing	ViaSat
				Eutelsat 172B	3.346	GTO	Kommunikation	Airbus DS	Eutelsat
05. Jun	Shriharikota	GSLV Mark III	ISRO	GSAT-19	3.136	GTO	Kommunikation, Forschung, Technologie	ISRO	ISRO
08. Jun	Baikonur	Proton M Briz M	ILS	Echostar XXI	6.900	GTO	Kommunikation	Space Systems Loral	Echostar
18. Jun	Xichang	Langer Marsch 3B/G2	CNSA	Chinasat 9A	5.100	GTO	Kommunikation	CASC	China Satcom
23. Jun	Satish Dhawan	PSLV XL	ISRO	Blue Diamond, Green Diamond, Red Diamond	je 6	SSO	Kommunikation	Sky & Space Global	Sky & Space Global
23. Jun	Cape Canaveral	Falcon 9 FT	SpaceX	BulgariaSat-1	3.669	GTO	Kommunikation	Space Systems Loral	Bulsatcom
25. Jun	Vandenberg	Falcon 9 FT	SpaceX	10 x Iridium NEXT	10 x 860	LEO	Mobilfunk	Alenia/Orbital AKT	Iridium
28. Jun	Kourou	Ariane 5 ECA	Arianespace	Inmarsat EAN/Hellas Sat3	5.780	GTO	Kommunikation	Thales Alenia Space	Inmarsat/Hellassat
				GSAT 17	3.477			ISRO	ISRO
02. Jul	Wenchang	Langer Marsch 5/YZ-2	CNSA	Shijian 18	Ca. 8.000	GTO	Kommunikation	CASC	CNSA
06. Jul	Cape Canaveral	Falcon 9 FT	SpaceX	Intelsat 35e	6.761	GTO	Kommunikation	Boeing Space Systems	Intelsat

Zivile Kommunikations- und Relaissatelliten

DATUM	START-PLATZ	TRÄGER	LAUNCH PROVIDER	NUTZLAST	MASSE IN KG	ORBIT TYP	MISSION	AUFTRAGNEHMER / NUTZLAST	KUNDE
18. Aug	Cape Canaveral	Atlas 5 401	ULA	TDRS-M	3.770	GTO	Relay	Boeing	NASA
11. Sep	Baikounur	Proton M, Briz M	ILS	Amazonas 5	5.900	GTO	Kommunikation	Space Systems Loral	Hispasat
28. Sep	Baikounur	Proton M, Briz M	ILS	AsiaSat 5	6.140	GTO	Kommunikation	Space Systems Loral	AsiaSat
29. Sep	Kourou	Ariane 5 ECA	Arianespace	Intelsat 37e	6.438	GTO	Kommunikation	Boeing Space Systems	Intelsat
				BSAT 4a	3.520			Space Systems Loral	BSAT
09. Okt	Vanden-berg	Falcon 9 FT	SpaceX	Iridium NEXT 1-10	10 x 860	LEO	Kommunikation	TAS-I/Orbital ATK	Iridium Communic.
12. Okt	Cape Canaveral	Falcon 9 FT	SpaceX	Echostar 105/SES-11	5.200	GTO	Kommunikation	Airbus DS	Echostar/SES
30. Okt	Cape Canaveral	Falcon 9 FT	SpaceX	Koreasat 5A	3.700	GTO	Kommunikation	Thales Alenia Space	KT Corporation
28. Nov	Wostot-schny	Sojus 2.1b „Fregat“	Roskosmos	LEO-2	70	SSO	Kommunikation	SSL/UTIAS	Telesat Canada
				D-Star One	4		Amateurfunk	GOS GmbH	GOS GmbH
10. Dez	Xichang	Langer Marsch 3B/G2	CNSA	Alcomsat-1	5.225	GTO	Kommunikation	CAST	ASAL
23. Dez	Vanden-berg	Falcon 9 FT	SpaceX	Iridium NEXT 31-40	10 x 860	LEO	Kommunikation	TAS-I/Orbital ATK	Iridium Communic.
26. Dez	Baikonur	Zenit 3F	Roscosmos	Angosat-1	1.647	GEO	Kommunikation	Energia/Airbus DS TLS	Republik Angola

Navigation (zivil und militärisch)

DATUM	START-PLATZ	TRÄGER	LAUNCH PROVIDER	NUTZLAST	MASSE IN KG	ORBIT TYP	MISSION	AUFTRAGNEHMER / NUTZLAST	KUNDE
01. Jun	Tanega-shima	H-2A 202	JAXA	Michibiki-2	4.000	GTO	Navigation	MHI	QZSS Inc.
19. Aug	Tanega-shima	H-2A 204	JAXA	Michibiki-3	4.700	GTO	Navigation	MHI	QZSS Inc.
31. Aug	Shrihari-kota	PSLV XL	ISRO	IRNSS-1H	1.425	GTO	Navigation	ISRO	ISRO
22. Sep	Plesetzk	Sojus 2.1b Fregat	RVSN	Glonass-M Nr. 52S	1.415	MEO	Navigation	Reshetnev	VKS
10. Okt	Tanega-shima	H-2A 204	JAXA	Michibiki-3	4.000	GTO	Navigation	MHI	QZSS Inc.
05. Nov	Xichiang	Langer Marsch 3B/ YZ-1	CNSA	Beidou 3M-1 und 3M-2	Je 1.014	MEO	Navigation	CASC	CASC
12. Dez	Kourou	Ariane 5 ES	Arianespace	Galileo FOC-15 (Nicole) Galileo FOC-16 (Zofia) Galileo FOC-17 (Alexandre) Galileo FOC-18 (Irina)	Je 715	MEO	Navigation	OHB System AG	EU

Rot : Fehlschlag Orange : Teilerfolg

Zivile Erdbeobachtung und Meteorologie

DATUM	START-PLATZ	TRÄGER	LAUNCH PROVIDER	NUTZLAST	MASSE IN KG	ORBIT TYP	MISSION	AUFTRAGNEHMER / NUTZLAST	KUNDE
09. Jan	Jiuquan	Kuaizhou-1A	CASC	Jilin Liniye-1	165	SSO	Erdbeobachtung	CNSA	CNSA
				Xingyun Shiyan 1	4	SSO	Erdbeobachtung	Northwestern Polytechnic.	Northwestern Polytechnic.
14. Jan	Uchinoura	SS-520	JAXA	TRICOM-1	4	LEO	Erdbeobachtung	University of Tokyo	University of Tokyo
15. Feb	Satish Dhawan	PSLV XL	ISRO	88 x Flock 3P	264	SSO	Erdbeobachtung	Planet Laboratories	Planet Laboratories
				8 x Lemur-2	24			Spire	Spire
06. Mar	Kourou	Vega	Arianespace	Sentinel 2B	1.150	SSO	Erdbeobachtung	Airbus DS SAS	EU
15. Jun	Jiuquan	Langer Marsch 4B	CASC	Zhuhai-1 01 und 02	Je 50	LEO	Erdbeobachtung	Universität Tshinghua	Universität Tsinghua
				NuSat 3	37			Satellogic	Satellogic
23. Jun	Satish Dhawan	PSLV XL	ISRO	Cartosat 2E	712	SSO	Erdbeobachtung	ISRO	ISRO
				NIUSAT	15	SSO	Erdbeobachtung	Noorul Islam University	Noorul Islam University
				CESat-1	50	SSO	Erdbeobachtung	Canon	Canon
				Aalto-1	4	SSO	Erdbeobachtung	Universität Aalto	Universität Aalto
				8 x Lemur 2	Je 4	SSO	Erdbeobachtung	Spire	Spire
14. Jul	Baikonur	Sojus 2.1a Fregat	Roskosmos	Kanopus V-IK	473	SSO	Erdbeobachtung	NPO VNII EM	Rotskosmos
				WINSAT-1R	40	SSO	Erdbeobachtung	AXELSPACE	Weather News Inc.
				CICERO 1,2,3	3 x 11	SSO	Erdbeobachtung	Tyvak Nano Satellites	GeoOptics Inc.
				Corvus-BC 1 & 2	2 x 10	SSO	Erdbeobachtung	Astro Digital	Astro Digital
				MKA-N 1&2	2 x 10	SSO	Erdbeobachtung	Dauria	Roskosmos
				8 x Lemur 2	8 x 4	SSO	Erdbeobachtung	Spire	Spire
02. Aug	Kourou	Vega	Arianespace	VENμS	264	SSO	Erdbeobachtung	IAI	ISA/CNES
23. Aug	Vanden-berg	Falcon 9 FT	SpaceX	Formosat 5	475	SSO	Erdbeobachtung	NSO Rep. of Taiwan	NSO Rep. of Taiwan
09. Sep	Jiuquan	Langer Marsch 2D	CASC	VRSS-2	1.000	SSO	Erdbeobachtung	CAST	ABAE/ MPPCTII
12. Okt	Plesetzk	Rokot Briz-KM	Eurokot	Sentinel 5P	820	SSO	Umwelt-Monitoring	Airbus DS	EU
31. Okt	Vanden-berg	Minotaur-C	Orbital ATK	6 x SkySat	Je 110	SSO	Erdbeobachtung	Space Systems Loral	Planet Lab
				4 x Dove (Flock 3M)	Je 5		Erdbeobachtung	Planet Lab	
08. Nov	Kourou	Vega	Arianespace	Mohammed VI-A	1.110	SSO	Erdbeobachtung	TAS-F/Airbus	Regierung Marokko
12. Nov	Cape Canaveral	Antares 230	Orbital ATK	8 x Lemur 2	48	LEO	Cargo, ISS	Orbital ATK	NASA
14. Nov	Taiyuan	Langer Marsch 4C	CASC	Fengyun 3D	2.450	SSO	Meteorologie	CAST	CMA
				HEAD-1	45		Marine-überwachung	unbekannt	Head Aero-space
18. Nov	Vanden-berg	Delta 2 7920	ULA	JPSS-1	2.540	SSO	Meteorologie	Ball Aerospace	NOAA
				MiRaTA	5,5		Erdbeobachtung	MIT-Lincoln Labs	MIT-Lincoln Labs
21. Nov	Taiyuan	Langer Marsch 6	CASC	Jilin 04-06	Je 95	SSO	Erdbeobachtung	CASC	CNSA
28. Nov	Wostot-schny	Sojus 2.1b „Fregat"	Roskosmos	Meteor-M 2-1	2.750	SSO	Meteorologie	NPPV VNIIEM	Roshydromet
				AISSat-3	6,5		Marine-überwachung	UTIAS	Norsk Romsenter
				2 x Corvus BC-3	2 x 6		Erdbeobachtung	Astro Digital	Astro Digital
				10 x Lemur 2	10 x 4,5		Erdbeobachtung	GOS GmbH	GOS GmbH
23. Dez	Tanega-shima	H2A 202	JAXA	GCOM-C (Shikisai)	2.093	SSO	Erdbeobachtung	JAXA	JAXA

Militärische Aufklärung

(Optisch, Radar, SIGINT, ELINT, Infrarot-Frühwarnung etc), Militärische Wettersatelliten, militärische Geodäsie

DATUM	START-PLATZ	TRÄGER	LAUNCH PROVIDER	NUTZLAST	MASSE IN KG	ORBIT TYP	MISSION	AUFTRAGNEHMER / NUTZLAST	KUNDE
05. Jan	Xichang	Langer Marsch 3B/G2	CNSA	TJS-2	?	GTO	Frühwarnsatellit	SAST	PLA
21. Jan	Cape Canaveral	Atlas 5 401	ULA	SBIRS-GEO 3 (USA-273)	4.540	GTO	Frühwarnsatellit	Lockheed	US Air Force
15. Feb	Satish Dhawan	PSLV XL	ISRO	Cartosat-2D	714	SSO	Optischer Aufklärer	ISRO	ISRO
01. Mar	Vanden-berg	Atlas 5 401	ULA	Intruder 8A und 8B	je ca. 3.250	LEO	Marineaufklärer	Unbekannt	NRO
01. Mai	Cape Canaveral	Falcon 9 FT	SpaceX	NRO-L76	ca. 2.500	LEO	Optischer Aufklärer	Ball Aerospace	NRO
25. Mai	Plesetzk	Sojus 2.1b Fregat	RVSN	EKS No. 2	ca. 2.500	Molnija	Frühwarnung	Energia	RVSN
23. Jun	Plesetzk	Sojus 2.1v "Wolga"	RVSN	Kosmos 2519	?	SSO	Geodäsie	Lawotschkin	RVSN RF
02. Aug	Kourou	Vega	Arianespace	OPTSAT-3000	368	SSO	Optischer Aufklärer	IAI	IDM
14. Aug	Cape Canaveral	Falcon 9 FT	SpaceX	Dragon CRS-12	50	LEO	Optischer Aufklärer	Maryland Aerospace Inc.	US Army
26. Aug	Cape Canaveral	Minotaur IV	Orbital ATK	ORS-5	140	LEO	Orbit-Überwachung	LL MIT	US Air Force
24. Sep	Vanden-berg	Atlas 5 541	ULA	NRO-L42	Ca. 5.000	Molnija	Frühwarnsatellit	Unbekannt	NRO
29. Sep	Xichang	Langer Marsch 2C	CNSA	3 x Yaogan 30-01	?	LEO	Frühwarnung	CASC	PLA
24. Nov	Xichang	Langer Marsch 2C	CNSA	3 x Yaogan 30-02	?	LEO	Frühwarnung	CASC	PLA
02. Dez	Plesetzk	Sojus 2.1b	RVSN	Kosmos 2524	Ca. 6.500	LEO	Funkaufklärung	TsSKB Progress	RVSN RF
03. Dez	Jiuquan	Langer Marsch 2D	CNSA	LKW-1 (Yaogan 31)	?	SSO	Elektro-optischer Aufklörer	CAST	PLA
23. Dez	Jiuquan	Langer Marsch 2D	CNSA	LKW-2 (Yaogan 32)	?	SSO	Elektro-optischer Aufklörer	CAST	PLA
25. Dez	Xichang	Langer Marsch 2C	CNSA	3 x Yaogan 30-03	?	LEO	Frühwarnung	CASC	PLA

Militärische Kommunikations- und Relaissatelliten

DATUM	START-PLATZ	TRÄGER	LAUNCH PROVIDER	NUTZLAST	MASSE IN KG	ORBIT TYP	MISSION	AUFTRAGNEHMER / NUTZLAST	KUNDE
24. Jan	Tanega-shima	H-2A 204	JAXA	DSN-2 (Kirameki-2)	?	GTO	Militärische Kommunikation	NEC	JMD
17. Mar	Tanega-shima	H-2A 202	JAXA	IGS-5	?	SSO	Radaraufklärung	?	JMD
19. Mar	Cape Ca-naveral	Delta IV M+(5,4)	ULA	WGS-9	6.000	GTO	Militärische Kommunikation	Boeing	US Air Force
17. Aug	Baikonur	Proton M Briz M	VKO	Blagovest 11L	Ca. 4.500	GTO	Militärische/Zivile Kommunikation	Reschetnew	VKO
15. Okt	Cape Ca-naveral	Atlas 5 421	ULA	NRO-L52 (Quasar 21)	Ca. 4.500	GTO	Datenrelay	?	NRO

Rot : Fehlschlag

Forschung, Technologie, Bildung (zivil und militärisch)

DATUM	STARTPLATZ	TRÄGER	LAUNCH PROVIDER	NUTZLAST	MASSE IN KG	ORBIT TYP	MISSION	AUFTRAGNEHMER / NUTZLAST	KUNDE
09. Jan	Jiuquan	Kuaizhou-1A	CASC	Kaidun-1	4	SSO	Technologie	TU's in Bejing und Nanking	Universitäten
15. Feb	Satish Dhawan	PSLV XL	ISRO	INS 1A	8,4	SSO	Technologie	ISRO	ISRO
				INS 1B	9,4			ISRO	ISRO
				BGUSat	4			Ben Gurion University	Ben Gurion University
				DIDO 2	4			Space Pharma	Space Pharma
				PEASS	4			PEASS Consortium	PEASS Consortium
				Al-Farabi 1	1			Al-Farabi Kazakh Univ.	Al-Farabi Kazakh Univ.
				Nayif 1	1			EIAST, AUS	EIAST, AUS
03. Mar	Jiuquan	Kai-tuozhe-2	CASIC	Tiankong-1	ca. 200	LEO	Technologie	CASIC	CASIC
18. Apr	Cape Canaveral	Atlas 5 401	ULA	38 Cubesats	83	LEO	Technologie	Diverse	Diverse
03. Jun	Cape Canaveral	Falcon 9 FT	SpaceX	BRAC Onnesha	1	LEO	Technologie	KIT	BRAC University
				ANUSAT-1	1		Technologie	KIT	ANUC Koforidua
				Bird J	1		Technologie	KIT	KIT
				Mazaalai	1		Technologie	KIT	NU of Mongolia
				Edusat-1	1		Technologie	KIT	FUT Nigeria
14. Jun	Baikonur	Sojus 2.1a	Roskosmos	Radioskaf RS-6	5	LEO	Technologie	SWSU	SWSU
				Radioskaf RS-7	5		Technologie	SWSU	SWSU
				TNS-02	5		Technologie	FSUE/RSIDE	RNII KP
				Sfera	8		Forschung	?	?
15. Jun	Jiuquan	Langer Marsch 4B	CASC	HXMT (Huiyan)	2.700	LEO	Röntgen-Astronomie	CASC	CAS/IHEP
23. Jun	Satish Dhawan	PSLV XL	ISRO	Max Valier Sat	15	SSO	Astronomie	Max Valier Schule	MVS, MPI Garching
				D-Sat	4,5		Technologie	D-Orbit	D-Orbit
				Pegasus QB-50	2		Ionospären-forschung	Uni Wiener Neustadt	Uni Wiener Neustadt
				InflateSail QB-50	4		Technologie	Surrey Space Systems	Surrey Space Syst.
				UCLSat QB-50	2		Ionosphärenforschung	MSSL, Univ. Coll. London	MSSL, Univ. Coll. Ld.
				NUDTSat QB-50	2		Ionosphärenforschung	Nat. Univ. of Def. Tech.	Nat. Univ. of Def. T.
				COMPASS-2 QB-50	4		Technologie	Universität Aachen	Univ. Aachen
				Lituanica SAT-2 QB-50	4		Technologie	Universität Wilnius	Univ Wilnius
				URSA MAIOR	3		Thermosphären-forschg.	Universität Rom	Universität Rom
				VZLUSat 1	2		Thermosphären-forschg.	VZLU	VZLU
				SUCHAI-1	1		Ionosphären-forschung	University of Chile	University of Chile
				Venta 1	5		Schiffs-Tracking	Ventspils University	Ventspils University
				ROBUSTA 1B	1		Technologie	Universität Montpellier	Universität Montpellier.
				sCube	1		Technologie	SOSA	SOSA
				CICERO-6	10		Technologie	Tyvak	GeoOptics Inc.
				Tyvak 53b	3		Technologie	Tyvak	Tyvak

Forschung, Technologie, Bildung (zivil und militärisch)

DATUM	START-PLATZ	TRÄGER	LAUNCH PROVIDER	NUTZLAST	MASSE IN KG	ORBIT TYP	MISSION	AUFTRAGNEHMER / NUTZLAST	KUNDE
14. Jul	Baikonur	Sojus 2.1a Fregat	Roskosmos	Flying Laptop	120	SSO	Technologie	Uni Stuttgart	Uni Stuttgart
				NORSat 1 & 2	30 + 15		Technologie	University of Toronto	Norsk Romsenter
				TechnoSat	18		Technologie	TU Berlin	TU Berlin
				Mayak	4		Technologie	Cosmo Mayak	Moskow State Univ.
				Nano Ace	5		Technologie	Tyvak Nano Sat	Tyvak Nano Sat
				Iskra-MAI-85	4		Technologie	Luftfahrtinstitut Moskau	MAI
				Ecuador-UTE-YuZGU	1		Technologie	UTE/SWSU	UTE/SWSU
				48 x Dove Flock-2k	48 x 5		Technologie	Planet Labs	Planet Labs
02. Aug	Kourou	Vega	Arianespace	VENμS	264	SSO	Erdbeobachtung	IAI	ISA/CNES
14. Aug	Cape Canaveral	Falcon 9 FT	SpaceX	Dellingr	10	LEO	Weltraum-Wetter	NASA Goddard	NASA Goddard
				ASTERIA	12		Technologie	MIT	MIT
				OSIRIS-3U	5		Technologie	Pennsylvania SU	Pennsylvania SU
26. Aug	Cape Canaveral	Minotaur IV	Orbital ATK	PATRIOT	3	LEO	Technologie	?	DARPA
				2 x Prometheus-2	2 x 3				?
05. Sep	Cape Canaveral	Falcon 9 FT	SpaceX	X-37B (OTV-5)	5.400	LEO	Technologie	Boeing	US-Luftwaffe
12. Nov	Cape Canaveral	Antares 230	Orbital ATK	ISARA	5	LEO	Technologie	JPL/Pumpkin	JPL
				EcAMSAT	10,4		Biologie	Stanford Univ./NASA	Stanford Univ./NASA
				CHEFSat	6		Technologie	NRL	NRL
				Asgardia 1	3		Technologie	Asgardia Space	Asgardia Space
				OSCD B und C	je 5		Technologie	Aerospace Corporation	Aerospace Corpor.
				Prop Cube 2	1		Technologie	Naval Postgrad. School	NPS
18. Nov	Vandenberg	Delta 2 7920	ULA	MakerSat 0	1	SSO	Technologie	NNU	NNU
				RadFxSat	1		Amateurfunk	Vanderbilt University	Amsat
				EagleSat	1		Bildung	ERAU	ERAU
				Buccaneer RRM	4		Technologie	UNSW, DSTO	UNSW, DSTO
28. Nov	Wostotschny	Sojus 2.1b „Fregat"	Roskosmos	Baumanets-2	86	SSO	Technologie	Baumann TU Moskau	Baumann TU Moskau
				IDEA OSG 1	22		Technologie	Astroscale	Astroscale
				SEAM	4,7		Technologie	KTH, AAC Microtech	KTH, AAC Microtech
23. Dez	Tanegashima	H2A 202	JAXA	SLATS (Tsubame)	400	SSO	Technologie	MELCO	JAXA

Testflüge von Trägerraketen

DATUM	START-PLATZ	TRÄGER	LAUNCH PROVIDER	NUTZLAST	MASSE IN KG	ORBIT TYP	MISSION	AUFTRAGNEHMER / NUTZLAST	KUNDE
14. Jan	Uchinoura	SS-520	JAXA	TRICOM-1	4	LEO	Testflug	University of Tokyo	University of Tokyo
03. Mar	Jiuquan	Kaituozhe-2	CASIC	Tiankong-1	ca. 200	LEO	Testflug	CASIC	CASIC
25. Mai	Mahia RLLC	Electron	Rocket Lab	-	-	LEO	Testflug	-	-

Rot : Fehlschlag

CHRONOLOGIE DER WELTRAUMSTARTS IM JAHR 2017

	DATUM	TRÄGERRAKETE	NUTZLAST	MISSION
1	05. Jan	Langer Marsch 3B/G2	TJS-2	Frühwarnung geostationär
2	09. Jan	Kuaizhou-1A	Jilin Liniye-1	Erdbeobachtung
			Xingyun Shiyan 1	Technologie
			Kaidun-1	Erdbeobachtung
3	14. Jan	Falcon 9 FT	10 x IRIDIUM NEXT	Kommunikation
4	14. Jan	SS-520	TRICOM-1	Erdbeobachtung/Testflug Träger
5	21. Jan	Atlas 5 401	SBIRS-GEO 3	Frühwarnung
6	24. Jan	H-2A 204	DSN-2 "Kirameki-2"	Militärische Kommunikation
7	28. Jan	Sojus ST-B Fregat	Hispasat 36W1	Kommunikation
8	14. Feb	Ariane 5 ECA	SKY Brasil 1, Telcom 3S	Kommunikation
9	15. Feb	PSLV XL	Cartosat 2D	Optische Aufklärung
			INS 1A & 1B, BGUSat, DIDO 2, PEASS, Al-Farabi 1, Nayif 1	Technologie
			88 x Flock 3P	Erdbeobachtung
			8 x Lemur 2	Meteorologie
10	20. Feb	Falcon 9 FT	Dragon CRS-10	Versorgung ISS
11	22. Feb	Sojus U	Progress MS-05	Versorgung ISS
12	01. Mrz	Atlas 5 401	Intruder 8A und 8B	Militärische Ozean-Überwachung
13	03. Mrz	Kaituozhe-2	Tiankong-1	Technologie
14	06. Mrz	Vega	Sentinel 2B	Erdbeobachtung
15	16. Mrz	Falcon 9 FT	Eurostar 23	Kommunikation
16	17. Mrz	H-2A 202	IGS-5	Radaraufklärer
17	19. Mrz	Delta 4 Medium+ (5,4)	WGS-9	Militärische Kommunikation
18	30. Mrz	Falcon 9 FT	SES 10	Kommunikation
19	12. Apr	Langer Marsch 3B/G2	Shijian-13	Kommunikation experimentell
20	18. Apr	Atlas 5 401	Cygnus OA-7	ISS Versorgung
			38 Cubesats	Technologie
21	20. Jul	Sojus FG	Sojus MS-04	Besatzungstransfer zur ISS
22	20. Apr	Langer Marsch 7	Tianzhou-1	Versorgung Tiangong-2
23	01. Mai	Falcon 9 FT	NRO-L76	Militärische optische Aufklärung
24	04. Mai	Ariane 5 ECA	SGDC, KOREASAT-7	Kommunikation
25	05. Mai	GSLV Mk. II	GSAT-9	Kommunikation
26	16. Mai	Falcon 9 FT	Intelsat-5 F4	Kommunikation
27	18. Mai	Sojus ST-A Fregat	SES-16	Kommunikation
28	25. Mai	Electron	-	Versuchsflug ohne Nutzlast
29	25. Mai	Sojus 2.1b Fregat	EKS (Tundra) Nr. 2	Militärische Frühwarnung
30	01. Jun	H-2A 202	Michibiki-2	Navigation
31	02. Jun	Ariane 5 ECA	ViaSat-2, Eutelsat 172B	Kommunikation
32	03. Jun	Falcon 9 FT	Dragon CRS-11	Versorgung ISS
33	05. Jun	GSLV Mark III	GSAT-19	Kommunikation, Technologie, Forschung
34	08. Jun	Proton M Briz M	Echostar XXI	Kommunikation
35	14. Jun	Sojus 2.1a	Progress MS-06	Versorgung ISS
			Radioskaf RS-6/7, TNS-02, Sfera	Technologiesatelliten
36	15. Jun	Langer Marsch 4B	HXMT	Röntgenastronomie
			Zhuhai-1 01 und 02, NuSat 3	Erdbeobachtung
37	18. Jun	Langer Marsch 3B/G2	Chinasat 9A	Kommunikation
38	23. Jun	PSLV XL	Cartosat 2E, NIUSAT, CE-SAT 1, Aalto 1, 8 x Lemur 2	Erdbeobachtung
			Max Valier Sat	Astronomie
			D-SAT, InflateSail QB-50, COMPASS-2 QB-50, LituanicaSAT-2 QB-50, ROBUSTA 1B, skCube, CICERO-6, Tyvak 53b	Technologie
			Pegasus QB-50, URSA MAIOR QB-50, VZLUSat 1 QB 50	Thermosphärenforschung
			Blue Diamond, Green Diamond, Red Diamond	Kommunikation
			UCLSat QB-50, NUDTSat QB-50, SUCHAI-1	Ionosphärenforschung
			Venta 1	Überwachung Schiffsverkehr
39	23. Jun	Sojus 2.1v „Wolga"	Kosmos 2519	unbekannt
40	23. Jun	Falcon 9 FT	BulgariaSat-1	Kommunikation
41	25. Jun	Falcon 9 FT	10 x Iridium NEXT	Mobilfunk
42	28. Jun	Ariane 5 ECA	Inmarsat S EAN/ Hellas Sat 3, GSAT-17	Kommunikation
43	02. Jul	Langer Marsch 5	Shijian 18	Experimenteller Kommunikationssatellit
44	06. Jul	Falcon 9 FT	Intelsat 35e	Kommunikation
45	14. Jul	Sojus 2.1a "Fregat"	Kanopus V-IK, WINSAT-1R, CICERO 1,2,3, Corvus-BC 1 & 2, MKA-N 1&2, 8 x Lemur 2	Erdbeobachtung

	DATUM	TRÄGERRAKETE	NUTZLAST	MISSION
			Flying Laptop, NORSat 1 & 2, TechnoSat, Mayak, Nano Ace, Iskra-MAI-85, Ecuador-UTE-YuZGU, 48 x Dove Flock-2k	Technologie
46	27. Jul	Sojus FG	Sojus MS-05	Besatzungstransfer zur ISS
47	02. Aug	Vega	OPTOSAT-3000	Militärische Erdbeobachtung
			VENµS	Zivile Erdbeobachtung/Technologie
48	14. Aug	Falcon 9 FT	CRS-12	Versorgung ISS
			Kestrel Eye 2M	Militärische Aufklärung
			OSIRIS 3U	Weltraumwetter
			Dellingr, ASTERIA	Technologiedemonstration
49	17. Aug	Proton M Briz M	Blagovest 11L	Militärische und zivile Kommunikation
50	18. Aug	Atlas 5 401	TDRS-M	Kommunikation/Relay
51	19. Aug	H-2A 202	Michibiki-3	Navigation
52	24. Aug	Falcon 9 FT	Formosat-5	Erdbeobachtung
53	26. Aug	Minotaur IV	ORS-5, PATRIOT, 2 x Prometheus 2	Orbit-Überwachung, Technologie
54	31. Aug	PSLV-XL	IRNSS-1H	Navigation
55	06. Sep	Falcon 9 FT	X-37B Nr. 2 (OTV-5)	Militärische Technologie
56	11. Sep	Proton M Briz M	Amazonas 5	Kommunikation
57	12. Sep	Sojus FG	Sojus MS-06	Besatzungstransfer zur ISS
58	22. Sep	Sojus 2.1b „Fregat"	Glonass-M 52S (Kosmos 2521)	Navigation
59	24. Sep	Atlas 5 541	NRO-L42	Frühwarnsatellit
60	28. Sep	Proton M Briz M	AsiaSat 9	Kommunikation
61	29. Sep	Langer Marsch 2C	Yaogan 30-01, 1-3	Militärische Technologie/Aufklärung
62	29. Sep	Ariane 5 ECA	Intelsat 37e, BSAT 4a	Kommunikation
63	09. Okt	Langer Marsch 2D	VRSS-2	Erdbeobachtung
64	09. Okt	Falcon 9 FT	10 x Iridium NEXT	Kommunikation
65	10. Okt	H2A-202	Michibiki-4	Navigation
66	12. Okt	Falcon 9 FT	Echostar 105/SES-11	Kommunikation
67	13. Okt	Rokot Briz-KM	Sentinel 5P	Umwelt-Monitoring
68	14. Okt	Sojus 2.1a	Progress MS-07	Versorgung ISS
69	15. Okt	Atlas 5 421	NRO-L52	Militärischer Datenrelay-Satellit
70	30. Okt	Falcon 9 FT	Koreasat 5A	Kommunikation
71	31. Okt	Minotaur-C	6 x SkySat, 4 x Flock 3m (Dove)	Erdbeobachtung
72	05. Nov	Langer Marsch 3B/Y-1	Beidou 3M-1 und 3M-2	Navigation
73	08. Nov	Vega	Mohammed VI-A	Erdbeobachtung
74	12. Nov	Antares 230	Cygnus OA-8	ISS-Versorgung
			ISARA, CHEFSat, Asgardia 1, OSCD B und C, Prop Cube 2	Technologie
			EcAMSAT	Biologie
			8 x Lemur 2	Erdbeobachtung
75	14. Nov	Langer Marsch 4C	Fengyun-3	Meteorologie
			HEAD-1	Überwachung Schiffsverkehr
76	18. Nov	Delta 2 7920	JPSS-1 (NOAA-20)	Meteorologie
			Buccaneer RRM, MiRaTA, MakerSat 0	Technologie
			EagleSat	Bildung
			RadFxSat	Amateurfunk
77	21. Nov	Langer Marsch 6	Jilin-1 04, 05 und 06	Erdbeobachtung
78	24. Nov	Langer Marsch 2C	Yaogan 30 -02, D, E, F	Militärische Aufklärung
79	28. Nov	Sojus 2.1b "Fregat"	Meteor-M 2-1	Meteorologie
			LEO-2	Kommunikation
			AISSat-3	Marine-Verkehrsüberwachung
			D-Star One	Amateurfunk
			Baumanets-2, IDEA OSG 1, SEAM	Technologie
			2 x Corvus BC-3, 10 x Lemur 2	Erdbeobachtung
80	02. Dez	Sojus 2.1b	Lotos S1 (Kosmos 2524)	Funkaufklärung militärisch
81	03. Dez.	Langer Marsch 2D	LKW-1 (Yaogan-31)	Elektro-optischer Aufklärer
82	10. Dez	Langer Marsch 3B/G2	Alcomsat-1	Kommunikation
83	12. Dez	Ariane 5 ES	Galileo FOC 15, 16, 17, 18 (Nicole, Zofia, Alexandre, Irina)	Navigation
84	14. Dez	Falcon 9 FT	CRS-13	ISS-Versorgung
85	17. Dez	Sojus FG	Sojus MS-07	Besatzungstransfer zur ISS
86	23. Dez	H2A 202	GCOM-C (Shikisai)	Erdbeobachtung
			SLATS (Tsubame)	Technologie
87	23. Dez	Falcon 9 FT	10 x Iridium NEXT	Kommunikation
88	23. Dez.	Langer Marsch 2D	LKW-2 (Yaogan-32)	Elektro-optischer Aufklärer
89	25. Dez	Langer Marsch 2C	Yaogan 30-03, 7-9	Militärische Technologie/Aufklärung
90	26. Dez	Zenit 3F	Angosat-1	Kommunikation

Rot : Fehlschlag Orange : Teilerfolg

WELTRAUMSTARTS 1.1.2018 BIS 31.08.2018

mit Vorschau bis 31.12.2018

	DATUM	TRÄGERRAKETE	NUTZLAST	MISSION
1	08. Jan	Falcon 9 FT	Zuma	Unbekannt
2	09. Jan	Langer Marsch 2C	Gaojing 1 03 & 04	Erdbeobachtung
3	12. Jan	Langer Marsch 3B/Y-1	Beidou 3M EO-7 und EO-8	Navigation
4	12. Jan	PSLV-XL	Cartosat 2F, Microsat TD, ICEYE X1, CICERO 7, CORVUS BC, 4 x Lemur 2	Erdbeobachtung
			LEO Vantage 1, Carbonite 2, INS 1C, MicroMas 2a, Arkyd 6a, 4 x Flock 3P, CANIVAL-X1 und -X2, CNUSail-1, KAUSAT-5, SIGMA, Demosat-2, STEP Cube Lab, SpaceBEE 1-4	Technologie
			PicSat, Tyvak 61C	Astronomie
			Fox 1D	Amateurfunk
5	12. Jan	Delta 4 Medium + (5,2)	NRO-L47 (USA 281)	Radaraufklärer
6	13. Jan.	Langer Marsch 2D	LKW-3	Elektro-optischer Aufklärer
7	17. Jan	Epsilon	ASNARO-2	Radar Erdbeobachtung zivil
8	18. Jan	Langer Marsch 11	Jilin 07 und 08	Erdbeobachtung
			Xiaoxang-2, Quantutong-1, KIPP 1, Zhou Enlai	Technologie
9	20. Jan	Atlas 5 411	SBIRS-GEO 4	Frühwarnung
10	21. Jan	Elektron	Dove Pioneer, Lemur 2-72, Lemur 2-73	Erdbeobachtung
			Humanity Star	Public Relation
11	25. Jan	Langer Marsch 2C	Yaogan 30-04, 10-12	Militärische Technologie/Aufklärung
12	25. Jan	Ariane 5 ECA	Al Yah-3	Kommunikation
			SES-14/GOLD	Kommunikation/Solarphysik
13	31. Jan	Falcon 9 FT	GovSat-1	Kommunikation
14	01. Feb	Sojus 2.1a Fregat M	2 x Kanopus-V, 4 x Lemur 2	Erdbeobachtung
			4 x S-Net, D-Star One v1.1	Technologie
15	02. Feb	Langer Marsch 2D	Zhangheng 1	Erdbebenvorhersage
			GOMX 4A und 4B	Technologiedemonstration
			ÑuSat 4 (Ada), ÑuSat 5 (Myriam) (Ada)Feng-MaNiu 1	Erdbeobachtung
			Shaonian Xing	Amateurfunk, Bildung
16	03. Feb	SS-520	Tricom-1R	Technologie
17	06. Feb	Falcon 9 Heavy	Red Tesla Roadster	Testflug
18	12. Feb	Langer Marsch 3B/Y-1	Beidou 3M EO-3 und EO-4	Navigation
19	13. Feb	Sojus 2.1a	Progress MS-08	Nachschub ISS
20	22. Feb	Falcon 9 FT	PAZ	Erdbeobachtung
			Microsat 2A und 2B	Kommunikation
21	27. Feb	H2A-202	IGS Optical-6	Militärische Aufklärung
22	01. Mrz	Atlas 5 541	GOES-S (NOAA-17)	Meteorologie

	DATUM	TRÄGERRAKETE	NUTZLAST	MISSION
23	06. Mrz	Falcon 9 FT	Hispasat 30W-6	Kommunikation
24	09. Mrz	Sojus ST-B „Fregat"	O3b FM 13, 14, 15, 16	Kommunikation
25	17. Mrz	Langer Marsch 2D	LKW-4	Elektro-optischer Aufklärer
26	21. Mrz	Sojus FG	Sojus MS-08	Besatzungstransfer zur ISS
27	29. Mrz	GSLV Mk. II	GSAT-6A	Militärische Kommunikation
28	29. Mrz	Sojus 2.1v	Kosmos 2525	Experimenteller optischer Aufklärer
29	29. Mrz	Langer Marsch 3B/Y-1	Beidou 3M MEO-9 und MEO-10	Navigation
30	30. Mrz	Falcon 9 FT	10 x Iridium NEXT	Kommunikation
31	31. Mrz	Langer Marsch 4C	GF-1 02, 03 und 04	Erdbeobachtung
32	02. Apr	Falcon 9 FT	Dragon CRS-14	Versorgung ISS
33	05. Apr	Ariane 5 ECA	HYLAS 4, DSN-1/Superbild-8	Kommunikation
34	10. Apr	Langer Marsch 4C	3 x Yaogan 31-01	Marineaufklärung
			Weina 1b	Technologie
35	12. Apr	PSLV-XL	IRNSS-1I	Navigation
36	15. Apr	Atlas 5 551	CBAS	Militärische Kommunikation
			EAGLE, Mycroft	Technologie
37	19. Apr	Proton M Briz M	Blagovest 12L	Militärische Kommunikation
38	19. Apr	Falcon 9 FT	TESS	Astronomische Plattform
39	25. Apr	Rokot Briz KM	Sentinel-3b	Erdbeobachtung
40	26. Apr	Langer Marsch 11	OVS-2, OHS-2a, 2b, 2c und 2d	Erdbeobachtung
41	03. Mai	Langer Marsch 3B/G2	APStar 6C	Kommunikation
42	05. Mai	Atlas 5 401	InSight	Mars-Lander
			MarCO-A und B	Mars-Vorbeiflug Cube-Sats
43	08. Mai	Langer Marsch 4C	Gaofen-5	Erdbeobachtung
44	11. Mai	Falcon 9 Block 5	Bangabandhu-1	Kommunikation
45	20. Mai	Sojus ST-A Fregat	Queqiao	Lunare Relay-Sonde
			Longjiang 1	Radio-Astronomie
			Longjiang 2	Amateurfunk
46	21. Mai	Antares 230	Cygnus OA-9	Nachschub ISS
			CubeRRT, EQUISat, HaloSat, MemSat, RadSat-g, TEMPEST-D, HARP, Radix, AeroCube 12a + 12b	Technologie
			RainCube	Erdbeobachtung
			EnduroSat One	Radio-Amateursatellit
			4 x Lemur	Meteorologie
47	22. Mai	Falcon 9 FT	2 x GRACE-FO	Erdbeobachtung
			5 x Iridium NEXT	Kommunikation

Rot : Fehlschlag Orange : Teilerfolg Blau : Ausblick. Änderungen wahrscheinlich

	DATUM	TRÄGERRAKETE	NUTZLAST	MISSION
48	02. Jun	Langer Marsch 2D	Gaofen-6, Luojia-1	Erdbeobachtung
49	03. Jun	Falcon 9 Block 4/5	SES-12	Kommunikation
50	05. Jun	Langer Marsch 3A	Fengyun 2H	Meteorologie
51	06. Jun	Sojus FG	Sojus MS-09	Besatzungstransfer zur ISS
52	12. Jun	H2A 202	IGS Radar 6	Militärische Aufklärung
53	17. Jun	Sojus 2.1b „Fregat"	Glonass-M (Uragan-765)	Navigation
54	27. Jun	Langer Marsch 2C	XJSW-A & B	Technologie
55	29. Jun	Falcon 9 Block 4/5	Dragon CRS-15	Versorgung ISS
			Biarri-Squad 1,2 und 3, Bird BTN, Bird MYS, Bird PHL	Technologie
56	09. Jul	Langer Marsch 2C/SMA	PRSS-1, PakTES-1A	Erdbeobachtung
57	09. Jul	Langer Marsch 3A	Beidou 2 IGSO 7	Navigation
58	09. Jul	Sojus 2.1a	Progress MS-08	Nachschub ISS
59	22. Jul	Falcon 9 Block 5	Telstar 19V	Kommunikation
60	25. Jul	Ariane 5 ES	Galileo FOC 19, 20, 21 und 22	Navigation
61	25. Jul	Falcon 9 Block 5	10 x Iridium NEXT	Kommunikation
62	29. Jul	Langer Marsch 3B/Y1	Beidou 3M5 und 3M6	Navigation
63	31. Jul	Langer Marsch 4B	Gaofen-11	Erdbeobachtung
64	07. Aug	Falcon 9 Block 5	Merah Putih	Kommunikation
65	12. Aug	Delta 4 Heavy	Parker Solar Probe	Sonnen-Orbiter
66	22. Aug	Vega	Aeolus	Erdbeobachtung
67	25. Aug	Langer Marsch 3B/Y1	Beiodou 3M11 und 3M12	Navigation
68	07. Sep	Langer Marsch 2C	Haiyang-1C	Ozean-Überwachung
69	10. Sep	Falcon 9 Block 5	Telstar 18V	Kommunikation
70	15. Sep	Delta 2	ICESat-2, ELFIN, ELFIN-STAR, DAVE, SurfSat	Erdbeobachtung, Magnetosphären-Forschung, Technologie
71	16. Sep	PSLV-XL	SSTL-1, NovaSAR-S, Blacksky Global 1	Erdbeobachtung
			Centauri 1	Technologie
72	19. Sep	Langer Marsch 3B/Y1	Beidou 3M13 und 14	Navigation
73	22. Sep	H-2B	HTV-7, SPATIUM-1, RSP-00, STARS-Me	Versorgung ISS, Technologie
74	25. Sep	Ariane 5 ECA	Azerspace-2/Intelsat 38, Horizons-3e	Kommunikation
75	29. Sep	Kuaizhou-1A	Centispace-1	Technologie
76	03. Okt	Langer Marsch 11	CAS-3	Amateurfunk
77	03. Okt	Langer Marsch 3B	Beidou 3M15 und M16	Navigation
78	07. Okt	Falcon 9 Block 5	SAOCOM	Erdbeobachtung
79	11. Okt	Sojus –FG	Sojus MS-10	Besatzungstransfer zur ISS
80	14. Okt.	Zhuque-1	Unbekannt	Technologie
81	18. Okt	Atlas 5 531	AEHF-4	Militärische Kommunikation
82	19. Okt.	Ariane 5 ECA	Bepi Colombo	Raumsonde zum Merkur

	DATUM	TRÄGERRAKETE	NUTZLAST	MISSION
83	22. Okt	Proton M DM-03	Electro-L	Meteorologie
84	25. Okt	Langer Marsch 3B	Beidou 3M17 und M18	Navigation
85	26. Okt	Pegasus XL	NASA	Ionosphärenforschung
86	29. Okt	H-2A	GOSAT-2, Khalifasat, Diwata-2b	Erdbeobachtung
			AUTCube-2, PROITERES-2, Stars-AO, Ten-Koh	Technologie
87	29. Okt	Langer Marsch 2C	CFOSAT	Erdbeobachtung
88	31. Okt	GSLV-Mk. III	GSAT-29	Kommunikation
89	31. Okt	Rokot	Gonets-M14, M15, M16	Kommunikation
			BLITS-M	Technologie
90	31. Okt	Sojus 2.1a	Progress MS-10	Versorgung ISS
91	01. Nov	Langer Marsch 3C	Beidou 3 G1Q	Navigation
92	04. Nov	PSLV-XL	HySIS, Blacksky Global 3	Erdbeobachtung
			Ca. 30 Cubesats	Diverse Zwecke
93	07. Nov	Falcon 9 Block 5	Radarsat-Konstellation	Erdbeobachtung
94	07. Nov	Sojus ST-A Fregat-M	MetOp-C	Meteorologie
95	17. Nov	Antares 230	Cygnus NG-10E	Versorgung ISS
96	22. Nov	Sojus 2.1b	EgyptSat A	Kommunikation
97	25. Nov	GSLV-Mk. II	GSAT-7A	Kommunikation
98	30. Nov	Ariane 5 ECA	GSAT-11	Kommunikation
			GEO-KOMPSAT	Meteorologie
99	30. Nov	Electron	Lemur 2-74 und 74, Cicero 4	Erdbeobachtung
			IRVINE-01	Bildung
			NABEO	Technologie
100	30. Nov	Falcon 9 Block 5	10 x Iridium NEXT	Kommunikation
101	01. Dez	Langer Marsch 3B/Y1	Beidou-3 M17 und M18	Navigation
102	02. Dez.	Falcon 9 Block 5	SpX-DM1	Flugtest Crew Dragon
103	26. Sep	Delta 4 Heavy	NRO-L71	Aufklärung
104	05. Dez	Falcon 9 Block 5	90 Smallsats	Diverse
105	06. Dez	Sojus 2.1b/Fregat M	Meteor-M N2-2	Meteorologie
			Ionosfera 3 und 4	Ionosphärenforschung
106	14. Dez	Sojus ST-B/Fregat M	CHEOPS	Astronomie
			Cosmo Skymed	Erdbeobachtung
107	17. Dez	Falcon 9 Block 5	CRS-16	Versorgung ISS
108	20. Dez	Sojus FG	Sojus MS-11	Besatzungstransfer zur ISS
109	26. Dez	Sojus 2.1a Fregat M	Kanopus V Nr. 5 und 6, 12 x Flock-w	Erdbeobachtung
110	28. Dez	Electron	15 Smallsats	Diverse
111	28. Dez	Langer Marsch 3B	Chang'e 4	Mondlandesonde

Rot : Fehlstart Orange : Teilerfolg Blau : Ausblick. Änderungen wahrscheinlich

Der Start von ASNARO-2 am 17. Januar 2018 mit einer japanischen Epsilon-Trägerrakete erzeugte in der oberen Atmosphäre spektakuläre optische Effekte.

ANHANG

BEGRIFFSERLÄUTERUNGEN UND ABKÜRZUNGEN

Hier erläutern wir Ihnen einige der in diesem Buch verwendeten Fachbegriffe. Ein umfassendes Glossar finden Sie auf ***www.space-jahrbuch.de/glossar***

AEHF	Advanced Extremely High Frequency
Aeolus	Bestandteil des „Earth Explorer Programme“
Airbus Defence and Space	Die Raumfahrtsparte der Airbus Group
Amazonas 5	Kommunikationssatellit des Satellitenbetreibers Hispasat
Angara 5	Neue schwere russische Trägerrakete
Aphel	Sonnenfernster Punkt einer elliptischen heliozentrischen Umlaufbahn
Apogäum	Entferntester Punkt einer Orbitalbahn um die Erde vom gravitativen Zentrum
Aposelenum	Mondfernster Punkt einer elliptischen Mondumlaufbahn
Ariane 6	Neue schwere europäische Trägerrakete, entwickelt und gebaut von ArianeGroup
ArianeGroup	Europäischer Hersteller und Betreiber von Trägerraketen
Astrobus-L 250M	Satellitenplattform von Airbus Defence and Space für Erdbeobachtungssatelliten
Avionik	Kunstwort aus Aviatik (von lat. avis = Vogel) und Elektronik. Also die Gesamtheit der elektrischen und elektronischen Geräte an Bord eines Fluggerätes einschließlich der Fluginstrumente
Backlog	In der Raumfahrt üblicher Ausdruck für "noch durchzuführende Starts"
Band	Frequenzbereich, z.B. Ku-Band, C-Band
BE-4	Erststufentriebwerk der Blue Origin-Trägerrakete New Glenn
BEAM	Bigelow Expandable Activity Module
Bezos, Jeff	US-Unternehmer (Amazon, Blue Origin u.a.)
BFR	„Big Falcon Rocket“, manchmal auch "Big Fucking Rocket" genannt
Black Ice	Trägerraketenprojekt der Firma Stratolaunch
Blue Origin	Raumfahrtfirma des US-Unternehmers Jeff Bezos
Brian Binnie	Zweiter Mensch, der als Pilot eines privat finanzierten Raumschiffs bei einem suborbitalen Flug den Weltraum erreichte
BSO	Bigelow Space Operations
CALT	China Academy of Launch Vehicle Technology. Chinas staatliches Unternehmen für die Entwicklung und den Bau von Trägerraketen.
CAST	China Academy of Space Technology. Chinas staatliches Unternehmen für die Entwicklung und den Bau von Raumfahrzeugen.
CCDev	Commercial Crew Development Programm der NASA zur Entwicklung eines bemannten orbitalen Raumtransportsystems für den niedrigen Erdorbit
CCICap	Commercial Crew Integrated Capability
CFT	Crew Flight Test
CGWIC	China Great Wall Industries Corporation
CHEOS	China High Resolution Earth Observation System – Chinesisches Erdbeobachtungsprogramm
CNES	Centre national d'études spatiales. Nationale französische Raumfahrtagentur
COMPASS	auch: Beidou 2, chinesisches Satellitennavigationssystem
COTS	Commercial Orbital Transportation Services, ein Programm der NASA zur Förderung der privaten Raumfahrt im Bereich unbemannte Transportsysteme zur Versorgung der ISS
Crew Dragon	Bemanntes Raumfahrzeug des US-Unternehmens SpaceX
CRS	Commercial Resupply Services. Vertrag, unter dem SpaceX und Orbital Sciences Fracht zur ISS liefern und von dort (nur SpaceX) zurück zur Erde bringen.
Cubesats	Standardisierte, würfelförmige Nanosatelliten
DLR	Deutsches Zentrum für Luft- und Raumfahrt (engl. GAC = German Aerospace Center)
Dogleg-Manöver	Kursänderung beim Aufstieg einer Trägerrakete
ESA	European Space Agency = Europäische Raumfahrtagentur

EVA	Extra Vehicular Activity (Einsatz eines Raumfahrers außerhalb seines Raumschiffs, nur durch den Raumanzug geschützt).
Exoplanet	Planet in einem fremden Sternsystem, nicht im Sonnensystem
Fairing	Nutzlastverkleidung einer Rakete
FOC	Full Operational Capability
GSLV Mark III	Derzeit schwerste indische Trägerrakete
Inklination	Bahnneigung gegen den Erdäquator. Wird in Winkelgrad gemessen.
Iridium NEXT	Kommunikationssatelliten-Netz der zweiten Generation der Iridium Communications Inc. für Satellitentelefone. Besteht aus 66 Satelliten auf 6 Bahnebenen.
Israël, Stéphane	CEO der ArianeGroup
ISRO	Indian Space Research Organisation (Nationale indische Raumfahrtagentur)
JAXA	Japan Aerospace Exploration Agency
Just read the instructions	Bergungsschiff für die Erststufen der SpaceX Falcon 9 Rakete im Pazfik
Kerolox-Qualle	Phänomen bei Starts, bei denen Kerosin und flüssiger Sauerstoff als Treibstoff verwendet werden.
LKW	Lùdì k nchá wèix ng – Land Surveying Satellite
LOX	Englische Abkürzung für "Flüssiger Sauerstoff"
Mars Fetch Rover	Marsrover, der auf dem Mars die Proben des Sample Rovers abholt
Mars Sample Return	Rückführung von Mars-Bodenproben zur Erde
MELCO	Mitshubishi Electric Corporation. Japanischer Technologiekonzern.
Meridian	Bezeichnung russischer Kommunikationssatelliten auf so genannten Molnija-Orbits.
Mike Melville	Erster Mensch, der als Pilot eines privat finanzierten Raumschiffs bei einem ballistischen Flug den Weltraum erreichte
MIT	Massachusetts Institute of Technology
Molnija-Orbit	Exzentrische 24-Stunden Umlaufbahn mit einem Apogäum über den nördlichen Breiten
Musk, Elon	US-Unternehmer (SpaceX, Tesla, The Boring Company u.a.)
Nanosatelliten	Kleinsatelliten in der Gewichtsklasse von 1-10 Kilogramm
New Glenn	Trägerraketenprojekt der Firma Blue Origin
NOAA	National Oceanic and Atmospheric Administration
NRO	National Reconnaissance Office (US-Geheimdienst-Organisation)
O3B	The „Other 3 Billion". Satellitenkonstellation von Thales Alenia Space.
Of course I still love you	Bergungsschiff für die Erstufen der SpaceX Falcon 9 Rakete im Atlantik
PCM	Post Certification Mission – Letzer Qualifikationsflug im CCDev – Programm
Pegasus XL	US-Trägerrakete von Northrop Grumman. Wird von einem Trägerflugzeug gestartet.
Perigäum	Erdnächster Punkt einer Orbitalbahn um die Erde
Perihel	Sonnennächster Punkt einer elliptischen heliozentrischen Umlaufbahn
Periselenum	Mondnächster Punkt einer elliptischen Mondumlaufbahn
Piggyback	Mitflug als Sekundärnutzlast zu den Bedingungen der Hauptnutzlast.
Pirs	Docking-Port der ISS
Pyrocutter	Pyrotechnische Trennvorrichtung in Raketen- oder Satellitenkomponenten
QZSS	Quasi-Zenith Satellite Systems. Japanisches Navigationssatelliten-System
Rocket Lab	Neuseeländischer Entwickler und Hersteller der Kleinträgerrakete Electron.
Skycrane	Raketengestütze Mars-Landevorrichtung für US-Rover
Station-Keeping	Manöver, die notwendig sind, um die Arbeitsposition eines Satelliten zu halten
Stéphane Israël	ArianeGroup CEO
Taurus XL 3110	US-Kleinträgerrakete von Northrop Grumman
Trajektorie	Ist die Flugbahn eines Objektes, wird auch als Bahnkurve bezeichnet
Trunk	Offenes Gerätegehäuse der Dragon-Raumkapsel von SpaceX
Vandenberg	Kalifornischer Weltraumbahnhof für polnahe, polare und retrograde Umlaufbahnen
VFR	Verein zur Förderung der Raumfahrt
VRSS-2	Venezuela Remote Sensing Satellite-2. Venezolanischer Erdbeobachtungssatellit
XCOR	US-Hersteller eines suborbitalen Raumfahrzeugs. Meldete 2017 Bankrott an.

BILDER DES JAHRES

Das wahrscheinlich bedeutendste Raumfahrtereignis des ersten Halbjahres 2018 war der erfolgreiche Erstflug der Falcon Heavy am 7. Februar. Das Bild zeigt die „Triple-Core" Anordnung der drei Erststufenbooster im Moment des Abhebens von der Rampe.

Nur Sekunden später hatte die Rakete die Startanlage hinter sich gelassen.

Die exakt choreografierte Landung der beiden Booster der Falcon Heavy waren fast noch beeindruckender als der Start acht Minuten zuvor.

ANZEIGE
VFR
FASZINATION RAUMFAHRT ERLEBEN!
Wir sind überzeugt, dass es viele gute Gründe für die Raumfahrt gibt, wissenschaftliche, wirtschaftliche und kulturelle.
Im VFR möchten wir die Spannung, die Begeisterung und das Interesse an dieser neuen Grenze den Menschen weitervermitteln.
Ganz nach dem Motto „Faszination Raumfahrt erleben!“ bringen wir Raumfahrt-Insider mit der Öffentlichkeit zusammen, organisieren Ausstellungen, Vorträge in Schulen, Filmvorführungen, Studienfahrten und vieles mehr.
Wenn Sie auch an der Raumfahrt interessiert sind, nehmen Sie doch Kontakt mit uns auf!
Verein zur Förderung der Raumfahrt e.V.
c/o Thomas Krieger
Weinbauernstr. 1, 81539 München
www.vfr.de • info@vfr.de

Am Tag vor Heiligabend 2017 brachte SpaceX die vierte Gruppe der Iridium-NEXT Satelliten in den Orbit. Dabei entstand diese prächtige „Kerolox-Qualle", links sichtbar über der Stadt Los Angeles und rechts vom Startplatz Vandenberg aus fotografiert. Das Phänomen entsteht durch vereiste Kondensationskerne der Raketenabgase in der oberen Atmosphäre. Es kann nur unter ganz speziellen Beleuchtungsverhältnissen beobachtet werden.

Nach dem erfolgreichen Start der Iridium 3-Mission am 9. Oktober 2017 kehrt „Core 1041" auf dem Bergungsschiff „Of course I still love you" in den Hafen von Los Angeles zurück.

Einer der beiden Booster des Falcon Heavy Starts steht hier auf dem Landepad 2 der Landing Zone 1 in Cape Canaveral.

Ein bedeutendes raumfahrtgeschichtliches Ereignis war der Start der Falcon Heavy am 6. Februar 2018.

Im Juni 2018 befand sich der Crew Dragon für die Demo-Mission 1 zu Tests in der Vakuumkammer bei der NASA in Plum Brooke, Ohio.

Core 1042 wird nach dem erfolgreichen Start des koreanischen Nachrichtensatelliten Koreasat 5A und der ebenfalls erfolgreichen Landung auf dem Bergungsschiff „Of course I still love you" von Port Canaveral zur Lagerhalle von SpaceX an der Startanlage 40 transportiert.

Das gibt es nur am Air- und Spaceport Mojave. In der Bildmitte das Trägerflugzeug von Stratolaunch, das für die Luftstarts kleinerer bis mittelschwerer Trägerraketen verwendet werden soll. Die Maschine ist mit einer Spannweite von 117 Metern das größte Flugzeug der Welt. Darunter die eigentlich auch schon gewaltige WhiteKnight 2 von Virgin Galactic, mit dem die suborbitalen SpaceShipTwo-Raumfahrzeuge auf Starthöhe gebracht werden.

Im November 2017 wird eine Antares 230-Trägerrakete mit der Raumkapsel Cygnus OA-8 am Pad 0A der Wallops Flight Facility in Virginia für einen Versorgungsflug zur Internationalen Raumstation vorbereitet.

Ein Bild das den Wandel der Zeit verkörpert. Durch die verrottenden Strukturen der längst nicht mehr benötigten Startanlage SLC-2W auf der kalifornischen Luftwaffenbasis blickt man auf die vorletzte Delta 2-Trägerrakete, die am Startplatz SLC-2E im November auf ihren Einsatz wartet. Der allerletzte Start einer Delta 2 erfolgte von hier am 15. September 2018. Zukünftig sollen von hier die Kleinträger von Firefly in den Orbit starten.

Am 12. August 2018 brachte eine Delta 4 Heavy die Parker Solar Probe auf eine heliozentrische Umlaufbahn. Hier ein Blick auf das „Business end“ der Rakete, die RS-68A Triebwerke von Aerojet-Rocketdyne, von denen je eines einen der drei „Common Cores“ der Rakete antreibt.

Die Torte vor einem bemannten Start gehört zu den vielen russischen Raumfahrttraditionen. Hier kann die Crew von Sojus MS-08 (von links) Rick Arnold, Oleg Artemjew und Andrew Feustel in Marzipan bewundert werden.

Diese heiße, noch rauchende und außen verkohlte Kabine, die vor wenigen Augenblicken noch einer Temperatur von 1.600 Grad Celsius widerstehen musste, und nun kasachischen Boden erreicht hat, beherbergt die US-Astronauten Peggy Whitson und Jack Fisher und den russischen Kosmonauten Fjodor Jurtschichin.